4

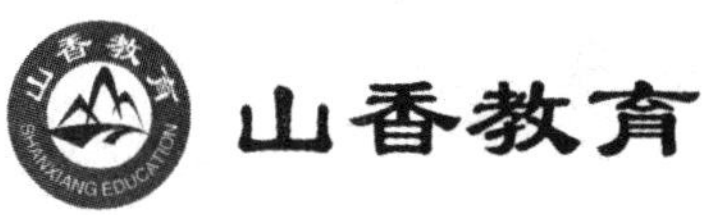

国家教师资格考试

历年真题详解及预测试卷

综合素质·小学（真题题本）

重要提示：

为维护您的个人权益，确保考试的公平公正，请您帮助我们监督考试实施工作。

本场考试规定：监考人员要向本考场全体考生展示题本密封情况，并邀请2名考生代表验封签字后，方能开启试卷袋。

目　录

机密★启封前　　　　　　　　　　　　姓名________ 准考证号________

2023年下半年中小学教师资格考试
真题试卷(一)

综合素质(小学)

注意事项:

1. 考试时间为120分钟,满分为150分。

2. 请按规定在答题卡上填涂、作答,在试卷上作答无效,不予评分。

一、单项选择题(本大题共29小题,每小题2分,共58分)

在每小题列出的四个备选项中只有一个是符合题目要求的,请用2B铅笔把答题卡上对应题目的答案字母按要求涂黑。错选、多选或未选均无分。

1. 董老师认为,只有成绩优秀的学生才是好学生。这一认识忽视了学生(　　)(常考)

A. 发展的独立性　　B. 发展的主体性

C. 发展的全面性　　D. 发展的主动性

2. 数学课上,李老师正津津有味地讲解例题,小雨站起来兴奋地说:"老师,我想到了一个更简便的方法!"李老师眼一瞪,说:"就你聪明! 赶紧坐好,认真听课!"下列关于李老师做法的表述,不正确的是(　　)

A. 不利于培养学生的创新意识　　B. 不利于营造良好的师生关系

C. 不利于培养学生的实践能力　　D. 不利于发挥学生的主体作用

3. 针对学生注意力分散的问题,唐老师运用教育学、心理学理论对学生的认知特点进行了全面分析,设计了矫正方案并实施,取得了良好效果。唐老师的做法体现的教师专业发展途径是(　　)

A. 行动研究　　B. 校本教研

C. 专业引领　　D. 进修培训

4. 李老师在交流经验时说:"尽管我课前已经准备好了教学设计,但实际教学过程中,还是灵活地调整了教学策略。"李老师的做法表明教师的专业实践具有(　　)

A. 阶段性　　B. 情境性　　C. 长期性　　D. 发展性

5. 根据《中华人民共和国教育法》，中华人民共和国公民不分民族、种族、性别、职业、财产状况、宗教信仰，依法享有(　　)

A. 公正的受教育机会　　B. 平等的受教育机会

C. 公平的受教育条件　　D. 平等的受教育条件

6. 某小学规定，没有完成暑假作业的学生，一律不准到校上课。该校的做法(　　)

A. 合法，学校有自主管理权

B. 合法，学校有惩罚学生的权利

C. 不合法，学校侵犯了学生的休息权

D. 不合法，学校侵犯了学生的受教育权

7. 小学生孙某经常与同学打架，班主任以此为由再也不让他参加学校、班级的各种文体活动。该班主任的做法(　　)

A. 正确，有利于班级管理　　B. 正确，有利于警示学生

C. 不正确，教师不得歧视学生　　D. 不正确，教师应征得家长同意

8. 为保障学生安全，某校要求所有学生购买学校统一采购的带有定位功能的智能手环。该校的做法(　　)

A. 正确，有利于学校对学生的统一管理

B. 正确，有利于家长及时了解孩子信息

C. 不正确，购买智能手环应报教育行政部门审批

D. 不正确，是否购买智能手环是学生自己的事情

9. 教师王某向学校提出辞职，当天便离开学校，所任教课程的教学受到影响。王某的做法(　　)

A. 正确，教师有辞职的权利

B. 正确，教师有教学的自由

C. 不正确，教师在聘期内不能辞职

D. 不正确，辞职应提前向学校申请

10. 依据《中华人民共和国未成年人保护法》，关于未成年人的社会保护，下列说法不正确的是(　　)

A. 任何人不得在中小学、幼儿园吸烟、饮酒

B. 学校发生突发事件时，应当优先救护未成年人

C. 任何组织或者个人不得利用教材发布商业广告

D. 任何组织或者个人不得招用未满18周岁的未成年人

11. 因父母长期外出务工,小学生小红跟祖父母一起生活,她在放学回家途中将同学打伤。应对该事件承担赔偿责任的主体是(　　)(常考)

A. 小红　　　　B. 小红祖父母

C. 小红父母　　　　D. 学校

12. 全国人民代表大会每届的任期是(　　)(易混)

A. 6年　　B. 5年　　C. 4年　　D. 3年

13. 有几位家长的教育理念有些偏颇,甚至与吴老师的相悖,影响了教育效果。吴老师感到很无奈。但考虑到学生的发展,吴老师还是花大量的时间和精力与这些家长沟通,以求形成教育合力。这表明(　　)

A. 家校矛盾具有非对抗性　　　　B. 家校协作关系具有选择性

C. 家校地位具有非对等性　　　　D. 家校根本利益具有相异性

14. 某小学一(3)班的宁宁数学运算经常出错,于是段老师经常和宁宁一起做"摆小棒"的数学游戏,以提高他的运算能力。下列选项与该案例所体现的教师职业道德要求相符合的是(　　)

A. "知教育者,与其守成法,毋宁尚自然;与其求划一,毋宁展个性。"

B. "知其行矣,而后能遂其形也;知其物矣,然后能别其情也。"

C. "使言行之合,犹合符节也。"

D. "教人有秩而不可躐等。"

15. 赵老师在班里开展系列创新实践活动,将同学们的作品在教室陈列,并作为学生评优的重要参考。下列对赵老师的做法评价不正确的是(　　)

A. 不以学生的个性发展为教育重点

B. 注重学生创新能力的培养

C. 不以分数作为评价学生的唯一标准

D. 注重对学生进行素质教育

16. 某中学在配备班主任时做出了下列规定,其中不正确的是(　　)

A. 担任一个班级的班主任时间一般应为1学期以上

B. 要求初次担任班主任工作的教师必须参加岗前培训

C. 将班主任工作的考核结果作为其聘任和职务晋升的重要依据

D. 在绩效工资分配中向班主任倾斜

17. 下列关于常见医学检测技术的表达,不正确的是(　　)

A. B超检查利用了超声波能产生回声的原理

B. CT检查利用了γ射线所具有的超强穿透性

C. 核磁共振检查利用了原子核在一定条件下能产生共振的原理

D. X光检查利用了X射线穿过不同组织后衰减程度不同的特性

18. 半导体是导电能力介于导体与绝缘体之间的物质，是集成电路和光电器件的主要材料。下列选项中，属于半导体的是（　　）

A. 铜　　B. 硅

C. 石墨　　D. 塑料

19. 法家是战国时期的重要学派之一，主张以法治国，强调“不别亲疏，不殊贵贱，一断于法”。下列历史人物，不属于法家的是（　　）

A. 韩非　　B. 李斯

C. 苏秦　　D. 李悝

20. 下列选项中，历史文件与历史事件对应正确的是（　　）

A.《土地法令》——俄国十月革命

B.《独立宣言》——法国大革命

C.《人权宣言》——英国资产阶级革命

D.《权利法案》——美国南北战争

21. “踏莽原，刈野草，热风奔流，一生呐喊；痛毁灭，叹而已，十月噩耗，万众彷徨。”这副挽联哀悼的现代作家是（　　）

A. 鲁迅　　B. 郭沫若

C. 老舍　　D. 沈从文

22. 哥特式是一种盛行于欧洲中世纪的建筑风格。下列对其特点的描述，不正确的是（　　）

A. 有交叉肋拱、高扶壁和飞扶壁　　B. 有花格窗以及彩绘玻璃隔屏

C. 整体造型高耸、削瘦且带尖　　D. 外形厚重、敦实、色彩强烈

23. 下面这幅画的作者自称“梅花屋主”，以画墨梅闻名，这位画家是（　　）

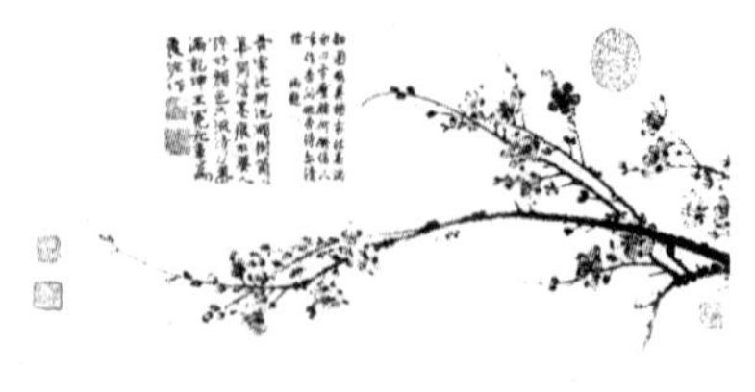

A. 阎立本　　B. 王冕

C. 文徵明　　D. 石涛

24. 与“洛阳纸贵”这一成语故事相关的作品及作者是(　　)

A.《西京赋》张衡　　B.《甘泉赋》扬雄

C.《三都赋》左思　　D.《长门赋》司马相如

25. 随着科学技术的发展,人们逐渐能够在越来越小的长度上利用、控制或改造物质。下列长度单位中,最小的是(　　)

A. 纳米　　B. 毫米

C. 微米　　D. 厘米

26. 在Excel中,如果B2单元格的内容为数值15,B3单元格的内容为数值10(如下图),则B4单元格中公式“=$B$2+B3×2”的值为(　　)

	A	B
1		
2		15
3		10
4		

A. 5　　B. 25　　C. 35　　D. 40

27. 在PowerPoint中,要使幻灯片按规定时间连续自动播放,应选择的设置是(　　)

A. 排练计时　　B. 打包操作

C. 切换效果选项　　D. 设置放映方式

28. 下列选项中,与“蔬菜—圆白菜”的逻辑关系一致的是(　　)

A.“大豆”和“农作物”　　B.“菠菜”和“绿叶菜”

C.“香蕉”和“美人蕉”　　D.“水果”和“青苹果”

29. 找规律填数字是一项很有趣的游戏,特别锻炼观察和思考能力。按照“5=72”“4=18”“3=6”“2=(　　)”“1=3”的规律,下列选项中,填入(　　)中的是(　　)

A. 2　　B. 3

C. 4　　D. 5

二、材料分析题(本大题共3小题,每小题14分,共42分)阅读材料,并回答问题。

30. 材料:

日常教学中,我不仅关注反应快、学习好的学生,也关注平时不爱发言的学生。一次课上,注意力不太集中的小胜提了一个非常好的问题,我就把一张精美的卡片送给了他。对于小胜提出的问题,比较内向的文文看了我一眼,我从她眼神中看到了期待和犹豫，便叫她起来回答问题。由于过度紧张，文文说话结结巴巴，我鼓励她：“没关系，老师知道你会了，只是因为紧张而暂时想不起来，你坐下来再想想。”文文感激地点了点头。

从此以后，文文和小胜都发生了变化，文文比以前更自信了，小胜听课也认真多了。小胜妈妈跟我说：“自从您奖给小胜卡片后，小胜学习努力多了。”经了解，我才知道小胜得了卡片后非常开心，回家后对妈妈说：“老师说我善问，所以把最漂亮的卡片送给了我。”现在卡片还贴在小胜的床头，他说那是“特殊的礼物”。

问题：

请结合材料，从教育观的角度，评析“我”的教育行为。(14分)

31. 材料：

三年级时，晓良随父母从农村来到城市，生活不太适应。到了新学校以后，虽然很刻苦，但学习还是跟不上。晓良十分苦恼，自信心也不足。对此，沈老师看在眼里，急在心里，采取了一系列措施帮助他。课上，有意识地多给晓良回答问题的机会，课下，安排成绩好的学生和晓良“结对子”，沈老师还利用课余时间给他补课。慢慢地，晓良学习有了起色，也活泼多了。在一次班会上，沈老师表扬他：“虽然晓良同学现在成绩不太理想，但他非常努力，相信他这样坚持下去，一定会有很大的进步！”

为了形成良好的学习氛围，沈老师还设立了“进步T台秀”“学习积分银行”等，学生进步就会获得相应的奖励，晓良的信心大大增强了，各科成绩也有了明显的提高。

一天，晓良的爸爸从工地匆匆来到学校，向沈老师了解情况，沈老师一边让座倒水，一边跟他详细交流晓良的在校情况，对晓良的学习生活提出了针对性的家庭教育建议，晓良的爸爸很感激。

问题：

请结合材料，从教师职业道德的角度，评析沈老师的教育行为。（14分）

32. 材料：

体育之所以能成为体育，体育比赛之所以吸引人，是需要若干前提条件的，其中最重要的就是公平竞争(fair play)。只有在公平竞争的前提下，体育比赛的价值才能得到完整的体现。公平竞争是体育运动的核心和底线。为了保证比赛的公平，人们制定了一系列复杂而详尽的规则，使体育比赛成为社会中规则最为完备的一种活动。然而，体育比赛的规则，不同于其他领域，它不仅要保证比赛的顺利进行，更要使其具有强烈的娱乐性和观赏性。因此，体育规则总是留给运动员大量的自由空间，让他们充分展示自己的想象力和创造力，否则，比赛就了无生气，成了工厂的生产线。体育的这种特点，大大突出了道德的重要性。如果运动员不按照道德的标准来发挥自己的创造性，裁判员不以道德的标准执法，就会造成体育的灾难。这就是为什么体育规则对场地、器械、运动员、裁判员、比赛时间、比赛过程、违规行为、得分方式等的规定详尽有加。

法，在各国的语源上都兼有"公平、正直、正义"等含义。因此，法与体育道德在价值取向上相同，但其作用却有实质的区别。用法来维持的公平竞争，是外在的、强制的。运动员由于害怕违法被罚而勉强遵守，因而，人是被动的、消极的，处于服从的地位。用道德来维持的公平竞争，运动员是发自内心的、主动的，因此，闪耀着善的光辉。一个是我不得不公正竞争，另一个则是我要公平竞争。一个考虑的是"能做什么与不能做什么"，而另一个考虑的则是"应该做什么与不应该做什么"。前者在体育本身固有的"效益原则"指导下，常会将"不能做的事"偷偷地转化为"能做的事"；而后者则在能为"不能之事"时，依然固守自己的道德原则。

在体育比赛中，没有法，比赛缺乏必要的客体规范性，无法进行；没有道德，体育行为失去了主体的规范性，也无法进行。在传统的体育形态中，体育的"法"主要针对的是比赛本身，界定比赛时空，确定比赛用具，规定胜负标准，提供一个公平的条件。至于这种条件下的比赛是否真正公平，则依靠运动员和裁判员的道德自律。于是，规则的他律、运动员和裁判员的自律，各司其职，使比赛既有公平的舞台，又有公平的行为。然而，近数十年来，在商业或其他利益的驱使下，运动员和裁判员的行为失范现象日益严重，人们似乎对道德的力量失去信心和耐心，而沿着"法治"的方向大踏步前进，力图将运动员的行为规范统统纳入"法治"麾下，于是我们看到强制性的"法"层出不穷，仅就兴奋剂一端就引出了多少"法"，国际体育组织的禁药清单也越来越长，然而，国际体坛的兴奋剂非但没有被遏制，却如野火一样蔓延开来。

在应当让"法"发挥作用的领域，一味地强调道德是迂腐的。同样，在道德应当发挥作用的领域，只是简单地高祭"法器"，也是无效的。法与道德，一刚一柔，一外一内，一为治标，一为治本。两者分离，则顾此失彼，越治越乱。两者结合，则刚柔相济、内外兼顾、标本兼治。“法治”与“德治”相依相存，共同支撑着绿茵场上的一片蓝天。

（摘编自任海《体育“法治”与“德治”辩，有删改》）

问题：

(1)体育“法治”与“德治”的本质区别在哪里？请根据文本，简要说明。(4分)

(2)体育“法治”与“德治”应该保持什么关系？为什么？请根据文本简要分析。(10分)

三、写作题(本大题共50分)

33. 阅读材料,根据要求完成作文。

老子说:“人法地,地法天,天法道,道法自然。”

孟子说:“斧斤以时入山林,材木不可胜用也。”

《吕氏春秋·义赏》:“竭泽而渔,岂不获得?而明年无鱼。”

综合上述材料所引发的联想和感悟写一篇论说文。

要求:

用国家通用语言文字写作;角度自选,立意自定,标题自拟,不少于800字。

机密★启封前　　　　　　　　　　　　　　　　　　　　姓名________　准考证号________

2023年上半年中小学教师资格考试 真题试卷(二)

综合素质(小学)

注意事项:

1. 考试时间为120分钟,满分为150分。

2. 请按规定在答题卡上填涂、作答,在试卷上作答无效,不予评分。

一、单项选择题(本大题共29小题,每小题2分,共58分)

在每小题列出的四个备选项中只有一个是符合题目要求的,请用2B铅笔把答题卡上对应题目的答案字母按要求涂黑。错选、多选或未选均无分。

1. 入职培训时,汪校长要求每位新教师回答“什么是好的教育”“什么是好的教学”。这体现的教师职业特点是(　　)

A. 多样性　　B. 主体性　　C. 价值性　　D. 生成性

2. 陈老师在教室里布置了一个迷你“师生共读书吧”,她常常利用课余时间和学生共读一本书,有时自己也阅读一些专业书籍。关于陈老师的做法,下列说法不正确的是(　　)

A. 陈老师注重提升自身素质　　B. 陈老师培养学生阅读习惯

C. 陈老师充分发扬教学民主　　D. 陈老师具有专业发展意识

3. 朱老师非常自省,她始终认为只要自己足够努力,就可以提高学生的学习成绩。这表明朱老师(　　)

A. 具有较强的教学应变能力　　B. 具有较强的角色认同感

C. 具有较强的教学监控能力　　D. 具有较强的教学效能感

4. 多多在家里经常模仿老师的样子给家长讲故事,教家长跳舞,要求家长坐好,不要随意走动。下列选项与该案例所体现的教师劳动特点相符的是(　　)(常考)

A. 学如不及,犹恐失之　　B. 行有余力,则以学文

C. 信近于义,言可复也　　D. 桃李不言,下自成蹊

5. 关于全国人民代表大会，下列说法正确的是(　　)

A. 全国人民代表大会代表的发言不受法律追究

B. 全国人民代表大会代表不受逮捕或刑事审判

C. 全国人民代表大会代表受原选举单位的监督

D. 全国人民代表大会代表可由常务委员会罢免

6. 某网站在对用户发帖进行审核时，发现有用户发布了一条可能影响未成年人身心健康的信息。依据《中华人民共和国未成年人保护法》，该网站应当采取的措施是(　　)(易错)

A. 作出提示或者通知用户予以提示

B. 立即停止向该用户提供网络服务

C. 删除相关记录并向当地公安机关报告

D. 删除、屏蔽、断开链接等

7. 12岁的赵某仗着自己身高体壮，经常欺负那些身体瘦弱的同学，对他们动辄殴打、辱骂、恐吓。对于赵某，公安机关可以采取的措施是(　　)

A. 予以训导　　B. 要求其参加特定的专题教育

C. 予以训诫　　D. 要求其参加校内服务活动

8. 依据《中华人民共和国教育法》，国家举办学校及其他教育机构应当坚持的原则是(　　)

A. 勤俭节约　　B. 优先发展

C. 就近入学　　D. 公平高效

9. 依据《中华人民共和国义务教育法》，义务教育阶段学校校长由(　　)

A. 县级教育行政部门依法聘任　　B. 所在学校依法聘任

C. 县级教育行政部门依法任命　　D. 全体教师选举产生

10. 教师熊某体罚学生造成该生重伤，被人民法院处以有期徒刑。下列说法正确的是(　　)

A. 熊某将永远不能再取得教师资格

B. 熊某刑期内不能再取得教师资格

C. 熊某三年内不能再取得教师资格

D. 熊某五年内不能再取得教师资格

11. 在某小学发生的学生伤害事故中，学生孙某违反校纪对造成事故负有责任。依据《学生伤害事故处理办法》，学校可以对孙某给予(　　)(常考)

A. 罚款　　B. 处分　　C. 行政处罚　　D. 心理干预

12. 某小学在“六一”儿童节前夕违规向家长收取赞助费。依据《中华人民共和国教育法》,责令其返还所收费用的是(　　)

A. 乡镇人民政府　　B. 教育行政部门

C. 县级人民政府　　D. 工商管理部门

13. 常有学生说:“我们不否认,老师的严格要求是为我们好,但是有些老师宁给好心不给好脸,常常让我们内心十分反感。”这反映出这些教师缺乏的是(　　)

A. 爱的差异性　　B. 爱的选择性

C. 爱的广泛性　　D. 爱的理智性

14. 飞飞经常迟到,康老师没少批评他。今天他又忘戴红领巾了,康老师生气地罚他站在教室后面,并对他说:“要是别的同学,我可能就原谅了。但对你,我早就忍无可忍了!”康老师的做法违背的教育惩戒原则是(　　)

A. 对抗性　　B. 整合性

C. 互换性　　D. 公正性

15. 小学教师丁老师经常赴各地参加教学研讨,他勤于钻研并发表了不少论文,个人影响力越来越大。但他在教学上投入不足,班上学生成绩不理想。对此,丁老师认为:“不能仅以学生分数评价教师工作。”丁老师的言行(　　)

A. 不合理,教师的首要任务是提高学生分数

B. 不合理,丁老师未能正确理解教师的职责

C. 合理,不能以分数作为评价教师的唯一标准

D. 合理,有利于教师专业发展

16. 临近考试,贾老师用班级微信群向家长推荐家乡农副产品。贾老师的错误在于(　　)

A. 信息传递的时机不对　　B. 在家长群里发布广告

C. 信息传递的方式不对　　D. 在家长群里发信息

17. 火星探测是指人类通过向火星发射空间探测器,对火星进行的科学探测活动。2020年7月23日,我国首个火星探测器在文昌航天发射场发射升空并成功入轨。该火星探测器的名称是(　　)

A. 天宫一号　　B. 神舟一号

C. 天问一号　　D. 长征一号

18. 14世纪,一场被称为“黑死病”的大瘟疫席卷整个欧洲,夺走了约2500万人的生命,死亡人数接近当时欧洲总人口的三分之一。导致这场瘟疫的传染病是(　　)

A. 鼠疫　　B. 天花　　C. 艾滋病　　D. 狂犬病

19. 中国共产党的第一部党章对党员条件、党的各级组织和党的纪律作出具体规定,对加强党的自身建设具有重要意义。通过该党章的会议是(　　)(易错)

A. 中共一大　　　　B. 中共二大

C. 中共三大　　　　D. 中共四大

20. 南京是中国历史文化名城,有"六朝古都"之称。下列选项中,曾在南京建都,却又不属前述"六朝"的是(　　)

A. 三国吴　　　　B. 东晋

C. 南朝陈　　　　D. 明朝

21. 弗兰茨·卡夫卡是现代主义、表现主义文学的重要代表,创作了一些影响很大的小说,在当代西方文学中占有重要地位。下列选项中,不属于卡夫卡作品的是(　　)

A.《判决》　　　　B.《审判》

C.《局外人》　　　　D.《变形记》

22.《四时田园杂兴》由60首七言绝句组成,描绘了四季不同的田园景色,展现了当时江南农村的环境、风土、民俗和农家的生活情景。这首诗的作者是(　　)

A. 陶渊明　　　　B. 王绩

C. 王维　　　　D. 范成大

23. 自由贸易区通常是指一国划在国境以内、关境以外的部分,对该区的进出口商品免征关税,并准许自由改装、加工、长期储存或销售等。2013年我国设立了首个自由贸易区,该贸易区是(　　)

A. 中国(广东)自由贸易试验区

B. 中国(上海)自由贸易试验区

C. 中国(天津)自由贸易试验区

D. 中国(福建)自由贸易试验区

24. 联合国教科文组织总部所在地巴黎,拥有众多图书馆、博物馆、画廊等。下列文化艺术场所,不在巴黎的是(　　)

A. 卢浮宫博物馆　　　　B. 奥赛美术馆

C. 斯卡拉歌剧院　　　　D. 蓬皮杜文化艺术中心

25. 在一次测试中,高分组全部通过甲试题,而低分组没有一人通过;高分组和低分组都有40%的人通过了乙试题,则甲试题和乙试题的区分度分别是(　　)

A. 0和1　　　　B. 0和0.4

C. 1和0.4　　　　D. 1和0

26. Word中，如下图所示菜单栏中的“剪切”和“复制”呈浅灰色，功能处于禁用状态，造成此现象的原因是（　　）

A. 剪贴板上已有信息存放　　B. 在文档中没有选中内容

C. 选定的内容是本地图片　　D. 选定的文档太长，剪贴板放不下

27. Excel中，工作表被删除后，下列说法正确的是（　　）

A. 表中数据也被删除，但可用“撤消”来恢复

B. 数据仍然保存在内存里，只不过是不再显示

C. 数据被全部删除，而且不可用“撤消”来恢复

D. 数据进入了回收站，可以去回收站将数据恢复

28. 下列选项中，与“科学家—画家”的逻辑关系相同的是（　　）

A. “蜜蜂”和“昆虫”　　B. “戏迷”和“美食家”

C. “面粉”和“大米”　　D. “汽车”和“润滑油”

29. 按规律填数字是一个很有趣的活动，特别锻炼观察和思考能力。下列选项中，填入数列“6、9、20、34、________、98”空缺处的数字，正确的是（　　）

A. 59　　B. 69

C. 79　　D. 89

二、材料分析题（本大题共3小题，每小题14分，共42分）阅读材料，并回答问题。

30. 材料：

郑老师刚接手四(1)班时，大家都为她捏了一把汗，因为这是一个令老师们都头疼的班。

接手后，郑老师对学生进行了分析，发现这个班的学生并不都差，主要是士气较低。于是，郑老师协同其他任课教师通过“班会课”“课前三分钟”等引导学生开展“每个人的生命都是无价的”“一定要争气”“做最好的自己”等一系列自我激励的教育活动。慢慢地，四(1)班的士气有所好转。

郑老师让任课教师经常反馈学生的进步，并把“记录每天的进步”作为学生必须完成的家庭作业。此外，她还开展了诸如“我给你找优点”等班级活动。两个月下来，郑老师为学生制作的“进步天天见”的册子写得满满的。但是,仍有5名学生的学习成绩提升缓慢,郑老师对学生说:“你们要对自己有信心,我的这种方法用了很多年了,其他学生都能有进步,对你们也一定管用。”

问题:

请结合材料,从学生观的角度,评析郑老师的教育行为。(14分)

31. 材料：

下面是班主任陈老师在小辰的师生“悄悄话”本上的部分留言：

4月6日：今天你怎么迟到了呢？你解释说是起床晚了。晚上睡觉时，把闹钟调好，老师相信你以后绝不会迟到了！

4月9日：今天语文课上，你精彩的发言赢得了阵阵掌声，真棒！

4月13日：我发现你最近总是闷闷不乐，上课听讲注意力也不太集中，有什么心事，可以告诉我吗？

4月15日：你最近学习有进步哦！老师还要为你能帮助生病的晓君点个大大的赞！

4月19日：在大扫除活动中，你主动要求擦窗户，擦得真干净。你在家也准是个爱劳动的好孩子！

4月23日：班级的图书角里多了几本新书，老师一看，原来是你捐的。你真是个热爱班集体的好学生！

4月30日：哇，你还会跳街舞！你今天在班会上的展示让大家刮目相看，老师也要向你学习，培养不同的兴趣！

问题：

请结合材料，从教师职业道德的角度，评析陈老师的教育行为。(14分)

32. 材料：

我们的中医很了不起，用风和气的原理解释人的身体。

关于风和气，描述的最早，也最文学的是庄子，“大块噫气，其名为风”。风是无形状的，我们走在旷野里，被风簇拥着，那是身体的感觉。风吹皱一池春水，那是水的响应。风也是无声的，我们听到的声音，风声鹤唳、冷风嗖嗖、狂风怒号，是风碰到了东西，摩擦碰撞引发的动静。风碰到实的、虚的东西，发出的声音是不一样的，有些如击鼓，有些如拿捏笛箫，有些如撩拨琴瑟，有些简陋的就是喇叭唢呐。

风协调着世间的万有。和谐了，则风和日丽，风调雨顺。风遇到梗阻，风云突变，就会出问题。小一点的问题如台风、龙卷风、飓风，夹带着沙尘暴。大的问题如厄尔尼诺现象、拉尼娜现象，气候出现异常，大旱、大涝、酷暑、奇寒。有人类历史以来，大环境没有什么变化，日月星辰，风云雷电，大江大海，基本还是老样子，中间出现的局部问题，都是人类自酿的苦酒。

我们每个人的身体，都是一个小地球，也可以叫小宇宙。一个人起早贪黑地忙碌，就是地球在一天一天自转。我们的身体被风内控着，意气风发、神清气爽、满面春风，甚至趾高气扬，都是风在体内运行正常的形态。风行不畅，麻烦就来了。风在“窍”处遇阻，会打嗝、放屁。风滞在经脉上，风湿、类风湿、关节炎，包括痛风这些病状就出现了，这些都是小麻烦，“中风”就复杂了，不仅仅是风行不畅，是风控制不了身体的局面了。中风的初级阶段头晕、眩晕、肢体麻木，高级阶段的恶果就不用我说了。

一个老中医告诉过我两句顺口溜。一句是“通则不痛，痛则不通”，指的就是风在体内的运行原理。另一句是“有病没病，防风通圣”。“防风通圣丸”是老方剂，如今已是中成药，很普通，很便宜，两三块钱就给一大包。药普通，效果却神奇，有病治病，没病调理身子。

风和气不仅是生理的，还连着心理。喜怒哀乐是生理的，但和心理纠缠在一起。心安理得，心澄意远，也是这一层意思。生理和心理是“意识”的基础，说地基也行。意识的俗称叫念头。一个人从早晨醒来第一个念头计算起，到晚上睡着之前最后一个念头（把“梦想”排除在外），一天之中要生出多少“杂念”？主动的、被迫的、潜意识的、下意识的，恐怕再细心的人也不便统计出来。这些念头串联在一起，一天又一天，一年又一年，人活一辈子，就是活这些念头。万念俱灰是形容一个人活够了，活烦了。故此，儒家才强调明心见性，修身养性。道家不仅修心，连身子骨都修。儒和道两家都是围绕着一个人的“万念”去修，去粗取精，去伪存真。

修身养性是内装修，但内装修妥帖了，还要有所为。一个身心健康的人，如果一辈子碌碌无为，应该是最大的憾事。

（摘编自穆涛《先前的风气》，有删改）

问题：

（1）文中说“通则不痛，痛则不通”，如何理解这一“风”在体内的“运行原理”？请简要概括。（4分）

（2）围绕中医的“风”和“气”，文章展开了哪些论述？请简要分析。（10分）

三、写作题（本大题1小题，50分）

33. 阅读下面的材料，根据要求写作。

在毛竹一生的最初5年中，你几乎观察不到它的生长。即使生存环境十分理想，也同样如此。但是，5年后它就开始以最高可达每天0.6米的速度快速生长，并在6个星期内长到20余米的高度。

毛竹的快速生长所依赖的是它那长达数千米的根系，它用5年的时间“武装”了自己，最终创造了奇迹。

综合上述材料所引发的思考和感悟，写一篇论说文。

要求：

用国家通用语言文字写作，角度自选，立意自定，标题自拟，不少于800字。

机密★启封前 姓名________ 准考证号________

2022年下半年中小学教师资格考试 真题试卷(三)

综合素质(小学)

注意事项:

1. 考试时间为120分钟,满分为150分。

2. 请按规定在答题卡上填涂、作答,在试卷上作答无效,不予评分。

一、单项选择题(本大题共29小题,每小题2分,共58分)

在每小题列出的四个备选项中只有一个是符合题目要求的,请用2B铅笔把答题卡上对应题目的答案字母按要求涂黑。错选、多选或未选均无分。

1. 何老师经常要求班里的学困生在课间操时去他办公室补课。何老师的做法( )

A. 恰当,有利于营造学习氛围　　B. 不恰当,不利于学生全面发展

C. 恰当,有利于提高学习成绩　　D. 不恰当,不利于学生均衡发展

2. 有教育家提出,学习应“以儿童自己的冲动为起点,以达到最高水平为目的”。这是因为学生的发展具有( )

A. 顺序性　　B. 不平衡性

C. 能动性　　D. 互补性

3. 在某校延续多年的“教研沙龙”活动中,老师们积极参与,讨论教学中的热点、难点问题,在相互启发中不断寻找新的教研生长点。下列对该案例中教师角色描述不恰当的是( )

A. 研究者　　B. 合作者　　C. 管理者　　D. 学习者

4. 孟老师说:“不能用同样的水准要求学生,也不能揠苗助长,我一直都坚定不移地相信学困生是‘迟开的花朵’,早晚都会开放。”下列选项中与孟老师的说法不一致的是( )(常考)

A. 注重学生发展的整体性　　B. 关注到学生具有差异性

C. 注重学生发展的顺序性　　D. 关注到学生具有发展性

5. 国务院常务会议的组成人员不包括(　　)(易混)

A. 总理、副总理　　B. 各部部长

C. 国务院秘书长　　D. 国务委员

6. 卫生部门违规向学校收取费用。依据《中华人民共和国教育法》,责令其退返所收费用的机构是(　　)

A. 当地工商部门　　B. 当地教育部门

C. 当地公安部门　　D. 当地人民政府

7. 家长王某因教师李某批评其儿子而心怀不满,认为李某对其儿子有偏见。一天,王某在路上截住下班回家的李某,对其进行殴打,造成李某肋骨多处骨折。对此伤害事件,下列说法不正确的是(　　)

A. 可以依法追究王某的刑事责任　　B. 可以依法追究王某的民事责任

C. 依法给予王某行政处罚　　D. 李某所在学校应给予王某行政处罚

8. 初中生张某闯进某小学,将课间正在操场玩耍的小学生刘某打伤。对刘某所受的人身伤害应承担赔偿责任的是(　　)

A. 刘某所在学校　　B. 张某的监护人

C. 刘某所在学校和张某所在学校　　D. 刘某所在学校和张某的监护人

9. 教师钱某认为学校侵犯了其工资报酬权,向当地教育行政部门提出申诉。教育行政部门接到申诉作出处理的时限是(　　)(易错)

A. 15日内　　B. 30日内

C. 45日内　　D. 60日内

10. 某小学试行“绿色惩戒”,如学生在课堂打闹,要求教师采取的措施不是责罚,而是让学生背诵五则励志名言,或是收集一篇有关自律的文章并写出心得体会。该校的举措(　　)

A. 体现了对学生的关心、爱护和尊重

B. 弱化了对学生违纪行为的自主管理

C. 不利于开展教学改革和实验

D. 不利于培养学生的责任意识和纪律观念

11. 小学生胡某因有严重不良行为,被转至专门学校接受教育。下列关于胡某学籍的说法正确的是(　　)

A. 学校可依法取消胡某的学籍　　B. 胡某的学籍仍保留在原学校

C. 胡某可自主选择学籍的去向　　D. 胡某的学籍应转至专门学校

12. 依据《中华人民共和国未成年人保护法》,下列属于司法保护的是(　　)

A. 人民法院开庭时,未成年被害人一般不出庭作证

B. 公安机关依法维护校园周边的治安和交通秩序

C. 任何组织或个人不得招用未满16周岁的未成年人

D. 监护人依法履行对未成年人的监护职责和抚养义务

13. 李老师在班里开展“大家一起找优点”活动,要求学生设立“优点记录本”,既记录自己的优点,也记录同学的优点,并在每周“优点交流会”上交流。李老师的做法(　　)

A. 不恰当,将导致学生的盲目自信　B. 不恰当,将导致学生报喜不报忧

C. 恰当,能激励学生不断进步　D. 恰当,能减少班主任工作量

14. 星期一的升旗仪式上,一(2)班有3位同学迟到:一个是因赖床起晚了,一个是因路上摔了一跤回家换衣服了,还有一个是因堵车耽误了。班主任认为这些都属于可以避免的情况,便采取了同样的惩戒措施。这表明该班主任缺乏(　　)(易错)

A. 教育公正的自觉性　B. 教育公正的灵活性

C. 教育公正的整合性　D. 教育公正的形式性

15. 有家长反映陈老师最近上课总是敷衍了事。经调查了解,陈老师开了一家网店,以致精力不济,备课不充分。对此,陈老师正确的做法是(　　)

A. 联系家长,搞好家校关系　B. 继续经营,加大工作投入

C. 化解冲突,委托同事代课　D. 关闭网店,认真备课施教

16. 疫情期间,某小学胡老师说:“教育管理部门不应该要求‘停课不停学’,我们实施起来太困难。”并且不予配合。这表明胡老师在教师职业道德方面没有做到(　　)

A.“庄严自持,内外若一”　B.“知者必量其力所能至而从事焉”

C.“善为师者,既美其道,有慎其行”　D.“不以一人疑天下,不以天下私一人”

17. 千姿百态的地貌都是地质作用的结果。地质作用按其能量来源,可分为内力作用和外力作用。下列地貌中,属于内力作用导致的是(　　)

A. 冰川　B. 溶洞　C. 断层　D. 沙漠

18. 空空导弹是从飞行器上发射攻击空中目标的导弹。“响尾蛇”导弹是全世界第一款实用化的空空导弹,也是第一款有击落目标记录的空空导弹。该导弹采用的制导方式是(　　)

A. 红外制导　B. 雷达制导

C. 天文制导　D. 激光制导

19. 20世纪70年代，科学家在非洲发现一具约三百万年前的年轻女性遗骨化石，取名“露西”。对她的遗骨研究后发现她能直立行走，将其归类为南方古猿。该遗骨化石的发现地是(　　)

A. 津巴布韦　　　　B. 坦桑尼亚

C. 阿尔及利亚　　　　D. 埃塞俄比亚

20. 君主立宪制是指国家元首由世袭的君主担任，君主的权利受到宪法和议会制约的君主制政体。下列选项中，不是君主立宪制政体的国家是(　　)

A. 日本　　　　B. 丹麦

C. 奥地利　　　　D. 西班牙

21. 商朝最初定都于亳，此后迁都，其中最重要的一次是迁都到殷，自此逐渐强盛起来，农业发达，政局稳定，诸侯来朝。下列选项中，迁都至殷的商王是(　　)

A. 盘庚　　　　B. 南庚

C. 太庚　　　　D. 祖庚

22. 在我国古代文学作品中，有着丰富的女性形象。下列女性形象中，出自冯梦龙《警世通言》的是(　　)

A. 湘夫人　　　　B. 糜夫人

C. 扈三娘　　　　D. 杜十娘

23. 五角大楼位于华盛顿西南方弗吉尼亚州阿灵顿县。因其特殊的职能，有时“五角大楼”一词不仅仅代表这座建筑本身，也常用来代指某个特定机构。该机构的名称是(　　)

A. 美国总统府　　　　B. 美国国防部

C. 中央情报局　　　　D. 联邦调查局

24. 门神是中国民间传说的司门之神，旧俗贴其像于大门以驱鬼祛凶。下图所示的两位门神是(　　)

A. 神荼　郁垒　　　　B. 张飞　关羽

C. 尉迟恭　秦琼　　　　D. 包拯　文天祥

25. 导出分数是在原始分数的基础上，按一定的规则推导出来的，最常用的是百分等级和标准分数。如果某学生在一次全区数学统考中卷面分数为70分。而全区有60%的学生卷面成绩低于70分，则该生在此次考试中的百分等级为(　　)

A. 60　　　　B. 65

C. 70　　　　D. 75

26. 在word文档中，如果出现了多处相同的错误，下列操作中，可一次性修改这些错误的是(　　)

A. 逐字查找更正　　　　B. 使用“撤消”命令与“恢复”命令

C. 使用“定位”命令　　　　D. 使用“编辑”菜单的“替换”命令

27. 在PowerPoint中，演示文稿的基本组成单元是(　　)

A. 文本　　　　B. 图形

C. 幻灯片　　　　D. 工作表

28. 下列选项中，与“青年—记者”的关系相同的是(　　)(常考)

A. “护士”和“医生”　　　　B. “学生”和“团员”

C. “警察”和“狱警”　　　　D. “作家”和“文人”

29. 找规律填数字是一项很有趣的游戏，特别锻炼观察和思考能力。下列选项中，填入数列2、3、9、30、________、8193空缺处的数字，正确的是(　　)

A. 263　　　　B. 273

C. 283　　　　D. 293

二、材料分析题(本大题共3小题，每小题14分，共42分)阅读材料，并回答问题。

30. 材料：

美术课上，李老师指导学生画月季花。她在教室里巡视时发现晓宇把月季花涂成了咖啡色。

“老师，我的花漂亮吗?”晓宇问道。

“你见过这种颜色的月季花吗？还漂亮……来，来，你看看别的同学是怎么涂的。你看，人家都涂的是白色、黄色、粉红色、大红色，多漂亮，多好啊！现在知道该怎么涂了吗?”边说着，李老师边随手指了指旁边几位学生。晓宇愣愣地看着老师，难过地点了点头。

第二天，晓宇捧着一束用折纸扎的咖啡色月季花来到教室。同学们叽叽喳喳议论着：“哇，真有咖啡色的月季！”“好漂亮呀！”

美术课代表去办公室取作业本时，兴高采烈地跟李老师说：“老师，晓宇还真的带来一束咖啡色的月季花。”李老师打算去教室一探究竟。

一进教室，李老师就看到几个同学正围在晓宇的座位旁议论着那束“特别”的月季花。

李老师缓缓地走过来说道：“这花是假的！”

“老师，那假的就不能画吗？”晓宇问道。

李老师：“自然不是。”

“那为什么就不可以画我家里的咖啡色月季花呢？”晓宇反问道。

此时，李老师生气地说：“你怎么就不开窍呢？看来你还真是没有画画的天赋。”转身离开了教室。

问题：

请结合材料，从教育观的角度，评价李老师的教育行为。（14分）

31. 材料：

我班上有两个个头相近、名字读音相似的女生。一个叫梁钰，爱好跳舞，但学习基础不太好；一个叫杨瑜，擅长书法，除数学外，其他功课都很优秀。

梁钰一直把自己成绩不好归结为记忆力差。但经我的观察与分析，一是她学习方法不对，二是不能持之以恒，对此，我给她提出了建议。一开始，梁钰还按我的建议去学习，非常有劲头。但坚持不到半学期就松懈了，总说自己跳舞忙，学习刚有一点儿起色，又退步了。

对杨瑜，我也和她一起分析了数学学习问题，提出了建议。自此，她主动找老师和数学成绩好的同学请教，数学学习进步很大，这让杨瑜非常开心，对学好数学也有了信心。

期中考试后，我在班会上进行小结，我准备这样表扬杨瑜："杨瑜，老师发现你是一个能够自我反思、积极进取的孩子，我为你的进步而高兴！但你也要知道学习如逆水行舟，不进则退，希望你再接再厉，争取更大的进步！"

但由于我的口误，把杨瑜说成了梁钰，说完后同学们都瞪大了眼睛，我才意识到自己粗心大意了，想改口又怕伤了梁钰的自尊心。我干脆将错就错，又补充了一句："梁钰，学习贵在坚持，你能坚持努力吗？"梁钰羞涩又略带惊喜地说："嗯嗯嗯，好好好！"接着，我又对杨瑜的表现进行了评价。

这次班会后，梁钰在学习上有了变化，学习成绩也有了提高。

问题：

请结合材料，从教师职业道德的角度，评析"我"的教育行为。(14分)

32. 材料：

“美学”这个词，最初是一位德国哲学家鲍姆加登创造的。1750年，他以“美学”这个词为书名，发表了他的巨著《美学》第一卷。美学这个学科从此有了名称。但是，我们不能说，鲍姆加登定了一个名字，就有了一门学科。命名很重要，更重要的是要往这个学科里填内容。那么，在美学这个学科形成之前，还有没有美学？对此，朱光潜在他晚年的著作《美学拾穗集》里，作出了这样一种区分：“美学”与“美学思想”。他认为，1750年鲍姆加登的《美学》这本书出版后，“美学”才成为一门独立科学，此前的美学，可称为“美学思想”。

这样一来，我们就区分了两种意义上的美学，一种是一批美学家研究的，具有高度哲学意味的，对美的性质、美感本质、艺术概念的分析等问题进行理论阐释的专门学科；另一种是一些哲学家、思想家和文学家、艺术家关于美和艺术的一些论述。

除了以上两种美学的区分之外，在当前更加需要关注的，是这样的一种区分。我们常常说，某位作家通过他的作品，展现了某种美学追求；某位画家的作品，在美学上独树一帜；某位音乐家的作品，给人以美学上的震撼。过去，美学家们常常忽视这些“美学”的用法，认为这不过是一些人在乱用词而已，这种说法是不对的。文学家、艺术家和普通大众都有美学观念、思想、追求和品味，这是一种生活中的“半美学”，特别应该得到美学专门研究者的关注。在生活中，美和对美的感受，是无所不在的。人在对世界的感知中，受自己的教养、知识和经历的影响，因而有着不同的趣味，这种趣味决定了人在感知时的选择性，以及对感知对象的内在反应。在这方面，艺术家与普通人并没有本质的区别。他们由于自己的教养、知识和经历，形成了他们在艺术创作中的美感倾向，并由此决定了他们的艺术风格。同时，在一个时代，一个社会，一种文化之中，也有着一些占据着主导性的美感倾向，这些倾向具有流动性，始终处于变化之中，一些敏感的艺术家能够先知先觉。依据这样的感觉，他们创作出了自己的作品。反过来，他们的作品又影响并推动了一个时代、社会和文化的普遍感觉。这种流动着的东西，其实是美学的精髓，是活的美学，是美学的生命力所在。美学家们应该捕捉这些。

我们常常听说，美学过时了。其实，过时的是我们做美学的方式，而不是美学本身。美学是一种理论，它要保持理论的品格。但同时，它要“接地”，接触实际。美学的生长基础，是大量“半美学”的实践、思考和论述。这包括对古代“美学思想”的吸纳，也包括对当代作家和艺术家“美学思想”的吸纳，从这些“美学思想”中来，又推广到作家、艺术家那里去，这样的美学，才是有生命力的美学。

美学是一门专门的由专家从事的学问，又是一门涉及面极广的学问，关键在于，这些专家要先当学生，然后才能当先生，包容生活中无所不在的对事物进行美的感受和评价这一独特的维度，把握大量的“半美学”，整理出来，形成理论，以此保持与现实的对话关系，使美学重获活力，找到发展的源泉。

（摘编自高建平《美学是一门什么样的学问》，有删减）

问题：

（1）从美学发展史来看，鲍姆加登的《美学》有什么贡献？请根据文章，简要概括。（4分）

（2）文章提出并强调“半美学”，有什么意义？请简要分析。（10分）

三、写作题(本大题1小题,50分)

33. 阅读下面的材料,根据要求写作。

20世纪50年代,王利器在人民出版社工作,任范文澜《文心雕龙注》的责任编辑。王利器参考自己的《文心雕龙新书》,订补了将近500条注文在《文心雕龙注》里,范老完全同意,并提出著作应同署他们两个人的名字。王利器认为这是自己份内的事,坚辞不允。

综合上述材料所引发的思考和感悟,写一篇论说文。

要求:

用国家通用语言文字写作;角度自选,立意自定,标题自拟;不少于800字。

机密★启封前　　　　　　　　　　　　　　　　　　　　姓名________　准考证号________

2022年上半年中小学教师资格考试真题试卷(四)

综合素质(小学)

注意事项:

1. 考试时间为120分钟,满分为150分。

2. 请按规定在答题卡上填涂、作答,在试卷上作答无效,不予评分。

一、单项选择题(本大题共29小题,每小题2分,共58分)

在每小题列出的四个备选项中只有一个是符合题目要求的,请用2B铅笔把答题卡上对应题目的答案字母按要求涂黑。错选、多选或未选均无分。

1. 王老师经常反问自己:怎样科学设计教学目标? 怎样有效改善教学效果? 怎样提高学生成绩? 这表明王老师所处的专业发展阶段是(　　)

A. 任教前关注阶段　　　　B. 早期求生存阶段

C. 关注教学情境阶段　　　D. 关注学生阶段

2. 在课堂上,东东问马老师:"老师,在月亮上看天,天是不是蓝的呢?"马老师说:"你懂什么! 听老师讲就行了。你呀,总是打岔,这是不礼貌的,今后不要这样。"这表明马老师(　　)(常考)

A. 忽视了学生的阶段性　　B. 忽视了学生的自主性

C. 忽视了学生的不平衡性　D. 忽视了学生的整体性

3. 在综合实践活动中,王老师鼓励学生参与调查报告的撰写和评分规则的制定。下列说法与王老师做法不符的是(　　)

A. 注重了学生的差别性　　B. 注重了学生的创造性

C. 尊重了学生的自主性　　D. 尊重了学生的能动性

4. 李老师把作业从难到易分成了ABC三类,他在班上特意交代:学优生只能做A类作业,中等生只能做B类,学困生只能做C类。李老师的做法(　　)

A. 遵循了因材施教的原则　B. 减轻了学生的学习负担

C. 违背了教学相长的原则　D. 忽视了学生的学习潜力

5. 下列不属于县级人民代表大会权限的是(　　)

A. 罢免本级人民法院院长　　　　B. 监督本级监察委员会工作

C. 撤销本级人代会的不适当决议　D. 罢免上一级人代会的个别代表

6. 为了提高学生的科学素养，顾老师计划带他们去参观当地的科技馆，科技馆以学生年龄小、人数多、管理不便为由，婉拒了请求。科技馆的行为(　　)

A. 应当改进，科技馆应为师生参观提供便利

B. 可以理解，科技馆并不是专门的教育机构

C. 值得肯定，科技馆应当确保学生的人身安全

D. 有待商榷，科技馆所有的设施应向师生免费开放

7. 小雨7岁了，父母不送他去上学，而是联合了几位志趣相投的朋友，在自己家对孩子进行教育。对此，下列说法正确的是(　　)(常考)

A. 小雨的父母应报当地人民政府审核批准

B. 小雨的父母应到当地教育行政部门备案

C. 教育行政部门应依法督促小雨父母改正

D. 教育行政部门应依法对小雨的父母予以处分

8. 为促进教师终身学习，某县教育行政部门为所有在岗教师提供了每年不低于72学时的培训机会。该县的做法(　　)

A. 正确，保障了教师参加进修培训的权利

B. 正确，促进了义务教育经费的均衡分配

C. 错误，侵犯了学校自主管理的权利

D. 错误，侵犯了教师带薪休假的权利

9. 小学生潘某与陈某在课间活动时打羽毛球，击球中潘某所挥的球拍突然脱手，击中了一旁观看的李某，导致李某左眼受伤。对于李某所受的伤害，应承担主要赔偿责任的是(　　)

A. 潘某监护人　B. 陈某监护人　C. 李某班主任　D. 李某的学校

10. 考试前，李老师发现少了一份试卷，便对学生昭宇说："你基础太差，参加了考试也不能及格，还是自己看书学习吧！"于是把试卷给了其他同学。李老师的做法(　　)

A. 错误，班主任才有免除学生参加考试的权利

B. 错误，基础再差的学生也有参加考试的权利

C. 正确，体现了严慈相济的职业道德

D. 正确，体现了因材施教的教育理念

11. 梓轩的画多次在市儿童画展上获奖，前段时间，某出版社因修订地方教材的需要，在未联系他的情况下，就用了他的一幅作品作为插图。该出版社的做法(　　)

A. 合法，教材的编辑和出版属于社会公益事业

B. 合法，出版社使用的是已公开发表的作品

C. 不合法，出版社应该事先取得梓轩的授权

D. 不合法，不应该选择未成年人的作品作为插图

12. 思涵受不了继母的虐待，找到班主任刘老师求助。刘老师当即向王校长汇报，王校长却说："清官难断家务事，这种事我们还是别管了。"王校长的做法(　　)(易错)

A. 错误，学校应依法履行监护责任，保护儿童人身安全

B. 错误，学校应依法履行保护义务，积极采取救助措施

C. 正确，学校没有执法权限，光凭劝说无济于事

D. 正确，学校不是行政机关，无权干预家庭事务

13. 某小学项老师发现班上小娟最近情绪低落，上课分心，成绩下滑。经了解才知道有高年级学生多次欺负她，还不许她告诉别人。项老师的措施中不恰当的是(　　)

A. 鼓励小娟大胆向老师家长求助　B. 请求学校对违纪学生严加管教

C. 找到欺负小娟的学生进行教育　D. 建议学校劝退欺负小娟的学生

14. 开学伊始，刘老师在班上进行"班级公约海选"，还推选了"公约管理员"，负责监督执行情况并反馈。对刘老师的做法，下列说法正确的是(　　)

A. 会滋长"公约管理员"打小报告的不良习惯，但有利于学生自我管理

B. 推选"公约管理员"不利于学生和睦相处，但尊重了学生主体性

C. 推选"公约管理员"有违全员参与精神，但体现了班级民主管理

D. 会增加"公约管理员"的任务，但调动了学生的积极性、主动性

15. 父母在外打工的玲玲和年迈的奶奶住在一起，吴老师得知后经常去帮助他们，村民们受到感染，也纷纷伸出援手。下列与该案例体现的教师职业道德功能相符的是(　　)

A. "其身正，不令而行，其身不正，虽令不从。"

B. "师道立，则善人多，善人多则朝廷正而天下治矣。"

C. "安其学而亲其师，乐其友而信其道。"

D. "师严然后道尊，道尊然后民知敬学。"

16. 刚休完产假的张老师回学校上班了，但请的保姆还未到位，这段时间既要照顾孩子，又要上班，经常两头顾不上，身心疲惫。张老师需要调适的角色内心冲突是(　　)

A. 角色责任与自我价值实现引发的心理冲突

B. 角色环境与社会环境引发的心理冲突

C. 不同角色责任引发的行为冲突

D. 不同角色期望引发的行为冲突

17. 地球上千姿百态的地貌都是地质作用的结果，地质作用按其能量来源可分为内力作用和外力作用，下列属于外力作用导致的是(　　)(易错)

A. 褶皱　　B. 沙漠　　C. 火山　　D. 断层

18. 公元79年，古罗马帝国的庞贝城毁于一场火山爆发，由于火山灰掩埋，古城中的街道房屋保存比较完整。对其遗址的考古挖掘为研究古罗马的社会生活和文化提供了重要资料。该火山是(　　)

A. 皮纳图博火山　　B. 圣海伦斯火山

C. 维苏威火山　　D. 埃特纳火山

19. 第一次工业革命中蒸汽机的出现带动了一系列的发明，人们利用蒸汽机在各领域改进生产，提高效率。下列(　　)设计并制造了世界上第一台蒸汽机车。

A. 瓦特　　B. 富尔顿

C. 惠特尼　　D. 史蒂芬孙

20. 公元前7世纪后期，晋国和楚国进行了一场战役，晋军大败楚国，从此奠定了晋文公的"霸主"地位。这场战役是(　　)(易错)

A. 城濮之战　　B. 桂陵之战

C. 马陵之战　　D. 长平之战

21.《丧钟为谁而鸣》是美国作家海明威的小说，这部小说是以一场内战为历史背景的，这次战争是(　　)

A. 西班牙内战　　B. 墨西哥内战

C. 美国南北战争　　D. 英国玫瑰战争

22. 下列京剧折子戏不是出自《三国演义》的是(　　)

A.《失空斩》　　B.《定军山》

C.《宇宙锋》　　D.《长坂坡》

23. 下列人物，属于奥地利作曲家的是(　　)

A. 舒曼　　B. 海顿　　C. 贝多芬　　D. 李斯特

24. 下图表现的是特色民族舞蹈，这一民族是(　　)

A. 苗族　　B. 黎族

C. 傣族　　D. 彝族

25. 某年级学生的学期语文成绩由平时成绩、期中成绩和期末成绩三部分组成，三部分的权重是2:3:5，某一学生平时成绩为85分，期中成绩为78分，期末成绩为84分，则该生语文成绩为(　　)

A. 82.3　　B. 82.4

C. 83.3　　D. 83.4

26. 在Excel中，C3:C8区域内每个单元格都保存着一个数值，则C9单元格中的函数"COUNT(C3:C8)"的数值为(　　)

A. 33　　B. 32

C. 8　　D. 6

27. 在Excel中，在单元格输入的数据前加"'"，则该单元格的格式(　　)

A. 时间类型　　B. 数值类型

C. 日期类型　　D. 字符类型

28. 下列与"军人—医生"的逻辑关系不同的是(　　)(常考)

A. 学生—团员　　B. 导演—演员

C. 校长—家长　　D. 丈夫—妻子

29. 按图形逻辑，填入最恰当的是(　　)

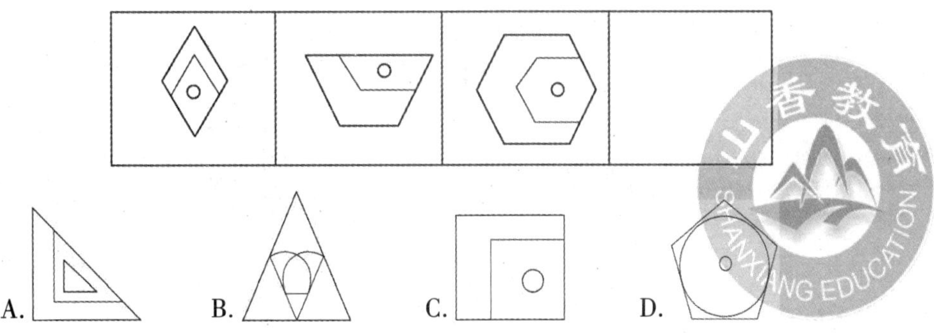

二、材料分析题（本大题共3小题，每小题14分，共42分）阅读材料，并回答问题。

30. 材料：

教学“比较分数大小”的内容，罗老师批改作业时发现同学们能够用不同的方法来解题。

大多数用了通分法和化小数法解题，但有几个由于粗心做错了。罗老师在小鹏作业本上写：用化小数法，不错！再细心点就好了。

少数的用了画图法和估算法，且都对了，小萌也是，但图画得不规范。罗老师在她的作业本上写：字迹清秀，页面整洁，如果饼图画得规范些就好了。

还发现一个“特例”，数学成绩一直不理想的小涛，在比较分数4/5和2/3大小时，用了化同分子的方法，于是罗老师在他的作业本上写：解法独特，希望不断闪烁智慧火花。

第二天上课，罗老师分类点评并讲解。拿到作业本后，小涛看到评语很高兴，并主动找老师。罗老师再次肯定了他勤于思考的品质。

渐渐地，小涛对数学产生了兴趣，上课时专心听讲，并按时完成作业，还当上了数学课代表。

问题：

请结合材料，从学生观的角度，评析罗老师的教育行为。（14分）

31. 材料：

已毕业多年的学生写给于老师的信：

小学一到三年级，我是老师眼里十足的差生，座位安排在角落，老师不提问，好学生不和我玩，只有淘气的学生和我玩。

四年级，您成了我的班主任，不时地将目光停留在我身上，虽然只是片刻，却让我感受到一股从未有过的暖意。

有一天，我被叫到办公室，您让我坐在椅子上，我受宠若惊。您对我说升旗需要四个护旗手，看你个子高，很适合，你要认真对待。顿时我心中一股暖流涌过。

升旗当天，师生万众瞩目，幸福感油然而生。我发誓不能再混日子，要好好回报您。于是我认真听课，您不断鼓励我，还与我父母联系，渐渐地，我的学习步入正轨。

我真心地感谢您，护旗手的经历给我温暖、自信，使我受益终身。

问题：

请结合材料，从教师职业道德的角度，评析于老师的教育行为。(14分)

32. 材料：

就中国古人对诗、礼、乐的理解看，我们很难分清它到底是属于美学还是伦理学的问题。比如，诗或《诗经》作为文学形式，它的基本价值在于审美和情感表达，是美学的，但自孔子时代始，其道德、政治喻义被历代经学家进行了无限发挥，《诗经》因此几乎成为社会风教和政教读本。与此一致，礼主要涉及道德伦理问题，但由其昭示的人的行为的雅化和群体活动的仪式化，则是审美的；乐是中国社会早期对诗、乐、舞等艺术形式的统称，其审美和艺术特性自不待言，但它预示的心性、社会乃至天地人神的整体和谐，却指向伦理性的至善理想。也就是说，虽然按照现代学科划分，美与善或者美学与道德之间存在分界，但在中国传统文化的价值论述中，两者却是混融的，其一体性要远远大于分离性。

但是，在中国文化传统中，美与善或美与德之间仍然存在差异。比如在《论语·八佾》中，孔子评价上古乐舞《武》"尽美矣，未尽善也"，《韶》则"尽美矣，又尽善也"。这一方面说明美与善不可相互取代，即美的未必就是善的，另一方面则说明善必然是从美出发的善，美对于道德之善而言具有奠基性和先发性。正是因此，自孔子以降，中国儒家向来主张以审美教育涵养道德教育，即以美储善。像在《论语·泰伯》中，孔子将人的成长分为三个阶段，即"兴于诗，立于礼，成于乐"。其中，一个人在幼年时代之所以要读诗，根本原因在于诗描绘的是人间的美好事物，诗的吟诵和学习能够兴发人性中美好的侧面，而这种人性的美好就是善。此后对于礼乐的修习，则同样是将道德行为与心性和谐置于美的浸润和环绕之中。据此，所谓以美储善，就是通过美对善的渗透和包容，使美成为道德的容器和存在境域。

中国传统儒家强调美对善的生成和涵养作用，同时也强调善向美的二次生成。人们相信，人的内在道德品质与外在形貌具有一体关系，良善的本性总会以美的形象向外显现。孟子曾讲，观察一个人，最好的办法就是看他的眼睛，因为眼睛作为心灵的窗口，既不能掩饰其内在的人性之恶，也不能抑制他的道德之善。一个有德的人，只要"仁义礼智根于心"，就会"见于面，盎于背，施于四体"，使人的形貌成为道德的表象形式。基于这种看法，孟子认为涵养内在的"浩然之气"是培育君子之德的要务，被这种道德化的浩然之气充盈的状态就是美的状态，由此显现的形象的光辉就是崇高。据此可以看到，对于中国传统儒家来讲，美不仅在源发意义上成为人性向善生成的内部动因，而且也是道德外化的形式。

在中国古代，美一方面涵养道德，另一方面引领道德；它在个体层面涉及"以美立人"问题，在国家层面涉及"以美立国"问题。一种美德共济、美善相乐的雅化国风正是借此得以形成。在美与德的关系上，中国传统思想者之所以以美和艺术作为国家道德建设的重要手段，原因无非在于美深化了道德的人性基础。如《礼记·乐记》讲：“德者，性之端也；乐者，德之华也；金石丝竹，乐之器也。诗，言其志也；歌，咏其声也；舞，动其容也。三者本于心，然后乐器从之。是故情深而文明，气盛而化神，和顺积中而英华发外，唯乐不可以为伪。”也就是说，人生在世，天然地追求快乐，诗、歌、乐、舞是快乐的表现形式，由此引发的道德必然是有深邃人性根基的道德。在中国历史上，儒家思想者之所以持之以恒地对其人民进行诗教和乐教，根本原因在于看到了美和艺术对人性之善的发蒙、滋养和化育作用。这是一种以“情深”为基础的“文明”，是由“和顺积中”而自然达成的“英华外发”。这种由美向德的自然生成，可以有效避免诸多道德教育弊端的出现。比如，美的内在充盈可以防止道德教育的空洞化和教条化，人对美的顺向接受可以缓解道德对人性的压力，美与德的贯通则可以解决因道德植入而使人性撕裂或异化的风险。从中国历史看，由儒家确立的社会道德原则和伦理秩序之所以具有纵贯数千年的生命力，关键在于它借助美和艺术深化了道德的人性基础，活化了社会伦理秩序，软化了诸多人伦规则的机械和僵硬，使其更合乎人性和人情。或者说，一种审美化和艺术化的道德，必然是人性化、人情化的道德，也必然是人更乐于认同并能够恒久持守的道德。认清这一点，有助于更深刻地体认美育之于中国当代学校乃至国民教育的重要性，同时也有助于为国家道德建设开启出一条更趋行稳致远的道路。

（摘编自刘成纪《中国古典美学中的“美”与“德”》，有删减）

问题：

（1）在传统儒家看来，“美”与“德”的一体性体现在哪里？请根据文章，简要分析。（4分）

（2）以美育德的方式有何特点和效果？概括文章。（10分）

三、写作题(本大题1小题,50分)

33. 阅读下面的材料,按要求作文。

材料一　近些年,我国的重大科技项目层出不穷,且不断取得重大成果:“神舟”载人飞船、“天舟”货运飞船、“天宫”空间站、“嫦娥”月球探测器、“鹊桥”中继星、“玉兔”月球车、“悟空”暗物质粒子探测卫星、“天问”火星探测器、“祝融”火星车。

材料二　我国某极具影响力的科技公司的产品名称都很有特色:手机芯片叫“麒麟”,基带芯片叫“巴龙”,服务器芯片叫“鲲鹏”,路由器芯片叫“凌霄”,人工智能芯片叫“昇腾”,服务器平台叫“泰山”,操作系统叫“鸿蒙”。

综合上述材料所引发的联想和感悟,写一篇论说文。

要求:

用规范的现代汉语写作;角度自拟;立意自定,标题自拟;不少于800字。

机密★启封前　　　　　　　　　　　　　　　　　　　　姓名________　准考证号________

2021年下半年中小学教师资格考试
真题试卷(五)

综合素质(小学)

注意事项:

1. 考试时间为120分钟,满分为150分。

2. 请按规定在答题卡上填涂、作答,在试卷上作答无效,不予评分。

一、单项选择题(本大题共29小题,每小题2分,共58分)

在每小题列出的四个备选项中只有一个是符合题目要求的,请用2B铅笔把答题卡上对应题目的答案字母按要求涂黑。错选、多选或未选均无分。

1. 语文课上,张老师提出了一个具有挑战性的问题,引导学生积极思考并通过小组讨论加以解决。从教师观的角度,下列表述正确的是(　　)

A. 张老师注重学生发展的独特性　　B. 张老师是学生成长的研究者

C. 张老师注重学生发展的主体性　　D. 张老师是学生学习的促进者

2. 在某次教育活动中,李老师要求学生分小组调查一些传统礼仪的来源与演化,并通过自编情景剧的形式表现出来。此次活动涉及的美育内容是(　　)

A. 艺术美和科学美　　B. 社会美和科学美

C. 艺术美和社会美　　D. 社会美和自然美

3. 下列选项中属于正确的学生观的是(　　)(常考)

①学生是发展着的人

②人是未完成的存在物

③学生是自我发展的主体

④学生的发展应当具有个性化

⑤教师是学生发展的帮助者而不是决定者

⑥教师要不断自我完善才能树立正确的学生观

A. ①③④　　B. ①②③

C. ③④⑤　　D. ①⑤⑥

4. 张老师为了提高学生学习语文的兴趣，设计了“童话故事大比拼”“故事续写”等一系列活动，让学生在活动中主动学习。张老师的做法体现的教师劳动特点是(　　)

A. 长期性　　B. 示范性

C. 主体性　　D. 创造性

5. 社会青年孙某闯入一所农村小学寻衅滋事，扰乱学校秩序，依据《中华人民共和国教育法》，对孙某应由(　　)

A. 教育行政部门进行强制教育　　B. 公安机关给予治安管理处罚

C. 受害学校给予罚款　　D. 乡级人民政府实施管制

6. 小学教师李某由于在校外兼职，经常旷工，严重影响了学校教学工作。依据《中华人民共和国教师法》，学校应对李某给予(　　)

A. 解聘　　B. 警告

C. 罚款　　D. 训诫

7. 梁某无正当理由不送女儿小芳入学接受义务教育。依据《中华人民共和国义务教育法》，由当地乡镇人民政府或者县级人民政府教育行政部门给予梁某(　　)

A. 行政处罚，责令限期改正　　B. 说服劝导，责令限期改正

C. 强制措施，责令限期改正　　D. 批评教育，责令限期改正

8. 依据《中华人民共和国未成年人保护法》规定，县级以上人民政府应当建立的未成年人保护工作机制是(　　)

A. 合作机制　　B. 监督机制

C. 协调机制　　D. 考核机制

9. 六(1)班班主任李老师在课间发现学生张某有欺凌行为。李老师首先应当(　　)

A. 对张某心理疏导　　B. 通知张某家长

C. 严肃批评张某　　D. 立即制止张某

10. 某县有关部门拖欠小学教师工资，依据《中华人民共和国教师法》，受理教师申诉的应是(　　)

A. 同级人民政府　　B. 上一级人民政府

C. 教师所在学校　　D. 同级人民政府教育行政部门

11. 未成年人丹丹的父母因外出务工，在一定期限内不能完全履行对丹丹的监护职责。依据《中华人民共和国未成年人保护法》，丹丹的父母应该履行的义务不包括(　　)

A. 委托具有监护能力的完全民事行为能力人代为照护

B. 及时将委托照护情况书面告知丹丹所在学校

C. 与丹丹所在学校至少每周联系和交流一次

D. 了解丹丹的学习、生活、心理等方面情况

12. 小学生宋某多次旷课、逃学，经老师多次教育仍拒不改正。对于宋某，学校可以(　　)(易混)

A. 予以处分　　B. 予以训诫

C. 开除学籍　　D. 责令参加社会服务活动

13. 张老师要求家长不要让孩子与成绩差的同学交往。张老师的错误在于其(　　)

A. 忽视了学生交往的广泛性　　B. 忽视了学生交往的适切性

C. 忽视了学生交往的类聚性　　D. 忽视了学生交往的获得性

14. 家长向学校投诉覃老师罚迟到的小辉站在教室外面听课。学校的下列做法中正确的是(　　)

A. 将小辉调到其他班级

B. 将覃老师换到其他班级任课

C. 制止覃老师的行为并对其进行诫勉谈话

D. 取消覃老师参评优秀教师资格12个月

15. 于老师在课堂上被学生的一个问题难住。课后，她遍查资料，还专门请教了专家，最终详细地回复了学生。下列选项与该案例所体现的教师职业道德要求相符的是(　　)(常考)

A. “言必信，行必果。”

B. “知不足，然后能自反也；知困，然后能自强也。”

C. “故君子之教喻也，道而弗牵，强而弗抑，开而弗达。”

D. “君子知至学之难易，而知其美恶，然后能博喻，能博喻然后能为师。”

16. 刚参加工作的彭老师买了许多关于班主任工作的“处方”类书籍，阅读后信心十足地开展班主任工作。但他发现这些攻略并不管用。他充满困惑，不断地问自己，问题出在哪呢？彭老师忽视的是(　　)

A. 班主任工作的技巧性　　B. 班主任工作的复杂性

C. 班主任工作的反思性　　D. 班主任工作的经验性

17. 花露水有一定的消毒杀菌作用，对蚊叮虫咬之处有止痒消肿的功效，也能缓解皮肤起痱的不适。下列选项中，属于花露水主要成分的是(　　)

A. 甲烷　　B. 乙烯　　C. 甲苯　　D. 乙醇

18. 空间站是一种载人航天器,可供多名航天员巡防、长期工作和居住。2021年4月29日,我国发射空间站核心舱进入预定轨道,全面开启空间站建造,该空间站核心舱的名称是(　　)

A. 天宫　　B. 天问

C. 天和　　D. 天舟

19. 殖民主义兴起后,非洲各地逐渐沦为殖民地,至20世纪初,欧洲列强在非洲占有殖民地面积最大的国家是(　　)(易错)

A. 法国　　B. 德国

C. 西班牙　　D. 葡萄牙

20. 小说《荒原狼》被誉为德国的《尤利西斯》,主人公身上有"狼性"和"人性"的对立,看不到出路,小说反映了两次世界大战之间一般中年知识分子的孤独、彷徨和苦闷。这部作品的作者是(　　)

A. 赫尔曼·黑塞　　B. 阿尔贝·加缪

C. 威廉·福克纳　　D. 辛克莱·刘易斯

21. 成语"终南捷径"出自《新唐书·卢藏用传》。该书记载,卢藏用想入朝做官,走了较便捷的门路,最终达到了目的。卢藏用被人讥为"终南捷径"的门路是(　　)

A. 隐居　　B. 占卜

C. 经商　　D. 出家

22.《愚公移山》创作于1940年,以其宏大的气势、震人心魄的力度,表现了中华民族坚忍不拔的精神,以及团结一心打败日本侵略者的信念。该画开辟了中国画的一条创新之路,这幅画的作者是(　　)(易混)

A. 刘海粟　　B. 徐悲鸿

C. 蒋兆和　　D. 吴冠中

23.《长征组歌》讴歌了中国工农红军历经艰辛、英勇作战、无私无畏的革命精神,词作者是一位亲历长征的中国人民解放军开国将军,这位将军是(　　)

A. 谭政　　B. 陈赓

C. 邓华　　D. 萧华

24. 许多以现实生活为题材创作的美术作品，富有感人的艺术魅力。下图这座著名雕塑是老一辈革命者不屈不挠的奋斗精神和革命乐观主义精神的真实写照，其名称是(　　)

A. 天伦之乐　　B. 艰苦岁月

C. 畅想未来　　D. 音乐之魂

25. 中位数又称中值，是一组统计数据中的代表性数值。在一次考试后，甲组11位同学的成绩分别为98、100、96、94、106、102、104、112、108、120、110，则甲组此次考试成绩中的中位数是(　　)

A. 100　　B. 102　　C. 104　　D. 106

26. 下表为Excel学生信息表，在设置了日期格式的C3单元格误输入了数字“6789”并确认后，C3单元格显示的内容是(　　)

	A	B	C
1		入学成绩	入学日期
2	张强	450	2018年9月1日
3	李丹	432	2018年9月4日
4	陈思	517	2018年12月20日

A. 2018年10月4日　　B. 6789

C. 另外一个日期　　D. #DIV/0!

27. 在Word中，不缩进段落的第一行，而缩进其余的行，可实现这一功能的操作是(　　)

A. 首行缩进　　B. 悬挂缩进

C. 左缩进　　D. 右缩进

28. 下列选项中，与“取件—寄件”的逻辑关系相同的是(　　)

A. “跑步”和“健身”　　B. “出席”和“缺席”

C. “投篮”和“灌篮”　　D. “打针”和“输液”

29. 找规律填数字是一个很有趣的活动，特别锻炼观察和思考能力。下列选项中，填入数列“8、10、20、32、________、88”空缺处的数字，正确的是(　　)

A. 50　　B. 52

C. 54　　D. 56

二、材料分析题(本大题共3小题,每小题14分,共42分)阅读材料,并回答问题。

30. 材料:

我班学生小文上课注意力不集中,总喜欢动这动那,隔三岔五就惹是生非……正当我为此头疼时,数学老师告诉我,上课时小文完全被一本书给迷住了,走到跟前他都没有察觉。听罢,我眼前一亮——教育契机可能就潜藏其中!

我把小文叫到跟前,微笑着问道:“你知道我为什么找你来吗?”“知道……因为……我上课看课外书。”他有点儿吞吞吐吐,还没等我开口回应,又连忙说道:“老师,这本书是我跟同学借的,我答应人家下午就要归还,所以我要抓紧时间看完……”我轻轻地摸了摸他的头,说道:“小文,老师其实是要表扬你的。”他一听,满脸疑惑,瞪大了眼睛看着我。“第一,你热爱阅读,说明你是个好学的孩子;第二,老师走到跟前你都没察觉,说明你有专注的品质;第三,你不但能意识到自己的错误,而且认错态度良好,更难得的是,你是为了按时还书才这样做的,说明你信守承诺。”听完这些,小文脸上微微泛红,有些不好意思:“老师,对不起,我以后一定注意上课不看课外书。”

后来,我特意在教室里布置了一个读书角,经常和小文一起读书,有时还会围绕一个问题讨论交流。小文从阅读中慢慢地学会了控制自己的情绪,约束自己的行为。

问题:

请结合材料,从学生观的角度出发,评析“我”的教育行为。(14分)

31. 材料：

张老师小时候非常内向寡言，后来遇到了擅长教隶书的李老师。在李老师的启发下，她走进书法这道门，人也变得开朗起来，隶书也成为张老师最喜欢的一种书体。

成为教师后，为了教育学生，她不断尝试各种书体的临摹，并依据班上学生的个性特点开展“因生习‘书’”“以‘书’育人”等系列书法练习活动。

针对行为有些散漫的学生，她教以楷书，让他们在楷书的法度谨严中一撇一捺地揣摩领悟，进而学会自我调控。

针对身体有些孱弱的学生，她教以魏碑，让他们先感受魏碑书体的雄浑大气，待他们产生兴趣后，慢慢引导他们在魏碑的遒劲、峻挺中体悟气势。

针对顽皮不守规矩的学生，她教以篆书，让他们感受篆书的“有提无顿，有转无折”，无粗无细，在篆书线条的书写中学会不偏不倚，进而遵规守纪。

针对性格内向的学生，她则教以隶书，和他们分享自己儿时的经历，并现场展示隶书的书写，勉励他们尝试练习，让他们在“蚕头燕尾”“一波三折”的隶书临习中，感受舒展与快乐。

问题：

请结合材料，从教师职业道德的角度，评析张老师的教育行为。(14分)

32. 材料：

我国自步入现代民族国家时起便开始了时制改革，民国创立之初改行“公历”，以公历的1月1日作为新年，1914年又颁布法令规定旧历新年为“春节”，公历新年以“元旦”之名在法律上确定下来，本意是要取代传统的新年及其礼仪，结果却造成了两个新年庆典并行于一个日历年的局面。

此后，在1930年前后等一些时期，有关方面都推动过用元旦代替春节的运动，结果都同样回归到元旦和春节并行于世的格局。在学术文献的表述里，元旦和春节作为两个不同的节庆，甚至被认为是相互对立的社会力量的价值表达形式。在谈到时间框架、年例、节庆、公共假日等主题时，学者们习惯于把元旦与春节看作中国近代以来多种对立关系（如现代与传统、官方与民间、西方与本土、科学与迷信、理性与习惯）的两个代表，并在一种零和游戏的思维定式中，处理有关的公共文化政策问题。

然而实际并非如此。一些调查发现，中国人的年意识和过年的仪式活动分布在“元旦—小年—大年—元宵节”的时间过程中。总体上看，我们的社会，尤其是城市社会，从元旦前后开始进入“过年”的状态，在春节假期到达“过年”的高峰，而到元宵节之后，“年”才算过完，进入平常状态。

在这样的事实面前，我们已不宜再把新年活动认知为两个分立的庆典。从理论上说，在国家共同体的层面只可能有一个新年过渡礼仪。从个人心理上看，一个人通常不会在一年里产生两个过年的体验。如果抛开“元旦”和“春节”是两个不同的“年”给我们造成的刻板观念，应当看到两者之间的替换预期已经逐渐地演变为互相依存，我们可以尝试把两者当作能够互补、合并的因素，并将它们认知为同一个新年礼仪的两个阶段。

事实上，中国传统的过年时间体验一直是一个多阶段的过程。正式的仪式活动通常是从“小年”的送灶神开始的。从小年到除夕的辞旧，再从初一到元宵的迎新贺岁，构成了过年的主要阶段。今天，人们沿袭了过年是一个多阶段过程的意识，但其起止时间却变得富有弹性，表现在活动上也更有选择性。多数城市居民和一些农村居民不再遵行小年送灶神、十五送祖先的习俗，元旦作为过年仪式活动时间的观念却得到了很大的强化，元旦已成为新年礼仪的一个内在阶段，而不再是过年之外的一个官方纪念日。把元旦和春节合并起来，还能够更好地适应当前社会对于过年仪式活动的需求。在传统的春节，人们的时间安排是在不同的日子与不同亲疏的关系交往。如初一拜本家、初二拜丈人，可是，当代频繁而快速的人口流动，家庭近亲的异地居住，个人和家庭的社会网络的广泛分布，都使春节的礼仪活动不足以覆盖所有的重要社会关系，调动其他的仪式活动时间就成为必然。今天看来，多亏了从元旦到春节的多阶段过程,十多亿中国人才有了足够的机会交叉地发生对应关系,相互祝福迎新。否则,该履行仪式的关系没有履行,个人在心理上、社会在结构上就难以顺利地进入一个周期,人在时空和心理上的过渡到位,社会与文化才能在这样一个高度分化和多样化的时代得以稳定地再生产。元旦和春节所代表的一系列新年庆典的仪式空间,已经构成同一个过年礼仪,成为整个共同体的公共文化;而把元旦和春节合并看待的思想方式,对于我们尝试以新的眼光反思近代以来的历程,前瞻今后的公共文化建设,可能更加富有意义。

(摘编自高丙中《作为一个过渡礼仪的两个庆典:对元旦与春节的一种关系的表述》,有改动)

问题:

(1)文章为什么认为可以“把元旦和春节合并看待”?请简要概括。(4分)

(2)“把元旦和春节合并”的思维方式,对于我们看待和处理公共文化建设问题有哪些启示?请根据文章,简要分析。(10分)

三、写作题(本大题1小题,50分)

33. 阅读下面的材料,按要求作文。

一位少年,酷爱小提琴,却为不能成名而苦恼。老琴师把少年带到自家的花园里说:“世上有两种花,一种花能结果,一种花不能结果,不能结果的花更加美丽,它们在阳光下开放,没有目的只为快乐,快乐本身就是成功啊!”少年深受触动,他仍然常拉小提琴,但不再求成名。

这位少年叫爱因斯坦。

综合上述材料所引发的思考和感悟,写一篇议论文。

要求:

用规范的现代汉语写作;角度自选,立意自定,标题自拟;不少于800字。

机密★启封前　　　　　　　　　　　　　　　　　　　　姓名________　准考证号________

2021年上半年中小学教师资格考试真题试卷(六)

综合素质(小学)

注意事项:

1. 考试时间为120分钟,满分为150分。

2. 请按规定在答题卡上填涂、作答,在试卷上作答无效,不予评分。

一、单项选择题(本大题共29小题,每小题2分,共58分)

在每小题列出的四个备选项中只有一个是符合题目要求的,请用2B铅笔把答题卡上对应题目的答案字母按要求涂黑。错选、多选或未选均无分。

1. 晓军向老师报告:"安安偷看我的试卷。"老师说:"安安怎么会偷看你的试卷呢?她的成绩比你好。"晓军红着眼睛坐在座位上,无心考试了。该老师的做法表明,他没有做到公正待生,做出此评判的依据是(　　)

A. 促进学生全面发展是教育的根本目的

B. 因材施教是现代学生观的基本要求

C. 教学相长是和谐的师生关系的特征

D. 面向全体学生是素质教育的基本要求

2. 詹老师在介绍教学经验时说:"在课堂上,小学生就如同一张白纸,任凭老师在上面写写画画,学生的知识就是这样获得的。"詹老师的说法(　　)(常考)

A. 不恰当,学生是课堂中的主体

B. 恰当,学生是接受知识的人

C. 不恰当,课堂应以学生为主导

D. 恰当,教师是传递知识的人

3. 薛老师习惯用PPT进行教学,某节课上他自始至终不停地呈现PPT内容进行讲解,不管学生是否明白其所表达之意。关于薛老师的做法,下列表述不恰当的是(　　)

A. 忽视了教学的本质　　　　B. 忽视了教师的中心地位

C. 忽视了教学的目标　　　　D. 忽视了学生的主体地位

4. 在科学课教学中，李老师引导学生以小组为单位设计并开展一项环保小调查，调查结束后指导学生撰写调查报告并在班内进行交流。下列选项中，不正确的是(　　)

A. 李老师为学生创造了合作学习的机会

B. 李老师为学生创造了自主学习的机会

C. 李老师采用了混合式教学方式

D. 李老师采用了探究式教学方式

5.《中华人民共和国宪法》规定，人民行使国家权力的机关是(　　)

A. 全国人民代表大会和地方各级人民代表大会

B. 地方各级人民代表大会和地方各级人民政府

C. 地方各级人民代表大会及其常务委员会

D. 中央人民政府和地方各级人民政府

6. 教师李某未履行请假手续，参加了县教研室组织的一次学术研讨会，让学生在教室自习。学校给予李某记过处分并扣除其当月部分绩效工资，李某对此处分不服。对此，下列说法正确的是(　　)

A. 学校不应该处分李某，李某享有学术研究权

B. 学校不应该扣除工资，李某享有报酬待遇权

C. 李某对处分不服，可以向上级纪委提出申诉

D. 李某的旷课行为，侵犯了学生受教育的权利

7. 某小学将学习成绩优秀的学生组建成一个实验班，安排全校最优秀的老师上课，该小学的做法(　　)

A. 合法，学校有自主办学及自主管理的权利

B. 不合法，学校不得变相设置重点班

C. 合法，有助于教师分层分类教学

D. 不合法，不应该安排最优秀的老师上课

8.《中华人民共和国教师法》指出全社会都应当尊重教师。下列名言警句蕴含“尊师重道”道理的是(　　)(易错)

A.“己所不欲，勿施于人”　　B.“三人行，必有我师焉”

C.“学莫便乎近其人”　　D.“教也者，长善而救其失者也”

9. 教师张某不执行学校的教学计划，随意安排教学内容和教学进度。张某的做法(　　)

A. 合法，教师有选择教学内容的权利

B. 合法，教师有安排教学进度的权利

C. 不合法,教师有执行学校教学计划的义务

D. 不合法,教师有提高教学业务水平的义务

10. 教师王某因为小学生李某在班上曾经偷拿别人的东西,拒绝推荐李某参加学校的演讲比赛。王某的做法(　　)

A. 正确,教师有管理学生的权利

B. 正确,学生李某理应受到惩戒

C. 不正确,王某侵犯了李某的荣誉权

D. 不正确,教师应公平对待全体学生

11. 下图中,该学校的做法(　　)

A. 合法,有利于家长督促孩子学习

B. 合法,学校有接受助学捐款的权利

C. 不合法,学校不得收取任何保证金

D. 不合法,学校不能只收差生的保证金

12. 班上有人遗失了财物,孔老师未经调查就怀疑是学生熊某偷拿了,尽管熊某一再否认,但孔老师还是要求他当着全班同学的面承认“罪行”。孔老师的行为(　　)

A. 侵犯了熊某的人身自由　　B. 侵犯了熊某的人格尊严

C. 侵犯了熊某的隐私权　　D. 侵犯了熊某的荣誉权

13. 小周因为成绩不好被同学视为差生,班主任刘老师对全班同学说:“小周这次考试成绩是差了点,但在我看来他很不错,他一向都认真做值日,做事很踏实。”关于刘老师的做法,下列说法不正确的是(　　)

A. 注重学生发展的阶段性　　B. 注重评价学生的多元性

C. 注重学生发展的全面性　　D. 注重教育学生的示范性

14. 在课堂教学中,文老师不仅能够深入浅出地讲解学科知识,而且能结合教学内容对学生进行思想道德方面的引导。文老师的做法体现了(　　)

A. 教育价值的融合　　B. 教法与学法的融合

C. 师生互动的生成　　D. 传授与习得的互补

15. 特级教师李老师经常去听年轻老师的课并给予指导。一次听孙老师上课时，李老师发现孙老师对某个知识点的讲解存在偏差，便当场打断教学予以纠正。这说明李老师(　　)(易混)

A. 帮扶心切，严慈相济　　B. 甘为人梯，示范失当

C. 教学严谨，循循善诱　　D. 严于律己，缺乏尊重

16. 小明学习习惯不好，汪老师安排小明独自坐到教室最后面，还不让其他同学和小明做朋友。汪老师的做法有违(　　)

A. 教育公正的可互换性　　B. 教师关怀的连续性

C. 教师关怀的传递性　　D. 教育公正的对等性

17. 1953年，科学家沃森和克里克发现了DNA结构，遗传学和生物学的研究从此由细胞阶段进入了分子阶段。他们所认识到的DNA结构是(　　)

A. 三链螺旋　　B. 球状

C. 双链螺旋　　D. 单链

18. 生物是自然界中有生命的物体，包括植物、动物和微生物，生物不仅具有多样性，而且具有一些共同的特征和属性。下列关于生物特征的表述，不正确的是(　　)

A. 都需要呼吸，吸入氧气，呼出二氧化碳

B. 都进行物质和能量代谢，得以生长发育

C. 都会对外界的刺激做出反应

D. 都会通过遗传保留种族特性

19. 平原是绝对高度低于200米、相对高度小于50米的平缓陆地，是陆地地貌最基本的类型之一，世界大部分人口均居住在平原地区。世界上最大的平原是(　　)

A. 东欧平原　　B. 亚马孙平原

C. 西西伯利亚平原　　D. 长江中下游平原

20. 我国的成语很多来源于含有历史人物、历史事件和那个时代的社会生活的典故。下列选项中，来源于汉代的人物和事件的成语是(　　)

A. 竭泽而渔　　B. 完璧归赵

C. 马革裹尸　　D. 洛阳纸贵

21. 中国戏曲是中国传统戏剧的独特称谓，具有综合性、虚拟性和程式性三大特征。下列关于中国戏曲的表述不正确的是(　　)

A. 元杂剧、京剧都属于戏曲　　B. 戏曲要有人物和故事情节

C. 它包含散曲、话剧、说书、相声等　　D.《西厢记》《牡丹亭》是其代表作品

22. 干支是天干和地支的合称，以十干同十二支循环相配，古代用来表示年、月、

日和时的次序，周而复始，循环使用，现今夏历的年和日仍用干支计。下列干支名称中，属于地支的是(　　)(易混)

A. 甲　　　　B. 壬

C. 癸　　　　D. 申

23. 百老汇是美国的一条大街，由于集中了著名的影院、音乐厅、夜总会等娱乐场所，因此百老汇成为美国戏院业和娱乐业的代称，其所在的城市是(　　)

A. 华盛顿　　　　B. 洛杉矶

C. 纽约　　　　D. 费城

24. 乐器是指能发出乐音，供演奏音乐使用的器具，古今中外乐器多达四万余种。按照乐器不同的演奏方法，可分为不同的种类。我国民族乐器中，古琴属于(　　)

A. 打击乐器　　　　B. 弹拨乐器

C. 拉弦乐器　　　　D. 吹管乐器

25. 小明某学期的数学平时成绩70分，期中考试80分，期末考试85分，该校规定学期总评成绩的构成为：平时∶期中∶期末=3∶3∶4。以此计算，小明总评成绩是(　　)

A. 82　　B. 81　　C. 80　　D. 79

26. 在Word中，需要完成如图所示“插入表格”功能，下列选项中，表述正确的是(　　)

A. 可以选择需要的行数和列数　　　　B. 只能使用表格设定的默认值

C. 只能选择行数　　　　D. 只能选择列数

27. 下列选项中，可以改变一张幻灯片中各部分放映顺序的是(　　)

A. 采用“预设动画”设置　　　　B. 采用“自定义动画”设置

C. 采用“动画方案”设置　　　　D. 采用“幻灯片”切换设置

28. 下列选项中，与“马—白马”的逻辑关系相同的是(　　)(常考)

A. 篮球和球鞋　　　　B. 炊具和电饭锅

C. 苹果和香蕉　　　　D. 彩电和手机

29. 按照给出图形的逻辑特点，下列选项中，填入空白处最恰当的是(　　)

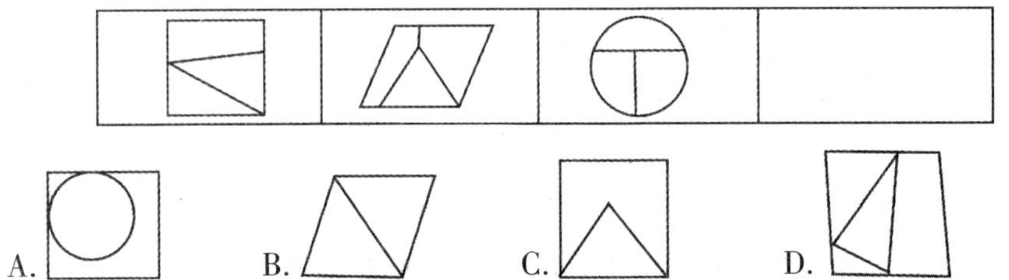

二、材料分析题(本大题共3小题，每小题14分，共42分)阅读材料，并回答问题。

30. 材料：

在讲解《坐井观天》这篇课文时，张老师问哪位同学愿意读课文。明明主动举手，但他将课文里的“天不过井口那么大”这句话读成了：“天，不，不过，井，井口，那，那么大。”他的结巴逗得全班同学哈哈大笑，学习委员说：“明明，你怎么又捣乱呢？”

张老师愣了一下，问故作结巴的明明：“你为什么要这样读啊？”明明说：“因为青蛙长时间待在井底，没有人和它讲话，时间长了，它就连话也说不好了。”听了明明的回答，张老师灵机一动，大声问：“大家觉得明明的回答有道理吗？”同学们七嘴八舌地议论开了：“有一点道理。”“怎么可能呢？”

看到同学们对这个问题那么感兴趣，张老师说：“现在请大家默读课文，体会一下青蛙到底是怎么想的。”

5分钟后，张老师让同学们带着感情朗读课文，这一次同学们把课文读得有声有色。

问题：

请结合材料，从教育观的角度，评析张老师的教育行为。(14分)

31. 材料：

因我的一条腿有残疾，刚上小学时常被同学取笑，心里很自卑，害怕和同学在一起。这种情况被班主任关老师知道了，他找我谈话，跟我讲怎么面对这样的事才好。关老师的一句话让我至今难忘："顽强的意志和勤奋努力，会让很多人敬佩你。"从那以后，关老师常常主动找我交流，有时还站在或坐在我身边。渐渐地，取笑我的同学少了，有几个同学还热心帮助我，我们成了很好的朋友。

关老师的课，我们都很喜欢，他在教育教学中，总能根据不同学生特点给予切实的帮助和指导。他进行的培养"四会能力"教育教学探索，还引来不少校内外同行向他请教。他不仅诚恳地向他们介绍自己教育的成败得失，还虚心向他们请教相关的教育教学问题。后来，关老师通过了成人高考，系统学习了教育学、心理学等相关知识，并获得了本科学历。

这就是我难忘的关老师。

问题：

请结合材料，从教师职业道德的角度，评析关老师的教育行为。(14分)

32. 材料：

逼真和如画是艺术批评的两个标准。看到一幅画，一个雕塑品，赞美它好，说逼真。用现代话来说，就是画得活像，雕塑得像真的一样，这是说“逼真”好。我们游览风景，赞美风景好，说风景如画，就是“如画”好。究竟作品像真的事物好呢，还是真的事物像作品好呢？再说“逼真”又有什么好？“如画”又有什么好呢？用到文学批评上来，作品描写一个人，写得活像，是好的。作品描写风景，诗中有画也是好的。就作品说，究竟“逼真”好呢，还是“如画”好呢？还是两者都好呢？弄清这些问题，对掌握这两个批评标准是有帮助的。

先说逼真，《水经注·沔水》：“有白马山，山石似马，望之逼真。”山石像真的白马又有什么好呢？朱自清《论逼真与如画》里说：“这就牵连到这个‘真’字的意义了。这个‘真’固然指实物，可是一方面也是《老子》《庄子》里说的那个‘真’，就是自然，另一方面又包含谢赫六法的第一项‘气韵生动’的意思，惟其‘气韵生动’，才能自然，才是活的不是死的。死的山石像活的白马，有生气，有生意，所以好。‘逼真’等于俗话说的‘活脱’或‘活像’，不但像是真的，并且活像是真的。”（《朱自清文集》三）逼真的好处是有生气，有生意，是活的，所以光求外形相似是不够的。苏轼《书鄢陵王主簿所画折枝》：“论画以形似，见与儿童邻。……边鸾雀写生，赵昌花传神。”就是光求外形相像，只是儿童的见识；好的画，要把东西写活，要传神，这才是逼真的要求。

再说如画，风景如画，或作品中所写的景物如画又有什么好呢？画是艺术品，艺术品是从生活中来的，但它又和生活不一样，它比普通的实际生活更高，更强烈，更有集中性，更典型，更理想，因此就更带普遍性。那么说风景如画，就是说这里的风景像艺术作品中所反映出来的，比起普通的风景来具有典型性，那自然是好的。如苏轼的《念奴娇》：“乱石穿空，惊涛拍岸，卷起千堆雪。江山如画，一时多少豪杰。”这里写的景物极雄伟壮观，能表现出长江的壮阔景象，并反映作者的阔大胸襟，具有典型性，所以说如画是好的。

文学作品是语言的艺术，因此就文学作品来说，写得逼真，同真的一样，把人和物写活，写得有生气，或写得如画，写得形象，有画意，而这形象要具有典型性，这都不容易。能做到这样，都成为好作品。

（摘编自周振甫《逼真和如画》）

问题：

(1)就艺术批评的“逼真”和“如画”这两个标准，文章所强调的侧重点各是什么？请简要概括。(4分)

(2)下面是鲁迅《祝福》中祥林嫂形象的描写：

五年前的花白的头发，即今已经全白，全不像四十上下的人；脸上瘦削不堪，黄中带黑，而且消尽了先前悲哀的神色，仿佛是木刻似的；只有那眼珠间或一轮，还可以表示她是一个活物。她一手提着竹篮，内中一个破碗，空的；一手拄着一支比她更长的竹竿，下端开了裂：她分明已经纯乎是一个乞丐了。

请用文章论及的“逼真”和“如画”这两个艺术批评标准，简要分析。(10分)

三、写作题(本大题1小题,50分)

33. 阅读下面的材料,按要求作文。

材料一 古代诗人说:“汝果欲学诗,工夫在诗外。”

材料二 有一位现代出版界人士说:“真正的大文章家,以政治家、思想家为多,而专攻文章,以文为业的反倒少。”

根据上面材料所引发的思考和感悟,写一篇论说文。

要求:

用规范的现代汉语写作;角度自选,立意自定,标题自拟;不少于800字。

机密★启封前　　　　　　　　　　　　姓名________　准考证号________

2020年下半年中小学教师资格考试 真题试卷(七)

综合素质(小学)

注意事项:

1. 考试时间为120分钟,满分为150分。

2. 请按规定在答题卡上填涂、作答,在试卷上作答无效,不予评分。

一、单项选择题(本大题共29小题,每小题2分,共58分)

在每小题列出的四个备选项中只有一个是符合题目要求的,请用2B铅笔把答题卡上对应题目的答案字母按要求涂黑。错选、多选或未选均无分。

1. 吴老师经常通过和学生聊天来了解他们的知识基础和生活经验,再结合他们的学习特点,进行分层教学。吴老师的做法表明他关注(　　)(易混)

A. 学生发展的可变性　　　　B. 学生发展的个别差异性

C. 学生发展的阶段性　　　　D. 学生发展的不均衡性

2. 于老师认为,小学与其开设综合实践活动课浪费时间和精力,还不如利用那些课时多上些语文和数学课。于老师的看法(　　)(常考)

A. 忽视了学生全面发展　　　　B. 忽视了学生个性发展

C. 忽视了学生均衡发展　　　　D. 忽视了学生主动发展

3. 赵老师板书时写了一个错字,王亮站起来大声说:“老师,字写错了。”赵老师不高兴地说:“多什么嘴！你是老师,我是老师？坐下!”王亮默默地坐下了。自此,再也没有学生敢指出老师的错误了。对赵老师的做法正确的评价是(　　)

A. 维持了课堂纪律　　　　B. 侵害了学生的受教育权

C. 维护了教师尊严　　　　D. 忽视了学生的主体地位

4. 学校多次安排杨老师参加集体学习与培训,她总是拒绝,还说:“我年龄这么大了,还学什么啊!”杨老师的言行表明其缺乏(　　)

A. 专业发展意识　　　　B. 专业发展能力

C. 团结协作意识　　　　D. 团结协作能力

5. 某教科所开发的在线课程因针对性强、收费合理而广受好评。孙校长得知后，推荐学生购买该在线课程。他在全校教职工大会上说："自愿购买，如果因为经济条件无法购买的，可由家长向班主任解释说明。"孙校长的做法(　　)

A. 正确，尊重了学生的自主选择意愿

B. 正确，考虑了困难家庭的承受能力

C. 不正确，学校不应该向学生推荐收费课程

D. 不正确，学校应提供多种课程供家长选择

6. 某小学修建新教学大楼，要求每名新生家长缴纳3000元集资款，并承诺在学生毕业时如数返还。该校做法(　　)

A. 正确，学校承诺返还集资款　　　B. 正确，家长应支援学校建设

C. 不正确，学校不能非法集资　　　D. 不正确，学校应当返本付息

7. 强强的父母长期在外打工，让12岁的他和弟弟单独居住。强强父母的行为(　　)

A. 正确，有利于培养孩子的生活能力

B. 正确，有利于改善家庭物质生活条件

C. 不正确，父母不得让未满16周岁子女脱离监护单独居住

D. 不正确，任何未成年人都不得脱离监护人的监护单独居住

8. 小学生秦某在课间休息时玩手机，班主任李某以学校不准带手机为由没收其手机，一直没有归还。班主任李某的做法(　　)(常考)

A. 正确，教师有管理学生的权利　　　B. 正确，教师有教育教学的权利

C. 不正确，侵犯了学生的财产权　　　D. 不正确，侵犯了学生的休息权

9. 面对办学成本的不断增长，周校长计划将自己捐资举办的民办学校转型为营利性民办学校，通过向学生收取合理学费，来保障教育质量。周校长的做法(　　)

A. 合法，校长享有处置学校财产的合法权利

B. 合法，利于保障学生接受优质教育的权利

C. 不合法，捐资举办的学校其财产应当归国家所有

D. 不合法，捐资举办的学校不得设立为营利性组织

10. 某县某年度依法征收教育费附加共计1057万元。根据《中华人民共和国教育法》的规定，这笔经费应主要用于(　　)

A. 普及学前教育　　　B. 发展基础教育

C. 提升高中教育　　　D. 实施义务教育

11. 某小学组织六年级学生秋游，活动前与学生家长签订了学校免责协议。活动

中,学生孙某不慎摔伤。对此事故责任的判断,正确的是(　　)(易错)

A. 学校已签协议,不应承担法律责任

B. 学校是监护人,应承担监护人责任

C. 学校组织校外活动,就应该承担全部责任

D. 学校所签协议无效,应依法承担法律责任

12. 根据《中华人民共和国宪法》,有权决定特别行政区设立及其基本制度的是(　　)

A. 中央人民政府　　B. 全国人民代表大会

C. 该特别行政区立法会　　D. 全国人民代表大会常务委员会

13. 玲玲的圆珠笔不见了,赵老师让同学们在教室里帮玲玲寻找。当发现圆珠笔在婷婷课桌的抽屉里时,赵老师劈头盖脸地把婷婷批评了一通。对于赵老师的做法,下列说法不正确的是(　　)

A. 缺乏公正对待学生的意识　　B. 未能做到教育的即时性

C. 缺乏换位思考的教育立场　　D. 未能恰当保护婷婷权益

14. 亦凡的妈妈要求梁老师把弱视的亦凡调到教室前排,梁老师答应了。可两周过去了,亦凡还坐在后排。见此情形,亦凡的妈妈带上礼物到梁老师家拜访。第二天,梁老师把亦凡的座位调到了前排。这表明梁老师的职业道德修养所处的阶段是(　　)

A. 外在规范阶段　　B. 自主实践阶段

C. 信念升华阶段　　D. 自觉推行阶段

15. 本学期,四(1)班方老师组织学生开展了多次防火、防灾及交通安全等主题演练活动。这表明方老师(　　)

A. 善于倾听学生的心声　　B. 重视学生的亲身体验

C. 注重学生的自由发展　　D. 重视培养学生施救意识

16. 师德楷模汪金权老师,几十年如一日,扎根大别山,爱生如子,爱岗敬业,为乡村教育奉献了毕生精力。这体现的教师职业特点是(　　)

A. 公利性　　B. 他利性

C. 自利性　　D. 群利性

17. 罐头食品耐久贮、便运输,在现代生活中非常普遍。下列选项中,发明食品罐藏法的是(　　)

A. 英国杜兰德　　B. 法国阿培尔

C. 法国巴斯德　　D. 荷兰艾克曼

18. 温标是温度的数值表示法，它是为度量物体温度高低而对温度零点和分度方法所作的规定。下列选项中，最早建立的温标是(　　)

A. 国际温标　　　　B. 摄氏温标

C. 华氏温标　　　　D. 列氏温标

19. 二战期间，中、美、英三国首脑召开国际会议，商讨了联合对日作战计划，确认了日本归还所侵占的台湾等中国领土。该国际会议名称是(　　)

A. 波茨坦会议　　　　B. 凡尔赛会议

C. 开罗会议　　　　D. 巴黎和会

20. 晚清的谴责小说题材广泛，涉及社会生活的各个领域，是近代中国社会的一面镜子。下列选项中，不属于晚清谴责小说的是(　　)

A.《老残游记》　　　　B.《孽海花》

C.《官场现形记》　　　　D.《聊斋志异》

21. 北宋文学家王安石在《元日》中写道："爆竹声中一岁除，春风送暖入屠苏。千门万户曈曈日，总把新桃换旧符。"诗中所描写的"元日"，对应于今天的节日是(　　)(常考)

A. 清明　　　　B. 元宵

C. 春节　　　　D. 元旦

22. 杜甫"白也诗无敌，飘然思不群。清新庾开府，俊逸鲍参军"一诗称赞的诗人是(　　)

A. 李白　　　　B. 白居易

C. 庾信　　　　D. 鲍照

23. 书法是中国传统艺术之一，已有三千多年历史，讲究用笔、结构、章法和墨法等艺术表现手段，形成了风格多样的书体。下图是宋徽宗的书法作品，该作品的书体被称为(　　)

A. 柳体　　　　B. 馆阁体

C. 颜体　　　　D. 瘦金体

24. 蒙学是古时对儿童进行启蒙教育的私塾。下列选项中，不属于我国蒙学读本的是（　　）

A.《道德经》　　B.《千字文》

C.《百家姓》　　D.《三字经》

25. 标准差是一组数据分散程度的一种度量，是表示精确度的重要指标。在一次考试后，甲组同学的成绩分别为83、82、81、79、78、77，则该组同学成绩的平均分和标准差是（　　）

A. 80和2.16　　B. 80和4.66

C. 81和2.16　　D. 81和4.66

26. 在Word中，如果误删了某段文字内容，要恢复到误删前的状态，应点击的图标是（　　）（易混）

A.　　B.

C.　　D.

27. 在PowerPoint编辑状态下，下列功能不能实现的是（　　）

A. 插入图片　　B. 插入版式

C. 插入表格　　D. 插入图表

28. 下列选项中，与“小说—散文”逻辑关系相同的是（　　）

A.“汽车”和“赛车”　　B.“黄瓜”和“芹菜”

C.“工人”和“青年”　　D.“红色”和“颜色”

29. 找规律填数字是一项很有趣的活动，特别锻炼观察和思考能力。按照“1=2、2=4、3=12”的规律，下列选项中应填入“4=（　　）”中的是（　　）

A. 48　　B. 58

C. 68　　D. 78

二、材料分析题（本大题共3小题，每小题14分，共42分）阅读材料，并回答问题。

30. 材料：

调入特殊教育学校不久，李老师便组建了“学生启明艺术团”，组织学生学习声乐、器乐等。面对家长们的不解和质疑，李老师诚恳地解释道：“音乐也许不能成为他们谋生的手段，但一定能让他们的世界丰富多彩。”

李老师利用课余时间耐心细致地指导学生唱歌和朗诵，还多次邀请校外专家教他们拉二胡，吹葫芦丝……孩子们的艺术天分逐渐显现。

因为身体的缺陷，媛媛郁郁寡欢，不太合群。自从参加艺术团后，媛媛找到了自己的兴趣所在，听歌、学歌几乎成了她课余生活的全部。李老师发现后，便帮助她训练气息，矫正发音，媛媛的演唱水平大幅度提高，性格也逐渐开朗起来。

孩子们举手投足间小心翼翼、战战兢兢的盲态，李老师看在眼里，疼在心上。她萌生了一个想法：开设形体训练课，练习坐姿、立姿、走姿，帮助学生塑造形体。因为生理缺陷，同学们只能通过触摸来感知肢体动作，李老师就让学生触摸她的肩部、颈部、背部和腰部，体会头正、胸挺、腰直的感觉。渐渐地，孩子们改变了先前的盲态，走路变得昂首挺胸、洋溢着自信了。

问题：

请结合材料，从学生观的角度，评析李老师的教育行为。(14分)

31. 材料：

“老师，小樱又‘大闹天宫’了！”班长气喘吁吁地跑来告诉正准备去上课的唐老师。唐老师来到教室，只见教室里一片狼藉，作业本撒了一地，小樱眼含泪水，满脸愤怒。周围的同学有的面露不满，有的幸灾乐祸，等着看老师怎样收拾小樱。唐老师却平静地说：“为什么一大早就哭了呀？一日之计在于晨，同学们赶紧把作业本捡起来。”唐老师走近小樱说：“先坐下，有什么事上完课再告诉老师。”小樱慢慢坐下来，紧握的双拳松开了，目光也变得平和了。唐老师说：“开始上课吧。”

下课后，唐老师对小樱说：“你能安静下来上课，很好，课前发生了什么事？能告诉老师吗？”小樱告诉唐老师，一大早，几个调皮的男生看见教室里的桌椅被弄得东倒西歪的，因为她以前做过这种恶作剧，就起哄说是小樱干的，小樱顿时火冒三丈，脱口就骂，那些同学回了几句，她更火了，便把同学们的作业本扔到了地上。

听完小樱的述说，唐老师把起哄的学生也叫到办公室，听了各人的陈述，弄清了当时的情形，让他们各自反思，并向对方道歉。唐老师肯定了小樱和几位同学的认错态度，希望大家用宽容、公正的心对待同学，共建一个积极奋进、和谐向上的班集体。此后，同学们开始慢慢接纳小樱了。

问题：

请结合材料，从教师职业道德的角度，评析唐老师的教育行为。(14分)

32. 材料：

王国维先生在《宋元戏曲史》开宗明义的一段话已经成为中国古代文学史上的经典论述："凡一代有一代之文学：楚之骚，汉之赋，六代之骈语，唐之诗，宋之词，元之曲，皆所谓一代之文学，而后世莫能继焉者也。"把元代的戏曲剧本与楚骚汉赋、唐诗宋词等并称，这一系列再加上明清小说，就完整地构成了一部中国古代文学一脉相承的进化史。

但是，悉心琢磨一下这些文学体裁在各自时代中，其创作者的身份和创作目的，以及接受者的文化水平和总体数量，就会发现，用这样线性的进化论文学史观，把作为通俗文化的戏曲作品与属于精英文化的经典文学体裁和作品相提并论，是有问题的。

王国维所赞赏的元曲，是经过了几百年的自然存毁和文人汰选而被经典化的戏曲文学作品，与楚骚、汉赋、唐诗、宋词共同进入了知识分子的阅读史。但戏曲从来就不是为阅读而产生的一种文学体裁。戏曲创作本身是娱乐市场上的生产活动，为商业演出提供素材加工服务。在与戏曲相关的全部活动中，戏班的组织，演员的培养，演出实践的安排、管理、宣传，观众的接受与反应，等等，每一个元素的重要性都不亚于戏曲的文学创作本身，甚至可以说，正是这些戏曲文学之外的元素才构成了戏曲之所以成为戏曲的本质特征。

王国维在《宋元戏曲史》自序中称："世之为此学者自余始，其所贡于此学者亦以此书为多。"这话不假，这种将戏曲史纳入正统文学进化史，侧重文学曲词，关注经典作家作品的观念，多年来一直是中国戏曲史的主流研究思路。虽说从上个世纪三十年代周贻白的《中国剧场史》，到五十年代徐慕云的《中国戏剧史》，可以看出，确实也有学者在努力拓展戏曲史的研究领域，对戏曲的舞台结构、班社组织、演出排场、服装道具等有所涉猎，但仍然是以经典戏曲研究为主体，缓慢积累着周边的知识信息，没有能够通过戏曲史的研究呈现出具体的生活体验和广泛的社会现实。

公平地讲，《宋元戏曲史》诞生的年代，正是梁启超批判中国传统史学之弊端——"知有朝廷而不知有国家；知有个人而不知有群体；知有陈迹而不知有今务"——的话音刚落之时，而王国维就已经把几百年来在文人士大夫眼中都不入流的元曲，纳入了中国正统古典文学的进化系列。在当时，其开创性的学术价值和震撼性的时代意义自不待言。而研究内容局限于文学也有其不得已之缘由。他在《宋元戏曲史》中所考察"宋金以前杂剧院本，今无一存"，而戏曲演出相关的全部活动也限于传统历史记载的偏见，都只能在边边角角的史料中找到寥寥数语。

在其后近百年间，戏曲史的研究思路仍然长期受到局限，也不能归咎于对王国维的路径依赖，而要归因于学界自身生存状态的局限。可以说直到二十世纪末，国内的市场经济逐渐发展起来，各项文化产业均市场化之后，国人才开始对于都市生活、市民社会、娱乐产业有了切身的认识和体会，才能够有基础去观察相应的历史现象。这其实是个有趣的历史悖论，我们常说，学习历史是为了解现在，但是如果没有现实经验的对照，我们往往也认不出历史曾经的面貌。

（摘编自王艺《当我们在谈论戏曲史的时候，我们在谈论什么？》）

问题：

（1）文章认为，不能把戏曲作品与经典文学作品相提并论，其理由是什么？请简要概括。（4分）

（2）我们应当如何研究中国古代戏曲史？请结合文本，简要分析。（10分）

三、写作题(本大题1小题,50分)

33. 阅读下面的材料,按要求作文。

材料一 “人的一生应当这样度过,当他回首往事时,不因虚度年华而悔恨,也不因碌碌无为而羞愧……”《钢铁是怎样炼成的》主角保尔·柯察金以其钢铁般的意志和为理想而奋斗的精神,激励了一代代青年投身社会主义建设。

材料二 “生活不能等待别人来安排,要自己去争取与奋斗!”《平凡的世界》里的农村青年人物——孙少平,在苦难面前咬牙坚持,积极抗争,让一代代人从中获得精神的力量,增添了克服困难的勇气。

综合上述材料所引发的联想和感悟,写一篇论说文。

要求:

用规范的现代汉语写作;角度自选,立意自定,标题自拟;不少于800字。

机密★启封前　　　　　　　　　　　　　　　　　　　　姓名________　准考证号________

2019年下半年中小学教师资格考试
真题试卷(八)

综合素质(小学)

注意事项:

1. 考试时间为120分钟,满分为150分。

2. 请按规定在答题卡上填涂、作答,在试卷上作答无效,不予评分。

一、单项选择题(本大题共29小题,每小题2分,共58分)

在每小题列出的四个备选项中只有一个是符合题目要求的,请用2B铅笔把答题卡上对应题目的答案字母按要求涂黑。错选、多选或未选均无分。

1. 王老师经常让同学们互相批改作文,大家都非常认真,不仅找出了作文中的错别字,而且从语言表达、篇章结构、思想主题等方面进行了评价,王老师及时给予点评。王老师的做法调动了学生的主观能动性,体现在(　　)

A. 发挥了学生的调控性　　　　B. 尊重了学生的选择性

C. 培养了学生的独立性　　　　D. 关注了学生的差异性

2. 如果将下图比喻为某教师的教育行为,该教师的做法(　　)(常考)

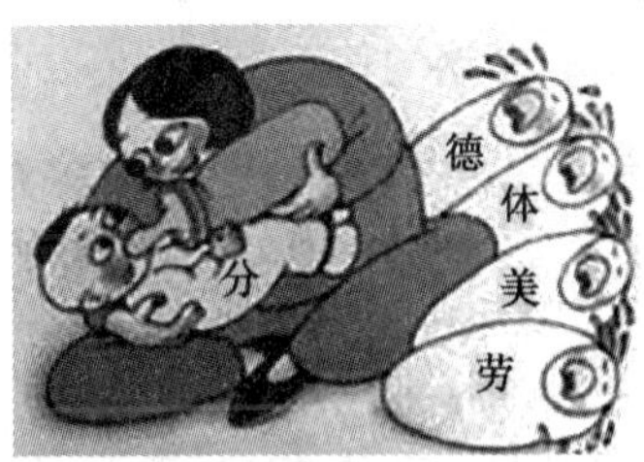

A. 不恰当,忽视了学生均衡发展的要求

B. 不恰当,违背了学生全面发展的要求

C. 恰当,尊重了学生的个体差异性

D. 恰当,提高了学生的学习成绩

3. 彤彤性格内向,基本不跟其他同学交往,课间常一个人在座位上看书。罗老师对她说:“你看同学们玩得多开心啊,你应该参加一些课外活动,多跟大家一起玩。”下

列说法中不恰当的是(　　)(易混)

A. 罗老师注重学生个性发展　　B. 罗老师注重学生主动发展

C. 罗老师注重学生全面发展　　D. 罗老师注重学生均衡发展

4. 董老师上完公开课后回看自己的课堂录像,找出上课过程中存在的问题,认真分析原因,改进教学。该做法体现的教师专业发展途径是(　　)(易混)

A. 同伴互助　　B. 教学观摩

C. 进修培训　　D. 教学反思

5. 下列选项中,不属于《中华人民共和国宪法》规定的公民基本权利的是(　　)

A. 劳动权　　B. 休息权

C. 罢工权　　D. 受教育权

6. 某机关违反国家规定向学校收取费用,依据《中华人民共和国教育法》,由政府责令该机关退还所收费用,并对直接负责的主管人员和直接责任人员(　　)

A. 依法给予处罚　　B. 依法提起诉讼

C. 依法给予处分　　D. 依法提出复议

7. 教师魏某工作态度消极,多次旷工,给学校教学工作造成损失。依据《中华人民共和国教师法》,学校可以采取的措施是(　　)

A. 对魏某予以解聘　　B. 给予魏某行政处罚

C. 对魏某予以罚款　　D. 要求魏某总结悔过

8. 小学生梁某欺凌同学,扰乱课堂纪律,学校经过研究,决定将其开除。该校做法(　　)

A. 不合法,学校只能劝退学生　　B. 不合法,学校不得开除学生

C. 合法,学校有教育学生的权利　　D. 合法,学校有处分学生的权利

9. 小学生孙某经常违反班规,班主任向他收取"违纪金",并予以公布。该班主任的做法(　　)

A. 不合法,侵犯了学生的荣誉权　　B. 不合法,侵犯了学生的财产权

C. 合法,教师有惩戒学生的权利　　D. 合法,教师有管理学生的权利

10. 梁某在小学周边开了一家网吧,并对前来上网的小学生打折优惠。梁某的做法(　　)

A. 合法,梁某享有自主经营的权利

B. 合法,利于减轻学生的经济负担

C. 不合法,应依法给予梁某行政处分

D. 不合法,应依法给予梁某行政处罚

11. 11岁的陈某参加了当地的一个团伙，学校发现该团伙有违法犯罪行为。依据《中华人民共和国预防未成年人犯罪法》，学校应当及时报告的部门是(　　)

A. 教育行政部门　　B. 人民法院

C. 当地人民政府　　D. 公安机关

12. 小学生罗某在学校组织的体育活动中受伤，学校和学生家长书面请求教育主管部门进行调解。根据《学生伤害事故处理办法》，该主管部门完成调解的时间段为(　　)(易混)

A. 受理申请之日起60日内　　B. 受理申请之日起45日内

C. 受理申请之日起30日内　　D. 受理申请之日起15日内

13. 班主任李老师在利用现代通信方式联系家长的同时，坚持定期家访，研究学生个性特点，制定班级管理规则。对于李老师的做法，下列说法不正确的是(　　)

A. 管理班级实现了优化高效　　B. 注重教师专业能力提升

C. 教育学生做到了因材施教　　D. 注重家校沟通的多元化

14. 学校安排王老师外出培训学习，他说："我都五十多岁了，教学也完全没问题，还参加什么培训？把机会留给年轻人吧。"对此，下列说法正确的是(　　)(常考)

A. 教学经验丰富的老教师不需要参加培训

B. 作为教师应该不断提高自身的专业水平

C. 培训年轻教师可发挥培训资源最大效用

D. 培训任务过多加重了王老师的工作负担

15. 研究生毕业后，丁老师坚持阅读专业书籍，同事问她："你的业务水平已经很高了，还看那么多书干吗？"她回答说："我喜欢，这能让我保持教学活力。"这表明丁老师注重的职业幸福是(　　)

A. 理性幸福　　B. 感性幸福

C. 给予性幸福　　D. 索取性幸福

16. 孙老师常在表扬或批评学生时说："你做得不错！要是像×××同学一样，可就惨啦！""千万不要像×××同学一样！""你就不能像×××同学一样表现好点吗？"孙老师的做法(　　)

A. 正确，能够培养学生谦逊品质

B. 正确，能够促进学生认识自己

C. 不正确，会伤害被比较的学生

D. 不正确，应只与优秀学生比较

17. 联合国安全理事会是联合国的六大主要机构之一。安理会负有维持国际和平与安全的责任，是唯一有权采取强制行动的联合国机构。安理会包括常任理事国和非常任理事国。常任理事国的数量是(　　)

A. 4个　　B. 5个

C. 6个　　D. 7个

18. 在中国历史上，仿照《周礼》的制度推行新政，以“王田制”为名恢复“井田制”，将盐、铁、酒、铸钱收归官府专营，多次改变币制的改革运动是(　　)

A. 邹忌变法　　B. 王莽改制

C. 庆历新政　　D. 戊戌变法

19. 尼龙是世界上最早实现工业化生产的合成纤维，它的发明使纺织品的面貌焕然一新，被称为改变世界的重大发明之一。下列选项中，尼龙的发明人是(　　)

A. 卡罗瑟斯　　B. 莱特兄弟

C. 弗莱明　　D. 贝克兰

20. 地球被一层很厚的大气层包围着，空气密度随高度增加而减小，大气层通常可分为对流层、平流层、电离层和散逸层等。下列选项中，能够反射电磁短波，实现电磁波远距离通信的是(　　)

A. 对流层　　B. 平流层

C. 电离层　　D. 散逸层

21. “初伏日在夏至第三庚”，意思是三伏中入伏第一天是在夏至后的第三个庚日。据此判断，下列选项中，距离初伏最近的是(　　)

A. 大暑　　B. 立秋

C. 处暑　　D. 秋分

22. 林语堂在描述中国古代一位著名作家时说：“他是一个无可救药的乐天派、一个伟大的人道主义者、一个百姓的朋友、一个大文豪、大书法家、创新的画家、造酒试验家……”他所描述的作家是(　　)(易混)

A. 李太白　　B. 王摩诘

C. 黄山谷　　D. 苏东坡

23. 叙事长诗《唐璜》将早在欧洲流行的传说加以改造，把主人公从一个纨绔子弟变成善良的热血青年，通过其奇特、复杂的经历，描述了当时欧洲的社会生活。这部作品代表了19世纪英国诗歌的最高成就。该诗的作者是(　　)

A. 弥尔顿　　B. 丁尼生

C. 拜伦　　D. 雪莱

24. 中国古典园林建筑最具特色的建筑样式主要有亭、台、轩、榭。下列选项中，不属于“亭”的是(　　)(易错)

A　　B　　C　　D

25. 众数是一组统计数据中的代表性数据，体现了这组数据的“集中趋势”，并且不受极端数据的影响。一次考试后，甲组十位同学的成绩分别为69、73、79、85、70、82、73、71、83、75，这组分数的众数是(　　)

A. 72　　B. 73　　C. 74　　D. 75

26. 在Windows系统中，某些菜单项显示为灰色。下列关于这些菜单项的表述，正确的是(　　)

A. 该菜单项当前不能选用　　B. 该菜单项当前正被使用

C. 该菜单项已从注册表删除　　D. 该菜单项含有下一级菜单

27. 在Excel中，可用作单元格日期类型中年、月、日间的分隔符的是(　　)

A. “/”　　B. “｜”　　C. “\”　　D. “、”

28. 下列选项中，与“恒星—行星”的逻辑关系相同的是(　　)(常考)

A. 音乐—古典音乐　　B. 帽子—手套

C. 中文书—辞典　　D. 球鞋—运动鞋

29. 找规律填数字是一项很有趣的活动，特别锻炼观察和思考能力。下列选项中，填入数列“2、3、8、26、________、5462”空缺处的数字，正确的是(　　)

A. 70　　B. 120　　C. 160　　D. 210

二、材料分析题(本大题共3小题，每小题14分，共42分)阅读材料，并回答问题。

30. 材料：

我刚接任三(2)班班主任，全校闻名的“小魔王”——阳阳，成为我的学生了。

开学没几天，阳阳的问题便接踵而来：上课不专心听讲，不按时完成作业，上课经常单腿盘坐在座位上，书包随意扔在地上，和同学闹矛盾后就动手打人……如何改变他的这些毛病呢？

我利用两周的时间认真观察阳阳，发现他有许多毛病，但也有不少优点，比如酷爱阅读，数学成绩好……于是，我请他在全班交流读书心得。阳阳非常高兴地接受了任务。他利用课余时间认真查阅资料，确定内容，反复练习讲解，阳阳在班上的读书交流获得成功。此外，我还和数学老师商量，让阳阳担任数学课代表，同时承担本组数学作业的改错任务，阳阳非常认真负责，经常利用课余时间给同学纠错，讲题。

渐渐地，阳阳改变了以前的毛病，还积极参加学校的兴趣小组，各方面都有了明显进步，和以前相比判若两人。

问题：

请结合材料，从学生观的角度，评析“我”的教育行为。（14分）

31. 材料：

这学期，我接任四(2)班班主任。我发现，和女生相比，班里不少男生的自我约束能力较弱，遇事容易冲动，学习也比较粗心。对此，我采取了以下措施：

第一，建立双班委，让有才干的男生脱颖而出。过去班干部绝大部分是女生，在改选时，我设立了男、女生两套班委，让有经验的女生指导男生干部工作，也让男生为女生干部提建议。

第二，设立“真汉榜”，让有潜力的男生树立信心。每周在行为规范、学习习惯等方面进行比赛，积分居前或达到一定分数的男生可以荣登此榜。连续四次上榜，可获得一份阳光喜报。

第三，开展活动，让好动的男生挥洒激情。为了调动每一个男生的积极性，我经常开展一些男生擅长的活动，发挥他们的特长。

第四，发挑战书，激发男生的上进心。在征得全班同学同意后，我让每个男生挑选一个想要挑战的同学，挑战内容包括口才、写字、守纪等。这一招还真管用，不管是挑战的还是被挑战的学生，都取得了进步。

第五，干体力活，培养男生的责任感。在班上，我有意让男生负责体力活。对于那些粗心大意的男生，我就适时提醒。

问题：

请结合材料，从教师职业道德的角度，评析材料中“我”的教育行为。(14分)

32. 材料：

将垃圾以最恰当的方式清除出城市，是城市的一个长久梦想。城市的历史，在很大程度上是同垃圾作斗争的历史。为此，城市的建造和空间部署，逐渐将垃圾的清除作为一个重要目标。垃圾的隐秘清除和运输不仅决定了城市的纵深方向，它的配置规律也恰好说明了城市的结构。

大体上，人们可以根据垃圾是否在场，确定城市的中心和边缘。我们可以说，在城市的中心地带，垃圾最少；反过来，在城市的边缘地带，垃圾最多。如果我们认为地面上的垃圾主要是商品消耗后的剩余物，那么，还可以说——这一点有些吊诡——商品的饱满地带，垃圾最少；商品的匮乏地带，垃圾最多。尽管商品是垃圾的前史，但是，在空间上，商品和垃圾相互排斥，水火不容。城市总是要将商品往它的中心处聚集，而要把垃圾向它的边缘处驱赶。就此，人们可以根据城市中的垃圾配置，来确定城市空间的等级和价格，甚至可以确定城市的界线。一个城市的延伸在什么地方终止？如果说，以前有一个高墙或者一个护城河将城市包围起来的话，现在，是一个隐隐约约的垃圾带将城市包围起来。垃圾在城内和城外之间拉起了一条绳索，在城乡结合地带，垃圾积累到了一个高峰。在垃圾的一侧，是城市；在垃圾的另外一侧，是乡村。垃圾在安排城市的结构。

为什么将垃圾不断地往城市的边缘地带驱赶？事实上，直到19世纪，垃圾总是在城市的中心聚集：越是人口密集的地带，垃圾越是兴旺。如今，人们为什么要清除垃圾？是因为人们发现了垃圾的致命威胁。垃圾不仅让人们不快，最重要的是，它是疾病的催化剂。这就是人们根据垃圾来安排城市结构的原因。“各个居民区及其湿度和方位的安排，作为一个整体的城市及其污水和下水系统的疏通，屠宰场和墓地位置的确定，人口的密度——所有这些都是居民死亡率和发病率的关键性因素”。这样，城市除了设置一套整体的清除垃圾的机制之外，它还要提高人们的卫生意识，让人们自觉和主动地清除垃圾。人们应该获得一种有关卫生和垃圾的知识：垃圾之所以要清除，是因为它对健康和身体产生危害。垃圾是细菌和病毒的藏身之所。清除和拒绝垃圾，是现代医学的一个律令，同时也是文明和教养的象征。对垃圾的排斥和拒绝，既是纪律的结果，也是教化的结果。人们已经发现，卫生是现代化的一个核心要素。卫生的程度，是衡量现代化的程度。就此，也可以说，城市的现代化进程，就是一个观念上和实践中双重地清除垃圾的进程。现代，意味着垃圾将一扫而空。

尽管我们看到城市越来越卫生了，越来越现代了，不过，令人绝望的是，垃圾是一个无法完全消除的东西，它像是城市身体上一个无法治愈的伤口，是它最密切然而又是最讨厌的永恒伴侣。城市和垃圾相依为命。不仅如此，垃圾会越来越多，垃圾呈现的是一个增长态势。一方面，现代社会将商品转化为垃圾的速度和频率提高了；另一方面，现代社会正围绕着商品组织了一个永不落幕的竞赛：商品层出不穷，更新换代，日新月异。商品的盛大堆积使得现代都市中的商场越来越肿胀；而与此相应的是，城外的垃圾场会堆得越来越高，越来越触目惊心，它的恢宏和现代商场遥相呼应。

（摘编自汪民安《论垃圾》，有删改）

问题：

（1）城市居民的垃圾经验与城市的现代化程度有什么关系？请结合文本，简要概括。（4分）

（2）文章认为现代城市与垃圾之间存在着怎么样的关系？请简要分析。（10分）

三、写作题(本大题1小题,50分)

33. 阅读下面的材料,按要求作文。

近期一项网站调查显示:有七成网民不知道自己姓氏的由来,有八成网民家庭起名时不再按照辈分,有九成网民家庭没有家训,还有一部分网民不知道自己的祖籍和家族历史,很少跟家族其他成员交往与交流。有人认为,家族观念的淡薄反映了延续几千年的家族文化正在消失;也有人认为,家族观念是农耕文化的产物,其日益淡薄折射出了社会的进步;还有人认为,家族文化是传统文化的重要组成部分。

综合上述材料所引发的联想和感悟,写一篇论说文。

要求:

用规范的现代汉语写作;角度自选,立意自定,标题自拟;不少于800字。

机密★启封前　　　　　　　　　　　　　　　　姓名________　准考证号________

2019年上半年中小学教师资格考试 真题试卷(九)

综合素质(小学)

注意事项:

1. 考试时间为120分钟,满分为150分。

2. 请按规定在答题卡上填涂、作答,在试卷上作答无效,不予评分。

一、单项选择题(本大题共29小题,每小题2分,共58分)

在每小题列出的四个备选项中只有一个是符合题目要求的,请用2B铅笔把答题卡上对应题目的答案字母按要求涂黑。错选、多选或未选均无分。

1. 陈老师说:“不是每个学生都能考上大学,学习上暂时落后并不代表永远落后,我绝不放弃任何一个学生。”下列说法不恰当的是(　　)(常考)

A. 陈老师重视学生发展的阶段性　B. 陈老师重视学生发展的不平衡性

C. 陈老师重视学生发展的差异性　D. 陈老师重视学生发展的顺序性

2. 下图中教师行为体现的是(　　)

A. 评价主体多元化　B. 评价标准单一化

C. 评价方法复杂化　D. 评价方式多样化

3. 班主任方老师刚上课时,发现有人在班长的桌子上用粉笔写了大大的“坏蛋”两个字。对此,方老师恰当的处理方式是(　　)

A. 发动学生检举“肇事者”　B. 责令班长自我反省

C. 严肃批评教育全班学生　D. 擦掉字课后再处理

4. 黄老师经常带学生到学校的荷花池观察荷叶和荷花,为学生讲解莲藕的生长过

程并引导学生将有关荷叶、荷花的知识编成小册子。这体现了黄老师是(　　)(常考)

A. 教育科学的研究者　　B. 行为规范的示范者

C. 专业发展的引领者　　D. 课程资源的开发者

5. 依据《中华人民共和国教育法》的规定，关于设立学校必须具备的基本条件的表述，下列选项中不正确的是(　　)

A. 有长期发展规划

B. 有组织机构和章程

C. 有必备的办学资金和稳定的经费来源

D. 有符合规定标准的教学场所及设施、设备等

6. 学生张某在高考中，由他人代替考试。依据《中华人民共和国教育法》的规定，可由教育行政部门责令张某停止参加高考(　　)

A. 3年　　B. 4年

C. 5年　　D. 6年

7. 教师王某因醉酒驾车发生交通事故，被判有期徒刑1年。下列说法中，正确的是(　　)(易错)

A. 王某丧失教师资格，刑满释放后可继续执教

B. 王某丧失教师资格，刑满释放后，可从事其他职业

C. 王某保留教师资格，刑满释放后，需要重新注册认证

D. 王某保留教师资格，刑满释放后，不能留在原学校执教

8. 小学生李某随外出务工的父母到某市上学，为李某提供平等接受义务教育条件的主体应为(　　)(常考)

A. 其户籍所在地人民政府　　B. 其父母或其他法定监护人

C. 其父母工作地人民政府　　D. 以上三者

9.《中华人民共和国未成年人保护法》中所指的未成年人是指(　　)

A. 未满12周岁的公民　　B. 未满14周岁的公民

C. 未满16周岁的公民　　D. 未满18周岁的公民

10. 依据《中华人民共和国预防未成年人犯罪法》的规定，下列不属于“严重不良行为”的是(　　)

A. 偷窃、故意损坏财物　　B. 携带管制刀具，屡教不改

C. 纠集他人结伙滋事，扰乱治安　　D. 多次强行索要他人财物

11. 小学生王某在课间玩耍时，故意将同学赵某推倒在地，致其左腕骨折，依据

《学生伤害事故处理办法》的规定,应对赵某所受伤害承担主要责任的是(　　)

A. 王某的监护人　　B. 学校

C. 王某的班主任　　D. 王某

12. 依据《中华人民共和国宪法》的规定,行使解释宪法职权的是(　　)

A. 最高人民法院　　B. 全国人民代表大会常务委员会

C. 最高人民检察院　　D. 中国人民政治协商会议

13. 李老师在班级设立了“生日祝福墙”,每当有学生过生日时,同学们纷纷在祝福墙上留下祝福的话语,还互相赠送自制卡片。李老师的做法(　　)

A. 不恰当,会加重学生的负担　　B. 不恰当,会助长物质攀比之风

C. 恰当,能让学生感受班级温暖　　D. 恰当,能让学生提高消费意识

14. 小刚自习课与同学说话,被学校扣了分,班主任王老师把小刚叫到办公室训斥了一顿。小刚解释说:“老师,今天主要是因为……”王老师更生气了:“每次你都有理由。按班规,再这样叫你家长来!”王老师的做法(　　)

A. 恰当,制定了班规就应该严格执行

B. 恰当,对屡教不改的学生就要批评

C. 不恰当,应该听小刚解释清楚再处理

D. 不恰当,应该杀一儆百在教室里处理

15. 学校安排优秀教师刘老师和新入职的邓老师“师徒结对”。刘老师悉心指导,邓老师也总是主动向刘老师请教,经常观摩刘老师上课,并在教学设计、教学方法甚至教学语言上都尽量模仿刘老师,但教学效果并不佳,其原因是(　　)

A. 邓老师缺乏自我反思　　B. 邓老师没有得到专业引领

C. 刘老师指导有所保留　　D. 刘老师的教学示范性不强

16. 有段时间,班里几名女生因为传话走样产生误会,关系紧张。对此,付老师设计了“复制不走样”的游戏。游戏结束后,一个学生这样写道:“虽然是同一句话,但经过五个人的传话后,我听到的已经完全变样了,原来传话会引起这么多误解。”下列关于付老师行为的说法,不正确的是(　　)(易错)

A. 付老师注重教书育人　　B. 付老师注重方法创新

C. 付老师注重严慈相济　　D. 付老师注重循循善诱

17. 2016年8月16日凌晨,我国成功发射了世界首颗量子科学实验卫星,该卫星以我国古代一位先贤命名,以纪念他对自然科学做出的贡献。这位先贤是(　　)

A. 孔子　　B. 老子

C. 墨子　　D. 荀子

18. 人体中含有50多种元素，其中含量占体重0.01%以上的元素被称为常量元素。含量占体重0.01%以下的元素被称为微量元素。下列元素在人体中含量最高的是(　　)

A. 钾　　　　B. 钙

C. 钠　　　　D. 碳

19. 全球大部分的货物贸易是通过海运进行的。人们为了缩短航程，在19世纪到20世纪完成了举世闻名的基尔运河、苏伊士运河和巴拿马运河的建设。其中，苏伊士运河连接的是(　　)

A. 地中海与红海　　　　B. 太平洋与加勒比海

C. 北海与波罗的海　　　　D. 印度洋与南中国海

20. “罢黜百家，独尊儒术”，这一历史事件对后世产生了深远的影响，该事件发生的朝代是(　　)

A. 秦　　　　B. 汉

C. 隋　　　　D. 唐

21. 人类文明的发展是与人类使用生产工具分不开的，考古学家根据人类所使用工具的变革，将人类古代的历史划分为不同的时期。下列选项中不属于这些历史时期的是(　　)

A. 石器时代　　　　B. 陶器时代

C. 青铜时代　　　　D. 铁器时代

22. 法国作家儒勒·凡尔纳的科幻小说，把现实与幻想巧妙结合起来，在科学知识基础上大胆地设想和预言未来，具有典型的“预言性”。下列作品中，不属于凡尔纳的是(　　)

A.《基地》　　　　B.《神秘岛》

C.《地心游记》　　　　D.《海底两万里》

23.《红楼梦》塑造了数百名人物形象，尤以女性形象最为出色，金陵十二钗就是其中的突出代表。下列剪纸作品中，人物形象为林黛玉的是(　　)

A　　B　　C　　D

24. 在西方音乐发展史上，出现了许多具有重要影响的音乐家。下列选项中，被誉为“交响曲之父”的作曲家是(　　)

A. 巴赫　　B. 莫扎特

C. 海顿　　D. 贝多芬

25. 亭是中国传统建筑中一种周围开敞的小型建筑，常设在园林中或风景名胜处，供人们观览和休息。下列中国名亭中，得名于杜牧《山行》诗句的是(　　)

A. 醉翁亭　　B. 陶然亭

C. 爱晚亭　　D. 沧浪亭

26. 在 Word 中，如果进行了多次剪切或复制，此时点击“粘贴”按钮，光标所在处插入的内容是(　　)

A. 第一次剪切或复制的内容　　B. 最后一次剪切或复制的内容

C. 无任何剪切或复制的内容　　D. 所有被剪切或复制过的内容

27. 制作课件时如需插入背景音乐，下列选项中，应该选择的素材文件是(　　)

A. 汉宫秋月 . wav　　B. 夕阳箫鼓 . gif

C. 平沙落雁 . xls　　D. 梅花三弄 . jpg

28. 下列选项中，与“中国人—中国工人”的逻辑关系相同的是(　　)

A. 教授—助教　　B. 军人—军医

C. 农民—公民　　D. 法官—警察

29. 找规律填数字是一种很有趣的活动，特别锻炼观察和思考能力。将选项中的数字填入“11、16、29、47、________、127”空缺处，符合该组数字排列规律的是(　　)

A. 75　　B. 76

C. 77　　D. 78

二、材料分析题(本大题共 3 小题，每小题 14 分，共 42 分)阅读材料，并回答问题。

30. 材料：

下面是刘老师在班主任工作会上的交流发言。

我班上有一个让各科老师都很头疼的小男孩，叫小安。他经常在课堂上做小动作，有时还会说上几句“俏皮话”，引得全班同学哄堂大笑；他的作业字迹潦草，龙飞凤舞……

经过观察，我发现小安虽然调皮捣蛋，但他特别喜欢绘画，我就经常和他交流绘画心得，鼓励他参加学校的绘画比赛。

有一天，小安在我的耳边轻轻地说："我是一个坏孩子，成绩不好，又不听话，老师经常批评我，同学们也嘲笑我。"听了小安的话，我心里一紧，小安由于不断受到否定的评价，对自己失去了信心，于是就破罐子破摔。

找到症结后，我便对症下药。一次，在课堂练习时，我指着他的作业本说："你看，这样乱糟糟的，多不好看啊！你想把字写好吗？""老师，我想写好，但就是写不好！"我接着说道："你没有去做，怎么知道呢？试试看，好吗？"他点了点头，在作业本上认认真真地写了一个字，虽然出了格，但比之前有了较大的进步。我不失时机地说："写得多好，如果能把字写小点是不是就更好看？"只见他一笔一画写得可认真了，等他把作业交上来时，我在他的本子上写了一个"优"，并且盖上了一朵鲜艳的"小红花"。

渐渐地小安自信多了，字也写得越来越好，学习也更加积极主动，学习成绩提高了，还赢得了学校绘画比赛二等奖。

问题：

请结合材料，从教育观的角度，评析刘老师的教育行为。(14分)

31. 材料：

课间，王老师发现教室地面纸屑很多，便让劳动委员安排打扫，自己去另一个班上课了。劳动委员心想，等放学后再让值日生打扫吧。不料这时值周生来检查卫生，班级被扣分了。同学们纷纷责备劳动委员和值日生。他俩也为谁该负责争得面红耳赤。事后，劳动委员内疚不已，决定辞职。王老师知道后并没有马上处理，决定第二天以“扫地风波”为主题召开班会。

第二天上午，王老师找班干部谈话，分析得失，统一认识。下午，班会上劳动委员和值日生分别反省了自己的过错，其他班委成员、同学们也纷纷上台发言，承认以前没有很好配合，剖析各自存在的问题，表示不会让“扫地风波”重演。之后，王老师指出了劳动委员和值日生的不足，并对他们今后的工作提出了严格要求。

班会后，王老师单独找劳动委员和值日生谈心，肯定了他们对班级所做的努力。劳动委员打消了“引咎辞职”的念头，表示要化内疚为动力，积极工作。同学们也增强了班级认同感。

此后，班级卫生一直保持良好，多次获得“卫生流动红旗”，其他各方面也很有起色。

问题：

请从教师职业道德的角度，评析材料中王老师的教育行为。（14分）

32. 材料:

庄严的科学殿堂其实是一座仅靠几根“虚空支柱”撑起来的“空中楼阁”,它很像北岳恒山的那座悬空寺——离地五十余米,唯见十几根碗口粗的木柱支撑,“上延霄客,下绝罥浮”,嵌于万仞峭壁之中。

全部科学体系仅仅依靠几条基本假设撑起,这些人为的假设定律你只能接受,必须承认,别问为什么,也完全无须和你讲明道理——“能量守恒原理”“物质不生不灭”“绝对零度不可达”“动者恒动,静者恒静”,相对论假设“光速不变”,量子论假设“能量不连续”……虽说科学的所有理论都经历过严格的验证,但唯独支撑全部科学的这些看似武断的基本假设与定律却全都没有经过任何论证,没有谁知道它们为什么会是这样,也没有哪一位权威向你解释过其中的道理。在这些足可视为“天条”的基本假设面前,再桀骜不驯的科学家也得俯首听命,再惯于怀疑一切的科学家也会坚信不疑。都说“人生识字糊涂始”,其实科学理论才是真正的“糊涂始”,打从根本上就没想让你知晓这些基本律则之所以然。然而令人折服的是,这些根本性假设却是那么的傲睨自若,安如磐石,经得起任何诘问——纵然无须证实我对,但任何人休想将我“证伪”!

全部需要严格证实的科学体系却是靠着几条完全未经证明的假设来支撑——真乃普天之下最大的“悖论”!

然而令人击节叹赏的是,依靠“假设”支撑起来的这座神圣庄严、坚实无比的科学“悬空寺”竟是何等的宏伟壮观,前来朝拜的科学信徒又是多么的敬畏虔诚!

假说自有假说的威力!其中最有魅力的莫过于化学关于“原子”的假说。自古希腊留基波和德谟克里特创立《原子论》假说以来,19世纪初英国化学家道尔顿结合“定比定律”“倍比定律”把“原子说”变成为一个科学概念,此后通过一系列化学实验,人们精确地测出了每个元素的原子量,定出了每个原子的化合价,给出了每一元素的“原子序”,写出了由各种原子组成的分子式,搭出了立体的分子结构模型,排出了“化学元素周期表”,甚至建立了庞大的化学工业,按照化学反应方程式定量生产出了数不胜数的化学制品,用于人们的日常生活。但是又有谁见过原子,证实过原子的存在呢?完全没有!无怪乎日本诺贝尔物理学奖得主汤川秀树在其《基本粒子》一书中承认:关于原子的概念仍旧只是一种“假说”!当我们习以为常地享受各种琳琅满目的化学制品的时候,又有谁会去想,独自支撑整座化学殿堂的最主要的支柱,长达两千多年来竟然只是一种虚之又虚,未经证实的“原子假说”!值得庆幸的是,只是在近几十年人们通过扫描隧道电子显微镜(STM)总算看到了原子的直观图像。

科学从源头上就已成功地驾驭了“真”“假”相反相成的依存关系,不仅删繁就简地设立一些假想的、现实并不存在的理想状态(质点、点电荷、点、线、面),还通过精深的悟性确立一些假设定律来作为整个科学殿堂的支撑。

(摘自詹克明《参悟“科学”》)

问题:

(1)以“悬空寺”作比,是为了表明科学体系的什么特点?请结合文本,简要概括。(4分)

(2)以“原子假说”衍生出完整的化学科学大厦为例,证明的观点是什么?文中反复提及假说的“威力”,这样的“威力”源自哪里?请结合文本,简要分析。(10分)

三、写作题(本大题1小题,50分)

33. 阅读下面的材料,按要求作文。

材料一 过草地时,饥寒交迫,一位红军战士实在挺不住了,将他的战友叫到身边,以微弱的声音说:“我不行了,你们继续前行,把红旗插遍全中国。”

材料二 一位老革命家晚年时,曾有人问他,参加长征最大的感受是什么,他不假思索,操着浓重的乡音回答:“跟着走!”

综合上述材料所引发的联想和感悟,写一篇论说文。

要求:

用规范的现代汉语写作;角度自选,立意自定,标题自拟;不少于800字。

机密★启封前　　　　　　　　　　　　姓名________　准考证号________

2018年下半年中小学教师资格考试真题试卷(十)

综合素质(小学)

注意事项:

1. 考试时间为120分钟,满分为150分。

2. 请按规定在答题卡上填涂、作答,在试卷上作答无效,不予评分。

一、单项选择题(本大题共29小题,每小题2分,共58分)

在每小题列出的四个备选项中只有一个是符合题目要求的,请用2B铅笔把答题卡上对应题目的答案字母按要求涂黑。错选、多选或未选均无分。

1. 孙老师针对数学课堂气氛沉闷、学生表现不积极的现象,进行认真分析,寻找解决问题的途径与方法,并在后面的教学中予以实施,取得了良好效果。这说明孙老师注重(　　)

A. 行动研究　B. 同伴互助　C. 微格教学　D. 专业引领

2. 熊老师在家长会上说:"要想使孩子得到更好的发展,家长要做的不能只是帮孩子提高考试成绩,还要促进他们全面发展。"熊老师的说法表明(　　)

A. 分数决定孩子的未来　B. 学生的成绩关键在家长

C. 教育不能仅追求分数　D. 素质教育需要废除考试

3. 陈老师在教学时引用徐霞客的诗句"五岳归来不看山,黄山归来不看岳"。有学生产生了疑问:"为什么黄山不在五岳之列?"陈老师下列处理方式恰当的是(　　)(常考)

A. 不予理睬继续上课　B. 批评学生上课分心

C. 布置学生课外探究　D. 解释说作者弄错了

4. 青年教师王老师想要提高教学水平,主动向特级教师李老师学习,经常跟班听课。王老师上课时尽管教学设计、教学方法,甚至教学语言都与李老师相仿,但教学效果就是不佳,下列分析不恰当的是(　　)(常考)

A. 王老师只注重了模仿,忽视了对自己的教学反思

B. 王老师不重视专业学习，专业知识技能不扎实

C. 王老师一味模仿李老师，未形成自己的教学风格

D. 王老师不重视班级学情，忽视了学生个体差异性

5. 下列选项中，不属于全国人民代表大会行使的职权的是（　　）

A. 领导和管理国防建设事业

B. 修改宪法和监督宪法的实施

C. 决定特别行政区的设立及其制度

D. 审查和批准国家的预算和预算的执行情况的报告

6. 教师沈某因无正当理由拒不服从学校教学安排，被学校暂停授课并扣发当月绩效工资，学校的这种做法（　　）（易错）

A. 不合法，侵犯了沈某从事教育教学的权利

B. 不合法，侵犯了沈某获取工资报酬的权利

C. 合法，学校有对教师实施奖励或者处分的权利

D. 合法，学校有对教师进行教育行政处罚的权利

7. 某偏远山区交通不便，儿童居住较为分散，为保障当地适龄儿童接受义务教育，根据《中华人民共和国义务教育法》的规定，县级人民政府可以采取的措施是（　　）

A. 设置走读学校　　　　B. 设置寄宿制学校

C. 设置家庭学校　　　　D. 设置半日制学校

8. 某公立小学校长刘某在招生过程中非法获利数十万元，根据《中华人民共和国教育法》的规定，教育行政部门可以对其采取的措施是（　　）（易错）

A. 依法给予行政处分　　　　B. 依法给予刑事制裁

C. 依法给予党纪处分　　　　D. 依法给予民事制裁

9. 张某和李某两家世代交好，他们为双方的未成年子女订立了婚约。张某和李某的做法（　　）

A. 合法，父母享有对子女的监护权

B. 合法，父母享有对子女的管教权

C. 不合法，订立婚约应征得双方子女同意

D. 不合法，父母不得为未成年人订立婚约

10. 某小学为遏制学生违纪，要求各班主任“重点关照”那些有不良行为的学生，对他们的违纪行为要与其他违纪学生的行为区别对待、从重处罚。该校的做法（　　）

A. 合法，学校有教育管理未成年学生的权利

B. 合法,学校有预防未成年学生犯罪的义务

C. 不合法,学校不得侵犯未成年学生的教育自由

D. 不合法,学校不得歧视有不良行为的未成年人

11. 小学生高某在学校组织的校外活动中不慎受伤,经教育行政部门调解,高某父母与学校就事故处理达成了协议。但事后学校拒不履行协议。对此,高某的父母可以采取的措施是(　　)

A. 依法提起诉讼　　B. 依法申请行政复议

C. 依法提出申诉　　D. 依法申请行政仲裁

12. 小学生小凡在学校教学楼门口发现一条狗,想赶走它,却不慎被咬伤,经查,这条狗是学生小伟从家里带来的。对于小凡所受伤害应当承担赔偿责任的是(　　)(易错)

A. 小凡的监护人和学校　　B. 小伟的监护人和学校

C. 小伟的班主任和小伟的监护人　　D. 小凡的班主任和小伟的监护人

13. 并不富裕的汪老师时常资助一些家庭经济困难的学生,还鼓励他们克服困难,在学习上给予他们切实的帮助。这体现了汪老师能够做到(　　)

A. 长善救失　　B. 严慈相济　　C. 因材施教　　D. 关爱学生

14. 刚入职不久的班主任张老师因过失被家长投诉了。此时,张老师恰当的做法是(　　)

A. 求助领导,要求换班　　B. 埋怨家长,批评学生

C. 反省自我,积极沟通　　D. 坚持自我,任其自然

15. 江老师十分注重自我学习,却经常不参加学校的校本研修活动。江老师的行为(　　)

A. 不恰当,自我学习是权宜之计　　B. 不恰当,学习方式应该多元化

C. 恰当,自我学习优于校本研修　　D. 恰当,校本研修理论价值不大

16. 对下图中教师行为的评价不正确的是(　　)

A. 没有做到严慈相济　　B. 没有做到尊重学生

C. 没有做到循循善诱　　D. 没有做到公平待生

17. 青霉素的发现为人类抵抗细菌感染提供了有力武器,但抗生素的滥用也会造成危害。下列选项中,发现第一种抗生素——青霉素的科学家是(　　)

A. 朱既明　　B. 屠呦呦

C. 巴斯德　　D. 弗莱明

18. 在19世纪以前,纺织原料全部采用天然纤维。下列天然纤维中,我国最晚用作纺织原料的是(　　)(易混)

A. 棉　　B. 麻

C. 毛　　D. 丝

19. 七巧板是中国民间益智玩具,用正方形薄板分裁为七块,拼排成多种多样的事物图形,玩七巧板可以培养儿童的观察力、空间想象力和发散性思维能力。下列图案中,不属于七巧板拼图的是(　　)

A　B　C　D

20. 拉丁美洲是美国以南所有美洲地区的通称,历史上曾为印第安人的家园,孕育了灿烂的古代文明,下列选项中,发祥于该地区的古代文明是(　　)

A. 拉丁文明　　B. 玛雅文明

C. 爱琴文明　　D. 波斯文明

21. 内流河也称"内陆河",指没有流入海洋的河流,大多分布在大陆内部干燥地区,上游降水或冰雪融水为其主要补给水源,最终消失于沙漠或注入内陆湖泊。下列中国内流河中,最长的是(　　)

A. 塔里木河　　B. 柴达木河

C. 尼雅河　　D. 疏勒河

22. 童话通过丰富的想象、幻想和夸张来塑造艺术形象,反映生活,对自然物的描写常用拟人化手法。下列选项中,作者与作品对应不正确的是(　　)(常考)

A. 科洛迪——《木偶奇遇记》　　B. 圣埃克苏佩里——《夏洛的网》

C. 拉格勒夫——《骑鹅旅行记》　　D. 卡罗尔——《艾丽丝漫游奇境记》

23. 有的成语与历史人物密切相关。下列选项中,与"狡兔三窟"相关的历史人物是(　　)

A. 管仲与齐桓公　　B. 毛遂与平原君

C. 冯谖与孟尝君　　D. 曹刿与鲁庄公

24. 中国古琴有着悠久的历史，在古代文化生活中占有重要地位。下列选项中，不属于中国古琴名曲的是(　　)

A.《潇湘水云》　　B.《二泉映月》

C.《阳关三叠》　　D.《高山流水》

25. 苏州园林蕴含浓厚的中国传统思想和文化内涵，是东方造园艺术的典范，下列选项中，不属于苏州园林的是(　　)

A. 豫园　　B. 拙政园

C. 留园　　D. 网师园

26. 计算机病毒能利用系统信息资源进行繁殖并生存，影响计算机系统正常运行。下列关于计算机病毒的表述正确的是(　　)

A. 编制未完成的计算机程序　　B. 文件内容已经被破坏了的计算机程序

C. 编译不正确的计算机程序　　D. 被蓄意设计具有破坏性的计算机程序

27. 在Excel中，要通过扇形面积反映每个对象的一个属性值在总值当中所占比例大小，应该选择的图表类型是(　　)

A. 柱形图　　B. 折线图

C. 饼图　　D. XY散点图

28. 下列选项中，与“红茶”和“绿茶”的逻辑关系相同的一组是(　　)(易错)

A. 咖啡—吗啡　　B. 陈醋—奶茶

C. 白酒—黄酒　　D. 重水—雨水

29. 将选项中的图形填入下面空格中，最符合格子中另三个图形的一致性规律的是(　　)

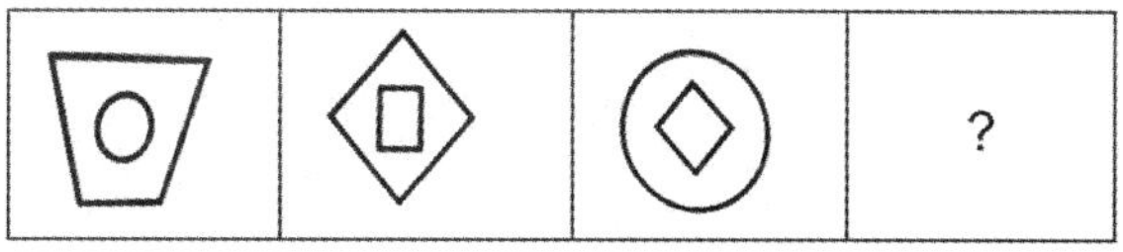

?

A. 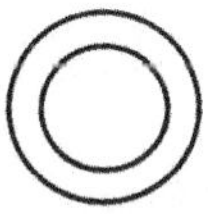　B. 　C. 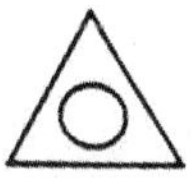　D.

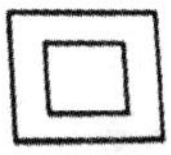

二、材料分析题(本大题共3小题，每小题14分，共42分)阅读材料，并回答问题。

30. 材料：

刘老师从师范学院毕业后，在一所乡村小学开始了她的教师生涯。三十年来，她一直坚守在乡村学校教学的第一线。

为了寻找孩子们观察的野花，刘老师在河岸、田埂精心识别、挑选；为了让孩子们更好地体味课文所蕴含的情感，在家人熟睡的时候，她一个人在厨房里反复朗读课文；大雪过后，她又会兴致勃勃地带孩子们去找腊梅，去看望苍翠的“松树公公”，让孩子们更好地感受自然。

刘老师坚持每天黎明即起，坐在校园旁的荷花池畔背唐诗、宋词，背郭沫若、艾青、普希金、海涅、泰戈尔等中外名家的诗篇，用优美的诗篇来陶冶自己的情操，她摘抄的古今中外的优秀诗篇，有厚厚的几本，她还如饥似渴地学习教育学、心理学和美学，阅读许多中外教育名著，撰写教学日志，并不断改进自身教学实践。

问题：

请结合材料，从教师观的角度，评析刘老师的教育行为。(14分)

31. 材料：

从当班主任的第一天起，俞老师就要求自己做一名孩子们喜爱的班主任。

每一届新生入校，俞老师总是从孩子们的“读”“写”等细节入手，想方设法创设情境，孩子们在体验中逐渐学会了阅读，端正了书写姿势。

他还带孩子们到超市体验购物，让孩子们学会选择物品、自觉排队；带孩子们乘坐公交车，学会购票、文明乘车；带孩子们到养老院打扫卫生，做小小志愿者……

平时，孩子们无论遇到什么事，总是愿意告诉俞老师。一次外出游学，小涛悄悄告诉俞老师自己有时会尿床，俞老师便将小涛安排和自己住一个房间，每到半夜尽早提醒小涛上厕所，这成了他俩的秘密。

俞老师还在班上成立了“少年科学院”，尝试以各种实验激发孩子们的兴趣，有时候为准备一个实验，俞老师要查阅许多资料，充分准备，让孩子们在每一次实验中都有收获。

问题：

请从教师职业道德的角度，评析材料中俞老师的教育行为。(14分)

32. 材料：

1992年，在澳大利亚昆士兰州，人们开始将鱼投入水中供野生海豚食用。1998年，海豚们开始回报人类，它们不时地将鱼扔上码头。在这件有趣的事情里，人类的投食意图非常明显，但动物们又是怎么想的呢？

早在19世纪，英国生物学家达尔文（1809—1882）就认为动物和人类的智力只有程度上而非本质上的区别。在其晚年的著作《人类和动物的感情表达》中，他详细研究了鸟类、家畜、灵长类动物以及不同人的喜悦、爱和悲伤。达尔文对待动物的态度，尽管很容易被那些每天接触狗、马或老鼠的人们所认同，却违背了当时欧洲根深蒂固的观念——动物完全没有思想。这种古老的观念源于17世纪法国哲学家笛卡尔的学说：人是理智的生灵，与上帝的思想相连，而动物只是肉体机器。笛卡尔的追随者之一，17世纪法国神学家和哲学家马勒伯朗士，他这样描述动物："不因食物而快乐，不因痛苦而哭泣，成长而不自知，它们无欲无求，无所畏惧，一无所知。"

在20世纪的大部分时间里，生物学界更忠于笛卡尔而非达尔文的学说。尽管动物行为学的学者们并没有排除动物具有思想的可能性，但是却认为思考这个问题几乎无关紧要，因为它无法回答。人们可以研究动物的输入（如食物和环境）或输出（行为），但动物本身仍然是一个黑匣子——情绪或思想等不可观察的东西超越了客观调查的范畴。一位"行为主义者"因此在1992年写道："在任何试图了解动物行为的尝试中，都应当极力避免认为动物具有意识思维，因为这是无法检测且空洞的……"

然而，这些关于动物的狭隘想法却受到了前所未有的反对。1976年，美国学者唐纳德·格里芬不畏阻碍，出版了《动物的知觉问题》一书，认为动物确实能够思考，而且这种能力应该受到适当的科学研究。

此后的数十年间，野外和实验室的大量研究工作推动了远离行为主义、接近达尔文观点的共识。然而研究进展仍然艰难而缓慢。正如行为主义者所警告过的，这两种研究类型的证据都可能具有误导性：虽然实验室中进行的实验是严谨的，但动物在实验室中的表现难免异于野外；野外观察则可能由于一些显见的局限性而不易被接受——尽管有的野外观察持续数年甚至几十年之久，并在一定程度上防范了缺乏严谨性的问题，但这样的研究并不多见。

尽管如此，现在大多数科学家认为他们可以满怀信心地说：有些动物确实以有意识的精神体验方式处理信息和表达感情。他们一致认为：大鼠、小鼠、鹦鹉和座头鲸等动物有着复杂的思维能力；一些物种具有曾被认为只属于人类的特性，例如为物品命名和使用工具的能力；还有少数动物，如灵长类动物、鸦科（乌鸦家族）和鲸类（鲸和海豚），具有一些人类眼中接近文化的东西，借此它们形成了通过模仿和示范向后代传递信息和能力的独特行为方式。没有任何动物能够单独拥有所有的人类心智特性，但是几乎所有单一的人类心智特性都存在于某种动物身上。

（摘编自《动物有思想吗?》，翻译黄森）

问题：

(1)人们对“动物是否有思想”这一问题的认识，经历了哪些阶段性过程？请结合文本，简要概括。(4分)

(2)文章认为现阶段该如何推进对动物心智的研究？请结合文本，简要分析。(10分)

三、写作题(本大题1小题,50分)

33. 阅读下面的材料,按要求作文。

有一种叫作“诡异谷”的现象:当机器人跟人类的样貌非常接近时,或是电脑生成的人物变得越来越逼真时,反而会给人带来一种不真实、不舒服的感觉。

2001年的电影《最终幻想:灵魂深处》是有史以来第一部CGI(纯电脑生成影像)影片,其中的人物角色全部都是用人造影像合成,几乎无一例外地完美。但是这部影片却遭到了评论界的批判和市场的失败。

此后,3D动画师们学会了将不完美因素融入设计,创作出的人物也更让人喜欢。

综合上述材料所引发的联想和感悟,写一篇论说文。

要求:

用规范的现代汉语写作;角度自选,立意自定,标题自拟;不少于800字。

国家教师资格考试

历年真题详解及预测试卷

综合素质·小学（预测题本）

重要提示：

为维护您的个人权益，确保考试的公平公正，请您帮助我们监督考试实施工作。

本场考试规定：监考人员要向本考场全体考生展示题本密封情况，并邀请2名考生代表验封签字后，方能开启试卷袋。

目　录

机密★启封前　　　　　　　　　　　　　　　　姓名________　准考证号________

国家教师资格考试预测试卷(十一)

综合素质(小学)

注意事项:

1. 考试时间为120分钟,满分为150分。

2. 请按规定在答题卡上填涂、作答,在试卷上作答无效,不予评分。

一、单项选择题(本大题共29小题,每小题2分,共58分)

在每小题列出的四个备选项中只有一个是符合题目要求的,请用2B铅笔把答题卡上对应题目的答案字母按要求涂黑。错选、多选或未选均无分。

1. 某所小学从一年级开始抓分数,把学生考试分数作为评定"三好学生"的唯一标准,把各种平均分数作为评定各科教师教育质量的全部依据。学校的做法(　　)

A. 有利于学校升学率的提高　　B. 有利于提高学生的竞争力

C. 有利于培养学生特长　　D. 不符合新课改的评价理念

2. 赵老师在考试后调整座位,让考试成绩排名前列的学生坐在前面,无论高矮。赵老师的做法(　　)

A. 可以激励学生　　B. 方便班级管理

C. 有失教育公平　　D. 违背因材施教

3. 下课铃响了,按照教学设计还有一个教学环节没有实施,钱老师就延长了5分钟时间。钱老师的做法(　　)

A. 恰当,保证了学习的基本容量　　B. 不恰当,忽视了学生的学习风格

C. 恰当,遵守了教学的基本规范　　D. 不恰当,漠视了学生的学习效果

4. 综合实践活动中,段老师设计了主题为"社会旅游资源"的调查。部分同学对一座古塔的建筑材料、风格产生了兴趣。在指导大家完成调查报告之后,段老师又指导这部分同学确定了新课题——"古塔建筑材料、风格与保护"。对于段老师的做法,下列评价不恰当的是(　　)

A. 尊重了学生的学习需要　　B. 培养了学生的探究意识

C. 激发了学生的学习兴趣　　D. 纠正了学生的研究方法

5. 张某因儿子在学校受到同学们的欺负,带领亲朋好友擅自闯入学校办公室进

行打砸，造成多台办公用的笔记本电脑被砸坏，影响了正常的教学秩序。下列说法正确的是(　　)

A. 张某应由公安机关给予治安管理处罚

B. 张某应由学校给予行政处罚

C. 张某应由教育行政部门给予行政处分

D. 张某应由当地政府予以管教

6. 因“品行不良、侮辱学生，影响恶劣”被撤销教师资格的，自撤销之日起(　　)年内不得重新申请认定教师资格。

A. 1　　B. 3

C. 5　　D. 10

7. 几个学生将苗老师的自行车吊到了校园广场的树上，苗老师知道后非常生气，责罚他们做了一节课的蛙跳。苗老师的做法(　　)

A. 侵犯了学生的生命健康权　　B. 维护了教师的权威

C. 行使了管理学生权　　D. 有利于促进良好的师生关系

8. 13岁的张某经常打架斗殴，并且非法携带匕首，但是他的父母仍旧对他不闻不问。依据《中华人民共和国预防未成年人犯罪法》，应由公安机关(　　)

A. 对张某进行拘留　　B. 对张某父母进行拘留

C. 对张某进行训诫　　D. 对张某父母进行训诫

9. 李某强迫未成年学生沈明装扮残疾人在地铁乞讨。对于李某的行为应当由(　　)

A. 公安机关依法给予处罚　　B. 人民法院依法提起公诉

C. 教育行政部门给予处罚　　D. 社会公益组织提起公诉

10. 外来务工的刘某夫妇在当地产下一男孩，今年已满七周岁，但迟迟不能上学，当地教育局给出的理由是没有当地户籍。下列说法正确的是(　　)

A. 当地政府做法错误，侵犯了孩子的受教育权

B. 当地政府做法正确，刘某夫妇应当回户籍所在地为孩子申请入学

C. 当地政府做法正确，虽然无奈但也是依法办事

D. 当地人民政府无权过问异地户籍适龄儿童的受教育权

11. 自习课上老师不在，阳阳趁机偷偷溜出学校，在人行道上被电动车撞伤。对阳阳受到的伤害，应承担赔偿责任的是(　　)

A. 学校　　B. 车主

C. 阳阳的监护人　　D. 车主和学校

12. 小李放学回家被妈妈责骂了一顿，一气之下跑到好朋友东东家里要求借宿一晚，东东的父母答应了。东东父母留宿小李后，下列做法不正确的是(　　)

A. 东东的父母应及时向当地公安机关报告

B. 东东的父母留宿小李后不告诉任何人其下落

C. 东东的父母应及时通知小李的父母

D. 东东的父母应及时通知小李所在学校

13. 按照规定，班主任由学校从班级任课教师中选聘。聘期由学校确定，担任一个班级的班主任时间一般应连续(　　)

A. 一学期以上　　B. 一学年以上

C. 三学期以上　　D. 二学年以上

14. 有位学生将几片废纸随意扔在走廊上，王老师路过顺手捡起并扔进垃圾桶，该学生满脸羞愧。王老师的行为体现的教师职业道德规范是(　　)

A. 热爱学生　　B. 爱岗敬业　　C. 为人师表　　D. 廉洁奉公

15. 闫桂珍老师全身心扑在教育工作中，由于常年劳累，超负荷工作，她患上了严重的咽炎，时常腰腿关节疼痛，心脏也不太好。领导和同事看她太累了，要她少带一个班的课，她却说："工作需要我，学生需要我。我喜欢学生，我愿意上课，我的价值在课堂。"闫老师的事迹是对(　　)的生动诠释。

A. 为人师表　　B. 爱岗敬业

C. 教书育人　　D. 关爱学生

16. 小杰是班里的"问题学生"，班主任付老师通过家访找到了小杰"任性"的根源，有针对性地对他实施教育和引导，最终使小杰成为班里品学兼优的好学生。这说明付老师具有(　　)

A. 严格要求学生的意识　　B. 严于律己的从教意识

C. 维护课堂秩序的能力　　D. 尊重关爱学生的情怀

17. 唐朝是继隋朝之后的大一统中原王朝，共历21帝，享国289年，是当时世界上最强盛的国家之一，声誉远播。下列情形不可能发生在唐朝的是(　　)

A. 贵族妇女相聚捣练缝衣　　B. 一大批荔枝供品被送往皇宫

C. 私塾教师教学生作八股文　　D. 瓷器通过贸易大量输出到国外

18. 盝顶是中国古代建筑的屋顶样式之一，拱而复翘的古代将军头盔式的顶式结构把中国古建筑的曲线美发挥到了极致，盝顶多用于碑、亭等礼仪性建筑。据考证，中国现存最大、最出名的盝顶建筑是(　　)

A. 岳阳楼　　B. 滕王阁　　C. 黄鹤楼　　D. 阅江楼

19. 19世纪中叶，日本遭到西方国家的侵略，到19世纪末却成为亚洲唯一的独立发展资本主义的国家。日本走上资本主义道路是通过(　　)

A. 独立战争　　B. 大化改新

C. 明治维新　　D. 南北战争

20. 纵观欧洲文学史，群星璀璨，佳作如林。下列选项中，作家与作品对应不正确的是(　　)

A. 欧·亨利——《麦琪的礼物》　　B. 巴尔扎克——《欧也妮·葛朗台》

C. 雨果——《悲惨世界》　　D. 狄更斯——《呼啸山庄》

21. 探索浩瀚宇宙是我们不懈追求的梦想，经过几代航天人的接续奋斗，我国航天事业取得了辉煌成就。在我国航天事业中，首次实现月球表面软着陆的是(　　)

A. 嫦娥三号　　B. 天宫一号

C. 神舟十号　　D. 嫦娥一号

22. 在自然界中，存在着许多奇妙的物理现象，吸引着众多科学家孜孜不倦地探寻其中的奥秘。下列选项中，通过实验科学揭示燃烧现象的科学家是(　　)

A. 哥白尼　　B. 牛顿　　C. 拉瓦锡　　D. 爱迪生

23. 京剧是中国五大戏曲剧种之一，被视为中国国粹之一。在京剧的行当中，天真活泼的年轻女性被称为(　　)

A. 正旦　　B. 花旦　　C. 彩旦　　D. 刀马旦

24. 我国第三艘航空母舰(　　)在上海江南造船厂下水，这是我国完全自主设计建造的首艘弹射型航空母舰，采用平直通长飞行甲板、配置电磁弹射和阻拦装置，满载排水量8万余吨。

A. “福建舰”　　B. “山东舰”

C. “辽宁舰”　　D. “广州舰”

25. 我国现代诗歌史上体现“五四”时期精神的第一部诗集是(　　)

A. 郭沫若的《女神》　　B. 鲁迅的《野草》

C. 胡适的《尝试集》　　D. 闻一多的《红烛》

26. 在Word中，可以显示出页眉和页脚的视图是(　　)

A. 页面视图　　B. 普通视图

C. 大纲视图　　D. Web版式视图

27. 在PowerPoint中，设置幻灯片的切换方式时，不能设置的是(　　)

A. 切换效果　　B. 切换时的声音

C. 幻灯片放映顺序　　D. 持续时间

28. 找规律填数字是一项很有趣的活动，特别锻炼观察和思考能力。下列选项中，填入数列“2、3、10、26、72、________”空缺处的数字，正确的是（　　）

A. 124　　　　B. 170

C. 196　　　　D. 218

29. “并非一切糕点都是甜味的。”这句话的意思是（　　）

A. 至少有一种糕点不是甜的　　　　B. 没有一种糕点是甜的

C. 至少有一种糕点是甜的　　　　D. 没有一种糕点不甜

二、材料分析题（本大题共3小题，每小题14分，共42分）阅读材料，并回答问题。

30. 材料：

小辉是班上有名的“调皮大王”，他上课在前排同学后背贴字条，课间把口香糖粘在同学的椅子上，还给同学起绰号，用小石头砸坏了邻居窗户的玻璃……他经常遭到老师的批评，他的父亲对他非打即骂。小辉转学遇到新班主任，父亲对新班主任说：“我这个孩子非常调皮，我拿他没办法，请您帮我严格管教。”班主任好奇地走近小辉，从生活上关心他，学习上帮助他，并尝试与他进行朋友式的交流。全面了解后，班主任对他的父亲说：“你的孩子虽然调皮，但是非常聪明，我们要找到发挥他聪明才智的地方。”在班主任正确的指导下，小辉变成了品学兼优的学生，后来他还成为了知名企业家。

问题：

请结合材料，从学生观的角度，评析班主任的教育行为。（14分）

31. 材料：

刚参加工作，我就担任六年级(2)班的班主任。一个月过去了，我所带的班课上基本没有安静的时刻，学生肆意串桌，嬉戏打闹，纸飞机在教室内飞来飞去。我厉声斥责，摔粉笔盒，还抓过几个捣蛋头罚站，让他们写检查，打扫卫生……办法想了一个又一个，可见效甚微。隔壁杨老师班上却总是静悄悄的，我几次从他们班门前走过，都发现杨老师只是坐在讲台上看书，学生在安静学习。

我纳闷，杨老师有什么"魔法"让学生如此安静？我向她询问管理学生的方法，她微笑着说："我其实有点'不负责任'呢，他们嬉闹的时候，我不说一句话，就在那里看书，慢慢地，他们也就安静了。"她说得风轻云淡，可我知道，事情绝没有那么简单。看到我疑惑的样子，杨老师换了一种方式跟我解释："我曾看过两幅画，都叫《安静》，一幅画的是一个湖，湖面平静如镜，湖中倒映着远山和花草；另一幅画的是激流直泻的瀑布，旁边有一棵小树，小树上有一个鸟巢，巢里一只可爱的小鸟正在酣睡，你觉得哪一幅画更好呢？"

我想了一下，回答说："后者更好，通过直泻瀑布与酣睡小鸟这一动一静的细节对比，凸显内心的静然。"

"对啊。"杨老师笑着说，"他们不是都喜欢闹吗？那我就来个动静对比，一个人安静地看书，看我安安静静的，他们怎么好意思再嬉闹呢？您知道吗？有时候安静要比喧闹更有力量。"

我豁然开朗。

问题：

请结合材料，从教师职业道德的角度，评析杨老师的教育行为。(14分)

32. 材料：

微博是一个新事物。它类似于博客与论坛的综合，用不超过140个字的话，发布信息，即时互动。相对于传统媒介，它的信息传播更为快捷和简单。一条信息可以在几秒钟内传播开去，让人们感到身处信息现场，可以及时地把自己的想法用最快的速度传递出去。在这个空间里，所有人都可以平等的、相同的地位和身份发布言论，从而形成了一个容量巨大的公共话语空间。

微博门槛低，发布信息快，人人都可以过一把做记者的瘾，如同每个人都可以采访与发言。它不需要渊博的学识和技术的修炼。似乎不费时，不费力，就可以随时随地将自己的所见所闻所感发出去，也可以随时随地参与讨论他人的所见所闻所感。民意民智有了新的“翅膀”，从对各种交通肇事事件的关注，到对地动仪的争论，再到警察“微博缉凶”，冷不防，我们这个时代，已经由论坛时代、博客时代升级到微博时代了。

事实上，微博是一把“双刃剑”。它的字数少，信息量大，消息发布之容易到了只需要点击一个“转发”键。操作的便捷，简化了思考，也容易引发人们的跟随效应。在“生产”信息的过程中，也会制造出懒于识别、快速再转发的信息“媒子”，甚至有人捏造信息，制造“兴奋点”，博取人们眼球，引起更多关注，实现商业利益或者其他不可告人的目的。信息变得丰富了，也更加杂乱、泡沫化了，甚至是哗众取宠！无论是金庸“被去世”的假新闻，还是名人“骂战”此起彼伏的喧哗，在良莠不齐的芜杂背后，不乏泄愤谩骂的胡言乱语。在“微博”这个水塘里，也有泥沙和浑浊不清的脏水……

中国的现实社会发展变化快，网络世界也远未成熟。微博让现实与网络有了更加亲密而闪电式的接触，有了表达的自由，它同时也需要建构道德与责任。当我们希望自由而丰富地表达自己的意见和感受时，也需要维护和坚守社会的道德和责任。现代的中国已经走出了传统的中庸与中和，而趋于偏激与对立，做事与想问题常执于一端，这需要我们重新检讨和反思。

表达的自由也同时需要承担表达的责任。微博世界并不是私人世界，而是一个更加隐形而复杂的虚拟社会。人们总希望微博能产生更大的社会影响，能尽快地从虚拟世界进入现实社会。一方面，汹涌的网络民意，通过虚拟的力量，冲击着种种现实弊端，促使当事人不得不出来面对公众承担责任，另一方面，表达者也应该坚守和维护社会的责任。表面上，微博是“微”，是你个人的“麦克风”，但众多粉丝和听众却是社会人，你说的话虽不一定是人命关天、财产万千，却应有是非曲直、善恶正邪。

（选自光明日报《微博时代说话的自由与责任》）

问题：

(1)微博时代说话的“责任”有哪些具体内容？请结合文本，简要概括。(4分)

(2)为什么说“微博是一把‘双刃剑’”？请结合文本，简要分析。(10分)

三、写作题(本大题1小题,50分)

33. 阅读下面的材料,按要求作文。

人性中最本质的需求就是渴望得到尊重和欣赏。赏识教育的特点就是注重孩子的优点和长处,逐步形成燎原之势,让孩子在“我是好孩子”的心态中觉醒;而抱怨教育的特点是注重孩子的弱点和短处,小题大做,无限夸大,使孩子自暴自弃,在“我是坏孩子”的意念中消沉。

综合上述材料所引发的联想和感悟,写一篇论说文。

要求:

用规范的现代汉语写作;角度自选,立意自定,标题自拟;不少于800字。

机密★启封前　　　　姓名________　准考证号________

国家教师资格考试预测试卷(十二)

综合素质(小学)

注意事项:

1. 考试时间为120分钟,满分为150分。

2. 请按规定在答题卡上填涂、作答,在试卷上作答无效,不予评分。

一、单项选择题(本大题共29小题,每小题2分,共58分)

在每小题列出的四个备选项中只有一个是符合题目要求的,请用2B铅笔把答题卡上对应题目的答案字母按要求涂黑。错选、多选或未选均无分。

1. 在学生评价方面,李老师只从学生的考试成绩来评价和判断学生,并努力督促"差生"提高成绩。这说明李老师没有做到(　　)

A. 严格要求学生　　B. 全面看待学生

C. 关注学生需求　　D. 维护学生的权益

2. 某班有这样一条班规,成绩排名前十的学生可以在班级自由选择座位,而排名后十的学生只能坐在最后一排。该班级的这一规定(　　)

A. 正确,有利于优生安心学习

B. 正确,有利于激励学困生上进

C. 不正确,不能促进学生个性发展

D. 不正确,未能平等对待所有学生

3. 教师经常梳理教学工作中遇到的问题,并运用教育学、心理学知识分析问题的成因,寻找解决策略。在这一过程中教师扮演的主要角色是(　　)

A. 学生学习的组织者　　B. 行为规范的示范者

C. 心理健康的维护者　　D. 教育教学的研究者

4. 吴老师在指导青年教师时说道:"我们是科学老师,自己就知道生物的多样性和保护这种多样性的重要,所以对各有所长的学生,我们可不能做一个把学生修剪得整整齐齐的园丁。"这种说法表明教师劳动具有(　　)

A. 差异性　　B. 长期性

C. 复杂性　　D. 示范性

5. 根据我国《宪法》规定，下列不属于我国公民政治权利和自由的是（　　）

A. 选举权　　　　B. 言论自由

C. 纳税自由　　　　D. 出版自由

6. 甲学校校长打断刘老师正常的上课进程，让其去迎接临时到访的上级领导，该校长的做法侵犯了刘老师的（　　）

A. 管理学生权　　　　B. 科学研究权

C. 教育教学权　　　　D. 获取报酬权

7. 某学校安排音乐教师兼职讲授法治教育知识，该学校的行为（　　）

A. 正确，节约了教学资源

B. 正确，有利于教师发展

C. 不正确，学校应聘请从事法治教育的专职或者兼职教师

D. 不正确，学校应取消法治教育

8. 小霞是一个早产儿，出生时因病毒感染，导致其双耳失聪，等小霞到小学入学年龄时，其父母应该（　　）

A. 送小霞到当地小学就读　　　　B. 送小霞到特殊教育学校就读

C. 向当地乡镇人民政府申请休学　　　　D. 送小霞去技术院校学习技术

9. 某公办小学校长私自将学校的空房出租出去，自己收取房租。该校长的行为（　　）

A. 合法，合理利用学校资源　　　　B. 合法，有利于学校发展

C. 不合法，校长无权出租房屋　　　　D. 不合法，房租应归学校所有

10. 小勇是一名义务教育阶段的在校生，其父母经营生意，事务繁杂，为了让小勇能尽早接手家族生意，小勇父母令其辍学协助经营管理。对于其父母的行为，（　　）应当给予批评教育，责令限期改正。

A. 小勇就读的学校　　　　B. 小勇的班主任

C. 当地居民委员会　　　　D. 当地县级人民政府教育行政部门

11. 欧老师是镇上一所学校的语文教师，由于其文笔极佳，被市政府邀请撰写文章而严重影响了学校的教育教学工作。对于欧老师，学校应采取的措施是（　　）

A. 行政处分或解聘

B. 依法追究刑事责任

C. 处两百元以上两千元以下罚款

D. 撤销教师资格

12. 课间，九岁的小陈在关门时，夹伤了同班同学小黄的手，医务室老师认为伤势严重，需送往医院治疗，小黄要求小陈付医药费，但怕父母责备，请求老师不要告诉父母自己受伤的事。从教育法律法规的角度来看，班主任老师最佳的做法是（　　）

A. 不告诉小黄家长，并主张学校负担医药费

B. 告知双方家长，并主张小陈的家长负担医药费

C. 不告诉小黄家长，并主张小陈的家长负担医药费

D. 告知双方家长，并主张双方家长共同负担医药费

13. 刘老师经常与校内外同行交流教育心得，并攻读了在职教育硕士，在学术刊物上发表了多篇教育论文。刘老师的做法符合（　　）

A. 遵循教育规律、实施素质教育的要求

B. 拓宽知识视野、更新知识结构的要求

C. 知荣明耻、谦虚谨慎的要求

D. 严以律己、以身作则的要求

14. 一年来，任老师的家人接二连三地生病住院，她每天下班后都要到医院去照顾。可是，她还是认真地上好每一堂课，耐心地解答学生的困惑。任老师的做法体现的教师职业行为选择标准是（　　）

A. 功利性与超功利性的统一　　B. 主观性与客观性的统一

C. 根本性与确定性的统一　　D. 全局性与稳定性的统一

15. 下列关于班主任与家长关系的表述，正确的是（　　）

A. 家长提出的所有要求，班主任都要尽力满足

B. 家长与教师是平等的教育主体

C. 独裁型的管理风格有利于树立班主任的权威

D. 面对家长的不理解，班主任最好采取冷处理

16. 习近平总书记曾这样描述自己心中的好老师："当老师，就要心无旁骛，甘守三尺讲台。"这主要是告诫教师要践行教师职业道德规范中的（　　）要求。

A. 教书育人　　B. 爱岗敬业

C. 爱国守法　　D. 终身学习

17. 秦始皇统一六国后推行"书同文，车同轨"的政策，"书同文"是中国第一次系统地将文字的书体标准化的过程，其规定的标准字体是（　　）

A. 大篆　　B. 小篆

C. 隶书　　D. 金文

18. 纵观中华文明史，涌现了许多造福人类的发明与创造，充分体现了我国古代人民的智慧。下列选项中，发明的仪器与其用途对应不正确的是(　　)

A. 浑天仪——演示天体运动　　B. 司南——辨别方向

C. 水车——播种工具　　D. 日晷——计时

19. “五禽戏”是东汉医学家华佗倡导的一种模仿动物的动作和神态进行健身的方法。下列不属于“五禽”之一的是(　　)

A. 虎　　B. 蛇　　C. 熊　　D. 猿

20. “欲胜人者必先自胜，欲论人者必先自论，欲知人者必先自知”出自《吕氏春秋》，下列有关《吕氏春秋》的说法正确的是(　　)

A. 是秦朝治国的指导思想

B. 是战国末期儒家的代表作

C. 此书成书于秦始皇统一中国之后

D. 是中国历史上第一部有组织、按计划编写的文集

21. 为了保护水资源，提倡洗衣物时使用无磷洗衣粉，原因是大量含磷污水进入河湖后，致使(　　)

A. 大量鱼类中毒死亡

B. 水体富营养化，缺氧导致水生物大量死亡，水体变臭

C. 磷和某些有机物发生化学反应，使水体变臭，生物死亡

D. 磷抑制藻类生长，使鱼类缺乏饵料死亡

22. 丝绸之路是历史上横贯欧亚大陆的贸易交通线，促进了欧亚非各国和中国的友好往来。传统的陆上丝绸之路的终点是(　　)

A. 印度　　B. 哈萨克斯坦

C. 吉尔吉斯斯坦　　D. 罗马

23. 以下对中国文化艺术的文言别称中，属于美术的是(　　)

A. 丝竹　　B. 芳墨　　C. 丹青　　D. 金石

24. 澶渊之盟是历史上影响极为深远的一纸和谈条约，其签约双方是(　　)

A. 北宋与西夏　　B. 北宋与辽

C. 南宋与西夏　　D. 南宋与金

25. 在研究光电效应的过程中，物理学者对光子的量子性质有了更加深入的了解，这对波粒二象性概念的提出有重大影响。光电效应是由(　　)发现的。

A. 赫兹　　B. 爱因斯坦

C. 爱迪生　　D. 法拉第

26. 下列有关页眉和页脚的说法，错误的是(　　)

A. 只要将“奇偶页不同”这个复选框选中，就可以在文档的奇、偶页中插入不同的页眉和页脚内容

B. 在输入页眉和页脚内容时还可以在每一页中插入页码

C. 可以将每一页的页眉和页脚的内容设置成相同的内容

D. 在页眉、页脚中不能插入图片对象

27. 在Excel中，有多种方法可以对数据进行排序。下列方法不能对数据表进行排序的是(　　)

A. 单击数据区中任一单元格，然后单击工具栏中的“升序”或“降序”按钮

B. 选定要排序的区域，然后单击工具栏中的“升序”或“降序”按钮

C. 选定要排序的区域，然后单击“编辑”选项卡中的“排序”命令

D. 选定要排序的区域，然后单击“数据”选项卡中的“排序”命令

28. 从所给的四个选项中，选择最合适的一个填入空白处，使之呈现一定的规律性(　　)

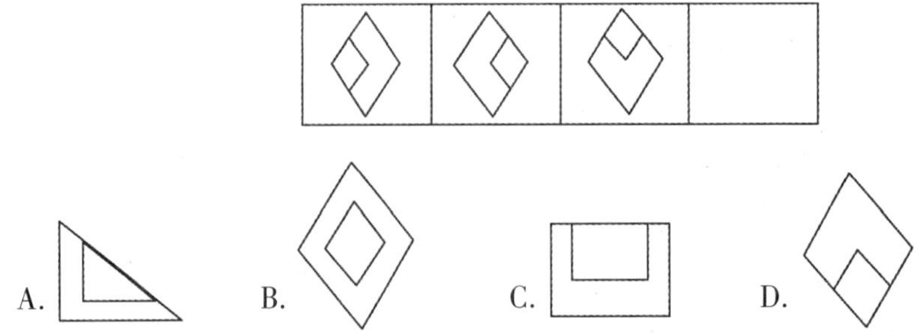

29. 找规律填数字是一项很有趣的活动，特别锻炼观察和思考能力。下列选项中，填入数列“36、45、70、119、200、________”空缺处的数字，正确的是(　　)

A. 321　　　　B. 340

C. 421　　　　D. 441

二、材料分析题(本大题共3小题，每小题14分，共42分)阅读材料，并回答问题。

30. 材料：

在一节小学科学课上，于老师正在讲有关天气方面的知识，忽然，有学生兴奋地喊道：“哇，好漂亮的光环啊！”同学们立刻把目光移到了窗外。原来，太阳周围出现了一圈美丽的日晕。于老师见状，灵机一动，问：“大家知道那是什么吗？”“是彩虹！”“不对，是一种云吧？”大家叽叽喳喳地讨论开了，于老师笑眯眯地对同学们说：“那我们到外面好好地观察吧！”同学们像一群欢快的鸟儿飞出了教室。为了保护眼睛，于老师

端来一盆滴了墨汁的水，让同学们从水里观察。于老师告诉大家："这是'日晕'，是日光通过卷层云时受到冰晶的折射或反射而形成的一种大气光学现象。自然界中还有许许多多神奇的自然现象，等着大家去发现、去探索、去研究。大家都充满了无限潜力，只要你们用心去观察，就一定可以成为优秀的探索者。"同学们兴趣盎然地听着，眼里充满了对未知世界的好奇和渴望。这时，下课铃响了，于老师微笑着对大家说："回家以后每人写一篇关于观看日晕的体会吧。另外，阅读兴趣小组可以利用书籍查询相关资料，计算机兴趣小组可以利用网络查找相关图片，美术兴趣小组可以利用你们的笔画出有趣的天气现象……下节课我们再一起交流！"

问题：

请结合材料，从学生观的角度，评析于老师的教育行为。(14分)

31. 材料：

葛华和李强在课间因为一件小事吵架，葛华挨了两拳，刚要还手，上课铃响了，李强迅速跑进教室。葛华觉得吃了亏，怒不可遏。他站在教室门口指着李强大声叫嚷："有本事你给我出来，我非把你揍扁不可！"此时，正好来上数学课的于老师看到了这一幕，于老师愣了一下，马上和蔼地对葛华说："葛华，你看老师拿了这么多作业本，你能帮老师发给同学们吗？"葛华虽然还在生气，但还是很快接过作业本发了下去，于老师又对全班同学说："刚才葛华虽然和别人闹了点小矛盾，可是他为了不影响上课，愉快地帮助我发作业，这很好！我相信他下课后会正确处理这件事的。"葛华听到老师的表扬，转怒为喜，上课也非常认真。

下课后，于老师请李强帮他把教具拿回办公室，趁机问明了事件发生的过程。听完李强的诉说，于老师耐心地对他说："我们已经长大了，要学会用自己的智慧，友好地解决与他人的冲突，老师相信你会处理好这件事的。"之后，李强主动找葛华道歉，两人重归于好。

问题：

请结合材料，从教师职业道德的角度，评析于老师的教育行为。(14分)

32. 材料：

读孙犁的文章，如读《石门铭》的书帖，其一笔一画，令人舒服，也能想见到书家书时的自在，是没有任何病疾的自在。好文章好在不觉得它是文章，所以在孙犁那里难寻着技巧，也无法看到才华横溢处。孙犁一生有野心，不在官场，也不往热闹地方去，却没有仙风道骨气，还是一个儒，一个大儒。

数十年的文坛，题材在决定着作品的高低，过去是，现在变个法儿仍是，以此走红过许多人。孙犁的文章从来是能发表了就好，不在乎什么报刊和报刊的什么位置，他是什么都能写得，写出来的又都是文学。一生中凡是白纸上写出的黑字都敢堂而皇之地收在文集里，既不损其人也不损其文，国中几个能如此？作品起码能活半个世纪的作家，才可以谈得上有创造，孙犁虽然未大红大紫过，作品却始终被人学习，且活到老，写到老，笔力未曾丝毫减弱，可见他创造的能量多大！

评论界素有"荷花淀派"之说，其实哪里有派而流？孙犁只是一个孙犁，孙犁是孤家寡人。他的模仿者纵然万千，但模仿者只看到他的风格，看不到他的风格是他生命的外化，只看到他的语言，看不到他的语言有他情操的内涵，便把清误认为了浅，把简误认为了少。因此，模仿他的人要么易成名而不成功，为一株未长大就结穗的麦子，麦穗只能有蝇头大，要么望洋生叹，半途改弦。天下的好文章不是谁要怎么就可以怎么的，除了有天才，有夙命，还得有深厚的修养，佛是修出来的，不是练出来的。常常有这样的情形，初学者都喜欢涌集孙门，学到一定水平了，就背弃其师，甚至生轻看之心，待最后有了一定的成就，又不得不再来尊他。孙犁是最易让模仿者上当的作家，孙犁也是易被社会误解的作家。

孙犁不是个写史诗的人，但他的作品直通心灵。到了晚年，他的文章越发老辣得没有几人能够匹敌。举一个例子，舞台上有人演诸葛，演得惟妙惟肖，可以称得"活诸葛"，但"活诸葛"毕竟不是真正的诸葛。明白了要做"活诸葛"和诸葛本身就是诸葛的含义，也就明白了孙犁的道行和价值所在。

（摘编自贾平凹《孙犁论》，有删改）

问题：

(1)文章最后一段中"活诸葛"的含义是什么？请简要概括。(4分)

(2)本文对孙犁的作品有怎样的评价？(10分)

三、写作题(本大题1小题,50分)

33. 阅读下面的材料,按要求作文。

某日,杨绛先生的同事问她:“您一天能翻译多少字?”杨绛回答:“我想平均起来也就不过五百字左右吧。”面对众人的不解,她补充道:“我翻译其实是很慢的,我首先要把每段话的原意弄清楚,然后把每个原文句子通通拆解,再按照我们汉语的语言习惯重新组成句子,把整段话的原意表达出来。”正因为如此她才翻译出了一部部脍炙人口的著作。

综合上述材料所引发的联想和感悟,写一篇论说文。

要求:

用规范的现代汉语写作;角度自选,立意自定,标题自拟;不少于800字。

机密★启封前　　　　　　　　　　　　　　姓名________　准考证号________

国家教师资格考试预测试卷(十三)

综合素质(小学)

注意事项:

1. 考试时间为120分钟,满分为150分。

2. 请按规定在答题卡上填涂、作答,在试卷上作答无效,不予评分。

一、单项选择题(本大题共29小题,每小题2分,共58分)

在每小题列出的四个备选项中只有一个是符合题目要求的,请用2B铅笔把答题卡上对应题目的答案字母按要求涂黑。错选、多选或未选均无分。

1. 小超上课喜欢捣蛋不听讲,但他画画特别好。余老师知道后,关注小超的画艺,建议他参加画画比赛,慢慢地小超愿意听余老师的话,也愿意和其他同学友好相处,不再那么调皮捣蛋了。余老师的做法(　　)

A. 关注学生个性发展　　　　B. 关注学生全面发展

C. 关注学生创新精神发展　　D. 关注学生实践精神发展

2. 在学校,教导主任李老师常说"学校地上有纸片,全校师生都有责任捡起来"。小明发现有些老师看到纸片像没看见一样,自然也就不以为意了。某天正在做操,地上有纸片,班主任陈老师让大家站好,他弯腰捡起纸片并丢进了垃圾桶。从此,小明看到垃圾就会捡起,并扔进垃圾桶。这体现了教师劳动的(　　)

A. 复杂性　　B. 创造性　　C. 示范性　　D. 长期性

3. 著名教育家陶行知说:"人像树木一样,要使他们尽量长上去,不能勉强都长得一样高,应当是:立脚点上求平等,于出头处谋自由。"这句话说明(　　)

A. 人的身心发展具有一定的顺序性,所以教育工作要循序渐进

B. 人的身心发展具有可变性,所以教育工作要适时调整

C. 人的身心发展具有不平衡性,所以教育工作要抓住关键期

D. 人的身心发展具有个别差异性,所以教育工作要因材施教

4. 小郑老师和小刘老师是某学校的数学老师,平时两人都很努力,也喜欢暗暗较劲。学校举办的青年教师说课比赛,小郑和小刘两位老师都有参加,但赛前两位老师既无教学的交流,也无比赛想法的讨论,最后双双遗憾出局。关于小郑和小刘两位老

师的做法，下列说法合理的是(　　)

A. 有利于教师的个人成长　　B. 有利于教师在竞争中成长

C. 体现了教师公平竞争的自觉性　　D. 违背了教师间的合作理念

5. 根据《中华人民共和国教育法》的相关规定，盗用、冒用他人身份，顶替他人取得的入学资格的，由教育行政部门或者其他有关行政部门责令撤销入学资格，并责令停止参加相关国家教育考试(　　)

A. 一年以上三年以下　　B. 二年以上五年以下

C. 三年以上六年以下　　D. 四年以上十年以下

6. 刘老师在上课，学生小明在课堂上违规违纪但情节较为轻微，刘老师不可以当场对小明实施的教育惩戒有(　　)

A. 责令小明罚站5分钟　　B. 让小明做书面检讨

C. 点名批评　　D. 让小明自扇巴掌1次

7. 王某的儿子因车祸造成下肢残疾，平时需要借助拐杖才能行走，但智力正常。今年孩子已满7岁，王某决定送儿子到附近小学上学。校方则认为，学校本身是一所普通学校，没有为残疾儿童准备的专门设施，故拒绝了王某的要求。该学校的做法(　　)

A. 合法，学校有权拒绝残疾儿童入学

B. 合法，学校有招生自主权

C. 不合法，王某的儿子虽有残疾，但智力正常，学校不应该拒绝其入学

D. 不合法，侵犯了王某儿子的人格尊严权

8. 某学生给自己心仪的女生写了一封信，这封信被女生家长发现并上交班主任，班主任将信粘贴在班级公告栏，以此告诫其他同学。该教师的行为侵犯了学生的(　　)

A. 财产权　　B. 健康权　　C. 隐私权　　D. 受教育权

9. 教师赵某故意不完成教育教学任务，给教育教学工作造成重大损失，依据《中华人民共和国教师法》，学校可以给予赵某(　　)

A. 刑事处罚　　B. 撤销教师资格

C. 民事处罚　　D. 行政处分或者解聘

10.《中华人民共和国未成年人保护法》规定："禁止胁迫、引诱、教唆未成年人参加黑社会性质组织或者从事违法犯罪活动。"这属于对未成年人的(　　)

A. 司法保护　　B. 家庭保护

C. 社会保护　　D. 学校保护

11. 班主任王老师点名时发现班上有4名学生旷课，他猜测这4名学生可能偷偷离开学校去网吧上网，就没有采取任何措施而是继续上课。直到下午，4名学生才到达学校。随后王老师对4名学生进行了批评教育。该班主任的做法(　　)

A. 正确，班主任熟知学生动向，能对其进行针对性批评

B. 正确，教师有教育学生的权利

C. 不正确，教师发现学生旷课应及时与学生的监护人联系

D. 不正确，教师发现学生旷课应及时报警

12. 某小学生课间在楼梯上跟同学打闹嬉戏时意外扭伤，学校将其送到医院，并通知家长。此次事故中，承担主要责任的是(　　)

A. 小学生家长　　B. 学校

C. 小学生自己　　D. 打闹的同学

13. 小刚的父母为了让班主任对小刚多照顾一点，逢年过节都会给班主任送贵重礼品，班主任也因此对小刚多有照顾。该班主任的做法(　　)

A. 违背了爱岗敬业的职业道德规范

B. 有助于与家长建立良好的关系

C. 体现了关爱学生的职业道德规范

D. 违背了为人师表的职业道德规范

14. 某次下课时，李老师看到小张气色不好，询问了相关情况后，便把小张送到了医院，等小张的父母到了医院并确定无大碍的情况下才离开。这体现了职业道德中的(　　)

A. 关爱学生　　B. 爱国守法

C. 为人师表　　D. 终身学习

15. 某老师主张“唯分数论”，宣扬成绩决定一切，成绩不好的学生其他方面肯定也不好。四个同学对此进行了讨论。

小周说：“这个老师是正确的，最后决定我们能去哪所大学的还是成绩。”

小吴说：“这个老师是正确的，成绩不好的学生其他能力也不会好。”

小郑说：“这个老师是错误的，不读书的人出路比高材生更好。”

小王说：“这个老师是错误的，老师不应以分数作为评价学生的唯一标准。”

他们四人中，说法正确的是(　　)

A. 小周　　B. 小吴

C. 小郑　　D. 小王

16. 制定《新时代中小学教师职业行为十项准则》的主要目的是，引导广大教师努力成为有理想信念、有道德情操、有扎实知识、(　　)的好老师。

A. 有仁爱之心　　B. 有无私奉献

C. 有责任使命　　D. 有乐观积极

17. 儿童文学是专为少年儿童创作的文学作品，是一种独具美学特征、自成体系的文学门类。世界儿童文学史上第一部把儿童作为具有独立人格的人来描写的小说是(　　)

A. 笛福的《鲁滨逊漂流记》　　B. 卢梭的《爱弥儿》

C. 盖达尔的《丘克和盖克》　　D. 马克·吐温的《汤姆·索亚历险记》

18. 继美国的GPS、俄罗斯的格洛纳斯之后，中国也有了自己的导航卫星，它使我国成为继美国、俄罗斯之后世界上第三个拥有自主全球卫星导航系统的国家。我国的卫星导航系统名称是(　　)

A. 天宫　　B. 北斗　　C. 嫦娥　　D. 神舟

19. 凯旋门是欧洲人纪念战争胜利的建筑形式。巴黎凯旋门上的《马赛曲》浮雕所反映的历史事件是(　　)

A. 普法战争　　B. 法国大革命

C. 拿破仑战争　　D. 1848年欧洲革命

20. 歌剧《卡门》取材于梅里美的同名小说，是一部具有独特的魅力和强烈的戏剧性的作品。它的创作者是(　　)

A. 威尔第　　B. 贝多芬

C. 比才　　D. 瓦格纳

21. 能源按其基本形态分为一次能源和二次能源，下列属于二次能源的是(　　)

A. 太阳能　　B. 石油

C. 海洋能　　D. 煤气

22. 享有“百戏之祖”“百戏之师”的美誉，在中国戏曲史上有着特殊的地位和贡献的是(　　)

A. 昆曲　　B. 越剧

C. 京剧　　D. 汉剧

23. 汉武帝时，张骞出使西域，开辟了著名的“丝绸之路”，下列不是经此路传入我国的是(　　)

A. 石榴　　B. 良种马

C. 葡萄　　D. 大豆

24. 三省六部制是西汉以后长期发展形成的封建管理制度。六部是指吏部、户部、礼部、兵部、刑部、工部，不同朝代各部履行的基本职能大体一致。其中，管理全国学校事务及科举考试的是(　　)

A. 吏部　　　　B. 户部

C. 礼部　　　　D. 兵部

25.《天工开物》是世界上第一部关于农业和手工业生产的综合性著作，该书作者是(　　)

A. 贾思勰　　　　B. 宋应星

C. 张景岳　　　　D. 徐光启

26. 要使幻灯片在放映时能够自动播放，需要为其设置(　　)

A. 动作按钮　　　　B. 预设动画

C. 排练计时　　　　D. 录制旁白

27. 在Excel中输入字符串时，若该字符串的长度超过单元格的显示宽度，则超过的部分最有可能(　　)

A. 被截断删除　　　　B. 右侧单元格为空时继续超格显示

C. 给出错误提示　　　　D. 作为另一个字符串存入右侧相邻单元格

28. 下列选项中的概念关系，与“教辅书—图书”一致的是(　　)

A. 苹果—手机　　　　B. 主机—电脑

C. 尺子—文具　　　　D. 学生—校园

29. 找规律填数字是一项很有趣的活动，特别锻炼观察和思考能力。下列选项中，填入数列“5、15、10、215、________”空缺处的数字，符合该组数字排列规律的是(　　)

A. −115　　　　B. 415

C. −112　　　　D. 445

二、材料分析题(本大题共3小题，每小题14分，共42分)阅读材料，并回答问题。

30. 材料：

董老师和王老师是师徒关系，有一次上课时，王老师发现一个细节：董老师从头到尾都拿着教科书，而且上课过程中还时不时瞄上几眼。经过观察，王老师发现师傅瞄的并不是教科书本身的内容，而是她事先就粘贴在书中的小纸片。通常，董老师会在分析这篇课文的单词或句型时看一眼，在讲到有关课文的文化背景时看一眼，又或者是在讲评学生作业时看一眼，这些卡片上都记的什么呢？

课后，得到董老师的允许，王老师翻看了师傅所使用的教科书中的小纸片，发现这些纸片主要分为三类:绿色纸片是知识拓展类,黄色纸片是考点讲解类,蓝色纸片是错题分析类。王老师向董老师请教:“这样的小纸片密密麻麻,会不会不利于教学知识的梳理?”董老师回答道:“不会呀,这是在分析学生认知规律和学习特点的基础上想出来的方法。其中,知识拓展类纸片可以帮助学生解决知识的连贯性、整体性问题,考点讲解类纸片可以帮助学生解决知识的理解性、应用性问题,错题分析类纸片可以帮助学生解决知识的巩固性、综合性问题。所以,咱们的教学不仅要观察可以怎么做,还要去琢磨为什么这样做。”

问题:

请结合材料,从教师观的角度,评析董老师的教育行为。(14分)

31. 材料：

师范大学毕业后，孙斌凭借自己的努力成了一名小学语文教师。工作前几年，为了适应教学工作，他向其他同事学习，教学水平逐渐提高，教学效果得到了家长们的认可。这时，他认为教学工作并不神秘，自己的经验、知识与能力已经足以应付，没有必要继续深入钻研教学。

一天，几位学生的家长找到孙老师，希望他能在课后帮助孩子补习，孙老师认为这事有利于提高学生成绩就答应了。补习结束时，家长们为了感谢孙老师，给了他一笔可观的补课费，孙老师推辞不过只好接受。

自此以后，越来越多的学生找孙老师补课，其他班级甚至其他学校的学生也来找他。为了保证补习效果，孙老师常将课堂教学与课后辅导联系起来，还专门编印了系列学习资料，仅收取成本费和辛苦费。随着参与辅导学生的规模扩大，孙老师家里的空间已不足以容纳，于是他在小区里专门租了地方方便学生参与辅导。为了节省学生购买学习资料和学习用具的费用，孙老师还要求学生统一从自己这里购买。家长们对孙老师的辅导非常满意，还给他送了锦旗。

问题：

请结合材料，从教师职业道德的角度，评析孙老师的教育行为。(14分)

32. 材料：

建筑之始，本无所谓一定形式，更无所谓派别。所谓某系或某派建筑之始，其先盖完全由于当时彼地的人情风俗、政治经济的情形，气候及物产材料之供给，和匠人对于力学之知识、技术之巧拙等复杂情况总影响之下所产生。一系建筑之个性，犹如一个人格，莫不是同时受父母先天的遗传和朋友师长的教益而形成的。中国的建筑，在中国整个环境总影响之下，虽各个时代各有其特征，其基本的方法及原则，却始终一贯。数千年来的匠师们，在他们自己的潮流内顺流而下，如同欧洲中世纪的匠师们一样，对于他们自己及他们的作品都没有一种自觉。

19世纪末叶及20世纪初，中国文化屡次屈辱于西方坚船利炮之下以后，中国却忽然到了“凡是西方的都是好的”的段落，又因其先已有帝王骄奢好奇的游戏，如郎世宁辈在圆明园建造西洋楼等事为先驱，于是“洋式楼房”“洋式门面”，如雨后春笋，酝酿出光宣以来建筑界的大混乱。正在这个时期，有少数真正或略受过建筑训练的外国建筑家，在香港、上海、天津……乃至许多内地都邑里，将他们的希腊、罗马、哥特等式样，似是而非地移植过来，同时还有早期的留学生，敬佩西洋城市间的高楼霄汉，帮助他们移植这种艺术。这可说是中国建筑术由匠人手中升到“士大夫”手中之始；但是这几位先辈留学建筑师，多数却对于中国式建筑根本鄙视。近来虽渐有人对于中国建筑有相当兴趣，但也不过取一种神秘态度，或含糊地骄傲地用些抽象字句来对外人颂扬它；至于其结构上的美德及真正的艺术上的成功，则仍非常缺乏了解。现在中国各处“洋化”过的旧房子，竟有许多将洋式的短处来替代中国式的长处，成了<u>兼二者之短的“低能儿”</u>，这些亦正可表示出他们对于中国建筑的不了解态度了。

欧洲大战以后，艺潮汹涌，近来风行欧美的“国际式”新建筑，承认机械及新材料在我们生活中已占据了主要地位。这些“国际式”建筑，名目虽然笼统，其精神观念，却是极诚实的。这种建筑现在已传至中国各通商口岸，许多建筑师又全在抄袭或模仿那种形式。但是对于新建筑有真正认识的人，都应知道现代最新的构架法，与中国固有建筑的构架法，所用材料不同，基本原则却一样，都是先立骨架，次加墙壁的。这并不是他们故意抄袭我们的形式，乃因结构使然。我们若是回顾到我们古代遗物，它们的每个部分莫不是内部结构坦率的表现，正合乎今日建筑设计人所崇尚的途径。这样两种不同时代，不同文化的艺术，竟融洽相类似，在文化史中确是有趣的现象。

我们这个时期，正该是中国建筑因新科学、材料、结构而又强旺更生的时期，也是中国新建筑师产生的时期。他们自己在文化上的地位是他们自己所知道的；他们对于他们的工作是依其意向而设计的；他们并不像古代的匠师，盲目地在海中漂泊，他们自己把定了舵，向着一定的目标走。

（选自梁思成《〈建筑设计参考图集〉序》，有删改）

问题：

(1)简要概括画线句“兼二者之短的‘低能儿’”出现的原因。(4分)

(2)中国建筑的希望体现在哪些方面？请联系全文，简要分析。(10分)

三、写作题(本大题1小题,50分)

33. 阅读下面的材料,按要求作文。

苏轼的《题西林壁》中有“横看成岭侧成峰,远近高低各不同”之句,意在表达从不同的角度观察庐山看到了不同的景象。在我们生活、工作、学习中也是如此。

根据材料所引发的思考和感悟,写一篇论说文。

要求:

用规范的现代汉语写作;角度自选,立意自定,标题自拟;不少于800字。

机密★启封前　　　　　　　　　　　　　　　　姓名________　准考证号________

国家教师资格考试预测试卷(十四)

综合素质(小学)

注意事项:

1. 考试时间为120分钟,满分为150分。

2. 请按规定在答题卡上填涂、作答,在试卷上作答无效,不予评分。

一、单项选择题(本大题共29小题,每小题2分,共58分)

在每小题列出的四个备选项中只有一个是符合题目要求的,请用2B铅笔把答题卡上对应题目的答案字母按要求涂黑。错选、多选或未选均无分。

1. 某小学校长对素质教育检查组说:“我们学校对素质教育十分重视,课外活动开展得丰富多彩,有科技小组、美术小组、音乐小组……但现在学生正在上课,下午课外活动时,请你们指导。”该校长对素质教育的理解(　　)

A. 不正确,素质教育不等于课外活动

B. 不正确,素质教育不包括兴趣小组

C. 正确,素质教育要开展课外活动

D. 正确,素质教育要组建兴趣小组

2. 沈老师在指导新教师时说:“学习有关学生身心发展规律、年龄特点的知识,了解学生个性,对做好工作极为重要。”沈老师强调的是(　　)

A. 条件性知识的学习　　　　B. 实践性知识的学习

C. 本体性知识的学习　　　　D. 文化知识的学习

3. 某学校开展“快乐进课堂”活动,鼓励学生在课堂上多看、多做、多议,亲身体验探究式学习带来的无穷乐趣。这种做法能够(　　)

A. 激发学生的兴趣,发挥学生的潜能

B. 分散学生的注意力,影响学生的学习

C. 因材施教,使学生各方面都得到均衡发展

D. 拉近师生距离,建立良好的师生关系

4. 小安多次在运动会田径比赛中获得冠军,但他不喜欢学习文化课,陈老师找他谈话:“有特长固然好,但没有文化知识作为基础,将来很难在社会中谋得一席之地。”

陈老师的做法(　　)

A. 不合理,不利于学生发展特长

B. 不合理,违背了学生的兴趣爱好

C. 合理,学生必须在各个学科领域平均发展

D. 合理,教师应该关注学生的全面发展

5. 全国人民代表大会是最高国家权力机关,下列不属于全国人民代表大会职权的是(　　)

A. 选举中华人民共和国主席和副主席

B. 依照法律规定决定省、自治区、直辖市的范围内部分地区进入紧急状态

C. 审查和批准国民经济和社会发展计划和计划执行情况的报告

D. 制定和修改刑事、民事、国家机构的和其他的基本法律

6. 某教师在校外看到学生进入"黑网吧",没有制止。该教师的行为(　　)

A. 正确,教师不能限制学生自由　　B. 正确,在校外教师与学生平等

C. 不正确,没有履行教师的义务　　D. 不正确,教师应当众呵斥学生

7. 学生李凯上课玩手机,手机被班主任没收,李凯多次索要未果,准备诉诸法律,他采取的法律途径应是(　　)

A. 复议和诉讼　　B. 复议和仲裁

C. 申诉和仲裁　　D. 申诉和诉讼

8. 何老师因管理严格和教学能力强,成为学校"名师",他的绝大多数学生都能考上知名大学。何老师的秘诀就是:如果考试名次下降,那么下降一名就站着听一周课,下降两名就站着听两周课。何老师的行为(　　)

A. 是为了学生好,行为方式略有不当

B. 是为了学生好,行为方式也没有问题

C. 是一种变相体罚措施,违反了《中华人民共和国义务教育法》

D. 妥当,只要能考上大学,怎么惩罚都可以,何况只是站着听课而已

9. 10岁的花花因为父母意外过世,无人照料,经常在各个路口乞讨。根据《中华人民共和国未成年人保护法》,对其承担临时监护责任的是(　　)

A. 教育行政部门　　B. 儿童福利院

C. 社区居民委员会　　D. 当地民政部门

10. 父母最近发现小君做作业时总是玩手机,心不在焉,甚至不想和父母沟通。一次,母亲无意间发现小君在社交网站上与一群不良青年有瓜葛,从其手机中的交谈内容还发现,这群不良青年正在蛊惑小君吸食毒品。根据我国《预防未成年人犯罪

法》，小君父母应当立即将情况报告给(　　)

A. 法院　　B. 居委会　　C. 公安机关　　D. 教育部

11. 学生王某在校园内行走时，路旁大树的树枝被狂风刮断砸中其头部。经认定，该树木已枯死多年。对于该起事故，学校应当(　　)

A. 不承担责任，因为伤害由狂风刮断树枝所致

B. 对王某依法进行赔偿

C. 与王某平均分担责任

D. 不承担责任，但对王某给予适当的帮助

12. 学生小青在课堂上未能正确回答出谭老师的提问，谭老师便当着全班同学的面，讥笑小青“听不懂人话”。谭老师的行为侵犯了小青的(　　)

A. 名誉权　　B. 平等权

C. 隐私权　　D. 人身自由权

13. 小强在日记中写道：班主任通知我们报他朋友开的学科补习班。该班主任主要违背了(　　)的职业道德规范。

A. 爱岗敬业　　B. 终身学习

C. 为人师表　　D. 教书育人

14. 这学期乐乐没有参加刘老师亲戚办的校外补习班，刘老师便经常找乐乐的茬，上周还把他调到教室最后一排坐，乐乐感觉刘老师不如以前那样喜欢自己了。刘老师的行为没有做到(　　)

A. 公平待生　　B. 言行一致

C. 严慈相济　　D. 以身立教

15. 军军在课堂上难以集中注意力，经常做小动作，有时他会在课堂上“骚扰”周围的同学而扰乱课堂秩序。李老师是军军的班主任，多次劝说军军后未见其有所改变，于是李老师盛怒之下命令全班同学不要理睬军军。李老师违反的教师职业道德是(　　)

A. 爱岗敬业　　B. 关爱学生

C. 乐于奉献　　D. 知荣明耻

16. 张老师作为小学数学老师，从备课到上课再到课后辅导都踏实认真、勤勤恳恳，因为批改作业而加班更是常有的事情，但他毫无怨言。张老师的行为体现了教师职业道德规范中的(　　)

A. 为人师表　　B. 教书育人

C. 爱岗敬业　　D. 关爱学生

17. 鲁迅是我国著名作家，他有着强烈的爱国主义热情，其多部作品被奉为经典。其中，鲁迅在作品(　　)中讲述了自己童年时的生活。

A.《狂人日记》　　B.《阿Q正传》

C.《朝花夕拾》　　D.《野草》

18. 唐朝曾在几位帝王的励精图治下盛极一时，先后出现了“贞观之治”和“开元盛世”，最后却因某些变故迅速走向了下坡路。导致唐朝由强盛转向衰落的转折点是(　　)

A. 安史之乱　　B. 藩镇割据

C. 农民战争　　D. 宦官专权

19. 在我国的封建社会，文人有饮酒赋诗、诗酒相娱的风尚。文人墨客常在亭台楼阁之所把酒言诗。“江南三大名楼”就是这样的诗酒两热的场所。“江南三大名楼”不包括(　　)

A. 岳阳楼　　B. 鹳雀楼

C. 黄鹤楼　　D. 滕王阁

20. “三大行书”代表了三个时期行书的最高成就，是中国书法史上具有划时代意义的杰作。下列不属于天下“三大行书”的作品是(　　)

A. 王羲之的《兰亭序》　　B. 米芾的《蜀素帖》

C. 颜真卿的《祭侄文稿》　　D. 苏轼的《黄州寒食诗帖》

21. 下列典故与人物对应错误的是(　　)

A. 一言九鼎—秦孝公　　B. 洛阳纸贵—左思

C. 投笔从戎—班超　　D. 退避三舍—晋文公

22. 在整个中国航天史中，首位在太空三次出舱的航天员是(　　)

A. 叶光富　　B. 翟志刚

C. 刘伯明　　D. 聂海胜

23. 伯牙以善弹琴而闻名，子期则以善听琴而闻名。在伯牙、子期的故事中，伯牙的《高山》和《流水》都属于著名的(　　)

A. 古筝曲　　B. 古琴曲

C. 琵琶曲　　D. 二胡曲

24. 下列传统节日按照一年中的先后顺序排列，正确的一项是(　　)

①今夜月明人尽望，不知秋思落谁家

②遥知兄弟登高处，遍插茱萸少一人

③国亡身殒今何有，只留离骚在世间

④爆竹声中一岁除，春风送暖入屠苏

A. ④③②①　　　　B. ④③①②

C. ③④①②　　　　D. ③②④①

25. 屈原是中国浪漫主义文学的奠基人，“楚辞”的创立者和代表作家，被誉为“辞赋之祖”“中华诗祖”。下列不属于屈原作品的是(　　)

A.《九歌》　　　　B.《九辩》

C.《九章》　　　　D.《天问》

26. 在 PowerPoint 中，向幻灯片中添加文本时，可以选择“插入”菜单中的(　　)命令。

A. 文本框　　　　B. 图片

C. 表格　　　　D. 影片和声音

27. 某 Excel 工作表中，存放了商品的销售统计，想利用“筛选”功能，把销售量不低于5000以及销售量低于2000的商品全部挑出来，筛选的条件应该是(　　)

A. “大于5000”与“小于2000”

B. “大于或等于5000”与“小于2000”

C. “大于或等于5000”或“小于2000”

D. “大于5000”或“小于或等于2000”

28. 下列选项中，与“颜色—红色”的逻辑关系一致的是(　　)

A. 自行车—卡车　　　　B. 房子—屋顶

C. 明沟—暗沟　　　　D. 食物—饺子

29. 按照给出图形的逻辑特点，下列选项中，填入空白处最恰当的是(　　)

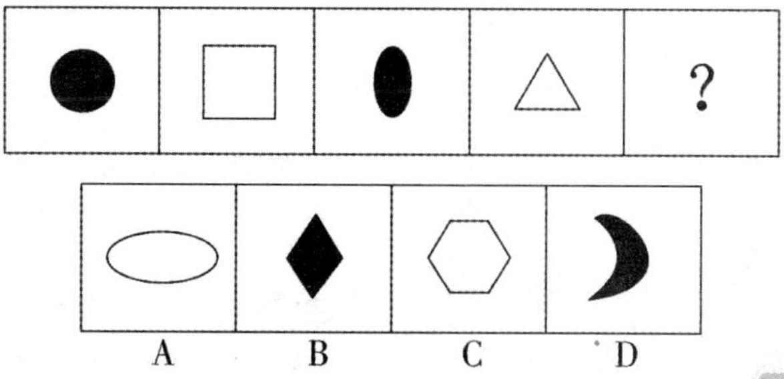

				?

A	B	C	D

二、材料分析题(本大题共3小题，每小题14分，共42分)阅读材料，并回答问题。

30. 材料：

李老师是一名小学美术老师，他常常说：“美术课堂不仅要教会学生画画，还应该培养学生更多的能力。”有一次，在和学生聊天时，李老师听说学生家里都有不少闲置的废旧衣物,弃之可惜,留之占地。于是,李老师组织了“变旧为新”创意大赛,号召大家收集家里无用的旧衣物,将其进行改造。这一活动吸引了很多学生和家长参与,有的学生将旧衣服改成符合时尚潮流又具有独特魅力的新衣服;有的学生将旧衣物裁剪成布条、布块,制作成灯笼、布娃娃等布艺饰品……学生们给旧衣物赋予了新的功能和价值,制作出缤纷多彩的作品。

在教学中,李老师经常运用绘图技术进行视觉教学,听音乐作画、古诗词意境配画等,他还带学生去郊外写生。每年市里举办美术展览,他都带学生去参观,引导学生仔细观察,用心体会。李老师的美术课成了学生追捧的热门课,他个人也被评为学校最受学生喜爱的“十大明星老师”之一。

问题:

请结合材料,从教育观的角度,评析李老师的教育行为。(14分)

31. 材料：

植树节前的那个星期天，班主任张老师带领班级学生上山进行了一次植树活动。张老师首先讲解种植小树苗的注意事项，然后进行示范。之后，在同学们三三两两进行植树时，张老师发现小文独自一人蹲在那里玩泥巴，显得十分伤心和低落。于是张老师便走过去询问。

张老师："小文，你怎么不和同学们一起去植树呢？"

小文："他们不让我拿小树苗。他们说我总是帮倒忙……"

张老师："原来是这样啊。他们为什么不让你拿小树苗呢？"

小文："他们……他们说我把小树苗放歪了……"说罢，小文又流露出伤心的表情。

张老师了解情况后对其他同学说："我们第一次做一件事的时候难免做不好。我第一次切菜还切到手了，但是我妈妈没有指责我，而是耐心地教给我正确的切法，现在我的菜做得可好吃了。张老师希望大家能像老师的妈妈一样，耐心地帮助小文，一起种植小树苗，好吗？"同学们听了老师的话都很惭愧，纷纷向小文道歉并把小文叫过去一起植树。在同学们的帮助下，小文很快学会了如何种植小树苗，脸上绽放出了开心的笑容。

之后，张老师总结了这次植树活动的成功与不足，并将经验分享给了同年级的其他班主任老师，作为他们开展植树活动的借鉴。

问题：

请结合材料，从教师职业道德的角度，评析张老师的教育行为。(14分)

32. 材料：

五四运动出现了一批狂飙突进的猛将，如陈独秀、胡适、钱玄同、蔡元培、李大钊、鲁迅和周作人等。这些人站在时代的前列，高举文化批判的旗帜，面对中国系统而顽固的旧文化和旧礼教，指出它阻碍时代前进的保守性，以惊电迅雷的气势进行扫荡，从而开辟出一条通往光明的新路。他们的勇气和激情，产生于中国内忧外患的现实，产生于现实中的污垢和血腥。他们是登高一呼从者如云的英雄式的人物。他们的胆略和气魄，至今尚使我们为之气壮！这些先行者，他们给中国社会送来一剂疗救病症的“药”，这药是治“心”的，是“醒魂药”。他们继承了前人奋斗的遗产，这里有戊戌变法和辛亥革命的遗产。但他们推出的新文化和新文学，却是他们的前人所未曾造出的成功。

冰心不是这类英雄式的人物，她更“平常”。但她响应了和参与了这种英雄业绩的创造和建设。她和五四那一代人有一种共同的性格，那就是反抗和批判。他们同样是新时代和新潮流的推动者。他们共同完成了中国二十世纪伟大的精神革命。伟大的五四精神其实质在于对旧文化和旧礼教的抗争。但五四并非一味地“破坏”，它有鲜明的建设精神；五四也并非一味地“激烈”，它的本质是温情的和人性的。这些本质在那些猛将身上，是隐藏着和潜伏着的，而在另一类“非猛将”，如冰心这样的人身上，则成为一种非常明显确定的品质。

这是充满幻想和想象力的一代人。他们从中国悠久的传统中走来，而又不满并质疑那一切。但在他们的创造中却又融进了、并更新了其中有益的养分。他们未曾因批判和反抗而造成文化的“断裂”，相反，他们更生了中国文化，他们使自己成为中国最丰富和最有创造力的一代人。

这个让人景仰的队伍中，走着我们的冰心先生。她是最先觉悟的那些女性中的一位。她接受中国传统的熏陶，她又接受了教会的和美国式的教育。中西、古今文化的交汇和融合，在她那里造出了奇迹。她起步于“问题小说”的写作，成为“文学研究会”的中坚，她的创作服务于“为人生”的理想；她受泰戈尔的启发，首创“随感式”的无题小诗，发起和倡导了中国新诗史的“小诗运动”；她用通讯的方式写散文，她的《寄小读者》开辟了散文的新天地，一种崭新的抒情文体在她的笔下诞生；冰心还是新文学中的儿童文学的元老式的人物，也是儿童文学的热情的支持者和实践者。

冰心毕生都在这样辛勤地创造着，直到生命的晚年，她都没有放下她所钟情的手中的笔。而且愈到晚年，她性格中潜藏的刚烈之气愈为显扬。身居郊野，不忘天下，正气凛然，疾恶如仇。所作短文如《万般皆上品》《无士则如何》等，竟有匕首般的犀利！让人不敢相信这些文章竟出自年近百岁的老人之手！

斗换星移，岁月不居，冰心走完她的百年人生长途，离我们去了。但她在我们的心目中始终是一颗不倦地燃烧着的星，这颗星已燃烧了一百年！她留给我们的是一种我们永远无法企及的高雅、文采、凛然不可侵犯的尊严的精神财富。

（摘编自谢冕《这颗心燃烧了一百年》，有删改）

问题：

(1)第3自然段中说“他们更生了中国文化”，“更生”在文中的含义是什么？(4分)

(2)文中比较了冰心先生和陈独秀等人的异同，请你加以概括。(10分)

三、写作题(本大题1小题,50分)

33. 阅读下面的材料,按要求作文。

古人常以比喻说明对理想的追求,涉及基础、方法、路径、目标及其关系等。如汉代扬雄就曾以射箭为喻,他说:"修身以为弓,矫思以为矢,立义以为的,奠而后发,发必中矣。"大意是,只要不断加强修养,端正思想,并将"义"作为确定的目标,再付诸行动,就能实现理想。

综合上述材料所引发的联想和感悟,写一篇论说文。

要求:

用规范的现代汉语写作;角度自选,立意自定,标题自拟;不少于800字。

机密★启封前　　　　　　　　　　　　　　　姓名________　准考证号________

国家教师资格考试预测试卷(十五)

综合素质(小学)

注意事项:

1. 考试时间为120分钟,满分为150分。

2. 请按规定在答题卡上填涂、作答,在试卷上作答无效,不予评分。

一、单项选择题(本大题共29小题,每小题2分,共58分)

在每小题列出的四个备选项中只有一个是符合题目要求的,请用2B铅笔把答题卡上对应题目的答案字母按要求涂黑。错选、多选或未选均无分。

1. 为满足学生的个性化学习需求,一所小学开发了一组研学旅行项目,安排本校科学老师作为研学导师全程指导学生完成相关的研学任务。该做法体现的教育观是(　　)

A. 关注学生的阶段性　　B. 注重育人的实践性

C. 发挥学生的能动性　　D. 重视学生的操作性

2. 语文老师为了让同学们更好地理解课文中对植物一年四季变化的描写,特意请科学老师为大家介绍植物生长的相关知识。在这堂课上,学生不仅学习了语文知识,而且学到了科学知识。对于语文老师的做法,下列说法正确的是(　　)。

A. 学科交融,拓宽知识视野　　B. 本末倒置,耽误教学进程

C. 过分拓展,加重学生负担　　D. 偷懒懈怠,依赖其他老师

3. “在你的教鞭下有瓦特、冷眼里有牛顿、讥笑中有爱迪生。”这说明学生是(　　)

A. 具有独立人格的人　　B. 主动学习的人

C. 愿意接受教育的人　　D. 具有发展潜力的人

4. 小明性格比较内向,不敢和老师说话,在课堂上遇到了问题也不敢问老师。如果你是小明的老师,下列做法恰当的是(　　)

A. 鼓励小明勇敢提问,对他的提问适当给予表扬

B. 要求小明必须向老师提问,否则就严厉批评他

C. 听之任之,让他自己慢慢学会如何与别人沟通

D. 请小明的家长到学校,与其家长沟通解决办法

5. 根据我国《宪法》规定，全国人民代表大会举行会议的召集者为（　　）

A. 全国人民代表大会的代表　　B. 全国人民代表大会常委会

C. 全国人民代表大会主席团　　D. 全国人民代表大会代表团

6. 张某为了找工作，购买了假冒硕士研究生毕业证书，构成了违反治安管理行为。依据《中华人民共和国教育法》，公安机关应对张某（　　）

A. 追究民事责任　　B. 予以治安管理处罚

C. 追究刑事责任　　D. 予以教育行政处分

7. 某小学为了发展国际化教育，提升学生综合素养，聘用了外教人员，并使用未经审定的境外教材进行教学。该校的做法（　　）

A. 合法，学校可以突出特色教育

B. 合法，教育改革能促进学生快速发展

C. 不合法，学校不得使用未经审定的教材

D. 不合法，学校应该跟相关教育行政部门申请

8. 根据《中华人民共和国预防未成年人犯罪法》，未成年人实施刑法规定的行为、因不满法定刑事责任年龄不予刑事处罚的，经专门教育指导委员会评估同意，（　　）可以决定对其进行专门矫治教育。

A. 公安机关

B. 司法行政部门

C. 教育行政部门会同司法行政部门

D. 教育行政部门会同公安机关

9. 小李是一名小学五年级的学生，因为他学习成绩不好，影响全班同学的平均成绩，一次小李跟同年级的另一个班的同学打架，班主任劝退小李。这种行为侵犯了小李的（　　）

A.人身权　　B.财产权

C.受教育权　　D.人人平等权

10. 根据《学生伤害事故处理办法》的规定，下列情形中，学校不承担责任的是（　　）

A. 学校发现小刘擅自离校，但未通知家长，后小刘在校外遭遇车祸

B. 李老师在课间看到有学生在走廊打闹，未做提醒，后学生发生意外受伤事故

C. 小美患有心脏病，但其家长及本人均未告知学校，某日小美在课堂上突发疾病，后经抢救无效去世

D. 周老师罚班上违纪学生在烈日下跑步，其中一个学生中暑晕倒

11. 张平系某校小学教师，因故意犯罪被处三年有期徒刑，丧失教师资格。按照《中华人民共和国教师法》，以下说法正确的是(　　)

A. 张平刑满后可恢复教师资格

B. 张平终身不能取得教师资格

C. 张平刑满后可重新考取教师资格证

D. 张平刑满五年后可重新考取教师资格证

12. 蕾蕾在大扫除的时候不慎将水弄洒，溅湿了梁老师的教案和书籍。得知此事的梁老师非常生气，罚蕾蕾将新学的语文课文抄写10遍。梁老师的做法(　　)

A. 合理，通过惩罚让蕾蕾改掉毛手毛脚的坏习惯

B. 合理，通过罚蕾蕾抄写课文可以让她掌握语文知识

C. 不合理，对学生的体罚应当适当

D. 不合理，不应对学生实施体罚或变相体罚

13. 某项针对中小学教师教学的调查显示，部分教师的教案和课件"十年如一日"，学生作业交由课代表批改，并美其名曰"发扬学生自主性"，对学生的提问也是草草回答、敷衍了事。这类教师违背了教师职业道德规范中(　　)的要求。

A. 爱岗敬业　　B. 为人师表

C. 关爱学生　　D. 爱国守法

14. 关老师是一名经验丰富的班主任，她积累了一套行之有效的班主任工作方法。比如，关老师总会在新生到来之前，提前与新生的前任教师沟通、进行家访等，以便全面了解学生的情况。做学生工作时，关老师总是非常细致。关老师践行了(　　)的职业道德规范。

A. 终身学习　　B. 关爱学生

C. 为人师表　　D. 教书育人

15. (　　)作为一种精神动力，是一种内在的道德信念，对教师的道德活动和道德行为具有重要的指导、自我监督和评价作用。

A. 教师荣誉　　B. 教师良心

C. 教师公正　　D. 教师义务

16. 孔子的"己所不欲，勿施于人"主要体现了教师职业道德范畴中的教师(　　)

A. 公正　　B. 幸福　　C. 良心　　D. 仁慈

17. 世界上的所有国家里，只有我们国家的汉字是从古代一直演变过来、没有间断的文字。我国现存的已经释读的最古老的汉字是(　　)

A. 金文　　B. 大篆　　C. 小篆　　D. 甲骨文

18. 明朝医药学家李时珍编著的(　　),分类科学严密,包含药物数目众多,文笔流畅生动,被誉为“东方医药巨典”。

A.《千金要方》　　B.《神农本草经》

C.《伤寒杂病论》　　D.《本草纲目》

19. 我国空间站的组成部分包括“问天”和“梦天”2个实验舱,“问天”实验舱主要面向空间生命科学研究,“梦天”实验舱主要面向微重力科学研究。其中,“问天”实验舱的发射场地是(　　)

A. 酒泉卫星发射中心　　B. 太原卫星发射中心

C. 西昌卫星发射中心　　D. 文昌卫星发射中心

20. 戏班中行话,无尽无穷,一举一动都有名词,所谓后台术语者是也。下列术语涉及戏曲职业范畴的是(　　)

A. 杏林春暖　　B. 杏坛佳话

C. 梨园弟子　　D. 桃园结义

21. 吴哥窟是世界上最大的宗教建筑,被称为东方四大奇迹之一。吴哥窟是哪个国家的著名建筑群(　　)

A. 印度　　B. 泰国　　C. 柬埔寨　　D. 印度尼西亚

22. 下列不属于墨家思想的是(　　)

A. 兼爱　　B. 致良知　　C. 节用　　D. 非攻

23. 造纸术是中国的四大发明之一,在唐代传到了欧洲,这是经由以下哪个国家传播的(　　)

A. 交趾国　　B. 阿拉伯帝国

C. 高句丽　　D. 孔雀王国

24. 古代世界各民族创造的科技和文化为近代文明的起步和发展奠定了基础。再现早期希腊社会图景,对西方文学发展产生了深远影响的文学巨著是(　　)

A.《威尼斯商人》　　B.《圣经》

C.《俄狄浦斯王》　　D.《荷马史诗》

25. 天文台主要的工作是用天文望远镜观测星象,世界各国天文台大多设在山上的原因是(　　)

A. 离星星更近使观测更清晰　　B. 防止大气层物质干扰观测

C. 天文望远镜只能在高空工作　　D. 能更好穿透大气层发射信号

26. 在Excel中,单元格地址的绝对引用,是在列标和行号前加(　　)符号。

A. *　　B. $　　C. #　　D. %

27. 在Windows系统中，若强行关闭一个正在运行的程序，可使用任务管理器来实现。打开任务管理器需按下(　　)

A. Ctrl+Del键　　B. Ctrl+Alt+Shift键

C. Ctrl+Shift键　　D. Ctrl+Alt+Del键

28. 下列选项中，与“雨伞—雨具”的逻辑关系相同的是(　　)

A. “蔬菜”和“水果”　　B. “绿茶”和“茶叶”

C. “拖鞋”和“球鞋”　　D. “青年”和“团员”

29. 按规律填数字是一种很有趣的游戏，特别锻炼观察和思考的能力。下列各组数字，填入数列“1、3、7、13、23、________、________、107”空缺处，正确的是(　　)

A. 28　57　　B. 29　61　　C. 37　59　　D. 39　65

二、材料分析题(本大题共3小题，每小题14分，共42分)阅读材料，并回答问题。

30. 材料：

汤老师接手3班班主任一个月了，他在课间经常把做作业的同学“撵”出教室，还“异想天开”地让学生自主设计去世界文化遗产的考察路线，让学生模仿在联合国发言，让学生设计一次公益募捐的方案……

就在其他老师议论汤老师的这些做法时，他又在“折腾”分层教学，现在他需要投入更多的时间和精力进行准备，上课要同时兼顾班上多个小组的精神状态……有老师建议他少“折腾”，还说：“你关注大多数学生就行了，何必那么费劲，再说即使你这样辛苦，也不一定保证每个学生都能学好。”汤老师依然坚持他的做法，在经过多次试验后，他慢慢发现分层教学还有很多窍门，如可以把分层教学和“小先生制”结合起来，可以让学生自己总结所学所思所得。例如，在学完《十五夜望月》之后，学生交上来的作业有读后感，有续写、改写，有诗歌、图画、短剧，角度多样，观点鲜明。一段时间之后，汤老师发现学生越来越乐于在作业中另辟蹊径地表达自己的想法了。

问题：

结合材料，从学生观的角度，评价汤老师的行为。(14分)

31. 材料：

一位语文教师在作文评讲课上朗读一位学生的作文时，将文中的“神荼郁垒”（分别是两个降伏恶魔的神）的“荼”读成“图”，并严正板书，强调不能与“茶”混淆。该学生当即指正，说不该读“图”，应读“shū”，与“如火如荼”的“荼”读法不同，并说是爷爷教自己的。这位老师脸上一阵发烧，装出若无其事的样子说：“不可能有这种读法。”另一学生连忙查新华字典，说上面并无shū的读音，为老师解了围。后来这位老师在电视节目中看到了这四个字的正确读法，应是“shēn shū yù lǜ”，四个字自己竟然读错了三个，受到强烈震动。第二天就在全班学生面前做了慎重订正，并坦诚叙述了自己从不知到知的经过，检讨了怕“输面子”的内心活动。学生对此报以热烈的掌声。事后好几位学生对教师说：“我们知道您读错了音，但就是不敢向您讲。”这位老师深有感慨，并就此公开发表了题为《为教戒装》的体会文章。

问题：

请从教师职业道德的角度，评析材料中语文教师的教育行为。（14分）

32. 材料：

“礼”，这个笔画简单的字眼，解释起来却有些复杂。

《礼记》有云：“经礼三百，曲礼三千”，大的礼仪准则有三百，小的礼仪规范有三千，可见礼仪数量之多。于是有人说，怪不得中国人太累，是被“礼”压的。其实，这么多“礼”是根据时间、场合和对象制定的，并不需要时时、处处、人人都掌握，你只要知道什么场合注意什么问题就可以了。外交上有个术语叫“国际惯例”，社交场合的“礼”也是约定俗成的惯例，大家都按惯例行事，就习以为常了。庄重的场合需要彬彬有礼，轻松的场合可以不拘礼数。

这世上本来没有“礼”，只是因为集体生存、社会发展的需要，才产生了“礼”的仪式，造出了“礼”的汉字。因此，“礼”也是社会生态的描摹。“礼”字的繁体是“禮”，本字为“豊”，一看便知与祭祀有关。在甲骨文中，“豊”的顶部就像两串美玉，底部就像有支架的建鼓。合起来会意，就是击鼓奏乐，用美玉敬奉祖先和神灵。上升到定义，就是履行敬神祈福的仪式。这托盘状的“豆”，后来也被视作食器或祭器。在人类文明早期，食器和祭器可不是普通物件，而是很重要的符号。食器象征基本的物质寄托，祭器象征虔诚的精神寄托，融汇起来恰巧与“民以食为天”的理念相吻合。

在今人字典里，“礼”也分虚实两类，虚的如礼节、礼仪、礼貌、礼俗等，实的如礼品、礼金、礼服、礼花等。此外还包括与“礼”相关的人事和行为，如礼宾、礼遇、礼聘、礼让等。先贤把夫妻同房看作人伦之大常，文称“敦伦”，戏称“周公之礼”。由此可见，大到国家和社团，小到街邻和家庭，“礼”无处不在，所以有“礼尚往来”，所以说“来而不往非礼也”之说。单“礼多人不怪”这句俗语，只能用在中国人身上，若用在外国人特别是西方人身上，他们会感到莫名其妙。满桌子美味佳肴，却说“略备薄馔，不成礼敬”，外国人怎能不奇怪呢？钱穆先生在会见美国学者邓尔麟时曾说：中国文化的特质是“礼”，“西方语言中没有‘礼’的同义词；它是整个中国人世界里一切习俗行为的准则，标志着中国的特殊性”。我们常说，中国是文明礼仪之邦，因为礼仪与文明是相统一的，礼仪是文明的载体，文明是礼仪的内涵，没有了礼仪，文明也就无所依附。总之，现代的“礼”，主要体现在外交与社交领域。

与现代有所不同的是，“礼”在古代还被看作是核心价值观，用来调整社会关系，具有制度属性和法律属性，是社会的典章制度和道德规范，即所谓“礼法”。“礼”的本意是“别尊卑，等贵贱”，其本质是对奴隶主中不同等级的人所享有不同礼遇的规定。先秦诸子都强调“礼”的作用在于维持建立在等级制度和亲属关系基础上的社会差异，这也正是“礼”的本质内涵。荀子说：“人道莫不有辨，辨莫大于分，分莫大于礼。”每个人都要按照自己的社会地位去选择合乎身份的“礼”，否则就是非“礼”。在《论语》中，颜渊问孔子什么是仁。子曰："克己复礼为仁。一日克己复礼，天下归仁焉。为仁由己，而由人乎哉？"颜渊曰："请问其目。"子曰："非礼勿视，非礼勿听，非礼勿言，非礼勿动。"春秋时，鲁季氏以卿的身份行天子之礼，孔子愤慨地说："是可忍也，孰不可忍也？"

鲁迅有个著名的立论叫"礼教吃人"。鲁迅抨击的"礼教"，兴起于封建社会，其实质是封建礼法。有人把"礼教吃人"与孔子联系起来，其实记错了账。孔子曰："敦礼教，远罪疾，则民寿矣。"孔子倡导的"礼教"与封建"礼法"有着本质的区别。封建卫道士从孔子那里取火，不是去爱人而是害人，这关孔子什么事？

"礼"经夏、殷、周三代沿革，到周公的时代已经比较完善。因此孔子说，"郁郁乎文哉，吾从周"。孔子遵从的就是周朝的典章礼制，这是他的政治理想。从某种意义上说，孔子是为"礼"而生并为"礼"奋斗了一生。孔子为何给儿子取名孔鲤，"鲤"者，礼也。他让儿子自小就要学诗、学礼，并说："不学诗，无以言。""不学礼，无以立。""诗"和"礼"是古人教育后代最基本的功课，所以有"诗礼传家"之说，这是中国独有的历史文化传统。有的学者把文化分成观念形态、制度形态和物质形态，而在中国传统文化中，礼是把价值观念、制度设计、物质载体统合在一起，并且包含了风俗习惯的文化形态。邹昌林先生认为，文明产生在国家之前，礼仪产生在文字之前，文化的传承不仅依靠语言、文字，还依靠礼仪。中国文化作为唯一没有间断的原生文化，是以"礼"为标志和根源的。

（摘编自王兆贵《言之有"礼"》，有改动）

问题：

(1)文章为什么说在我国"礼仪是文明的载体"？请简要概括。(4分)

(2)请根据文章简要分析，"礼"的发展进程及其存在的意义。(10分)

三、写作题(本大题1小题,50分)

33. 阅读下面的材料,按要求作文。

一位著名演员在一次表演课上,对即将成为职业演员的学员们说:“上山的人永远不要瞧不起下山的人,因为他们曾经风光过;山上的人不要瞧不起山下的人,因为他们不定什么时候就能爬上来。”

综合上述材料所引发的联想和感悟,写一篇论说文。

要求:

用规范的现代汉语写作;角度自选,立意自定,标题自拟;不少于800字。

机密★启封前　　　　　　　　　　　　　　　　　　姓名________　准考证号________

国家教师资格考试预测试卷(十六)

综合素质(小学)

注意事项:

1. 考试时间为120分钟,满分为150分。

2. 请按规定在答题卡上填涂、作答,在试卷上作答无效,不予评分。

一、单项选择题(本大题共29小题,每小题2分,共58分)

在每小题列出的四个备选项中只有一个是符合题目要求的,请用2B铅笔把答题卡上对应题目的答案字母按要求涂黑。错选、多选或未选均无分。

1. 关于下图中反映的情形,正确的说法是(　　)

A. 忽视了学生的智力发展　　　　B. 忽视了学生的全面发展

C. 忽视了学生的主动发展　　　　D. 忽视了学生的个性发展

2. 一位老师走上讲台,发现讲桌上放着一张字条,上面用仿宋字工工整整地写着:"老师,你以为当老师就可以压服学生吗? 你高昂着头,铁青着脸,像个活阎王,但是有谁怕你呢?"落款是"你最讨厌的、等待你处罚的学生"。对上述行为,最不恰当的处理方式是(　　)

A. 不动声色地正常进行教学活动　　B. 在课堂上对该学生进行谴责

C. 私下与该学生进行交流沟通　　　D. 以幽默的方式化解尴尬

3. 蒋老师很善于组织课堂教学,每次上课都准备充足,有条不紊,穿插各种生动案例,学生很喜欢上她的课。同时蒋老师还积极联系家庭、社区、学校等多方面力量,整合各方资源为学生提供更优质的教学条件和环境。这体现了蒋老师具备良好

的（　　）

A. 反思能力　　B. 语言能力

C. 组织教育和教学能力　　D. 自我调控能力

4. 王老师在教小学一、二年级的学生时，考虑到他们的思维以形象思维为主，所以经常会采用一些形象生动的实物教具帮助教学；而在教五六年级的学生时，因为他们的抽象思维已有较大发展，所以会采用抽象模型作为教具。这是遵循个体身心发展（　　）规律的体现。

A. 稳定性　　B. 个别差异性

C. 阶段性　　D. 不平衡性

5. 某学校教师黄某利用职务便利，收受教辅资料销售方的回扣30余万元，被当地人民法院以受贿罪判处有期徒刑1年6个月，缓刑1年，则黄某（　　）

A. 终身不能从事教师职业　　B. 5年内不得从事教师职业

C. 可在私立学校从事教师职业　　D. 缓刑期内可继续从事教师职业

6.《中华人民共和国未成年人保护法》第六十二条规定，密切接触未成年人的单位招聘工作人员时，应查询应聘者是否具有性侵害、虐待、拐卖、暴力伤害等违法犯罪记录，查询途径是向（　　）

A. 人民法院、公安机关查询　　B. 人民法院、人民检察院查询

C. 公安机关、人民检察院查询　　D. 公安机关、教育行政部门查询

7. 依据《中华人民共和国教育法》，相关社会公共文化体育设施等场所应当对教师、学生实行优待。下列场所不属于按规定优待开放的是（　　）

A. 图书馆　　B. 博物馆

C. 电影院　　D. 文化馆

8. 林业是某小学的聘用老师，该学校因为其不是正式编制内的教师而不给他购买医疗保险，该学校的做法侵犯了林业的（　　）

A. 科学研究权　　B. 获得报酬权

C. 进修培训权　　D. 民主管理权

9. 教科书审查人员小张参与教科书编写工作，当地人民政府教育行政部门依法给予其行政处分。小张的行为违反了（　　）

A.《中华人民共和国教育法》

B.《中华人民共和国教师法》

C.《中华人民共和国义务教育法》

D.《中华人民共和国未成年人保护法》

10. 吴某是某县某校的语文教师，因体罚学生被学校处分，吴某欲以处理过重为由提出申诉，受理申诉的机构应当是(　　)

A. 当地县教育局　　B. 当地县人民政府

C. 当地县监察局　　D. 市教育局

11. 小学生王某沉迷网络，无心学习，经常旷课、逃学去网吧打游戏，后来甚至发展到偷盗同学的财物。王某的上述行为中，属于未成年人严重不良行为的是(　　)

A. 沉迷网络　　B. 经常旷课

C. 进出网吧　　D. 偷窃财物

12. 依据《中华人民共和国宪法》，人民检察院是国家的(　　)

A. 监察机关　　B. 法律监督机关

C. 纪律检查机关　　D. 行政机关

13. 一位新入职的老师向经验丰富的张老师借教案上课时，张老师拒绝了，说道："我的教案不一定适合你，这个周末我们一起来探讨吧。"这表明张老师(　　)

A. 注重帮助同事的方法　　B. 缺乏团结协作的品质

C. 缺乏良性竞争的能力　　D. 善于保护自己的隐私

14. 王老师认为"养不教，父之过"。所以每次班里的学生犯错误他都会"找家长"，并严厉地批评家长的失职。对于王老师的做法，下列说法正确的是(　　)

A. 正确，有利于形成教育合力

B. 正确，教育孩子是父母的责任

C. 不正确，这是不尊重家长的行为

D. 不正确，应该以严厉批评学生为主

15. 雯雯是一个聪明伶俐、活泼大方、讨人喜欢的学生。长期以来，班里的老师总在各项活动中给雯雯"开绿灯"，这种偏爱使她不知不觉中产生了"恃宠而骄"的心理。其他学生也觉得老师偏心，只喜欢雯雯而不喜欢自己。老师的做法(　　)

A. 违背了关爱学生的要求，没能做到耐心教导学生

B. 违背了关爱学生的要求，没能公平公正对待学生

C. 违背了爱岗敬业的要求，没能做到尽职尽责

D. 违背了爱岗敬业的要求，没能注意培养学生良好的思想品德

16. 王老师是某年级的级部主任，每学期的期初、期末总有个别学生家长想送礼请客，王老师一概拒之门外。王老师的行为主要体现了师德规范中的(　　)

A. 爱岗敬业　　B. 教书育人

C. 为人师表　　D. 关爱学生

17. 1895年，甲午战争以中国战败、北洋水师全军覆没告终，清朝政府被迫与日本签订了丧权辱国的（　　）

A. 辛丑条约　　B. 黄埔条约

C. 马关条约　　D. 中日和约

18. 在我国，各少数民族都有自己的传统节日，下列民族与其传统节日匹配错误的是（　　）

A. 白族的绕三灵　　B. 藏族的那达慕

C. 彝族的赛装节　　D. 壮族的三月三

19. 自人类诞生以来，瘟疫和疾病就与人类文明纠缠不休。“坐地日行八万里，巡天遥看一千河。牛郎欲问瘟神事，一样悲欢逐逝波”。其中“瘟神”指的是（　　）

A. 天花　　B. 血吸虫病

C. 猩红热　　D. 鼠疫

20. 作为20世纪的文化巨人，他在小说、散文、杂文、名著翻译、古籍校勘和现代学术等多个领域都有巨大贡献。毛泽东评价他说：“他是中国文化革命的主将，他不但是伟大的文学家，而且是伟大的思想家和伟大的革命家。”这位文化巨人是（　　）

A. 郭沫若　　B. 胡适

C. 周作人　　D. 鲁迅

21.《多宝塔碑》是颜真卿的代表作之一，有人评价“它是颜碑中最讲用笔，法度最为细密严谨的一部”。学颜体者多从此碑入手，入其堂奥。这部作品的书体是（　　）

A. 楷书　　B. 行书

C. 草书　　D. 隶书

22. 在一座高山山顶，李某对水进行加热，发现水比在山脚时更容易沸腾。出现这种现象最可能的原因是（　　）

A. 山顶湿度比山脚高　　B. 山顶湿度比山脚低

C. 山顶大气压比山脚高　　D. 山顶大气压比山脚低

23. 在我国古代以笔记体裁形式写成的科学典籍中，有一本最早记载了人工磁化的一种简便方法，即“以磁石磨针锋”造指南针。这本典籍是（　　）

A.《齐民要术》　　B.《梦溪笔谈》

C.《天工开物》　　D.《农政全书》

24. 下图是法国的著名建筑，被作家雨果称为“石头的交响乐”。下图中的建筑是(　　)

A. 凡尔赛宫　　B. 拉美西斯神庙

C. 巴黎圣母院　　D. 米兰大教堂

25. 1927年，毛泽东领导武装起义后，率领部队到井冈山地区创建了革命根据地，将武装斗争的重心从城市转移到农村，迈出了中国革命的关键一步。这次起义是(　　)

A. 南昌起义　　B. 秋收起义

C. 广州起义　　D. 百色起义

26. 张老师在使用Word软件编制试卷时，需要将试卷中的所有“不正确”三个字，加上着重号，若要批量完成这个任务，可使用Word中的(　　)

A. 批注功能　　B. 格式刷功能

C. 自动更正功能　　D. 查找和替换功能

27. Excel中，用条件“数学>70与总分>350”对成绩数据表进行筛选，结果是(　　)

A. 所有数学>70的记录　　B. 所有数学>70，并且总分>350的记录

C. 所有总分>350的记录　　D. 所有数学>70，或者总分>350的记录

28. 有教师、公务员、银行职员三人，其中甲不是银行职员，乙不是教师，丙不是公务员。教师比乙年龄大，丙在三人中年龄最小。根据上述条件，下列说法错误的是(　　)

A. 甲是教师　　B. 乙是公务员

C. 甲不是公务员　　D. 丙不是银行职员

29. 找规律填数字是一项很有趣的游戏，特别锻炼观察和思考能力。按照“4※2→28”“6※3→218”“8※4→232”“9※3→327”的方法，下列选项中正确的是(　　)

A. 10※2→820　　B. 10※2→512

C. 10※2→520　　D. 10※2→805

二、材料分析题（本大题共3小题，每小题14分，共42分）阅读材料，并回答问题。

30. 材料：

北峰小学是一所农村学校，胡老师在这里一待就是19年，一直担任班主任和语文教师。基于多年的教育教学工作经验，他形成了独特的语文教学风格，能够在教学中将人文知识与学生的生活体验有机结合起来，引导学生积极开展探究性学习，实现师生互动、生生互动，打造高效课堂与个性课堂。同时，他也注重课堂教学的艺术性，注重基础知识和基本技能的传授，注重学生创新意识的培养，注重学生良好学习习惯的养成，能够充分调动学生学习的积极性和主观能动性，努力提高学生的学习能力，真正体现学生的主体地位，将学生引向自然，引向社会，引向生活，让语文课散发出特有的人文光彩和多姿多彩的艺术魅力，展现中华文化的灿烂光辉。

问题：

请结合材料，从学生观的角度，评析胡老师的教育行为。（14分）

31. 材料：

在优秀班主任报告会上，古老师这样回顾自己的教育工作：

一个新生小磊刚刚转学来，不喜欢说话，下课后也不和其他的同学一起去玩，上课时注意力不集中，学习成绩一般。于是，在课间活动中，古老师领着这个学生和其他学生一起玩“老鹰捉小鸡”的游戏，小磊在“鸡妈妈”的保护下玩得很开心。从此以后，小磊的性格逐渐开朗了许多，成绩也提高了。

小明学习成绩不好，同学们不喜欢他，古老师后来发现小明的手工玩具做得很棒，就鼓励他带领几名同学参加学校手工制作工艺品大赛，结果小明所在的小组拿了第一名。从这以后，同学们都请教小明如何做手工制品，小明也爱学习了，还担任了科学小组组长。

一个学生喜欢偷拿别人的东西，尽管古老师不喜欢她的行为，但还是做了家访了解情况，分析她这样做的原因。于是，古老师观察她的行为，找她谈心，给她讲道理，直到她改正。

教学十余载，古老师每周写一篇教学心得体会，最近又参加了网上教师职业培养活动，不断学习理论知识，提高知识素养。

问题：

请结合材料，从教师职业道德的角度，评析古老师的教育行为。(14分)

32. 材料：

电脑的普及，使文字书写急剧退场。用惯了纸笔的中老年人，还在挣扎着试图挽住书写的臂膀。而年轻一代，已然习惯了无纸化的生存。提笔忘字，渐成常态；书法之美，只在少数书法家手中流连。在手机和电子信箱越来越便捷的当下社会，能够收到一封手写的信件已是一种幸运，能够收到一封文辞淳美朴实、书法俊逸洒脱的书信，简直就是一种奢望。传统尺牍信札中所包含的博大精深的中华文明，似乎正渐行渐远，使即使不算老派的中年人，也不免感到一丝惆怅。

我算幸运的，因工作和个人写作的关系，我常常收到来自全国各地熟悉或不熟悉的朋友的来信，其中不乏理论大家和文学名家的信札。有的文白间杂，言近旨远；有的雅淡平和，娓娓道来；有的词锋犀利，一语中的；有的嘘寒问暖，饱含温情。信封和信札抬头、落款的书写，无不十分讲究，不论是称谓的选择，还是书写工具的使用，都能看出文字的背后所蕴含的学养功底和书写者的气质风神。

与此同时，我也收到大量别样的来信，其中尤以来自报刊者居多。有的在我名字之后不再有任何称谓，迹近被通缉；有的信封书写的七扭八歪，偌大的天地间几行纠缠在一起的米粒小字，仿佛捆绑的螃蟹。至于行文的直白浅陋、甚至粗暴无礼，也是不时要面对的无奈现实。

翻看老一辈学者作家的书信，“先生”“足下”“斧正”“雅教”“拜辞”等敬语谦辞随处可见，浸润在字里行间的那份优雅和谦和，透露出长期文明熏陶下谦谦君子所特有的从容和自信，正是“尺牍书疏，千里面目”，“虽则不面，其若面焉”。

而今，传统的书信文明似乎已成远去的雅乐，只能在杂乱无章的信息洪流中若有若无地存在，只能在先人的收藏中依稀可辨。而在新潮的“穿越剧”中，别人的父亲成了“家父”，自己的爸爸却变为“令尊”。经过“反右”“文革”等文化浩劫，中年以下的朋友文学功底无从谈起，新学修养也难尽如人意。粗鄙文化盛行，庸俗观念当道，肉麻成有趣，流氓成英雄。听一听身边人的谈吐，看一看手边的报刊，文明含量几许、文化水准若何，相信大家会有自己的判断。至于网络语言，新则新矣，有的甚至不乏有趣，但说到底，无非是一种缺乏文化含量的戏说而已。

文化的发展繁荣离不开对优秀传统文化的自觉和自省，而自觉自省的前提，是对传统文化基本的认知和积累。胸无点墨，何以自觉？就像黄牛，肚子里没有青草，拿什么反刍？网络时代，点击率成了判断标准和不二法门，而在杂多的信息当中飞来飞去的眼球，其实并未收获几多真知。网络人的头脑，基本是杂乱信息的跑马场。缺乏这种自觉的所谓知识分子，充其量不过是“知道分子”而已。

毛笔、宣纸作为文字书写主要载体的时代或许已经过去，但文明的传承不能因此中断。为什么直到今天我们依然怀念前秦散文、楚辞汉赋、唐诗宋词、明清小说？为什么我们常常默念诸子百家、孔孟老庄？因为我们的血管中流淌着优秀传统文化的血液，对前辈思想家、文学家的传世之作高山仰止、景行行止，虽不能至，心向往之。这样一种祈愿和情怀，寄托着几千年来中国传统文人“达则兼济天下，穷则独善其身”的美好理想和对优雅文化的无限怀想。

剪不断，理还乱。要用中国语言、中国气派、中国风格的理论体系和话语系统来解读当今中国社会的发展秘密，解开中国道路的内在密码，要想在市场经济的冷酷背景下保留一份温暖的人文情怀，不能靠午夜梦回、撕扯自己的头发冥思苦想，不能指望查阅文件、对比口径找寻思想捷径。唯有继承传统、不忘经典，在理论和实际的结合中，才能发现博大精深的优美存在，才能触发自己愚钝很久的灵感和才华，找到通向世界、与各种文明有效对话的渠道和钥匙。

（选自朱铁志《云中谁寄锦书来》，有删改）

问题：

（1）请结合文本，简要概括作者收到的两类来信的特征。（4分）

（2）《云中谁寄锦书来》一文的标题寄托了作者内心哪些复杂的情感？请结合全文，简要分析。（10分）

三、写作题(本大题1小题,50分)

33. 阅读下面的材料,按要求作文。

许多植物自身都有对自然界灵敏的反应,并且不断调整自身的生存状态,如干旱让植物的根深扎于泥土中;风力大的地区的植物长得更牢固。肥沃的土地上生长快的植物往往材质松软,贫瘠的土地上生长慢的植物常常材质坚硬,植物如此,人也一样。

综合上述材料所引发的联想和感悟,写一篇论说文。

要求:

用规范的现代汉语写作;角度自选,立意自定,标题自拟;不少于800字。

机密★启封前　　　　姓名________　准考证号________

国家教师资格考试预测试卷(十七)

综合素质(小学)

注意事项:

1. 考试时间为120分钟,满分为150分。

2. 请按规定在答题卡上填涂、作答,在试卷上作答无效,不予评分。

一、单项选择题(本大题共29小题,每小题2分,共58分)

在每小题列出的四个备选项中只有一个是符合题目要求的,请用2B铅笔把答题卡上对应题目的答案字母按要求涂黑。错选、多选或未选均无分。

1. 冰冰是位盲人,她的听觉很灵敏,通过听觉训练后,能够用听觉来分辨方向和障碍物,弥补了在视觉上的部分缺失。这体现了个体的身心发展具有(　　)特点。

A. 顺序性　　B. 互补性　　C. 阶段性　　D. 不平衡性

2. 在教学研讨会上,作为教研组组长的周老师多次强调:“作为老师,我们要寻找、研究一种适合儿童的教育,而不是挑选适合教育的儿童。”周老师的这一观点体现了素质教育要(　　)

A. 以提高国民素质为根本宗旨　　B. 面向全体学生

C. 促进学生全面发展　　D. 促进学生个性发展

3. 张老师经常与学生沟通交流,主动与同事们分享自己的教学经验和资源,而且还鼓励家长参加学校的各项活动,学生、家长和同事们都很喜欢她。这说明张老师已具备了(　　)

A. 环境创设与利用能力　　B. 教学组织管理能力

C. 沟通与合作的能力　　D. 课程开发与建设能力

4. 英语教师胡老师上课时,学生琳琳指出胡老师某处讲解有误,但实际上胡老师的讲解是对的。胡老师的做法恰当的是(　　)

A. 不搭理琳琳

B. 肯定琳琳勇于指出老师错误的行为,并跟琳琳解释为什么没有错

C. 批评琳琳没有认真听讲,胡乱指出错误

D. 直接告诉琳琳,老师是对的

5. 兰兰擅长绘画，小小年纪已多次获奖，学校在没有征得兰兰和她家长同意的情况下，将兰兰在学校课堂上创作的画拿给出版社出版。该学校的做法(　　)

A. 合法，学校有权处理学生课堂画作

B. 合法，任何人不得干涉学校的决定

C. 不合法，学校侵犯了兰兰的财产权

D. 不合法，学校侵犯了兰兰的著作权

6. 某小学违反国家有关规定向学生收取补课费，依据《中华人民共和国教育法》的相关规定，有权责令该校退还所收费用的是(　　)

A. 教育行政部门　　B. 纪检部门

C. 公安机关　　D. 物价部门

7. 姜某前往一所小学后勤部门求职，陈校长了解到姜某曾因为故意犯罪被剥夺政治权利，拒绝了姜某的求职。陈校长的做法(　　)

A. 不合法，侵犯了姜某的隐私权

B. 不合法，侵犯了姜某的平等就业权

C. 合法，学校没有自主聘任教师及其他职工的权利

D. 合法，姜某不具备从事义务教育工作的基本条件

8. 某学校有一名学生斌斌，因和社会上的不良团伙进行抢劫而被公安机关拘留，其班主任王老师深有感触。为了让大家引以为戒，王老师在朋友圈和微博发布消息，描述了此事，并在描述中使用了斌斌的真实姓名。王老师的做法(　　)

A. 合理，王老师的目的是想让更多的人看到此事，从而起到教育的作用

B. 合理，王老师有言论自由，可以发表自己的看法

C. 不合理，违反了《中华人民共和国未成年人保护法》

D. 不合理，违反了《中华人民共和国刑法》

9. 下列选项中无法享有选举权的人是(　　)

A. 正在等候取保候审的周某　　B. 患有间歇性精神病的秦某

C. 具有突出贡献的外籍华人齐某　　D. 正在受到拘留处分的小偷张某

10. 王老师依法检举某县拖欠教师工资的问题后，他被威胁调到偏远地区，不准参加晋升和评优。该县的相关人员对依法检举的王老师进行打击报复，情节较严重，应被给予(　　)

A. 纪律处分　　B. 行政处分

C. 经济处罚　　D. 警告处分

11. 小学生小峰的父母不履行监护职责，放任小峰强行索要他人财物。依据我国《预防未成年人犯罪法》，有权对小峰父母给予训诫的是（　　）

A. 小峰所在学校　　B. 当地公安机关

C. 当地教育部门　　D. 当地人民政府

12. 教育部在前期广泛调研、公开征求意见基础上，制定颁布《中小学教育惩戒规则（试行）》，其中规定教师在教育教学管理、实施教育惩戒过程中，不得实施的行为是（　　）

A. 责令做书面检讨

B. 责令赔礼道歉

C. 一节课堂教学时间内的教室内站立

D. 指派学生对其他学生实施教育惩戒

13. 吴老师是个比较有个性的老师，他的课非常受孩子们喜欢，但是他不注重衣着，常常邋里邋遢地出现在课堂上。如果你是吴老师的同事，你会（　　）

A. 不跟吴老师说，上好课就可以了

B. 委婉地跟吴老师说既要上好课，也要注意自己的形象

C. 跟吴老师说邋里邋遢的遭人厌，以后要改正

D. 不跟吴老师说，这是吴老师自己的事

14. 胡老师正在上课，韩明、张亮两位同学却在讲话，于是胡老师就过去训斥他们，并且当着全班同学的面给他们起绰号，称说话声音最大的韩明为“大喇叭”，声音有点沙哑的张亮为“破铜锣”。胡老师还罚他们到教室外的走廊上站立直至下课。胡老师的行为（　　）

A. 正确，“教不严，师之惰”，教师就应该严格要求学生

B. 错误，可以对学生实施罚站，但是不可以给学生起绰号

C. 错误，违背了团结协作的教师职业道德规范

D. 错误，不利于良好师生关系的建立

15. 在数学课上，小优总是认真听课，积极回答老师的提问。渐渐地，数学老师便会不自觉地偏爱小优，甚至在提问时，只关注小优的回答。下列关于数学老师的说法，正确的是（　　）

A. 违背关爱学生的要求　　B. 违背教书育人的要求

C. 注重教育公平　　D. 注重因材施教

16. 语文课上，每当讲到一些科学家的故事时，杜老师总会拓展这些人物是如何积极探索、献身事业的。这表明了杜老师做到了（　　）

A. 爱国守法　　B. 爱岗敬业　　C. 终身学习　　D. 教书育人

17. 西汉初期，道家学说兼采阴阳、儒、墨、名、法各家学说的精髓，后来董仲舒的儒家学说也吸收阴阳五行、法、道等各种思想。促使当时学术思想上呈现这种特征的主要因素是(　　)

A. 王国势力强大　　B. 百家争鸣局面的延续

C. 现实统治需要　　D. 兼收并蓄的文化政策

18. 素纱禅衣(见下图)可谓“薄如蝉翼”“轻若烟雾”，且色彩鲜艳，纹饰绚丽。其出土地点是(　　)

A. 马王堆汉墓　　B. 曾侯乙墓

C. 海昏侯墓　　D. 秦始皇陵

19. 古代社会中，对国王的称谓有很多。下列选项中，把国王尊称为“法老”的是(　　)

A. 古希腊　　B. 古罗马

C. 古印度　　D. 古埃及

20. 在电和磁关系的认识上取得突破性成果，发现了电磁感应现象的是(　　)

A. 奥斯特　　B. 法拉第

C. 爱迪生　　D. 爱因斯坦

21. 作为当今世界上知名度最高的文学奖项，诺贝尔文学奖一直广受关注。下列选项中，首位获得诺贝尔文学奖的亚洲作家是(　　)

A. 纪伯伦　　B. 泰戈尔

C. 川端康成　　D. 紫式部

22. 圆明园十二生肖兽首铜像是中国重要的文物和国宝级艺术品，其设计者是(　　)

A. 马可·波罗　　B. 郎世宁

C. 利玛窦　　D. 汤若望

23. 京剧《贵妃醉酒》是梅派经典剧目之一，源于一部古代戏曲。该戏曲是(　　)

A.《桃花扇》　　B.《长生殿》

C.《牡丹亭》　　D.《南柯梦》

24. 三星堆遗址群位于(　　)

A. 湖南　　　　B. 四川

C. 湖北　　　　D. 云南

25. 我国积极推进垃圾分类工作,下列选项中属于有害垃圾的是(　　)

A. 废电池　　　　B. 书本

C. 中药残渣　　　　D. 果皮

26. 在Word表格中,单元格内能填写的信息(　　)

A. 只能是文字　　　　B. 只能是文字或符号

C. 只能是图像　　　　D. 文字、图像、符号均可

27. 在Excel中,计算单元格A2、B1、B2的和并填在C2单元格中,则在C2中输入(　　)

A. =sum(A1:B2)　　　　B. =sum(A2,A2:B2)

C. =sum(A1,A1:B2)　　　　D. =sum(B1,A2:B2)

28. 下列选项中,与“李宁和刘翔是运动员”的判断类型相同的一项是(　　)

A. 杜丽和庞伟是夫妻　　　　B. 康辉和海霞是主持人

C. 鲁迅和范爱农是同乡　　　　D. 于敏和邓稼先是同事

29. 从所给四个选项中,选择最合适的一个填入问号处,使之呈现一定的规律性的是(　　)

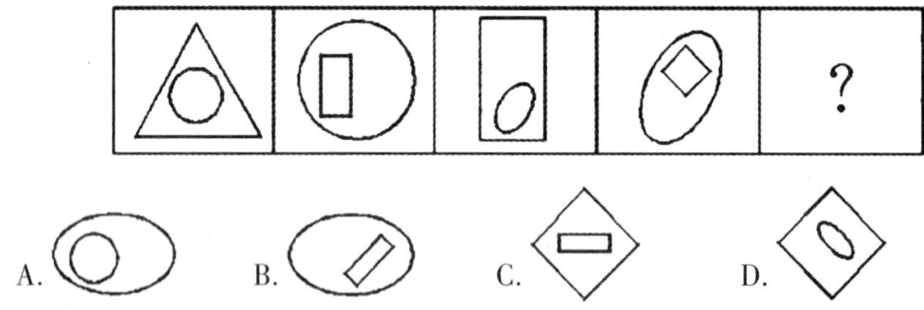

二、材料分析题(本大题共3小题,每小题14分,共42分)阅读材料,并回答问题。

30. 材料:

某寄宿制小学为了使学生养成良好的卫生习惯,要求学生饭后漱口、便后洗手、勤洗澡等,但一、二年级的学生经常会忘记饭后漱口。针对这个现象,一(二)班的班主任刘老师有个主意。一天早上,刘老师找了两个透明的塑料杯放在桌上,其中一个杯子里面装满了干净的水。早饭后刘老师让小朋友接水漱口,并让他们把漱口水吐在空杯子里,让全班小朋友来观察。同学们议论纷纷:“这两杯水不一样,一个很干净,一个很脏。”“那个杯子里的水里有东西了”。刘老师问:“这些脏东西原来藏在哪

儿呀?”同学们纷纷说道:“藏在嘴里”“藏在舌头底下”“粘在牙上的”“藏在牙缝里的”。刘老师说:“现在我们把两个杯子密封起来,看看过段时间它们会变成什么样。”刘老师把两个杯子密封好放到讲台桌上。午休后,刘老师打开两个杯子,学生纷纷捂着鼻子说:“房间里是什么味道?真难闻。”刘老师邀请几个学生走上讲台近距离观察两个杯子,一个学生指着装有漱口水的杯子说:“这个杯子里的水好臭啊。”刘老师看见同学们一脸的惊讶,问道:“大家想一想,这些东西在嘴里会怎么样?”有的学生说:“也会变得很臭,生出许多细菌来。”还有的学生说:“原来我们的牙齿就是这样被弄坏的!那吃完饭得把嘴漱干净。”有一位学生说:“等我回家了,我要告诉爸爸妈妈,让他们吃完饭后也一定要漱口。”自那次观察活动后,同学们漱口再也不用老师提醒了。

问题:

请结合材料,从教育观的角度,评析刘老师的教育行为。(14分)

31. 材料：

刘老师利用班会课开展了名为“独一无二的我”的主题班会活动，以提高同学们的自信心。她给每位同学发了一粒花生种子，首先让学生观察自己的那一颗花生，之后让同学们将花生按照组别放在一起，最后让学生在小组内寻找属于自己的那颗。结果，同学们很快找到了自己的花生。最后刘老师让同学们在小组内分享自己身上的优点和缺点，并让同学们相互说说对方的优点。班会过后，同学们对独一无二的自己有了更深的认识，变得更加自信了。以前小丽不喜欢与同学交流，班会课后发现同学眼中的自己有那么多优点，便喜欢并融入了集体。小丽妈妈为了感谢刘老师，通过微信给刘老师转了400元红包，并希望刘老师继续关注小丽。刘老师拒收了红包，并说道：“关心小丽是我应该做的，希望以后我们能一起帮助她健康快乐地成长。”

问题：

请结合材料，从教师职业道德的角度，评析刘老师的教育行为。(14分)

32. 材料：

一向受到冷落的传统文化，仿佛突然峰回路转、柳暗花明了。近年来，文化遗产争夺战可谓烽烟四起、高潮迭出。

遗憾的是，这并不能代表民族文化自觉与文物保护意识的增强。在志在必得的“文化激情”背后，是利益驱动下“遗产经济学”的精细打算——“每挖掘一个名人故里，就可以开发一个旅游景点，带来可观的经济收入”。

将文化遗产，视为地方经济的“摇钱树”，这样的观念，在目前的中国已经有了很多现实注脚。不少已经夺得文化遗产“归属权”的地方，以创收为核心，将文化演变为商业，大张旗鼓地进行着杀鸡取卵似的经营。

这当然不是传统文化的“利好”，而是历史文化的灾难。

当三江并流、都江堰、武当古刹等文化古迹传出“过度开发”的消息，当几乎每一种有魅力的文化都必有浩浩荡荡却毫无魅力的新建“伪文化”，甚至每一部古典文化名著，都演化为一座荒唐可笑的娱乐场时，不仅观众失去了文化的共鸣，历史文化也在被切割、破坏和颠覆。

值得关注的是，这些年来，“遗产经济学”有了新的表现形式。在许多愈演愈烈的文化名人争夺战中，人们频繁看到当地政府的身影。

由于地方政府的高调介入与认同，一些耗资巨大的标志性“文化符号”也应运而生。“帝尧故里”争夺战中，临汾修建了“中华民族文明之门”的华门，这座出手不凡的大制作从规模到设计处处“天下第一”。

政府参与社会事业的文化构建，本没有错。但问题是，这样的建设应当以公共文化服务为重点。面对此起彼伏的“争夺战”与“伪文化”浪潮，政府本应做正确的引导，为何却成了推波助澜的主导？

实际上，逐步升格的“崇古活动”与不断新建“文化标记”，已经成为一些地方新一轮面子工程的集体亮相。在光大传统、发展文化的口号之下，一些官员的心中，不仅有对经济效益的图谋，更有对“政绩收益”的盘算。他们用行政拨款下注，看能否博取更大的利益，创造经济、文化、政治上的多赢。

让经济利用，被政治挟持，结果是，以文化为名义的文化行动，非但没有为社会繁荣带来推力，没有增强我们的历史文化意识，反而助推了急功近利、唯利是图的社会风气，加剧了好大喜功、铺张浪费的官场恶习，留下了沉重的文化欠债和社会成本。

这恐怕是“遗产经济学”更大的后患！

（选自卢新宁《“遗产经济学”的文化后患》，有删改）

问题：

(1)为什么在一些地方出现了“文化遗产争夺战”与“伪文化”建设浪潮？请结合文本，简要概括。(4分)

(2)本文所说的“遗产经济学”有哪些文化后患？请简要分析。(10分)

三、写作题(本大题1小题,50分)

33. 阅读下面的材料,按要求作文。

守望,最早出现在《孟子·滕文公上》中,“出入相友,守望相助,疾病相扶持。”塞林格《麦田里的守望者》中的“守望”是一种道义,陆游“南望王师又一年”中的“守望”是一种责任。教师,守护着学生高贵的灵魂,寄托着崇高的期望。教师的“守望”是用温暖的手、真诚的心,照亮学生的人生。

综合上述材料所引发的联想和思考,写一篇论说文。

要求:

用规范的现代汉语写作;角度自选,立意自定,标题自拟;不少于800字。

机密★启封前　　　　　　　　　　　　　　　　姓名________　准考证号________

国家教师资格考试预测试卷(十八)

综合素质(小学)

注意事项：

1. 考试时间为120分钟,满分为150分。

2. 请按规定在答题卡上填涂、作答,在试卷上作答无效,不予评分。

一、单项选择题(本大题共29小题,每小题2分,共58分)

在每小题列出的四个备选项中只有一个是符合题目要求的,请用2B铅笔把答题卡上对应题目的答案字母按要求涂黑。错选、多选或未选均无分。

1. 桂老师专门找朱松谈话,告诉他:“你这段时间虽然学习效果不太好,但比以前刻苦多了,只要你改进学习方法,会有明显进步的。”桂老师的做法(　　)

A. 有利于激发朱松的学习动力　　B. 不利于保护学生的自尊心

C. 有利于激发朱松的合作意识　　D. 不利于发展学生的个性

2. 一个成绩较差的学生某次考试得了97分,却被老师和家长说成是“瞎猫碰到了死耗子”。老师和家长的做法忽视了(　　)

A. 学生是完整的人　　B. 学生是处于发展过程中的人

C. 每个学生都有自身的独特性　　D. 学生是独立于教师头脑之外的人

3. 新来的李老师担心学生不喜欢她,为了和学生“搞好关系”,哪怕学生在课堂上偷看课外书,她也不批评。李老师所处的教师成长阶段是(　　)

A. 关注生存阶段　　B. 关注自我阶段

C. 关注学生阶段　　D. 关注形象阶段

4. 某班学生做完早操回到教室准备上课,忽然有人发出“哎哟”的叫声,老师发现原来有人在班干部的凳子上反钉了几个钉子。下列处理方式中,最恰当的一项是(　　)

A. 立即查找肇事者

B. 让学生把钉子敲平,开始上课,课后处理

C. 幽默带过,开始上课

D. 让班干部自我反思

5. 五年级学生陈某逃课去网吧上网。依据《中华人民共和国预防未成年人犯罪法》的相关规定,学校应当(　　)

A. 向当地教育行政部门报告情况　　B. 向当地公安机关报告情况

C. 及时与陈某的父母取得联系　　D. 与当地纪检监察部门取得联系

6. 根据《中华人民共和国义务教育法》的规定,妨碍义务教育实施,造成重大社会影响的,负有领导责任的人民政府或者人民政府教育行政部门负责人(　　)

A. 应当引咎辞职　　B. 应被就地免职

C. 应承担刑事责任　　D. 应受行政训诫

7. 李老师在完成教学工作后经常参加各种学术交流活动,并发表相关的学术论文,但校长以参加这些活动会分心为由对李老师进行了批评教育。校长这样做侵犯了李老师的(　　)

A. 教育教学权　　B. 科学研究权

C. 教学评价权　　D. 参与教学管理权

8. 根据《中华人民共和国宪法》,我国最高国家权力机关的执行机关是(　　)

A. 全国人民代表大会　　B. 全国人民代表大会常务委员会

C. 中央人民政府　　D. 中央军事委员会

9. 农村教师黄某在课堂上使用本地方言进行教学。黄某的行为(　　)

A. 合法,都是农村学生,用方言讲课更容易与学生沟通

B. 合法,只要教学效果好,无所谓用哪种教学语言

C. 不合法,违反了教师应该弘扬优秀传统文化的规定

D. 不合法,教师应该使用国家通用语言

10. 邻居张阿姨发现小明脸上有伤,询问过后才知道是被小明醉酒的父亲殴打所致。张阿姨气不过,敲门劝阻,而小明父亲以家事不需外人过问为由将其痛骂一顿。关于小明父亲痛骂张阿姨的行为,以下说法最恰当的是(　　)

A. 保护未成年人是监护人的职责,其他人无权过问

B. 小明提出诉讼,父亲应负刑事责任

C. 父亲没有做到保护与教育相结合

D. 针对侵犯未成年人合法权益的行为,张阿姨有权劝阻

11. 国庆长假期间,六年级学生小张自行返校温习功课,在楼梯口踩空失足摔伤。对该事件应当承担责任的主体是(　　)

A. 小张本人　　B. 小张学校的校长

C. 小张所在学校　　D. 小张及其监护人

12. 某地区教育行政部门将区域内的学校分为重点学校和非重点学校，严重破坏了教育公平。根据《中华人民共和国义务教育法》的规定，上级人民政府或者其教育行政部门应对直接负责的主管人员和其他直接责任人员依法(　　)

A. 给予行政处分　　B. 追究刑事责任

C. 追究民事责任　　D. 给予行政处罚

13. 梦晨同学由于家里出了些事，上课老走神，班主任当着全班同学说："你爸妈真会取名字，难怪生下来就不行，每天都做白日梦。"该班主任的做法主要违背了教师职业道德规范中的(　　)

A. 爱岗敬业　　B. 关爱学生

C. 教书育人　　D. 为人师表

14.《中小学班主任工作规定》中指出，在教师任职条件的基础上选聘班主任应突出考查的条件不包括(　　)

A. 作风正派，心理健康，为人师表

B. 热爱学生，善于与学生、学生家长及其他任课教师沟通

C. 爱岗敬业，具有较强的教育引导和组织管理能力

D. 采取多种方式与学生沟通，有针对性地进行思想道德教育

15. 李某是一位刚走上工作岗位的新教师。他非常关注学生的学习成绩，他把考试成绩作为评价学生的唯一标准。这种做法违背的教师职业道德规范是(　　)

A. 爱岗敬业　　B. 关爱学生

C. 教书育人　　D. 为人师表

16. 小王去年从师范大学毕业，到一所小学教书并担任班主任工作，他经常采取罚站一天、罚跑步的方式来惩罚犯错误的学生，严重影响了学生的身心健康。小王老师的做法(　　)

A. 合理，符合爱国守法的要求

B. 不合理，违背了爱岗敬业的要求

C. 不合理，违背了关爱学生的要求

D. 不合理，违背了为人师表的要求

17. 陶渊明是东晋时期著名的诗人，被后世称为"百世田园之主，千古隐逸之宗"。他的诗歌可分为饮酒诗、咏怀诗和(　　)三大类。

A. 田园诗　　B. 游记

C. 边塞诗　　D. 言志诗

18. 下列诗句与节气对应错误的有(　　)

A. 露从今夜白,月是故乡明—白露

B. 南国似暑北国春,绿秀江淮万木荫—清明

C. 远天归雁拂云飞,近水游鱼迸冰出—立春

D. 北风往复几寒凉,疏木摇空半绿黄—立冬

19. 在中国浩瀚的史学著作中,有两本史书如同突兀的双峰,并峙于历史峻岭之中,被誉为“史学双璧”,它们分别是(　　)

A.《汉书》《史记》　　B.《史记》《资治通鉴》

C.《后汉书》《资治通鉴》　　D.《汉书》《后汉书》

20. 诗句“大珠小珠落玉盘”描写的是哪一种乐器(　　)

A. 琵琶　　B. 羌笛

C. 古筝　　D. 胡琴

21. 曾侯乙编钟是中国迄今发现数量最多、保存最好、音律最全、气势最宏伟的一套编钟,现保存于(　　)

A. 故宫博物院　　B. 南京博物院

C. 陕西历史博物馆　　D. 湖北省博物馆

22. 国家主席习近平访俄期间,曾提到中国几代人受到俄国文学的影响。以下属于苏联时期文学家的是(　　)

A. 普希金　　B. 高尔基

C. 屠格涅夫　　D. 陀思妥耶夫斯基

23. 中国幅员辽阔,拥有丰富的自然资源和名胜古迹。下列著名旅游景点中,位于中国台湾的是(　　)

A. 日月潭　　B. 月牙泉

C. 大龙湫　　D. 镜泊湖

24. 巴洛克建筑的特点是外形自由、追求动感、喜好富丽的装饰和雕刻强烈的色彩,常用穿插的曲面和椭圆形空间来表现自由的思想和营造神秘的氛围。下列属于巴洛克主义风格建筑的是(　　)

A. 索菲亚教堂　　B. 巴黎圣母院

C. 罗马耶稣会教堂　　D. 比萨大教堂

25. 若遇到突发事件,下列做法正确的是(　　)

A. 发生胸腹损伤事故时应使病人平躺,保持呼吸通畅

B. 发现有人触电,应迅速用手将触电者拉离电源

C. 夜间发现燃气泄漏时,应尽快打开油烟机或排气扇稀释燃气浓度

D. 在半山腰遇到森林火灾时,应迅速向山顶奔跑逃生

26. 在Word中,要把文档内容都选定,可使用的快捷键是(　　)

A. Ctrl+S　　B. Ctrl+A

C. Ctrl+V　　D. Ctrl+C

27. 在Excel中,要将光标直接定位到A1,可以使用的快捷键是(　　)

A. Ctrl+Home　　B. Home

C. Shift+Home　　D. PageUp

28. 下列选项中,与“全身麻醉:注射麻醉”的逻辑关系相同的是(　　)

A. 物理消毒:加热消毒　　B. 抽样调查:问卷调查

C. 网络存储:单机存储　　D. 胸式呼吸:腹式呼吸

29. 找规律填数字是一项很有趣的活动,特别锻炼观察和思考能力。下列选项中,填入数列“1、2、9、33、________”空缺处的数字,正确的是(　　)

A. 122　　B. 124

C. 126　　D. 128

二、材料分析题(本大题共3小题,每小题14分,共42分)阅读材料,并回答问题。

30. 材料:

小吴是我班的一个“问题”学生,父母在上海打工,奶奶对他很溺爱,因此他养成了一些不良习惯。更让人头疼的是,他责任感不强,还屡教不改。于是,我联系了小吴的父亲,和他谈心,介绍了小吴在学校里的表现,并得到了小吴父亲的认同和配合。

此外,我又多次找小吴谈心,让他学习班干部、小组长负责的态度。一方面让他明白班干部、小组长管他、督促他,是对他的帮助;另一方面,让他懂得怎样做才算负责任。为了帮助小吴培养责任心,我引导他做小组长。我问他:“你愿意当小组长吗?你准备怎么做呢?”他羞涩地笑了,以为我在开玩笑。第二天我就在班级宣布让他当小组长。我特意看了他一眼,他满脸都是惊喜。课后,他主动找到我说:“老师,我一定不辜负您的期望,当一个好组长。”我说:“老师相信你一定会做得很好,加油!”以后的日子里,我每天指导他明确规范,让他清楚地知道良好习惯的具体标准,督促他做好值日、检查作业、背诵等。

一分耕耘一分收获。现在小吴的学习进步明显,虽然还有一些小毛病,但是他的坏习惯已经改了不少。

俗话说:“嫩枝易弯也易直。”我想,只要拥有一颗“爱心”,平等公正对待学生,关心爱护每一位学生,就一定会收获成功的喜悦。

问题：

请结合材料，从学生观的角度，评析“我”的教育行为。(14分)

31. 材料：

在“优秀教育工作者”座谈会上，石老师向学校的各位教师分享自己的工作经历：

一个学生生病了，把刚吃下去的午饭吐了一地，尽管味道刺鼻，但我问自己，如果他是我的孩子，我会嫌弃吗？于是，我拿起工具，弯下腰去收拾干净。一个学生的数学作业改了好几遍，还是做不对，尽管我很心烦，但我告诉自己，如果我是这个学生，我也会很着急。于是，我一遍遍地给他讲解，直到他学会。一个学生很调皮，上课不认真听讲，不按要求完成作业。尽管我很生气，但我告诉自己，他还是个孩子，我要帮助他。于是我向家长了解情况，制定帮教计划，号召其他同学也来帮助他……

问题：

请结合材料，从教师职业道德的角度，评析石老师的教育行为。(14分)

32. 材料:

从今年10月开始,比利时各地几乎成了中国文化的舞台。大红灯笼高高悬挂,典雅的牌楼竖立在市中心广场,茶室茶亭弥漫着浓郁的茶香,各大小展览馆不断展示中国从古至今的艺术精品,各剧院不时演出中国的话剧、戏曲、音乐、舞蹈、木偶、皮影、武术,中国电影在这里上演,莫言、余华、叶延滨等中国著名作家也来到这里访问,一系列有关中国的文化讲座在这里陆续亮相。

所有这一切,都是因为欧罗巴利亚中国艺术节的举行!

比利时皇家大法院距今已有120多年的历史。它雄踞布鲁塞尔的最高处,除教堂之外,129米的总高度使它成为欧洲现存最高大的古典建筑。在这样一个巨大的欧洲古典建筑上空悬挂着巨幅中国山水画,这不能不令人震惊。巨作的作者就是徐龙森,他近年来创作的10幅山水巨作这次都展现在欧洲观众眼前,高十多米,让人感觉恍若置身群山之间。比利时视觉艺术家科恩感慨道:"这些画给我留下了深刻的印象。置身这里的群山之中,我觉得自己似乎无法呼吸。它们让我产生了一种时空的错位感,不知自己身在何处。这确实是一种全新的艺术创作形式。"比利时社会科学院院士、汉学家魏查理说:"看到这些画,我的第一感觉是自己仿佛到了四川或者福建。这些画既传统又现代,把它们与这座古老的建筑放在一起显得很和谐。"

徐龙森的画作显示出艺术在中国正在成为一种生活的体验。展示中国人的生活状态就是欧罗巴利亚中国艺术节的主旨。这儿已经将中国文化走出去的概念,从过去文学艺术的小范畴,扩展到文化生活的方方面面,文学、舞蹈、戏曲、话剧、木偶、杂技、皮影、交响乐、民乐、电影、美术、书法、摄影之外,还增添了园林、中医、建筑、文物、茶艺、日常生活等,无所不包,可以让欧洲观众全方位地了解中国人。

欧洲观众的文化素养很高,他们对文化展览和演出都讲究来龙去脉,追究文化背后的历史和生活。因此,讲座和研讨会也是欧罗巴利亚中国艺术节的重要内容,通过中国文化专家的大量讲解,让欧洲观众深入了解相关知识,并与中国文学家、艺术家互动,沟通双方的感情,弥补文化方面的差异。已经举办过的讲座和研讨会,总是座无虚席,发言、提问踊跃,问题很详细,表现出听众对中国社会生活的热情。

在欧罗巴利亚中国艺术节中,中国与比利时的文化对话特别引人关注,对话的表现方式是将中国艺术与比利时艺术同台展出,或者联合演出。从这些对话中,我们能深切感受到文化背后的生命状态。"事物状态——中比当代艺术交流展"选择了中国艺术家26位,比利时艺术家24位。欧盟委员会主席巴罗佐看后认为:中国的当代艺术实在令人赞叹。

文化部外联局局长董俊新说,从中法文化年、中俄文化年到这次欧罗巴利亚中国艺术节，都是双方共同举办的，这样的形式比中国主办更具影响力，可以深入所在国的社会，在主流剧院和展览馆进行。这些文化活动，不但将中国的传统文化、民间文化、少数民族文化全面地推向世界，而且也注重介绍中国的当代文化创造，展现改革开放以来中国在文化建设方面的巨大成就。

除了重大的艺术节外，目前中国在世界各地已经建立的7个文化中心也发挥着重要作用。在文化中心，展示中国文化是一种常态。中国文化大规模走出去正在成为现实！

今天的比利时，在机场，你会听见一声轻轻的中国话问候；在咖啡馆，或许服务员会向你要一元中国“小费”留作纪念；在巧克力店，人们可能会询问你来自何方，当听见北京时，你会听见一句惊呼：啊，奥林匹克！这就是今天的比利时，中国文化在这里落地开花。

（选自《从欧罗巴艺术节看中国文化大规模走向世界》，有删改）

问题：

(1)新闻介绍了欧罗巴利亚中国艺术节的哪些主要活动？请结合文本，简要概括。(4分)

(2)在欧罗巴利亚中国艺术节的这些活动各有什么意义？请结合文本，简要分析。(10分)

三、写作题(本大题1小题,50分)

33. 阅读下面的材料,按要求作文。

因为道德是做人的根本。根本一坏,纵然你有一些学问和本领,也无甚用处。

——陶行知

使学生对教师尊敬的唯一源泉在于教师的德和才。

——爱因斯坦

综合上述材料所引发的思考和感悟,写一篇论说文。

要求:

用规范的现代汉语写作;角度自选,立意自定,标题自拟;不少于800字。

机密★启封前　　　　　　　　　　　　　　　　　　姓名________　准考证号________

国家教师资格考试预测试卷(十九)

综合素质(小学)

注意事项:

1. 考试时间为120分钟,满分为150分。

2. 请按规定在答题卡上填涂、作答,在试卷上作答无效,不予评分。

一、单项选择题(本大题共29小题,每小题2分,共58分)

在每小题列出的四个备选项中只有一个是符合题目要求的,请用2B铅笔把答题卡上对应题目的答案字母按要求涂黑。错选、多选或未选均无分。

1. 小欣是某校三年级的学生,经常踩着铃声进教室。班主任项老师打印了一张"迟到大王"的奖状颁给小欣,并说:"小欣,你可真是迟到大王啊。"该老师的做法(　　)

A. 正确,能够激励学生不再迟到　　B. 错误,容易伤害学生的自尊心

C. 正确,维护了教师的威信　　D. 正确,有利于维持班级纪律

2. 期末考试要到了,数学老师请综合实践活动课的吴老师把课时让给他上数学课,吴老师欣然同意。他们的做法(　　)

A. 合理,体现了教师双方的意愿　　B. 不合理,不利于学生的全面发展

C. 合理,有利于提高学生的成绩　　D. 不合理,违背了团结协作的要求

3. 某学校经常组织老师相互观摩彼此教学的活动,并展开研讨,提出完善教学的建议。这种做法体现的教师专业发展途径是(　　)

A. 进修培训　　B. 同伴互助

C. 师徒结对　　D. 自我研修

4. 老师讲到"孔融让梨"的故事时,突然有学生说"孔融真是傻瓜"。老师微笑着对全班同学说:"有人说孔融是傻瓜,你们怎么看呢?"这位老师的做法体现了(　　)

A. 以学生为本　　B. 以教师为本

C. 以教材为本　　D. 以社会为本

5.《中华人民共和国宪法》规定,领导全国武装力量的是中华人民共和国(　　)

A. 中央军事委员会　　B. 最高人民法院

C. 国务院　　D. 最高人民检察院

6. 李老师经人介绍进入某学校的后勤部门工作，学校可以根据(　　)对李老师进行管理。

A. 教师聘任制　　B. 教育职员制度

C. 专业技术职务聘任制度　　D. 教学辅助人员聘任制度

7. 李老师、蒋老师、王老师在教育教学、科学研究、教学改革等多方面成绩优异，对国家的教育事业有重大贡献，被授予“全国优秀教师”的荣誉称号。根据《中华人民共和国教师法》的规定，对有突出贡献、重大贡献的教师应予以表彰和奖励的机构不包括(　　)

A. 国务院

B. 地方各级人民政府

C. 地方各级人民政府的教育行政部门

D. 全国人民代表大会常务委员会

8. 班主任熊老师在翻看学生王强与朋友的书信时，发现王强对自己的形象有调侃和不礼貌的描述，因此要求王强放学以后到办公室写检讨，不认真写完不准其回家。熊老师的行为侵犯了学生的(　　)

A. 隐私权和人身自由权　　B. 名誉权和人身自由权

C. 隐私权和不被体罚权　　D. 通信权和内心自由权

9. 林某因不履行监护职责，被当地人民法院依法撤销了其对女儿佳佳的监护权。根据《中华人民共和国未成年人保护法》，下列说法正确的是(　　)

A. 林某应继续负担抚养费　　B. 林某可不再承担抚养费

C. 法院可代为佳佳的监护人　　D. 林某可指定他人代为监护

10. 小学生钱某屡次在学校偷盗其他同学的财物，学校向其父母反映后，其父母表示自己也无力管教。因此学校对钱某的正确处理方法是(　　)

A. 学校提出申请，送专门学校进行教育

B. 送公安机关，开除钱某的学籍

C. 劝说钱某退学

D. 责令钱某转学

11. 小学生林某课外活动时在学校的操场上翻单杠，单杠因年久失修突然断裂，导致林某从单杠上落在硬地上造成脊柱严重骨折。应对林某的伤害承担责任的是(　　)

A. 林某自己　　B. 林某的监护人

C. 学校　　D. 以上各方

12. 某学校有老校区和新校区两个校区，新校区设置重点班，教学设施完善，师资配备优良，学习氛围浓厚。学生根据期中、期末考试成绩排名，优先选择校区就读。该校的做法(　　)

A. 合法，有利于激励学生努力学习　B. 合法，有利于因材施教

C. 不合法，学校不得设立重点班　D. 不合法，学校不得设立分校

13. 吃午饭时，大家正在排队，小凯却跑过去插队，正好被班主任何老师看到，何老师教育其要遵守纪律，不要插队，随后自己却跑到队伍最前面去买饭，还说："我是老师，我不用排队。"何老师的做法没有遵守(　　)的职业道德规范。

A. 为人师表　B. 关爱学生

C. 教书育人　D. 爱岗敬业

14. 某位英语老师，在一次评职称失败之后，就不再认真备课，对学生作业的批改也敷衍了事。该教师的行为违反了(　　)的职业道德规范。

A. 爱岗敬业　B. 爱国守法

C. 教书育人　D. 为人师表

15. 一位家长抱怨说："班主任隔三差五给家长打电话，每次都把我们狠狠地批评一顿，还总是让我们去学校听他训话。"该班主任的做法(　　)

A. 错误，教师应做到尊重学生家长　B. 错误，教师应对学生发展负全责

C. 正确，家长要配合学校教育学生　D. 正确，教师应主动寻求家长支持

16. 王老师与同事之间相互尊重、相互理解、相互学习、相互帮助……在解决同学成绩和纪律问题时，王老师很重视其他任课教师的意见，这种做法(　　)

A. 正确，王老师具有良好的团结互助精神

B. 正确，有利于处理好师生关系

C. 错误，王老师这样做缺乏主见

D. 错误，教师间缺乏竞争意识，不利于教师专业发展

17. 我国著名药学家屠呦呦获得诺贝尔生理学或医学奖，这源于她创制的新型抗疟疾药物(　　)

A. 青霉素　B. 青蒿素　C. 红霉素　D. 紫霉素

18. "江山如此多娇，引无数英雄竞折腰。惜秦皇汉武，略输文采；唐宗宋祖，稍逊风骚。"毛泽东在《沁园春·雪》这首词中的"汉武"指皇帝的(　　)

A. 谥号　B. 年号　C. 庙号　D. 尊号

19. 度量衡是我国古代使用的计量单位，其中"量"指的是哪个方面的标准(　　)

A. 长度　B. 面积　C. 容量　D. 质量

20. 青蛙属于脊索动物门两栖纲的动物，成体青蛙已有肺，但在冬眠时，其呼吸主要依靠的是(　　)

A. 舌头　　B. 眼睛　　C. 皮肤　　D. 心脏

21. 在众多著作中，被高尔基称为世界民间文学创作中“最壮丽的一座纪念碑”的作品是(　　)

A.《古兰经》　　B.《一千零一夜》

C.《蔷薇园》　　D.《列那狐传奇》

22.《格尔尼卡》(下图)采用了写实的象征性手法和单纯的黑、白、灰三色营造出低沉悲凉的氛围，渲染了悲剧性色彩，展现了法西斯战争给人类带来的灾难。其作者是(　　)

A. 毕加索　　B. 马蒂斯　　C. 塞尚　　D. 莱热

23. 唐代诗人李商隐曾在诗中写道：“镂金作胜传荆俗，翦彩为人起晋风。”这句诗描绘的是中国哪一种民间艺术形式(　　)

A. 春联　　B. 年画　　C. 窗花　　D. 皮影

24. 郑和下西洋开创了中国古代空前绝后的海上丝绸之路。下列有关说法错误的是(　　)

A. 是明成祖向西洋各国宣扬国威的一种手段

B. 足迹曾遍及东南亚、印度洋乃至非洲东海岸

C. 所使用的远洋航海技术是当时世界上最先进的

D. 主要目的是与沿岸各国进行经济商业贸易

25. 地铁是城市公共交通运输的一种形式，其线路通常铺设在地下隧道内，有的也在城市中心以外地区从地下转到地面或高架桥上。1863年，开通世界上首条地下铁路系统的城市是(　　)

A. 纽约　　B. 伦敦　　C. 东京　　D. 圣彼得堡

26. 下列选项中，与“法律：法盲”的逻辑关系相同的是(　　)

A. 地图：路盲　　B. 黑暗：夜盲

C. 文字：文盲　　D. 雪地：雪盲

27. 在PowerPoint软件操作中，若要使某个内容在每张幻灯片上都出现，应该是在(　　)中设置。

A. 大纲视图　　B. 浏览视图　　C. 页面设置　　D. 幻灯片母版

28. 下列选项中，最适合填在问号处，从而能够使图形序列呈现一定规律性的是(　　)

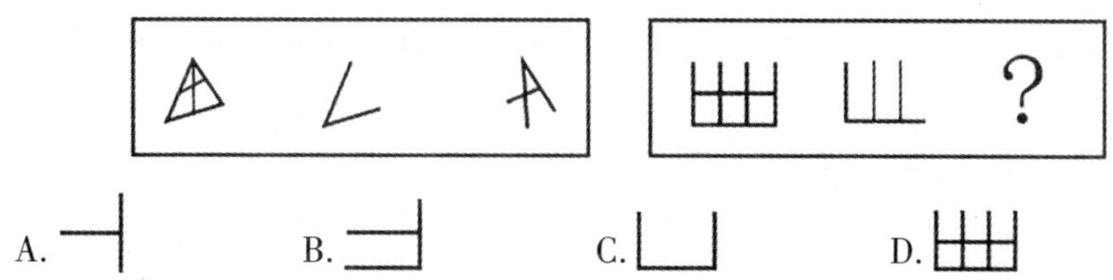

A.　　B.　　C.　　D.

29. 找规律填数字是一项很有趣的活动，特别锻炼观察和思考能力。将选项中的数字填入“2、4、10、42、________、17726”空缺处，符合该组数字排列规律的是(　　)

A. 122　　B. 222　　C. 322　　D. 422

二、材料分析题(本大题共3小题，每小题14分，共42分)阅读材料，并回答问题。

30. 材料：

课堂上，胡老师在黑板上用简练的几笔勾画出一只公鸡，并总结画公鸡的七个要素。接着，胡老师让四位学生在黑板上画出不同的圆形，他按照教材描述的画公鸡的要素依次在这四个不同的图形上分别添加几笔，画出了四只栩栩如生的公鸡。这使同学们精神为之一振，都想一试身手。于是，胡老师让全体学生在纸上动手画公鸡。在观察学生画的过程中，他没有批评任何一个学生画得不像，而是不时对学生进行指导。之后，胡老师要求学生剪下画好的公鸡，贴在一张画有养鸡场的铅笔画板上，构成了一幅具有千姿百态公鸡的漂亮作品。最后，胡老师别具匠心地用铅笔画和纸篓做成了立体鸡，并在鸡背上开了个洞，让学生把剪下的碎纸片揉成颗粒作为饲料喂鸡，教室很快干净了。

问题：

请结合材料，从教师观的角度，评析胡老师的教育行为。(14分)

31. 材料：

三年级一班有个同学身体有一些残疾，走路有一些跛，班里有些同学常学她走路的样子，开她的玩笑，还给她起外号。作为班主任，张老师觉得应当批评那些不尊重残疾同学的行为。但转念一想，这样一来会伤害残疾学生的自尊心。张老师一直在寻找一个恰当的方法。通过和其他老师交流，张老师决定通过主题班会等多种形式，给学生介绍一些残疾人的成功事迹，让学生明白，不管什么样的生命特点，都有可能为社会做贡献，引导学生讨论、理解并学会尊重生命的特点。通过一系列的活动，同学们学会了尊重、帮助这位残疾同学，而这位同学也能够更好地融入班集体。

问题：

请结合材料，从教师职业道德的角度，评析张老师的教育行为。(14分)

32. 材料：

在全社会关心并期待文化事业的发展与繁荣的情况下，文化事业有可能出现很好的态势，有可能产生无愧于伟大时代与悠久传统的文化瑰宝，也有可能稀里糊涂地、或抱着侥幸心理装模作样地打造文化的泡沫。

什么是文化瑰宝？要看为我们的受众提供了什么样的路径、启迪、精神享受与人生智慧。例如，对于传统文化的解读并使之与现代人类文明成果的对接；例如，出现有可能彪炳史册的有真正价值的著作与艺术成果；例如，从理论、科技、体制创新上解放整个民族的想象力与创造力，从而解放中华民族的生产力。

什么是文化泡沫？例如，以文化的名义圈地、抢滩、贷款。愈是缺少对于文化的想象力的人，愈是容易把文化财务化、基建化、利益化。到处修建文化生态园、文化纪念园、文化名人园、文化基地、文化广场……其中有做得不错的，提升了城市文化品位，但也确有以文化的名义占地盖楼贷款。我主张，各地应该对于已有的文化设施做一次检查清理，对于以文化之名行非文化之实的园馆基地广场公司，采取措施。

再如，一方面对于已有的文化遗产不加爱惜，时有破坏，一方面任意捏造制造虚假古迹。这里有一种说法，将文化标识为一些符号，对于商标设计、旅游广告与简明普及某种在世界上不占主流地位的文化可能管用，如弄点长城、天坛、熊猫、旗袍……就代表中国了，也不是坏事。但这毕竟是浅薄的认知，有时会成为对于中华文化的廉价化、简易化与装饰化的糊弄。

更大的泡沫是走文化的过场，求活动的规模，却忽视了文化的灵魂。晚会举行了，歌舞演出了，著名艺人来了，“卖点”多了；然而没有思考，没有热情，没有爱憎，没有深度，没有教益，没有精神的营养，也没有感情的充盈与升华。这样的文化是空心文化，是无灵魂的苍白的文化，是文化的悲哀。

有时从文化符号到文化泡沫，只有一步之遥。作为政府管理与文化政策，凡没有触犯法律的文化活动都是可以允许的。我们呼唤着的，期待着的是文化瑰宝而不是文化泡沫，我们绝对不能跟着泡沫闹哄。这一点，丝毫不能含糊。文化是智慧，是历程，是生活也是精神的梁柱。文化不是花言巧语与抒情朗诵。越是把常识范围内的道理说得无人能懂的，我们越不要相信。

（摘编自王蒙《文化瑰宝与文化泡沫》，有删改）

问题：

(1)作者为什么说“有时从文化符号到文化泡沫，只有一步之遥”？请结合文本，简要概括。(4分)

(2)作者认为应该如何对待文化泡沫？请结合文本，简要分析。(10分)

三、写作题(本大题1小题,50分)

33. 阅读下面的材料,按要求作文。

有一种观点认为:作家写作时心里要装着读者,多倾听读者的呼声。另一种看法是:作家写作时应该坚持自己的想法,不为读者所左右。

假如你是创造生活的“作家”,你的生活就成了一部“作品”,那么你将如何对待你的“读者”?

综合上述材料所引发的联想和感悟,写一篇论说文。

要求:

用规范的现代汉语写作;角度自选,立意自定,标题自拟;不少于800字。

机密★启封前 姓名________ 准考证号________

国家教师资格考试预测试卷(二十)

综合素质(小学)

注意事项:

1. 考试时间为120分钟,满分为150分。

2. 请按规定在答题卡上填涂、作答,在试卷上作答无效,不予评分。

一、单项选择题(本大题共29小题,每小题2分,共58分)

在每小题列出的四个备选项中只有一个是符合题目要求的,请用2B铅笔把答题卡上对应题目的答案字母按要求涂黑。错选、多选或未选均无分。

1. 任职八年的老教师魏老师在教学过程中始终保持认真严谨的态度,为了让学生得到全面发展,魏老师经常与班级的各科任课老师交流,了解学生其他学科的学习状态,还主动关心并积极配合其他老师的教学。这说明魏老师( )

A. 具有课程开发意识　　B. 具有校本研修能力

C. 具有课堂管理能力　　D. 具有团结合作精神

2. 对下图中教育观念的评价,说法正确的是( )

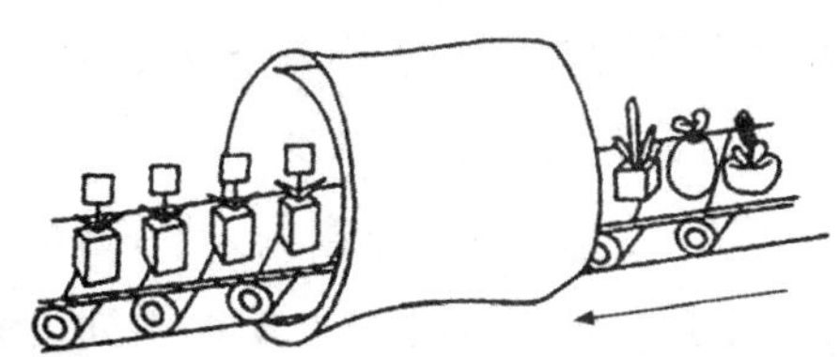

A. 体现了教育公平的要求　　B. 有利于提高学生的学习成绩

C. 忽视了学生的个别差异　　D. 不利于学生的平均发展

3. 课堂上突然跑进一只小猫,全体学生将目光转移到小猫的身上。张老师见此情景便停下讲课,让学生为小猫写一首诗。这体现了教师劳动的( )

A. 复杂性　　B. 综合性　　C. 主体性　　D. 创造性

4. 王老师在教育活动中注意关注学生的个体差异,因材施教。这表明其处于教师成长的( )

A. 关注情境阶段　　B. 关注自我阶段

C. 关注学生阶段　　D. 关注生存阶段

5. 依据《中华人民共和国宪法》的规定，地方各级人民代表大会每届任期(　　)

A. 六年　　B. 五年　　C. 四年　　D. 三年

6. 小山今年9岁，但由于身体缺陷，加上家庭经济困难无法完成规定的义务教育。依据《中华人民共和国未成年人保护法》的规定，对小山的受教育权具有保障责任的是(　　)

A. 小山的监护人　　B. 当地教育部门

C. 儿童福利院　　D. 当地人民政府

7. 王某与夏老师产生了一点误会，第二天便带领几名大汉闯进校园，严重扰乱了学校的教学秩序。针对王某，公安机关应当(　　)

A. 追究其民事责任　　B. 追究其刑事责任

C. 责令其赔礼道歉　　D. 给予治安管理处罚

8. 某市一小学老师张敏为照顾体弱多病的父母主动要求调往父母所在贫困山区的一所偏远小学任教。依据《中华人民共和国教师法》规定，当地政府对张敏应当(　　)

A. 提高工资待遇　　B. 给予奖励

C. 增加教龄津贴　　D. 予以补贴

9. 正在读六年级的小马被选入省乒乓球队参加专门训练，则(　　)

A. 小马可以不再接受义务教育

B. 省乒乓球队应当保证小马继续接受义务教育

C. 省乒乓球队未经批准可自行对小马实施义务教育

D. 小马可以自行选择是否继续接受义务教育

10. 小明是一名六年级学生，他父母早年离异，现在跟着父亲一起生活。小明经常旷课，有时会在他人的教唆下吸烟、盗窃财物。对此下列说法正确的是(　　)

A. 学校应当向小明的父亲反映小明经常旷课这一情况

B. 小卖部向小明出售香烟并不违法

C. 教唆未成年人吸烟的做法并不违法

D. 学校可以开除小明，并向小明的父亲收取罚款

11. 某小学举行拔河比赛，为了更容易分辨胜负，体育老师在拔河绳中间的红布条上捆了一个螺丝钉。进行第二场拔河比赛时，拔河绳断，中间的螺丝钉弹出戳伤某学生眼睛。这起事故的责任承担者是(　　)

A. 体育老师　　B. 学校

C. 受伤学生　　D. 拔河双方学生

12. 某小学让崔老师组织二年级的学生到剧院观看儿童剧。在观看过程中，笑笑要去厕所，但因为剧院灯光设置特别暗，在下台阶时不小心摔倒，致使腿部骨折。对于笑笑所受的伤害应依法承担法律责任的是(　　)

A. 剧院　　B. 崔老师

C. 该小学和剧院　　D. 崔老师和剧院

13. 针对教学方法不足的问题，李老师提出并在实践中不断完善了情境教学法，并取得了良好成效。这充分体现了李老师(　　)

A. 勇于探索创新　　B. 具有奉献精神

C. 学科知识扎实　　D. 关心爱护学生

14. 对所有学生一视同仁，不因学生家庭背景等区别对待。这体现的教师职业道德规范是(　　)

A. 为人师表　　B. 爱国守法

C. 爱岗敬业　　D. 关爱学生

15. 顾老师在教育教学活动中，处处为学生着想，关心、帮助学生，保护学生安全，维护学生权益。这体现了教师职业道德要求中的(　　)

A. 关爱学生　　B. 爱岗敬业

C. 教书育人　　D. 为人师表

16. 新学期竞选班干部，学习成绩一向不好的吴鹏竞选体育委员，班里许多同学反对，并告诉班主任："吴鹏成绩不好，不配当班干部。"如果你是班主任，会采取的正确做法是(　　)

A. 告诉其他同学，学习成绩不是衡量一个人的唯一标准

B. 认为其他同学说得有道理，否决吴鹏的竞选

C. 训斥其他同学："你们心胸狭窄，才不配当班干部！"

D. 忽略其他同学的意见，执意让吴鹏担任体育委员

17. 画家通过作品表达思想感情，倾诉内心感受。下图作品的作者是(　　)

A. 达·芬奇　　B. 毕加索　　C. 塞尚　　D. 凡·高

18. 下列关于5G网络说法正确的是(　　)

A. 5G网络不是数字蜂窝网络

B. 5G网络数据传输速率比先前的4G蜂窝网络快10倍

C. 5G网络具有较低的网络延迟,低于1毫秒

D. 北京西站是全球首个用5G室内数字系统建设的火车站

19. “开辟荆榛,千秋功业;驱除荷虏,一代英雄。”句中的“一代英雄”是指1662年从荷兰殖民者手中收复台湾的(　　)

A. 郑成功　　B. 施琅

C. 康熙帝　　D. 林则徐

20. 某民族的舞蹈中头、肩、腰、臂、肘、膝、脚都有动作,尤以旋转、移颈、打指、翻腕等装饰性动作最具代表性,其聚居地被誉为“歌舞之乡”。该民族是(　　)

A. 藏族　　B. 蒙古族

C. 维吾尔族　　D. 汉族

21. 古人的年龄有时不直接用数字表示,而是用一种与年龄有关的称谓来代替。《桃花源记》中有“黄发垂髫,并怡然自乐”的语句。“垂髫”是指(　　)

A. 三四岁到八九岁的儿童　　B. 八九岁到十三四岁的少年

C. 男子十五岁　　D. 少女十三四岁

22. 19世纪中后期一直到一战前后,英国处于维多利亚时代,以下作品的内容反映了维多利亚时代英国社会生活的是(　　)

A.《福尔摩斯探案集》　　B.《少年维特之烦恼》

C.《老人与海》　　D.《十日谈》

23. “凡鸟偏从末世来,都知爱慕此生才。一从二令三人木,哭向金陵事更哀”是《红楼梦》中(　　)的判词。

A. 林黛玉　　B. 薛宝钗　　C. 史湘云　　D. 王熙凤

24. 下列我国古代科举考试与录取者称谓,对应正确的是(　　)

A. 院试—贡生　　B. 乡试—秀才

C. 会试—举人　　D. 殿试—进士

25. 中国古代绘画具有悠久的历史和独特的风格,源远流长。纵观古今中国画坛,流派众多,名家辈出,可谓佳作如林,百花齐放。下列作者与作品对应不正确的是(　　)

A. 顾恺之——《女史箴图》　　B. 阎立本——《历代帝王图》

C. 吴道子——《步辇图》　　D. 赵孟頫——《秋郊饮马图》

26. 在查看Word文档过程中,发现不能进行修订操作,左下方出现"不允许修改,因为所选内容已被锁定"提示信息,可用以下哪种方法解决(　　)

A. 勾选"设置格式"　　B. 勾选"插入与删除"

C. 关闭文档保护　　D. 单击"修订"按钮

27. 输出设备是将计算机的处理结果传送到计算机外部,供计算机用户使用的装置。下列选项中不属于输出设备的是(　　)

A. 显示器　　B. 扫描仪

C. 绘图仪　　D. 音箱

28. 四个杯子上各写着一句话。第一个杯子:每个杯子中都是酸性溶液。第二个杯子:本杯中是矿泉水。第三个杯子:本杯中不是蒸馏水。第四个杯子:有的杯子中不是酸性溶液。假定上述四句话中只有一句为真,则下列选项中内容确定且符合真实情况的是(　　)

A. 所有的杯子中都是酸性溶液

B. 第二个杯子中是矿泉水

C. 所有杯子中都不是酸性溶液

D. 第三个杯子中是蒸馏水

29. 找规律填数字是一种很有趣的游戏,特别锻炼观察和思考能力。下列各组数字,填入数列"12,23,34,45,56,________"空缺处,正确的是(　　)

A. 66　　B. 67

C. 68　　D. 69

二、材料分析题(本大题共3小题,每小题14分,共42分)阅读材料,并回答问题。

30. 材料:

有一天,我请学生读课文,只有四名学生举手,我说:"杨萌你读"。她大大方方地读起来。等她坐下后,我说:"还有谁愿意读?"一个举手的都没有了,是什么原因呢?

课后,我专门就这一现象与学生聊起来。一位学生说:"老师,您每堂课提问,总是先叫杨萌,我们这些无名小卒没有她答得好,就不想回答了。"我恍然大悟,是啊,让杨萌先回答问题已成习惯。她的语文功底好,回答问题准确严密、简洁利落。

下午,我组织了一次"为老师出主意"的班会。大家畅所欲言,我详细记录了大家的想法,收获了好多方法。我还请大家通过班级信箱、调查问卷等形式继续给我提建议。

在以后的课堂互动中,我鼓励学生积极回答问题。有的学生说话不流畅,我会引导他组织语言;有的学生不敢站起来回答,我就让他先坐着说;有的学生内向、声音小，我就到他身边听清楚之后再复述给大家……

后来，我又尝试让学生参与组织教学，共同探索出了“辩论教学”“说书教学”“戏剧教学”等以前没有尝试过的形式。

慢慢地，我的课堂再也不是死水一潭了。

问题：

请结合材料，从学生观的角度，评析“我”的教育行为。（14分）

31. **材料：**

五年级(1)班新转来一位贫困学生，由于遭遇了种种生活变故而变得悲观消极，不认真学习，不愿意和同学交往，不信任老师。班主任王老师细心地观察这位新同学，主动和他交流，但没能使他有所改变。一天早上，王老师发现学校新栽下的小树需要护理，就请这位同学跟他一起去照顾小树。在劳动过程中，王老师很自然地从讨论小树的成长入手，和他探讨人生问题，他的眼睛里第一次充满了兴奋的神采。经过王老师的耐心帮助和积极引导，这位新同学慢慢变得积极、活泼起来了。

问题：

请结合材料，从教师职业道德的角度，评析王老师的教育行为。(14分)

32. 材料：

人类在两千多年前轴心时期所创造的人文经典，那个历史时期留下的人文价值理念，包括怎么做人、怎么处理人和人的关系、怎么建构一个和谐合理的社会等一些涉及道德、审美、信仰等人文精神的内容，仍然是今天人们的思想源泉。然而，近百年来，我们不时中断这一源头活水，常常会对中华文化的人文经典采取很不适当的态度。今天，当我们富国强兵的梦想即将实现之时，却突然发现，我们的人文经典所承载的人文理性、人文价值是多么重要。今天很多来岳麓书院学习的学生，也包括企业家、公务员，他们津津乐道于读经典。这种行为没有谁号召，完全是发自内心的。这种重新回到经典的冲动，实质上也是一种回归中华人文传统的精神渴求。

中华文明的每一次重要发展，都跟重新回归经典有关系。比如，当隋唐时期佛教大盛，中华文明面临外来宗教的挑战，中国会不会成为一个佛教化的国家呢？许多儒家士大夫强调中华民族自身的文化传统，并且选择了春秋战国时代的儒家子学(《论语》《孟子》)和解释“五经”的传、记之学，把这些典籍重新确立为新的经典体系，即所谓的“四书”，从而为中国文化又一个高峰的近世文明奠定了人文价值、人文信仰的基础。

当代中国，我们需要通过回归经典来追求现代人所需求的人文价值、人文理性、人文信仰。但是，这并不是说把古代的经典搬过来重读就可以解决问题，而是需要一个重建中华经典学或现代新经学的过程。这个重建的过程，应该说是一个更加艰难的过程。

如果我们站在整个中华文明史发展的角度来看，在历史上所谓的“经”实质上是在不断地变化的。比方说，孔子创立的所谓“六经”体系的前身，实际上是夏商周时期的先王们留下的档案、文献等历史典籍，而孔子希望在那样一个礼崩乐坏的历史时期，重建一个理想的社会秩序和文明形态，故而从历史传下来的典籍中间挑选、整理出一个“六经”体系。

为了真正实现中华文明的复兴，我们应该从浩如烟海的文献典籍中，选出哪些典籍作为现代中国文明复兴的经典？很多人自然而然想到“五经”“四书”。其实如果我们要建立合乎当代中华文明复兴的经典体系的话，不应该局限于历史上的经典，而是要根据这个时代的需求而重建经典体系。

当代中国要重建新的经典体系，需要实现两个超越。一个是超越时代。也就是说我们重建新的经典体系，应该不再以“三代”圣王为标准，我们除了充分考虑轴心时代的先哲所创作的著作外，也可以延续到汉唐以后，只要是既能够体现中华民族文化内涵又具有普遍性永恒性价值和意义的文献，都可以进入中华经典体系。另一个是超越学派。中国古代的经学，在经、史、子、集里面只有儒家的经典才是经学，其他各家各派的都不是经学，而是子学。如果我们建立中华民族现代新经典体系时，只要具有普遍意义和现代价值，均可以成为当代中华经典。从中华文明的历史建构和现代需要来看，儒家典籍仍然是中华新经典体系的主体。但与此同时，我们应该超越学派，从中华民族无限丰富的典籍里，为现代中国人构筑精神家园、为中华文明复兴、为人类文明的发展，来建立新的经典体系。

我们选出新的经典体系来，还要根据时代的发展做出合乎我们现代人所需要的创造性诠释。我相信，中国经典的创造性诠释，其实就是我们当代学人、当代中国人和千古圣贤打破时空关系的一种心灵对话，我们要在这种对话中完成回归经典、重建经学的使命。这种对话能够实现现代中华文明的建构，特别是对当代中国的人文价值、人文信仰、人文理性的建构有着非常重要的、关键性的意义。

（摘自朱汉民《重建中华经典体系》，有删改）

问题：

（1）文章认为回归中华传统经典有何意义？请简要概括。（4分）

（2）文章认为应当怎样重建中华经典体系？请简要分析。（10分）

三、写作题(本大题1小题,50分)

33. 阅读下面的材料,按要求作文。

材料一:一位擅长画荷花的艺术家说:"画荷花不一定要整天拿着笔在池边写生,而应该静坐在荷花旁欣赏,看风中的荷,雨中的荷,夏天的盛荷,秋天的老荷,冬天的残荷。久而久之,你已经不知道什么是我,什么是荷,从而融入其中,摊开纸,自然满眼荷花,四季的烟雨一起涌上,还怕画不生动吗?"

材料二:苏轼在《文与可画筼筜谷偃竹记》一文中说:"故画竹,必得成竹于胸中,执笔熟视,乃见其所欲画者,急起从之,振笔直遂,以追其所见,如兔起鹘落,少纵则逝矣。"

综合上述材料所引发的联想和感悟,写一篇论说文。

要求:

用规范的现代汉语写作;角度自选,立意自定,标题自拟;不少于800字。

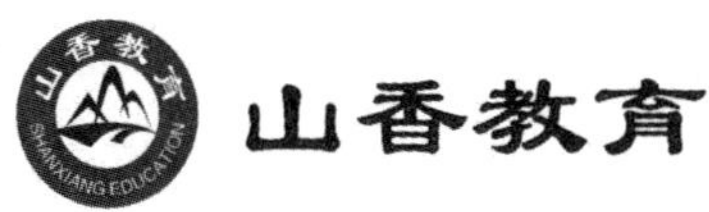

国家教师资格考试

历年真题详解及预测试卷

综合素质·小学(真题答案本)

目 录

2023年下半年中小学教师资格考试真题试卷(一)

一、单项选择题

1. C 【解析】本题考查素质教育的内涵。素质教育是促进学生全面发展的教育,实施素质教育必须坚持德育、智育、体育、美育和劳动技术教育并举,促进学生生动活泼地发展。董老师以成绩来判定一个学生是否优秀,这一认识是错误的,忽视了学生发展的全面性。因此答案选择C。

A项,学生发展的独立性体现在学生是具有独立意义的人,每个学生都是独立于教师的头脑之外,不以教师的意志为转移的客观存在。

B项,学生发展的主体性体现在学生在学习活动中是认识的主体、实践的主体和发展的主体,是学习的主人。

D项,学生发展的主动性体现在学生是教学中不可替代的主体,是主动参与教学的重要一方,在学习中享有自主学习的主动权,而不是被动接受知识的容器。

2. C 【解析】本题考查职业理念的相关内容。C项,素质教育是以培养创新精神和实践能力为重点的教育,实践能力是指学生在实际生活和学习中应对问题、解决问题的能力。题干并未体现,本题为选非题,故选C。

A项,素质教育是以培养创新精神和实践能力为重点的教育,创新教育旨在激发学生创新意识、培养学生创新能力。题干中李老师呵斥小雨的行为,扼杀了小雨的创新思维,不利于培养小雨的创新意识。A项表述正确,排除。

B项,新课程倡导的教师观在对待师生关系上,强调尊重、赞赏。教师必须尊重每一位学生做人的尊严和价值。李老师对有新解题方法的小雨严厉批评,没有做到尊重学生,不利于营造良好的师生关系。B项表述正确,排除。

D项,素质教育强调学生在学习活动中是认识的主体、实践的主体和发展的主体,是学习的主人。题干中李老师忽视小雨的想法,只顾自己讲课,没有认识到学生是学习的主体。C项表述正确,排除。

3. A 【解析】本题考查教师专业发展途径。行动研究是为了弄清课堂上遇到的问题的实质,探索用以改进教学的行动方案,教师以及研究者可以进行调查和实验研究。题干中唐老师为解决学生注意力分散的问题,运用教育理论对学生认知特点进行分析,设计矫正方案并实施,体现的是行动研究。故本题答案选A。

B项,校本教研(又称校本研究)是以校为本的教学研究的简称,指以学校自身条件为基础,以学校校长、教师为主力军,针对学校现实存在的问题而开展的有计划的研究活动。题干未体现,排除。

C项,专业引领是由教育专家、教研人员、一线骨干教师通过阐释教育教学理念、共拟教育教学方案、指导教育教学实践尝试、引导反思教育教学行为,从而实现促进教师专业发展的目的。题干未体现,排除。

D项,进修培训是指教师通过参加进修或者其他方式的培训提升自己的能力。题干未体现,排除。

4. B 【解析】本题考查教师的专业实践能力的特点。教师专业实践能力具有经验性、情境性、发展性、价值性等特点。A、C项排除。

B项,教师所处的情境是动态和复杂的,充满了不确定性、非常规性乃至矛盾和冲突。教师专业实践情境的具体性、复杂性和即时性决定了教师专业实践能力不是对理论知识的硬性照搬,亦不可诉诸跨越情境的一般性技巧、策略,而需要教师审慎、灵活地决策和处理。题干中,李老师虽然在课前已经准备好了教学设计,但还是根据实际教学过程灵活调整教学策略,这体现了教师专业实践的情境性。本题选B。

D项,教师专业实践能力的发展性主要表现在其历史性和不完备性上。首先,教师专业实践总是植根于特定历史和文化脉络中的,本身即承载着沉重的社会现实,是历史的更是现实的。教师专业实践的历史性和现实性品格说明,不同时代的教师群体所理解的专业实践能力殊异。随社会和教育制度的变化,教师专业实践能力的内涵和外延都在不断拓展。其次,从个体的角度讲,教师专业实践能力具有不完备性,不能一蹴而就,本质上是一个不断发展的连续体,而非有或无的二元对立,存在现实与理想之分。与题干无关,排除。

5. B 【解析】本题考查《中华人民共和国教育法》。《中华人民共和国教育法》第九条规定,中华人民共和国公民有受教育的权利和义务。公民不分民族、种族、性别、职业、财产状况、宗教信仰等,依法享有平等的受教育机会。A、C、D三项为干扰项,故本题选B。

6. D 【解析】本题考查侵犯学生受教育权的表现。《中华人民共和国教育法》第四十三条规定,受教育者享有参加教育教学计划安排的各种活动,使用教育教学设施、设备、图书资料的权利。题干中某小学不允许没有完成暑假作业的学生到校上课,是不合法的,侵犯了学生的受教育权。故A、B两项错误,D项表述正确。

C项,休息权是学生的基本权利。保护学生的休息权有利于学生的身体健康,有利于提高学生的学习效率。但实际上,教师侵害学生休息权的现象比较普遍,主要表现为:一些老师不能按时下课,经常拖堂;一些学校不能按时放学,占用课余时间给学生集体补课或训练;还有一些学校占用学生午饭后的休息时间,组织诸如比赛、大扫除等活动;还有少数学校占用学生周末时间组织大型活动等。题干未体现学生的休息权,排除。

7. C 【解析】本题考查《中华人民共和国义务教育法》。《中华人民共和国义务教育法》第二十九条规定,教师在教育教学中应当平等对待学生,关注学生的个体差异,因材施教,促进学生的充分发展。教师应当尊重学生的人格,不得歧视学生,不得对学生实施体罚、变相体罚或者其他侮辱人格尊严的行为,不得侵犯学生合法权益。题干中小学生孙某经常与同学打架,班主任应根据实际情况对其加强管理教育,而不是以此为由禁止他参加学校、班级的各种文体活动,这种做法是不正确的,没有尊重孙某的人格尊严,是歧视孙某的表现,也是侵犯孙某受教育权的表现。故A、B两项排除。C项当选。

D项,学生享有“参加教育教学计划安排的各种活动,使用教育教学设施、设备、图书资料”的权利,无论家长是否同意,班主任都不能禁止孙某参加学校、班级的各种文体活动。故说法错误,排除。

8. D 【解析】本题考查《中华人民共和国未成年人保护法》。根据《中华人民共和国未成年人保护法》第三十八条规定,学校、幼儿园不得安排未成年人参加商业性活动,不得向未成年人及其父母或者其他监护人推销或者要求其购买指定的商品和服务。题干中学校要求所有学生购买学校统一采购的智能手环,做法不正确,学生是否购买智能手环是自己的自由,学校不得强迫,故D选项说法正确。

A、B、C三项说法错误,排除。

9. D 【解析】本题考查《中华人民共和国教师法》。《中华人民共和国教师法》第八条规定,教师应当履行“贯彻国家的教育方针,遵守规章制度,执行学校的教学计划,履行教师聘约,完成教育教学工作任务”的义务。题干中,教师王某提出辞职后当天便离开学校,所任教课程的教学受到影响,这种做法是不正确的,故A、B两项排除。《中华人民共和国劳动法》第三十一条规定,劳动者解除劳动合同,应当提前三十日以书面形式通知用人单位。故C项说法错误,D项说法正确。

10. D 【解析】本题考查《中华人民共和国未成年人保护法》。A项,《中华人民共和国未成年人保护法》第五十九条规定,任何人不得在学校、幼儿园和其他未成年人集中活动的公共场所吸烟、饮酒。故A项说法正确,排除。

B项,2012年修正的《中华人民共和国未成年人保护法》第四十条规定,学校、幼儿园、托儿所和公共场所发生突发事件时,应当优先救护未成年人。故B项说法正确,排除。

C项,《中华人民共和国未成年人保护法》第五十三条规定,任何组织或者个人不得刊登、播放、张贴或者散发含有危害未成年人身心健康内容的广告；不得在学校、幼儿园播放、张贴或者散发商业广告；不得利用校服、教材等发布或者变相发布商业广告。故C项说法正确，排除。

D项，根据《中华人民共和国未成年人保护法》第六十一条规定，任何组织或者个人不得招用未满十六周岁未成年人，国家另有规定的除外。2002年国务院公布的《禁止使用童工规定》第十三条规定，文艺、体育单位经未成年人的父母或者其他监护人同意，可以招用不满16周岁的专业文艺工作者、运动员。用人单位应当保障被招用的不满16周岁的未成年人的身心健康，保障其接受义务教育的权利。文艺、体育单位招用不满16周岁的专业文艺工作者、运动员的办法，由国务院劳动保障行政部门会同国务院文化、体育行政部门制定。因此，文艺、体育单位在符合国家有关规定的情形下，可以招用未满16周岁的未成年人，故D项说法不正确。本题为选非题，D项当选。

11. C 【解析】本题考查《学生伤害事故处理办法》。《学生伤害事故处理办法》第十三条规定，在学生自行上学、放学、返校、离校途中发生的造成学生人身损害后果的事故，学校行为并无不当的，不承担事故责任；事故责任应当按有关法律法规或者其他有关规定认定。小红是在放学回家途中将同学打伤，故学校不承担事故责任。D项排除。

《学生伤害事故处理办法》第二十八条规定，未成年学生对学生伤害事故负有责任的，由其监护人依法承担相应的赔偿责任。小红是未成年人，依法由其监护人承担相应赔偿责任，A项排除。

《中华人民共和国民法典》第二十七条规定，父母是未成年子女的监护人。小红的祖父母不是小红的监护人，故不承担赔偿责任，B项排除。

综上，小学生小红在放学自行回家途中将同学打伤，应由其监护人(即父母)承担赔偿责任。故答案选C。

12. B 【解析】本题考查《中华人民共和国宪法》。《中华人民共和国宪法》第六十条规定，全国人民代表大会每届任期五年。故答案选B。A、C、D三项为干扰项，排除。

易错提示：考生可通过下表识记各国家机构和有关部门领导人的任期。

国家机构或部门领导人	任期
全国人民代表大会	每届任期五年
全国人民代表大会常务委员会	同全国人民代表大会每届任期相同，每届任期五年。 委员长、副委员长连续任职不得超过两届
中华人民共和国主席、副主席	同全国人民代表大会每届任期相同，每届任期五年

续表

国家机构或部门领导人	任期
国务院	同全国人民代表大会每届任期相同,每届任期五年。总理、副总理、国务委员连续任职不得超过两届
中央军事委员会	同全国人民代表大会每届任期相同,每届任期五年
最高人民法院院长	同全国人民代表大会每届任期相同,每届任期五年。连续任职不得超过两届
最高人民检察院检察长	同全国人民代表大会每届任期相同,每届任期五年。连续任职不得超过两届
地方各级人民代表大会	每届任期五年
地方各级人民政府	同本级人民代表大会每届任期相同,每届任期五年
监察委员会主任	同本级人民代表大会每届任期相同,每届任期五年。连续任职不得超过两届

我国国家机构及有关部门领导人每届任期一般为五年,五年期满须进行换届选举。如果遇到不能进行选举的非常情况,经三分之二以上的全国人民代表大会常务委员会委员通过,可以推迟选举,延长本届全国人民代表大会的任期。在非常情况结束后一年内,必须完成下届全国人民代表大会代表的选举。

13. A 【解析】本题考查教师职业道德的功能。道德具有调节功能,其调节范围很广,但主要是调节非对抗性矛盾,调节个人与个人之间、个人与社会之间的矛盾。马克思主义辩证法把矛盾分为对抗性矛盾和非对抗性矛盾两种。其中,非对抗性矛盾指矛盾的双方不是利益绝对相反的敌对阶级,这种矛盾不是根本问题上的矛盾,而是在个别的暂时的问题上的矛盾。非对抗性矛盾一般采取批评与自我批评、民主协商和其他适当的方式解决。题干中,某些家长的教育理念有些偏颇,甚至与老师的相悖。老师和家长的教育理念不同,属于非对抗性矛盾,可以通过沟通或其他适当方式解决,A项说法正确。

家庭与学校在教育对象和培养目标上的一致性,决定了家校合作的必然性。在对中小学生共同的教育过程中,家庭教育和学校教育相互影响,形成密不可分的关系。因此,学校教育要取得理想的效果,就必然要与家庭合作。同样,家庭教育要卓有成效也必须与学校合作。B项说法错误。

家校双方主体地位平等是有效沟通的前提,家校双方在儿童成长过程中是相对独立存在的主体,具有平等的地位,履行各自的权利和义务,可以说在儿童成长过程中家校都发挥着重要的作用,具有不可替代性。学校要尊重家长的主体地位,鼓励家长参与学校教育和学校管理,保证家长的知情权和发言权。只有在尊重家长的前提下,家校才能形成平等的对话模式,从而实现有效沟通。C项说法错误。

学校和家庭的根本利益是一致的,统一的指导思想和共同的方针目的,使学校教育和家庭教育具有一致性特点。其中最根本的一条是贯彻正确的教育方针,实现教育目的,共同教育好学生。D项说法错误。

14. B 【解析】本题考查《中小学教师职业道德规范》。教书育人的教师职业道德规范要求教师遵循教育规律,实施素质教育。循循善诱,诲人不倦,因材施教。培养学生良好品行,激发学生创新精神,促进学生全面发展。不以分数作为评价学生的唯一标准。题干中段老师针对宁宁的数学运算出错问题,采取个性化教学方法,提高宁宁的运算能力,体现了因材施教的职业道德规范。

A项的意思是:理解教育的人,与其拘泥于既定的方法,不如更重视孩子的自然发展;与其追求孩子的统一,不如让他们每个人都充分发展自己的个性。这句话出自蔡元培,体现了其"尚自然""展个性"的教育思想。蔡元培反对注入式教学,提倡发挥儿童个性,要学生自动、自学、自助。教师的责任只是在学生感到困难时去帮助他们。与题干描述不符,排除。

B项的意思是:了解他的行为,然后才能完善他的形象;了解他的东西,然后才能根据情况,区别对待。这句话出自董仲舒,强调教师要有的放矢,一切要从学生实际出发进行教育。题干中,段老师因为宁宁数学运算经常出错就和他一起做"摆小棒"的数学游戏,从学生实际情况出发有针对性地进行教育,做到了因材施教。B项句意与题干案例相符,故本题选B。

C项的意思是:使说的和做的相符合,就像符节相符合一样。这句话出自墨子,强调言行的统一性。与题干描述不符,排除。

D项的意思是:教育人要按步骤循序渐进,不能擅自越过顺序。强调教育要循序渐进。与题干描述不符,排除。

15. A 【解析】本题考查素质教育的内涵。A项,素质教育是促进学生个性发展的教育,每一位学生都有其个别性,因此,教育要尊重并充分发展学生的个性。题干中赵老师以学生创新实践活动中的作品作为学生评优的重要参考,说明他重视学生的个性发展。A项评价错误,本题为选非题,故答案选A。

B项,素质教育是以培养创新精神和实践能力为重点的教育。题干中赵老师在班里开展系列创新实践活动,说明他注重培养学生的创新能力。B项说法正确。

C项,素质教育注重发展性评价,立足于学生素质的全面提高,以多种形式全面衡量学生的素质和教师的水平。题干中赵老师将学生创新实践活动中的作品作为学生评优的重要参考,体现了赵老师注重多元评价,不以分数作为评价学生的唯一标准。

C项说法正确。

D项，赵老师注重培养学生的创新精神和实践能力，促进学生个性发展，表明赵老师注重对学生进行素质教育。D项说法正确。

16. A 【解析】本题考查《中小学班主任工作规定》。《中小学班主任工作规定》第五条规定，班主任由学校从班级任课教师中选聘。聘期由学校确定，担任一个班级的班主任时间一般应连续1学年以上。故A项说法错误，本题为选非题，答案选择A。

B项，《中小学班主任工作规定》第六条规定，教师初次担任班主任应接受岗前培训，符合选聘条件后学校方可聘用。B项说法正确，排除。

C项，《中小学班主任工作规定》第二十条规定，学校建立班主任工作档案，定期组织对班主任的考核工作。考核结果作为教师聘任、奖励和职务晋升的重要依据。对不能履行班主任职责的，应调离班主任岗位。C项说法正确，排除。

D项，《中小学班主任工作规定》第十五条规定，班主任津贴纳入绩效工资管理。在绩效工资分配中要向班主任倾斜。对于班主任承担超课时工作量的，以超课时补贴发放班主任津贴。D项说法正确，排除。

17. B 【解析】本题考查常见的医学检测技术。A项，和普通的声音一样，超声能向一定方向传播，而且可以穿透物体，如果碰到障碍，就会产生回声，不相同的障碍物就会产生不相同的回声。人们通过仪器将这种回声收集并显示在屏幕上，可以用来了解物体的内部结构。利用这种原理，人们将超声波用于诊断和治疗人体疾病。B型超声波诊断仪简称B超，是利用超声波能回声的原理制造的一种医疗设备。A项说法正确，排除。

B项，CT即电子计算机断层扫描摄影，它是通过高灵敏度的光子探测器和X射线断层检查技术，并辅以电子计算机处理数据，用矩阵方式表达，可在监视器上显示图像的一种技术。故B项说法错误，本题为选非题，答案选B。

C项，核磁共振是利用原子核在磁场中的能量变化来获取核信息的技术，其主要工作原理是利用原子核的磁矩，在恒定磁场和高频电磁波共同作用下，并且满足一定条件时，发生共振吸收某一定频率的射频辐射的物理过程。核磁共振成像作为一种影像检查方式，在现代医学中的应用广泛。

D项，在任何物质中，射线的衰减是不可避免的，医学中的投射成像，如X光片、CT等，正是利用X射线在不同的组织中衰减不同而成像。

18. B 【解析】本题考查物理学常识。导体导电性能好，绝缘体导电性能比较差。有一些材料，例如锗、硅，导电性能介于导体和绝缘体之间，常常被称作半导体。利用半导体材料可以制作二极管、三极管。故答案选B项。

A项，铜是带红色而有光泽的金属，纯铜具有优良的导电性和导热性，用于制造电线、铜片、电极、开关等。

C项，石墨是一种灰黑色的有金属光泽而不透明的细鳞片状固体。石墨很软，有滑腻感，具有优良的导电性能。

D项，塑料是最常见的有机合成材料，具有密度小、耐腐蚀、易加工等优点。塑料是绝缘体。

19. C 【解析】本题考查法家的代表人物。法家是战国时期的重要学派之一，因主张以法治国，强调“不别亲疏，不殊贵贱，一断于法”，故称之为法家。春秋时期，管仲、子产即是法家的先驱。战国初期，李悝、商鞅、申不害、慎到等开创了法家学派。至战国末期，韩非综合商鞅的“法”、慎到的“势”和申不害的“术”，以集法家思想学说之大成。秦相李斯则是实施法家主张的代表人物。法家最有影响的著作当属《商君书》和《韩非子》。

C项，苏秦是战国时期纵横家的代表人物，并不是法家的代表人物，本题为选非题，故选C。

20. A 【解析】本题考查近现代主要国家的发展。A项，1917年11月7日（俄历10月25日），以列宁为首的布尔什维克党领导的革命武装占领冬宫。次日，全俄工兵代表苏维埃第二次代表大会宣布推翻俄国资产阶级临时政府，成立布尔什维克党领导的苏维埃政权。11月，苏维埃政权颁布《和平法令》和《土地法令》。A项对应正确。

B项，1775年春，英军在来克星顿与埋伏在那里的武装村民交火，美国独立战争开始。1776年7月4日，美国大陆会议通过《独立宣言》，宣告北美殖民地正式脱离英国独立。B项对应错误。

C项，1789年7月14日，法国民众攻占巴士底狱，标志着法国大革命爆发。1789年8月，法国制宪议会通过了《人权宣言》。C项对应错误。

D项，1640年，英国议会的召开，揭开了英国资产阶级革命的序幕。1689年，英国议会通过《权利法案》限制国王权力，英国君主立宪制逐步形成。1861年，美国南北内战爆发，林肯领导的联邦政府先后颁布了《宅地法》和《解放黑人奴隶宣言》。D项对应错误。

21. A 【解析】本题考查中国现代作家。鲁迅是我国著名文学家、思想家，中国现代文学的奠基人，1918年发表了中国现代文学史上第一篇白话小说《狂人日记》。鲁迅的著作以小说、杂文为主，代表作有《呐喊》《彷徨》《故事新编》等。1936年10月，鲁迅先生逝世后，正在担任《晨报副刊》编辑的孙伏园将鲁迅所著书名和所主编之刊名连缀起来撰写了一副挽联，即题干的挽联。挽联中的《莽原》《奔流》等是鲁迅主编的杂志,《野草》《呐喊》等是鲁迅的代表作品。

B项,郭沫若是中国新诗的奠基人。1921年,郭沫若出版第一本诗集《女神》,堪称中国现代新诗的奠基之作。他的代表作有诗集《女神》《恢复》,历史剧《屈原》《蔡文姬》《武则天》等。

C项,老舍是我国著名作家,杰出的语言大师、人民艺术家。1951年因话剧《龙须沟》的巨大影响力被授予“人民艺术家”的称号。他的主要作品有长篇小说《骆驼祥子》《四世同堂》,中篇小说《月牙儿》,剧本《龙须沟》《茶馆》等。

D项,沈从文是京派代表作家之一,其大部分文学作品都以湘西为背景,在中国文坛被誉为“乡土文学之父”。他的主要作品有中篇小说《边城》、散文集《湘行散记》《湘西》。

22. D 【解析】本题考查哥特式建筑风格。产生于欧洲中世纪后期的哥特式建筑,以遍布欧洲各地的大教堂为主要形式,以交叉肋拱、高扶壁、飞扶壁、尖拱结构和新装饰体系的广泛应用为其特征,建筑造型轻盈灵巧、高耸挺拔,外形表现出一种垂直上升的运动感。在内部空间上,哥特式建筑塑造出了一种全新的空间观念,如英国哥特式教堂“垂直式”风格建筑,内部构造彻底改观,随着拱廊的实际消失和其他楼层的加高,建筑内部出现了一系列从地面向上一直延伸到拱穹顶的直线结构,这就使教堂内部的垂直空间变得更为广阔。它采用巨大的花格窗和彩色玻璃镶嵌画代替墙壁,使整个建筑几乎变成了透明体。故A、B、C三项均为哥特式建筑的特点。本题为选非题,故选D。

23. B 【解析】本题考查我国著名画家。B项,王冕是元代画家、诗人,号煮石山农、会稽外史、梅花屋主等。王冕工诗善画,尤以墨梅知名。所作梅花疏密得当,尤以繁密见长。用笔遒劲有力,或用胭脂作没骨梅。借对梅花神韵的刻画,抒写自身的情怀和抱负。作品有《墨梅图》《南枝春早图》等。题干图片是王冕的《墨梅图》。故答案选B。

A项,阎立本是唐代画家,以道释人物画著称,代表作有《步辇图》《历代帝王图》《职贡图》等。

C项,文徵明是明代画家、书法家,与沈周、唐寅、仇英合称为“明四家”。绘画擅长山水、人物、兰竹、花卉等,作品有《溪亭客话图》《人日诗画图》《真赏斋图》等。

D项,石涛是清代书画家、画学理论家。擅画山水,亦工花果、兰竹、人物,多为水墨写意法,用笔爽利峻拔,墨色淋漓简练。作品有《春江垂钓图》《细雨虬松图》《淮扬洁秋之图》等。

24. C 【解析】本题考查成语典故及相关人物。洛阳纸贵出自于《晋书·左思传》。

晋代文学家左思的《三都赋》写成之后，抄写的人非常多，洛阳的纸都因此涨价了。“洛阳纸贵”借指著作广泛流传，风行一时。故本题选C。

A项，东汉文学家张衡作《西京赋》《东京赋》（合成《二京赋》），铺写长安、洛阳的繁华，讽刺贵族官僚的荒淫奢侈，描述了一些民情风俗，表现了作者对封建统治危机四伏的深刻忧虑。

B项，《甘泉赋》是西汉文学家扬雄所作，全篇分为十段，极尽铺陈夸张之能事，详细地描述了汉成帝郊祀甘泉泰畤的全部过程。

D项，《长门赋》是汉代文学家司马相如所作，生动地描绘了失宠者寂寞凄凉而又焦急期待的心理，反映了封建社会中普遍存在的妇女地位卑微、境遇悲惨的问题。

25. A 【解析】本题考查最小的长度单位。常用的长度单位有千米、米、分米、厘米、毫米、微米、纳米。其中1厘米=10毫米=10000微米=10^7纳米，故选项中最小的长度单位是纳米。答案选A。

26. C 【解析】本题考查Excel的基础知识。公式“=$B$2+B3×2”中的$B$2表示绝对引用B2单元格，其值固定为15；B3表示相对引用B3单元格，其值可变，当前值为10。代入公式计算：B4=$B$2+B3×2=15+10×2=15+20=35。因此，B4单元格中的值为35。答案选择C。

27. A 【解析】本题考查PowerPoint的基本操作。A项，如果对幻灯片的整体放映时间难以把握，那么可采用排练计时功能来设置演示文稿的自动放映时间。在正式演示之前可以排练演示文稿，以确保它满足特定的时间框架。进行排练时，幻灯片计时功能记录演示每张幻灯片所需的时间，然后在向观众演示时使用记录的时间自动播放幻灯片。故答案选择A。

B项，一个演示文稿制作完成后，为了使演示文稿在脱离PowerPoint环境时也能够运行，即能够在没有安装PowerPoint的计算机上播放，就必须将演示文稿本身及所要应用的外部文件集合为一个整体，并同时生成一个可执行文件，这个过程称为演示文稿的打包。

C项，设置幻灯片切换效果时，用户可以为演示文稿中的每一张幻灯片设置不同的切换效果或为所有的幻灯片设置同样的切换效果。

D项，对幻灯片设置放映方式，可以定制幻灯片的放映类型、放映哪些幻灯片及换片方式等。

28. D 【解析】本题考查类比推理。在逻辑学中，外延大的概念叫属概念或上位概念，也就是大类；外延小的概念叫种概念或下位概念，也就是小类。分析题干，圆白菜是蔬菜的一种，“蔬菜”和“圆白菜”是属种关系，属（外延大）在前，种（外延小）在后。

A项，大豆是农作物的一种，“大豆”与“农作物”是种属关系，种在前，属在后，排除。

B项，菠菜是绿叶菜的一种，“菠菜”与“绿叶菜”是种属关系，种在前，属在后，排除。

C项，香蕉是芭蕉科的多年生草本植物，美人蕉是美人蕉科的多年生草本植物，“香蕉”和“美人蕉”是全异关系，排除。

D项，青苹果是水果的一种，“水果”和“青苹果”是属种关系，属在前，种在后，与题干逻辑关系相符且属、种位置一致，本题选D。

29. B 【解析】本题考查数字推理。观察题干数列可得到如下规律：前一项数列等号右边的数字即后一项数列等号左、右两边数字相乘之积，72=4×18，18=3×6，6=2×(　　)，故(　　)中的数字为3，代入验证(　　)=3=1×3，故答案选B。

二、材料分析题(参考答案)

30. 材料中“我”的教育行为是正确的，体现了素质教育观，值得每一位老师学习。

(1)素质教育是面向全体学生的教育，强调在教育中每个学生都应该得到发展。材料中“我”不仅关注反应快、学习好的学生，也关注平时不爱发言的学生，体现了面向全体学生。

(2)素质教育是促进学生全面发展的教育，实施素质教育必须坚持德育、智育、体育、美育和劳动技术教育并举，促进学生生动活泼地发展。材料中，通过表扬和鼓励，“我”激发了小胜对学习的兴趣，提高了文文的自信心，促进了他们的全面发展。

(3)素质教育是促进学生个性发展的教育，强调教师应关注到学生之间的个体差异，贯彻落实因材施教原则。材料中“我”根据文文和小胜的具体情况分别采取不同的教育措施，体现了因材施教，促进了学生的个性发展。

(4)教学应从“以教育者为中心”转向“以学习者为中心”。教学应尊重学生的主体地位，调动学生学习的主动性。材料中，针对注意力不太集中的小胜提出了一个好问题，“我”送他精美的卡片来鼓励他；针对由于过度紧张而说话结巴的文文，我耐心安慰，使学生愿意积极参与到课堂中，表明“我”关注到了学生的感受和需求，注重激励学生的内在动力，体现了以学生为中心的教育理念。

综上所述，“我”的教育行为符合素质教育的理念，做到了面向全体学生，以学生为中心，促进学生个性发展和全面发展，值得我们学习。

(共14分。对材料中教师的行为评价正确给2分；从“面向全体”“全面发展”“个性发展”“以学习者为中心”等角度作答，每点3分，理论阐述1分，结合材料具体分析2分)

31. 材料中沈老师的教育行为是正确的,遵循了教师职业道德的相关要求,值得肯定。

(1)关爱学生要求教师关心爱护全体学生,尊重学生人格,平等公正对待学生。对学生严慈相济,做学生良师益友。材料中沈老师关注到了晓良生活不适应、学习跟不上、自信心不足等问题,采取一系列措施鼓励晓良,帮助他建立自信,体现了关爱学生的教师职业道德规范。

(2)教书育人要求教师遵循教育规律,实施素质教育。循循善诱,诲人不倦,因材施教。培养学生良好品行,激发学生创新精神,促进学生全面发展。不以分数作为评价学生的唯一标准。材料中沈老师针对晓良的情况,采取课上多给晓良回答问题的机会,课下安排学习好的学生和晓良“结对子”,利用课余时间给晓良补课,设立“进步T台秀”“学习积分银行”等措施,增强晓良的自信,提高了晓良的学习成绩,体现了教书育人的教师职业道德规范。

(3)为人师表要求教师坚守高尚情操,知荣明耻,严于律己,以身作则。衣着得体,语言规范,举止文明。关心集体,团结协作,尊重同事,尊重家长。材料中,沈老师尊重晓良的家长,与家长详细交流晓良在校的情况,并且给予家长针对性的家庭教育建议,体现了为人师表的教师职业道德规范。

(4)爱岗敬业要求教师忠诚于人民教育事业,志存高远,勤恳敬业,甘为人梯,乐于奉献。对工作高度负责,认真备课上课,认真批改作业,认真辅导学生。不得敷衍塞责。材料中,沈老师采取一系列措施帮助刚从农村转来的晓良,促进了晓良的发展,并且与晓良家长认真沟通、提出教育建议,这些行为说明沈老师对工作认真、负责,体现了爱岗敬业的教师职业道德规范。

综上所述,作为一名教师应当严格贯彻教师职业道德规范的要求,促进学生更好地成长与发展。

(共14分。对材料中教师的行为评价正确给2分;答出“关爱学生”“教书育人”“为人师表”“爱岗敬业”四条职业道德规范,每条3分,理论阐述1分,结合材料具体分析2分)

32. (1)①用法来维持的公平竞争,是外在的、强制的,人是被动的,消极的;用道德来维持的公平竞争,运动员是发自内心的、主动的。

②“法治”是我不得不公正竞争,考虑的是“能做什么与不能做什么”,在体育本身固有的“效益原则”指导下常会将“不能做的事”偷偷地转化为“能做的事”。“德治”是我要公平竞争,考虑的是“应该做什么与不应该做什么”,在能为“不能之事”时,依然固守自己的道德原则。

（共4分。从内在、外在以及人的主动、被动方面作答得2分，从能不能与应该不应该方面作答得2分）

（2）“法治”和“德治”是相互依存的关系。两者分离，则顾此失彼，越治越乱。两者结合，则刚柔相济、内外兼顾、标本兼治。

①没有法，比赛缺乏必要的客体规范性，无法进行；没有道德，体育行为失去了主体的规范性，也无法进行。

②“法”主要针对的是比赛本身，界定比赛时空、确定比赛用具、规定胜负标准，提供一个公平的条件。至于这种条件下的比赛是否真正公平，则依靠运动员和裁判员的道德自律。

③只有规则的他律、运动员和裁判员的自律，各司其职，才能使比赛既有公平的舞台，又有公平的行为。

④在应当让“法”发挥作用的领域，一味地强调道德是迂腐的。同样，在道德应当发挥作用的领域，只是简单地高祭“法器”，也是无效的。

（共10分。总述两者之间的关系得2分，分别从没有“法”与道德方面作答得2分，从“法”与道德针对的内容作答得2分，从他律与自律方面作答得2分，从“法”与道德不对等的结果方面作答得2分）

三、写作题

33.**【写作思路】**这是一篇材料作文。材料给定了老子、孟子和《吕氏春秋·义赏》的三句话，考生首先需要分析这三句话的内容，找出其共同点或不同点作为作文的立意。经过分析，我们可以得出的立意有：遵循自然规律；遵循教育规律；遵循学生发展规律；可持续发展；着眼于学生终身可持续发展；舍眼前利，谋长远利；顺应自然；敬畏自然；保护自然环境；人与自然和谐共存；对自然取之以时，取之有度；等等。考生在写作时需要注意，题干限定了作文类型为论说文，作文字数不少于800字。

【范文】

顺应自然

悠悠自然，恒常之道。老子曰：“人法地，地法天，天法道，道法自然。”天道恒定，如日月星辰之运转，无不尽依自然之道。人间万物，亦因自然的恩赐而生长。寒冬松柏常青，春暖花开绚烂，若能顺应天时，遵循自然之道，方得生生不息、和谐共存之景。

美丽的蝴蝶，必须挣扎着穿过狭窄的缝隙，其翅膀才能伸展开来。若我们因怜悯其艰难的命运而擅自放宽通道，反而会使其在未成熟之时掉落，丧失飞翔的能力。这说明，外力的善意干预会破坏自然的进程，结果适得其反。

孟子曾言“斧斤以时入山林，材木不可胜用也”，古人尚且懂得顺应客观规律，应时而作，那么今人呢？人类为修建设施破坏大片生态林，使地球伤痕累累；为满足私欲非法狩猎野生动物，让它们日夜不安、无家可归……种种与自然规律背离的消息令人痛心。沙漠在扩大，河湖在缩小，惩罚在进行，违背自然的恶果正在慢慢吞噬我们的生存空间。

大自然包容万物，世间万物生生不息。若违背自然规律，则会造成生态失衡，资源枯竭，乃至自取灭亡。唯有尊重自然，顺应自然规律，对自然规律有清醒的认识，牢固树立生态优先、绿色发展的价值导向，才能与大自然和谐共生。

“自然之友”梁从诫把绿色宗旨贯穿于生活的每一个角落，穷尽晚年之力，领导创建了中国第一家完全民办的环境保护组织，组织了第一次环境教师培训，他为民间环保事业奔走呼号，向祖国的绿水青山行了一个庄严郑重的揖拜礼；“滇池卫士”张正祥目睹滇池从曾经的碧波荡漾变得疮痍满目，水质受到极大的污染后，他把生命和滇池紧紧地绑在一起，以“生命不息、保护不止”的执着，30多年如一日守护滇池；山西省右玉县历任县委书记咬定绿化不动摇，带领全县党员干部群众植树造林，改善生态环境，历时70多年，使全县林木绿化率从新中国成立时的不到0.3%提高到57%以上，把不适宜人类居住的沙地变成了绿洲。这些深切感知到自然之音的生态保护者，无不是用生命在守护这片绿色家园。

日月经天，江河行地；四时循环，物候有序。万物都有其本性，有着属于自身生存发展的自然规律。只有认识到自然规律的重要性，并且遵循自然规律，人类才能与自然共舞，和谐共生。

（这是一篇规范的论说文，文章贴合题意，中心明确。开篇引用老子的话，并点明中心论点“顺应自然”；在论述中用引用论证、举例论证等论证方法有力地阐述了自己的论点。本文结构明朗，过渡自然，层次分明，富有丰富的意蕴。拟定得分45分）

【评分标准】

等级	内容	语言	结构	书写
一等作文（占总分的75%～100%）	思想健康，感情真实，立意深刻，内容充实，中心突出，能联系实际	文从字顺，语言准确生动，有文采	结构严谨，层次清楚	字体工整，书写规范，卷面整洁
二等作文（占总分的50%～74%）	思想健康，感情真实，立意较深刻，内容具体，中心明确，能联系实际	文从字顺，表达较好，较有文采	结构完整，层次比较清楚	字体较工整，书写较规范，卷面较整洁

续表

等级	内容	语言	结构	书写
三等作文（占总分的25%~49%）	思想健康，感情较真实，立意不够深刻，内容尚具体，中心基本明确，联系实际不够	语句基本通顺，病句少	结构不够完整	字迹清楚，错别字较少
四等作文（占总分的0~24%）	思想基本健康，感情不够真实，立意不当，内容不具体，中心不明确，没有联系实际	语句不通顺，病句多	结构混乱	字迹不易辨认，错别字多，卷面很不整洁

注：其他试卷的作文评分标准参考以上评分标准。

2023年上半年中小学教师资格考试真题试卷(二)

一、单项选择题

1. C 【**解析**】本题考查教师职业特点。教师职业具有价值性。在教育发展的漫漫历程中，不同的教育思想因不同的哲学立场、心理学基础和实践经验而对教育目的、教育理念、教育方式等形成了不同的理解。开展好的教育活动，既需要教师具有丰富的知识和扎实的教学能力，又离不开与时俱进的教育价值和观念的引导，需要每位教师对“什么是好的教育”“什么是好的教学”等基本问题进行深入思考。遵循的教育价值观念不同，教育的工作质量就会有很大区别。题干中，汪校长要求每位新入职教师回答“什么是好的教育”“什么是好的教学”，对教育的价值性问题做出判断和阐述，检验教师是否具备正确的教育价值观念，体现了教师职业的价值性。故本题答案选C。

A项，多样性指教师的工作对象是发展多变的；工作内容是多样的，既有知识传授，又有思想教育；工作途径是多方面的，既有学校教育，还有家庭教育和社会教育。

B项，主体性指教师自身可以成为活生生的教育因素和具有影响力的榜样。

D项，教师的所有职业活动都是在教育过程中并通过教育过程而进行的。“过程”本身就表明了它的开放性和动态性，它随着教育内容和教育对象的变化而变化，随着教育情境和教育手段的变化而变化。这就使教师职业具有了一种动态生成性。

2. C 【**解析**】本题考查教师观的相关内容。教师知识素养包括政治理论知识、精深的学科专业知识、广博的科学文化知识、必备的教育科学知识、丰富的实践知识。

陈老师主动阅读专业书籍，说明陈老师注重提升自身素质，且具有专业发展意识。A、D项说法正确。

陈老师布置“师生共读书吧”，常常利用课余时间和学生共读一本书，有助于学生养成热爱阅读的良好习惯。B项说法正确。

发扬教学民主包括建立平等的师生关系和生生关系，创造民主和谐的教学气氛，鼓励学生发表不同见解，允许学生向教师质疑等。题干未体现陈老师充分发扬教学民主。本题为选非题，故答案选C。

3. D 【解析】本题考查教学效能感。教学效能感一般指教师对自己影响学生行为和学习结果的能力的一种主观判断。题干中，朱老师认为只要自己足够努力，就可以提高学生的学习成绩，这是对其教学能力的一种主观判断，表明其教学效能感强。故本题答案选D。

A项，教学应变能力通常指教师正确处理课堂上突然发生的意外情况，通过随机应变而使教学进程继续并取得良好效果的能力。实际上，这是教师灵活组织课堂教学，优化教学过程所表现出的一种教育机智。

B项，教师的角色认同指个体亲身体验接受教师角色所承担的社会职责，并用来控制和衡量自己的行为。

C项，教学监控能力是指教师为了保证教学达到预期的目的而在教学的全过程中，将教学活动本身作为意识对象，不断对其进行积极主动的计划、检查、评价、反馈、控制和调节的能力。

4. D 【解析】本题考查教师劳动特点。示范性指教师的言行举止等都会成为学生学习的对象。题干中多多在家里经常模仿老师的样子，体现了教师劳动的示范性特点。

A项，“学如不及，犹恐失之”的意思是：学习好像追逐自己所渴求的东西那样，害怕追赶不上；即使追上了，又会担心再失去，要时时刻刻地记住它、领悟它、运用它。这句话强调了学习要有强烈的求知欲，必须全力以赴。

B项出自《论语》：“弟子入则孝，出则弟，谨而信，泛爱众，而亲仁。行有余力，则以学文。”意思是：小孩子在父母跟前要孝顺，出外要敬爱师长，说话要谨慎，言而有信，和所有人都友爱相处，亲近那些具有仁爱之心的人。做到这些以后，如果还有剩余的精力，就用来学习文化知识。这句话强调学生应先致力于道德学习，其次才是知识学习。

C项，“信近于义，言可复也”的意思是：讲信用要合乎道义，合乎道义的诺言才能兑现。这句话强调要践行合乎道义的诺言。

D项，“桃李不言，下自成蹊”原意是：桃树、李树虽然不能说话，但是它们的花和果实，却吸引人走向它们，于是便在树下踏出了路来。这句话引申到教育领域中，强调广大教师要以身作则，才会收到上行下效的效果，体现了教师劳动的示范性，与题干所述一致。故本题答案选D。

5. C 【解析】本题考查《中华人民共和国宪法》。《中华人民共和国宪法》第七十七条规定，全国人民代表大会代表受原选举单位的监督。原选举单位有权依照法律规定的程序罢免本单位选出的代表。故原选举单位可罢免本单位选出的全国人大代表，而非全国人大常委会，C项说法正确，D项说法错误。

第七十五条规定，全国人民代表大会代表在全国人民代表大会各种会议上的发言和表决，不受法律追究。故A项说法错误。

第七十四条规定，全国人民代表大会代表，非经全国人民代表大会会议主席团许可，在全国人民代表大会闭会期间非经全国人民代表大会常务委员会许可，不受逮捕或者刑事审判。故B项说法错误。

6. A 【解析】本题考查《中华人民共和国未成年人保护法》。《中华人民共和国未成年人保护法》第八十条规定，网络服务提供者发现用户发布、传播可能影响未成年人身心健康的信息且未作显著提示的，应当作出提示或者通知用户予以提示；未作出提示的，不得传输相关信息。网络服务提供者发现用户发布、传播含有危害未成年人身心健康内容的信息的，应当立即停止传输相关信息，采取删除、屏蔽、断开链接等处置措施，保存有关记录，并向网信、公安等部门报告。网络服务提供者发现用户利用其网络服务对未成年人实施违法犯罪行为的，应当立即停止向该用户提供网络服务，保存有关记录，并向公安机关报告。题干中某网站发现有用户发布了一条可能影响未成年人身心健康的信息，应当作出提示或者通知用户予以提示。故本题答案选A。

易错提示：网站根据用户发布的信息对未成年人身心健康的危害程度，分别采取不同的措施。

危害程度	措施
可能影响未成年人身心健康且未作显著提示	作出提示或者通知用户予以提示
危害未成年人身心健康	立即停止传输相关信息，采取删除、屏蔽、断开链接等处置措施，保存有关记录，报告网信、公安等部门
用户利用其网络服务对未成年人实施违法犯罪行为	立即停止向该用户提供网络服务，保存有关记录，报告公安机关

7. C 【解析】本题考查《中华人民共和国预防未成年人犯罪法》。根据《中华人民共和国预防未成年人犯罪法》第三十八条规定，“殴打、辱骂、恐吓，或者故意伤害他人

身体”属于严重不良行为。第四十一条规定，对有严重不良行为的未成年人，公安机关可以根据具体情况，采取以下矫治教育措施：（一）予以训诫；（二）责令赔礼道歉、赔偿损失；（三）责令具结悔过；（四）责令定期报告活动情况；（五）责令遵守特定的行为规范，不得实施特定行为、接触特定人员或者进入特定场所；（六）责令接受心理辅导、行为矫治；（七）责令参加社会服务活动；（八）责令接受社会观护，由社会组织、有关机构在适当场所对未成年人进行教育、监督和管束；（九）其他适当的矫治教育措施。题干中的赵某经常殴打、辱骂、恐吓身体瘦弱的同学，这属于严重不良行为，应由公安机关予以训诫。故本题答案选C。

第三十一条规定，学校对有不良行为的未成年学生，应当加强管理教育，不得歧视；对拒不改正或者情节严重的，学校可以根据情况予以处分或者采取以下管理教育措施：（一）予以训导；（二）要求遵守特定的行为规范；（三）要求参加特定的专题教育；（四）要求参加校内服务活动；（五）要求接受社会工作者或者其他专业人员的心理辅导和行为干预；（六）其他适当的管理教育措施。故A、B、D项均属于学校对有不良行为的学生可以采取的管理教育措施，排除。

8. A 【解析】本题考查《中华人民共和国教育法》。《中华人民共和国教育法》第二十六条规定，国家制定教育发展规划，并举办学校及其他教育机构。国家鼓励企业事业组织、社会团体、其他社会组织及公民个人依法举办学校及其他教育机构。国家举办学校及其他教育机构，应当坚持勤俭节约的原则。以财政性经费、捐赠资产举办或者参与举办的学校及其他教育机构不得设立为营利性组织。故本题答案选A。

《中华人民共和国教育法》第四条规定，教育是社会主义现代化建设的基础，对提高人民综合素质、促进人的全面发展、增强中华民族创新创造活力、实现中华民族伟大复兴具有决定性意义，国家保障教育事业优先发展。B项排除。

《中华人民共和国义务教育法》第十二条规定，适龄儿童、少年免试入学。地方各级人民政府应当保障适龄儿童、少年在户籍所在地学校就近入学。C项排除。

《中华人民共和国教育法》第十一条规定，国家采取措施促进教育公平，推动教育均衡发展。D项排除。

9. A 【解析】本题考查《中华人民共和国义务教育法》。《中华人民共和国义务教育法》第二十六条规定，学校实行校长负责制。校长应当符合国家规定的任职条件。校长由县级人民政府教育行政部门依法聘任。

10. A 【解析】本题考查《中华人民共和国教师法》。《中华人民共和国教师法》第十四条规定，受到剥夺政治权利或者故意犯罪受到有期徒刑以上刑事处罚的，不能取得教师资格；已经取得教师资格的，丧失教师资格。《教师资格条例》第十八条规定，依照教师法第十四条的规定丧失教师资格的，不能重新取得教师资格，其教师资格证书由县级以上人民政府教育行政部门收缴。根据题干所述可知，熊某被判处有期徒刑，将丧失教师资格且永远不能再取得教师资格。

11. B 【解析】本题考查《学生伤害事故处理办法》。《学生伤害事故处理办法》第三十五条规定，违反学校纪律，对造成学生伤害事故负有责任的学生，学校可以给予相应的处分；触犯刑律的，由司法机关依法追究刑事责任。题干中，孙某违反校纪对事故负有责任，学校可以给予其相应处分。学校没有对学生进行罚款和行政处罚的权利，A、C项排除，D项为干扰项，故本题答案选B。

12. B 【解析】本题考查《中华人民共和国教育法》。《中华人民共和国教育法》第七十八条规定，学校及其他教育机构违反国家有关规定向受教育者收取费用的，由教育行政部门或者其他有关行政部门责令退还所收费用；对直接负责的主管人员和其他直接责任人员，依法给予处分。题干中某小学在“六一”儿童节前夕违规向家长收取的赞助费应由教育行政部门责令退还，本题选B。

13. D 【解析】本题考查教育爱内涵的思想特征。教育爱具有人道性、引导性、广泛性、理智性和纯洁性、爱与严的结合性的思想特征。

D项，教育爱的理智性，要求教师对学生的爱应该是理性和明智的，而不应是盲目冲动的。盲目的爱和冲动的爱有时不仅不能起到教育作用，而且有可能出现两种结果：一是在爱中缺乏一贯的教育性，放松教育，甚至放任。这就是溺爱。这种爱从长远来说，是不利于学生健康发展的。二是因爱而过分苛刻地要求学生，达不到要求就严厉批评、训斥甚至进行各种形式的惩罚，这就是苛刻的爱。这种爱表面上看是对学生很负责任，一切都是为了学生好，但“爱之深”，往往会带来“恨之切”的行为，造成对学生身心的伤害和对他们人格的漠视，使教育失去道德意义和教育意义。题干中学生认为老师严格要求是为自己好，但对教师“宁给好心不给好脸”的行为内心十分反感，这表明教师的爱在教育实践中缺乏恰当的理性把握。故本题答案选D。

A、B项为干扰选项，排除。C项，教育爱的广泛性特指两方面的问题：一是教育对象的广泛性，即教育爱要求的不是对个别学生的爱，也不是对少数学生的爱，而是现在教育改革中所讲的要关心每一名学生，去爱每一名学生，关爱全体学生。二是对教育对象发展的全面关心，即教育爱要求的不只是关心学生学习的好坏，成绩的高低，不只是单纯在各类比赛中拿名次，获大奖，而是要全面关心学生，促进学生各方面的和谐发展。题干未体现，排除。

14. D 【解析】本题考查惩戒教育的基本原则。惩戒教育的基本原则有以下几个：(1)教育性原则；(2)科学性原则；(3)伦理性原则；(4)依法性原则；(5)公正性原则;(6)整体性原则;(7)艺术性原则。其中,公正性原则要求老师在实施惩戒时不能感情用事,要对所有违纪学生一视同仁。教师实施惩戒只能是学生违背相应纪律规范的结果,不能凭感情用事,采取随意性态度,更不能出于私心报复。在惩罚与过失之间,要有必然的联系,不要涉及与过失无关的学生的个人特征及过去的经历。题干中,经常迟到的飞飞今天忘戴红领巾了,康老师表示可能会原谅别的同学,但对飞飞早就忍无可忍,让飞飞在教室后面罚站,这表明康老师没有对学生做到一视同仁,因此康老师的做法违背了公正性原则。

15. B 【解析】本题考查《中小学教师职业道德规范》。"爱岗敬业"要求教师对工作高度负责,认真备课上课,认真批改作业,认真辅导学生。不得敷衍塞责。题干中丁老师忙于教学研讨、发表论文,但在教学上投入不足导致班上学生成绩不理想,说明丁老师未能正确理解教师职责,没有做好教师的本职工作,其言行是不合理的。本题选B。

"提高学生分数"不是教师的首要任务,且该说法与素质教育理念相悖。A项排除。

学生考试分数不能作为评价教师教学效果的唯一标准,但丁老师的问题在于只重视个人专业发展而对教学投入不足,进而导致学生成绩不理想,没有促进学生发展。C项排除。

丁老师勤于钻研、发表论文的做法有利于自己的专业发展,但其只重视个人发展而忽视学生发展的做法是不合理的。D项排除。

16. B 【解析】本题考查《中小学教师职业道德规范》。"为人师表"要求教师坚守高尚情操,知荣明耻,严于律己,以身作则。衣着得体,语言规范,举止文明。关心集体,团结协作,尊重同事,尊重家长。作风正派,廉洁奉公。自觉抵制有偿家教,不利用职务之便谋取私利。题干中贾老师利用职务之便在家长群发布广告推荐家乡农副产品,违背了为人师表的师德规范。故本题答案选B。

教师不得利用职务之便在任何时间、通过任何形式向家长推销任何商业产品,A、C项排除。

班级微信群作为家校沟通的渠道之一,贾老师不能在群内发布广告,但可以发布与教育教学有关的信息,D项排除。

17. C 【解析】本题考查我国火星探测器的名称。我国航天器主要有"嫦娥"系列(月球探测器)、"天问"系列(行星探测器)、"神舟"系列(载人飞船)、"天宫"系列(太空实验室)、"天舟"系列(货运飞船)、"长征"系列(运载火箭)、"北斗"系列(卫星导航系统)。

C项，天问一号是由中国航天科技集团公司下属中国空间技术研究院自主研制的火星探测器，负责执行中国第一次火星探测任务。2020年7月23日12时41分，长征五号遥四运载火箭搭载着“天问一号”探测器，在文昌航天发射场点火升空。故答案选C。

A项，天宫一号是中国自主设计制造的第一个目标飞行器和具有试验性质的空间实验室。

B项，神舟一号是中国第一艘无人试验飞船。

D项，长征一号是为发射中国第一颗人造地球卫星而研制的三级运载火箭。

18. A 【解析】本题考查传染病。鼠疫是鼠疫杆菌借鼠蚤传播为主的烈性传染病，系广泛流行于野生啮齿动物间的一种自然疫源性疾病。临床上表现为发热、严重毒血症症状淋巴结肿大、肺炎、出血倾向等。14世纪中期，鼠疫从中亚地区传播到欧洲，并迅速蔓延，造成欧洲约2500万人死亡，死亡人数占当时欧洲总人口的三分之一。因感染鼠疫的患者皮肤上会出现许多黑斑，故得名“黑死病”。故本题答案选A。

B项，天花是由天花病毒引起的一种烈性传染病，主要通过直接接触或者飞沫传播，也可通过污染物品间接接触传染。痊愈后人体可获终生免疫。预防天花最有效的方法是接种牛痘疫苗。在20世纪后期，天花已在全球范围内被消灭。

C项，艾滋病，全称是“获得性免疫缺陷综合征”，它是由艾滋病病毒即人类免疫缺陷病毒(HIV)引起的一种病死率极高的恶性传染病，传播途径主要为性接触、血液、母婴传播。HIV侵入人体，能破坏人体的免疫系统，令感染者逐渐丧失对各种疾病的抵抗能力，最后导致死亡。

D项，狂犬病是一种人畜共患疾病(由动物传播到人类的疾病)，由狂犬病毒引起。狂犬病感染家畜和野生动物，然后通过咬伤或抓伤，经过与受到感染的唾液密切接触传播至人。人体患狂犬病后的临床表现为恐水、怕风、咽肌痉挛、进行性瘫痪等。人被病兽咬伤后，应当用流动清水冲洗伤口至少15分钟，并尽快前往医院接种狂犬病疫苗。

19. B 【解析】本题考查中国近代史。1922年7月，中国共产党第二次全国代表大会讨论通过了《中国共产党章程》，共6章29条，分别对党员的条件和审批程序、党的组织系统及其构成、党的会议和活动方式、党的组织纪律、党的经费来源及使用等方面作了较详细的规定，是中国共产党的第一部正式党章。故本题答案选B。

A项，1921年7月，中国共产党第一次全国代表大会在上海召开。大会通过的纲领，首先确定了中国共产党这个名称。大会明确了中国共产党的奋斗目标是推翻资产阶级，建立无产阶级专政，实现社会主义和共产主义。大会还选举产生了党的领导机构，陈独秀任书记。

C项，1923年6月，中国共产党第三次全国代表大会召开，通过了《中国共产党第一次修正章程》。党的三大的中心议题是讨论与国民党合作、建立革命统一战线的问题。此次会议正式决定同孙中山领导的国民党合作，建立革命统一战线，共产党员以个人身份加入国民党，把国民党改造为工人、农民、小资产阶级和民族资产阶级的革命同盟。

D项，1925年1月，中国共产党第四次全国代表大会在上海召开，通过了《中国共产党第二次修正章程》，第一次明确提出了无产阶级在民主革命中的领导权和工农联盟问题。

20. D 【解析】本题考查中国古代史。三国吴、东晋和南朝的宋、齐、梁、陈六个朝代均在建康（今南京）建都，史称“六朝”，故南京素有“六朝古都”之称。后有五代十国时期的南唐、明朝、太平天国和中华民国曾建都于南京，因此，南京又有“十代都会”之誉。1368年，朱元璋称帝，定都应天府（今南京），国号大明。明成祖朱棣于1421年正式迁都北京，以南京为陪都。因此明朝不属“六朝”，本题选D。

21. C 【解析】本题考查卡夫卡的作品。弗兰茨·卡夫卡，奥地利小说家，是西方现代文学、表现主义文学的先驱，代表作有《判决》《审判》《城堡》《变形记》等。

A项，《判决》描述了格奥尔格在父亲的专制独裁之下，竟害怕恐惧到丧失理智，最后执行父亲的判决，投河自尽的悲惨命运。

B项，《审判》讲述的是银行职员约瑟夫·K无故受审被判处死刑的故事。

D项，《变形记》描写的是主人公格里高尔从人变成甲虫的荒诞离奇故事。

C项，阿尔贝·加缪，法国作家、哲学家，“荒诞哲学”的代表人物，作品主要有《局外人》《鼠疫》等。《局外人》通过塑造默尔索这个行为惊世骇俗、言谈离经叛道的“局外人”形象，充分揭示了这个世界的荒谬性及人与社会的对立状况。本题为选非题，故答案选C。

22. D 【解析】本题考查中国古代文学。范成大，南宋诗人，号石湖居士，他在晚年创作的组诗《四时田园杂兴》是其田园诗的代表作。六十首七言绝句分别描绘了春、夏、秋、冬四季不同的田园景色，将农家的生活环境、季节气候、风土民俗、耕织、收获以及痛苦与欢乐，真实生动地展示出来，超越了以往同类题材的诗作，对南宋以后的田园诗产生很大影响。故本题答案选D。

A项，陶渊明，东晋诗人，号“五柳先生”，是中国第一位田园诗人，代表作有散文《桃花源记》《五柳先生传》，辞赋有《归去来兮辞》，诗歌《饮酒》《归园田居》等。

B项，王绩，唐代诗人，字无功，号东皋子。其诗多写田园山水，淳朴自然，对唐诗的发展有一定影响。有《王无功文集》五卷存世，诗作有《野望》《春晚园林》《秋夜喜遇王处士》等。

C项，王维，字摩诘，世称“诗佛”，代表作有《相思》《山居秋暝》《送梓州李使君》，著名诗句有《使至塞上》中的“大漠孤烟直，长河落日圆”等。苏轼赞曰：“味摩诘之诗，诗中有画。观摩诘之画，画中有诗。”

23. B 【解析】本题考查我国首个设立的自由贸易区。2013年9月，我国第一个自由贸易区——中国（上海）自由贸易试验区正式成立。故本题答案选B。

A项，中国（广东）自由贸易试验区于2014年12月经国务院正式批准设立，涵盖广州南沙新区片区、深圳前海蛇口片区和珠海横琴新区片区三个片区。

C项，中国（天津）自由贸易试验区于2014年12月由国务院批准设立，包括天津港东疆片区、天津机场片区和滨海新区中心商务片区。

D项，中国（福建）自由贸易试验区于2014年12月由国务院批准设立，包括福州片区、厦门片区和平潭片区。

24. C 【解析】本题考查外国著名建筑。斯卡拉歌剧院位于意大利米兰，于1778年正式启用，在第二次世界大战期间遭到严重损毁，后由意大利政府拨资修复，是世界上最具盛名的歌剧院之一。故本题选C。

卢浮宫博物馆、奥赛美术馆、蓬皮杜国家艺术文化中心是巴黎三大艺术博物馆，分别以古典、现代、当代（和后现代）为主要特色。

25. D 【解析】本题考查区分度。区分度是指测验对考生实际水平的区分程度，用符号D表示。区分度D值的范围可在1～-1之间，D值越大，即试题的区分度越大，质量就越好。具有良好区分度的测验，实际水平高的学生应该得高分，实际水平低的应得低分。用极端分组法计算区分度的公式是：$D=P_H-P_L$。其中，D为区分度指数，P_H为高分组通过该题的人数比例，P_L为低分组通过该题的人数比例。由题干可知，甲试题高分组全部通过，低分组无人通过，计算公式为100%-0=100%，即甲试题区分度为1。乙试题高分组和低分组均有40%的人通过，通过率相同，故计算公式为40%-40%=0，即乙试题区分度为0。故本题选D。

26. B 【解析】本题考查Word的基本知识。在Word中，当“剪贴板”上的“剪切”和“复制”按钮呈浅灰色而不能被选择时，说明在文档中没有选定任何信息。选定文档中的内容后才能进行“复制”“剪切”操作。故本题答案选B。

A项，剪贴板已有信息存放不影响“剪切”“复制”命令的执行，且此时菜单栏中的

"剪切""复制"并非浅灰色。

C项，Word文档可以对文字、表格、图片等内容进行"剪切""复制"操作。

D项，选定文档的长度不影响"剪切""复制"功能的使用。

27. C 【解析】本题考查Excel的基本知识。在Excel中，一个工作簿默认有3个工作表。删除工作表的具体操作为：鼠标右键单击一个工作表标签，在弹出的对话框中选择删除操作。工作表被删除后，数据全部被删除，且不能用"撤消"来恢复。故本题选C。

A项，对工作表中的单元格数据进行删除操作时，可用"撤消"来恢复被删除的数据。

B项，工作表被隐藏时，数据仍然保存在内存里，不再显示。

D项，整个工作簿被删除时会进入回收站，可去回收站将被删除工作簿恢复。

28. B 【解析】本题考查类比推理。题干中科学家和画家属于交叉关系。B项，戏迷和美食家属于交叉关系，与题干相符。故本题答案选B。

A项，蜜蜂是昆虫的一种，蜜蜂和昆虫属于包含关系。

C项，面粉和大米都是食材，面粉和大米属于并列关系。

D项，汽车需要润滑油，汽车和润滑油属于互补关系。

29. A 【解析】本题考查数字推理。观察数列可知，第一项+第二项+5=第三项（即6+9+5=20），第二项+第三项+5=第四项（即9+20+5=34）。那么第五项为20+34+5=59，即空缺处数字是59。验证第六项为34+59+5=98，与题干一致。故正确答案为A。

二、材料分析题（参考答案）

30. 材料中，郑老师的教育行为是恰当的，践行了"以人为本"的学生观的要求。

（1）"以人为本"的学生观认为学生是发展的人。学生具有巨大的发展潜能，教师应当用发展的眼光看待学生，坚信每个学生都是可以积极成长的，帮助学生更好地发展。材料中，郑老师接手令众多老师头疼的四（1）班后，并未放弃学生，而是对班级学生进行分析，找出问题所在，然后协同其他任课教师采取了一系列教育活动，使班级士气逐渐好转；对学习成绩提升缓慢的5名学生充满信心，鼓励他们，相信他们能够进步。这些行为表明郑老师对学生充满信心，相信每位学生都有发展的潜能。

（2）"以人为本"的学生观认为学生是独特的人。每个学生都是有着丰富个性的完整的人，有自身的独特性，教师应该根据学生不同的特点因材施教，完善学生人格。材料中，郑老师开展"每个人的生命都是无价的""我给你找优点"等活动，引导学生认识生命的可贵、探寻自己的优点。郑老师的这些行为说明她将学生视为完整的、具有独特性的独立个体，关注学生的精神世界，注重因材施教，促进学生个性健康发展。

(3)“以人为本”的学生观认为学生是具有独立意义的人。学生在学习活动中是认识的主体、实践的主体和发展的主体，是学习的主人。材料中，郑老师与其他教师合作采取了一系列引导学生自我激励的教育活动，调动了学生的积极性、主动性，改善了班级士气低迷的情况；还让任课教师反馈学生进步，让学生记录自己每天的进步。这些行为表明郑老师在教育教学中以学生为主体，激发了学生的主观能动性。

综上所述，郑老师在教育教学中以学生为主体，对学生充满信心，开展各种活动促进了学生发展，值得广大教师借鉴。

(共14分。对郑老师的评价恰当给2分；答出“学生是发展的人”“学生是独特的人”“学生是具有独立意义的人”三点，每点4分，给出理论依据2分，结合材料合理阐述2分)

31. 材料中，陈老师的做法符合教师职业道德的相关要求，是值得肯定的。

(1)关爱学生要求教师要关心爱护全体学生，尊重学生人格，平等公正对待学生。对学生严慈相济，做学生良师益友。保护学生安全，关心学生健康，维护学生权益。不讽刺、挖苦、歧视学生，不体罚或变相体罚学生。材料中，陈老师发现小辰闷闷不乐时给予小辰朋友般的关怀，引导他向自己倾诉，说明陈老师践行了关爱学生的师德规范。

(2)教书育人要求教师要遵循教育规律，实施素质教育。循循善诱，诲人不倦，因材施教。培养学生良好品行，激发学生创新精神，促进学生全面发展。不以分数作为评价学生的唯一标准。材料中，陈老师引导小辰定好闹钟以免迟到，对其精彩的课堂发言给予赞扬，肯定小辰帮助生病的同学、主动擦窗户、捐书、有个人特长等行为。这说明陈老师教育学生循循善诱，因材施教，注重培养学生良好品行，关注学生的全面发展，遵循了教书育人的师德规范。

(3)爱岗敬业要求教师要忠诚于人民教育事业，志存高远，勤恳敬业，甘为人梯，乐于奉献。对工作高度负责，认真备课上课，认真批改作业，认真辅导学生。不得敷衍塞责。材料中，陈老师设立师生“悄悄话”本，细心观察小辰的各方面表现并及时进行教育和引导，说明陈老师对工作认真负责，践行了爱岗敬业的师德规范。

(4)终身学习要求教师要崇尚科学精神，树立终身学习理念，拓宽知识视野，更新知识结构。潜心钻研业务，勇于探索创新，不断提高专业素养和教育教学水平。材料中，陈老师提出自己要向学生学习，培养不同的兴趣，这说明陈老师具有终身学习的意识。

综上所述,陈老师在教育教学中践行了教师职业道德规范的相关要求,值得广大教师学习、践行。

(共14分。对陈老师的行为评价正确给2分;答出"关爱学生""教书育人""爱岗敬业""终身学习"四点,每点3分,理论阐述2分,结合材料具体分析1分)

32. (1)风协调着世间的万有,我们的身体也被风内控着。如果风在体内正常运行,我们则会感到意气风发、神清气爽、满面春风,甚至趾高气扬。但如果风行不畅,在"窍"处遇阻,则会打嗝、放屁。如滞在经脉上,则会出现风湿、类风湿、关节炎、痛风等诸多症状,"中风"则是出现了风控制不了身体的局面,严重的会危及生命。

(本题共4分。总述"风协调万有,内控身体"得1分,分述风在体内正常运行的情况得1.5分,分述风滞在经脉上的危害得1.5分)

(2)文章运用总分的结构论述了中医"风""气"运行对万物的作用与影响。首段统领全篇,引出下文"风""气"对人体的影响。第二、三自然段则是运用举例子的论证方法集中论述风的形态和风对世间万有的协调作用。第四至七自然段呼应首段,论述了"风""气"运行对人的作用与影响,说明"风""气"内控着我们身体生理和心理两大部分,如果其运行顺畅,我们则会感到意气风发、神清气爽等,但如果通行不畅,则会出现诸多病症,甚至危及生命。文章意在告诉我们,修身养性,有所作为,理通"风""气"对身体的重要性。

(本题共10分。答出"总分结构"得1分,总述文章论述的内容得1分;点明首段"统领全篇""引出下文"的作用得2分;点明第二、三自然段运用的论证方法得1分,阐述论述的内容得1分;点明第四至七自然段的呼应作用得1分,阐述其论述的具体内容和"风""气"的作用得2分;答出文章阐述的道理得1分)

三、写作题

33.**【写作思路】**这是一道材料式作文题。通过阅读材料,不难得出材料的主旨:毛竹通过不断地积蓄力量创造了奇迹。因此,考生可从以下角度进行立意:坚持到底,就能成功;积蓄力量,成就未来;厚积,方能薄发;等等。写作过程中,可以由材料相关的自然现象导入论点,然后列举相关的名人名言或名人事例予以佐证,最后可以结合自身谈谈对论点的认识。

【范文】

厚积,方能薄发

古人云:"博观而约取,厚积而薄发。"此言然也。一次的积蓄力量是等待,不是失败,是为下一次更大的爆发。企鹅登陆不能依靠飞翔的双翅,它们只能拼命沉潜,待到适当的深度，借助它们小巧的双足迅猛向上，一道完美的弧线过后，迎来的便是安全着陆。企鹅的沉潜不是一种失败，而是一种等待，因为厚积方能薄发。

厚积薄发，才能流传千古。人只有充实自己，才会拥有学识和技能，才不会在需要的时候感慨“书到用时方恨少”，才能创作出千古佳作。《红楼梦》的作者曹雪芹，苦心孤诣创作二十年，翻阅和了解各种名著，前后“批阅十载，增删五次”，充实使他仅凭一书便流传千古。如果曹雪芹没有充实自己，那他写出来的文章定是浮华且经不起历史考验的，定会淹沉在历史的长河中。可见，只有厚积薄发，才能成就千古奇书。

厚积薄发，才能实现梦想。人只有厚积薄发，才会在人生的道路上留下坚实而深刻的脚印，才能朝着目标的方向前进，虽慢，却深刻。屠呦呦获得诺贝尔奖时已年过八十，在此之前，知道她的人寥寥无几。这个普通的科学工作者多少年和同事一起研究，多少个日子在实验室度过。不懈的努力，让她有了惊喜的收获，为人类做出了巨大的贡献。屠呦呦这个名字在一夜之间传遍千家万户。可见，只有厚积薄发，才能实现自己的抱负和梦想。

厚积薄发，才能成就自我。只有一步一个脚印稳扎稳打，真正做到积累深厚，才能成就自我。他是闻名遐迩的篮球运动员，但人们只看到了他的成功，却不知道他背后付出的努力。在一次采访中，一名记者问他为什么能如此成功，他回答：“你知道洛杉矶凌晨四点钟是什么样子吗？”凌晨四点的洛杉矶并不是指风景，而是说他虽然没有极高的篮球天赋，但可以选择后天来弥补，通过不断的努力，让自己的篮球水平稳步提升，达到顶峰。他就是科比，他因为做到了厚积薄发而在篮球生涯成就颇丰。可见，只有厚积薄发，才能成就自我。

厚积薄发，等待时机，然后再出发。我们不要如家禽一般，扑扇一下翅膀便能腾空而起，却飞不了多高就坠地。而要做一只雄鹰，不断盘旋而上，时刻积蓄力量，最终翱翔于蓝天，笑眼看其他。

（这篇作文开篇通过引用古诗文和自然现象引出中心论点，具有吸引力。文章中的三个分论点运用排比的修辞手法，使结构更加完整，且深刻地论述了中心论点。结尾再次点明中心论点，结构严谨。拟定得分48分）

2022年下半年中小学教师资格考试真题试卷(三)

一、单项选择题

1. B 【解析】本题考查素质教育的内涵。素质教育是促进学生全面发展的教育，实施素质教育必须坚持德育、智育、体育、美育和劳动技术教育并举，促进学生生动活泼地发展。这就要求教师不能只注重学生智育方面的发展，也要关注学生其他方面的发展。题干中何老师要求学困生在课间操时间到办公室补课，剥夺了学生锻炼身体的时间，不利于学生的身体健康发展，违背了促进学生全面发展的要求，是不恰当的，故答案选B。

A项，何老师的做法不但不利于营造良好的学习氛围，反而会增加学生的学习压力，不恰当。

C项，何老师的做法不恰当，违背了促进学生全面发展的素质教育观，排除。

D项，学生的均衡发展有两种理解：一是指学生之间差距不能过大，在义务教育阶段，要合理配置教育资源，全面提升教师整体素质，特别关注弱势群体的教育问题，教好每一个学生。二是指学生各科之间的差距不能太大，强调五育的比例要均衡。题干中何老师占用课间操时间给学困生补课的做法不恰当，排除。

2. C 【**解析**】本题考查"以人为本"的学生观。学生是具有能动性的人，他们对生活和外部世界充满好奇，这些都内在地驱动他们爱提问、好探究。教师的教应当抓住学生的好奇心与求知欲，因势利导，使他们对观察、思考、探究等理智活动感兴趣，对掌握知识、提高技能与发展自我感兴趣，这样他们的知识、能力与各方面素质才会逐步获得提高。正如杜威指出的那样：教学应"以儿童自己的冲动为起点，以达到更高水平为目的"。这就是我们教学应该遵循的因势利导，因势利导不仅能调动学生学习的能动性，有利于掌握系统的知识，而且循环往复循此道路教学必将大大提高学生学习的兴趣，增强他们学习的信心与动力。故答案选C。

A项，顺序性是指个体身心发展是一个由低级到高级、由简单到复杂、由量变到质变的连续不断的发展过程。要求教育者在进行教育活动时要循序渐进，避免"拔苗助长""陵节而施"。

B项，个体身心发展的不平衡性主要表现在：同一方面的发展速度，在不同年龄阶段变化是不平衡的；不同方面在不同发展时期具有不平衡性。要求教育者适时而教，要在学生发展的关键期或最佳期及时进行教育。

D项，互补性是指机体某一方面的机能受损甚至缺失后，可通过其他方面的超常发展得到部分补偿。要求教育者应结合学生实际，扬长避短，注重发现并发展学生的自身优势。

3. C 【**解析**】本题考查教师角色。题干中教师们积极参与"教研沙龙"活动，讨论教学中的热点和难点问题，体现了"研究者"和"学习者"角色，A、D两项表述恰当。

教师们在"教研沙龙"中互相启发，不断寻找新的教研生长点，体现了"合作者"角色，B项表述恰当。

C项，教师是学校教育教学活动的组织者和管理者，肩负着教育教学管理的职责。教师对班级的日常管理工作包括确定班级目标、建立良好的班集体、制定班级规章制度、维持班级纪律、组织班级活动、协调人际关系等，还需要对教育教学活动进行控制，检查和评价。

题干中未体现教师的管理者角色，本题为选非题，故答案选C。

4. A 【解析】本题考查学生身心发展的一般规律。学生身心发展有以下规律：(1)顺序性；(2)阶段性；(3)不平衡性；(4)整体性；(5)稳定性与可变性；(6)个别差异性。题干孟老师说“不能用同样的水准要求学生，也不能揠苗助长”体现了关注到学生具有差异性和注重学生发展的顺序性。故B、C两项说法正确。

孟老师坚信学困生是‘迟开的花朵’，早晚都会开放，关注到学生具有发展性。故D项说法正确。

学生发展的整体性是指学生是一个整体的人，以其整个身心投入教学生活，并以整个身心感知、体验、享受和创造这种教学生活。题干未体现，本题为选非题，故答案选择A。

5. B 【解析】本题考查《中华人民共和国宪法》。根据《中华人民共和国宪法》第八十六条规定，国务院由下列人员组成：总理，副总理若干人，国务委员若干人，各部部长，各委员会主任，审计长，秘书长。第八十八条规定，总理、副总理、国务委员、秘书长组成国务院常务会议。本题为选非题，故选择B。

易错提示：考生容易混淆国务院组成人员与国务院常务会议组成人员，可通过以下表格来识记。

国务院组成人员	总理，副总理若干人，国务委员若干人，各部部长，各委员会主任，审计长，秘书长
国务院常务会议组成人员	总理、副总理、国务委员、秘书长

6. D 【解析】本题考查《中华人民共和国教育法》。根据《中华人民共和国教育法》第七十四条规定，违反国家有关规定，向学校或者其他教育机构收取费用的，由政府责令退还所收费用；对直接负责的主管人员和其他直接责任人员，依法给予处分。因此答案选D。A、B、C三项均为干扰项，故排除。

7. D 【解析】本题考查《中华人民共和国教师法》。根据《中华人民共和国教师法》第三十五条规定，侮辱、殴打教师的，根据不同情况，分别给予行政处分或者行政处罚；造成损害的，责令赔偿损失；情节严重，构成犯罪的，依法追究刑事责任。题干王某故意殴打李某致其肋骨多处骨折，依法可给予王某行政处罚，并责令赔偿，情节严重的还可追究王某的刑事责任。故A、C两项说法正确。

《中华人民共和国民法典》第一百七十九条规定，承担民事责任的方式主要有：(一)停止侵害；(二)排除妨碍；(三)消除危险；(四)返还财产；(五)恢复原状；(六)修理、重作、更换；(七)继续履行；(八)赔偿损失；(九)支付违约金；(十)消除影响、恢复名誉；(十一)赔礼道歉。赔偿损失属于民事责任的范畴。故B项说法正确。

根据《中华人民共和国行政处罚法》第十七条规定，行政处罚由具有行政处罚权的行政机关在法定职权范围内实施。学校属于事业单位，不具有行政处罚权，故D项说法不正确。

8. D 【**解析**】本题考查《学生伤害事故处理办法》。根据《学生伤害事故处理办法》第九条规定，因学校的安全保卫、消防、设施设备管理等安全管理制度有明显疏漏，或者管理混乱，存在重大安全隐患，而未及时采取措施造成的学生伤害事故，学校应当依法承担相应的责任。第十条规定，学生违反法律法规的规定，违反社会公共行为准则、学校的规章制度或者纪律，实施按其年龄和认知能力应当知道具有危险或者可能危及他人的行为而造成的学生伤害事故，学生或者未成年学生监护人应当依法承担相应的责任。第二十八条规定，未成年学生对学生伤害事故负有责任的，由其监护人依法承担相应的赔偿责任。

题干中，初中生张某能够闯进小学将小学生刘某打伤，说明该小学的安全保卫制度有明显疏漏，故刘某所在学校应依法承担相应的责任。初中生张某故意将刘某打伤，张某应承担相应的责任，但因张某是未成年人，故应由其监护人承担赔偿责任。综上所述，对刘某所受的人身伤害应承担赔偿责任的是刘某所在学校和张某的监护人，本题选D。A、B、C三项均不符合题意，故排除。

9. B 【**解析**】本题考查《中华人民共和国教师法》。根据《中华人民共和国教师法》第三十九条规定，教师对学校或者其他教育机构侵犯其合法权益的，或者对学校或者其他教育机构作出的处理不服的，可以向教育行政部门提出申诉，教育行政部门应当在接到申诉的三十日内，作出处理。故本题选B。A、C、D三项均不符合题意，故排除。

易错提示：对于教师申诉制度，考生需要明白无论学校是否依法依规作出处分决定，只要教师认为学校侵犯了自己的合法权益，就可以提出申诉。受理教师申诉的机构则应依法处理，并在规定时限内给出答复或决定。一般情况下，教师申诉的流程和处理时间，考生可通过下图简单了解。

来太困难而不愿意服从安排,影响了学生的学习,没有做到“美其道”,也没有做到为人师表,以身作则,即“慎其行”,因此,C项符合题意。

D项“不以一人疑天下,不以天下私一人”意思是:不因为一个人自命尊贵就怀疑全天下的人卑贱,不因为一个人当了皇帝就把天下当做自家的私有财产。题干未体现,排除。

17. C 【解析】本题考查地质作用。地质作用按其能量来源不同,分为内力作用和外力作用。内力作用主要是来自地球内部的热能,主要表现形式有:地壳运动、岩浆活动、变质作用。典型地貌有褶皱山、断块山、火山等。故答案为C。外力作用的能量来自地球外部,主要是太阳辐射能。外力作用对地表形态的塑造主要有风化、侵蚀、搬运、堆积等方式。典型地貌有沟谷、瀑布、冲积平原、沙丘、喀斯特地貌等。

18. A 【解析】本题考查物理知识。美国三军通用编号AIM-9响尾蛇空空导弹是全世界第一款实用化的空空导弹,是第一款以红外线作为导引设计的空空导弹,也是第一款有击落目标纪录的空空导弹。响尾蛇导弹是美国海军空用武器中心所研发,使用单位遍及美国四大军种,外销数量与使用国家众多,对现役所有的红外线导引空空导弹的基本设计概念都有深厚的影响。故答案为A。B、C、D三项均不符合题意,故排除。

19. D 【解析】本题考查“露西”遗骨化石的发现地。1974年在埃塞俄比亚发现了古人类化石,是一具南方古猿的女性骸骨,考古学家为之起名为“露西”。相关研究证明,她已经能够直立行走,是介于猿和人之间的环节。故答案为D。A、B、C三项均不符合题意,故排除。

20. C 【解析】本题考查资本主义国家的主要政体。君主立宪制是以世袭的君主为国家元首,但其权力由宪法规定、受到一定限制的政权组织形式,它是资产阶级同封建贵族妥协的产物。世界上的君主立宪制国家有英国、日本、西班牙、荷兰、比利时、丹麦等。民主共和制是国家最高权力机关和国家元首由选举产生,并有一定任期的国家管理形式。世界上的民主共和制国家有意大利、德国、奥地利、印度、新加坡、美国等。故答案为C。

21. A 【解析】本题考查迁都至殷的商王。汤建立商朝,都城建在亳。受战乱、环境变化等因素的影响,商朝多次迁都,到商王盘庚时迁到殷,盘庚迁殷后,商朝的统治比较稳定,出现了“百姓由宁,殷道复兴,诸侯来朝”的局面。故答案为A。B、C、D三项均不符合题意,故排除。

22. D 【解析】本题考查《警世通言》中的女性人物。杜十娘是明代冯梦龙所著《警世通言·杜十娘怒沉百宝箱》中的女主人公,杜十娘曾为青楼女子,深受压迫却坚贞不屈，为摆脱逆境而顽强挣扎，将全部希冀寄托于绍兴府富家公子李甲身上。然而她怎么努力也逃脱不了悲惨命运的束缚，李甲背信弃义，将其卖于孙富。万念俱灰之下，杜十娘怒骂孙富，痛斥李甲，把多年珍藏的百宝箱中的一件件宝物抛向江中，最后纵身跃入滚滚波涛之中。故答案为D。

A项，湘夫人出自战国时期楚国诗人屈原的诗作《九歌·湘夫人》。

B项，糜夫人是《三国演义》中的人物。

C项，扈三娘是《水浒传》中的人物，绰号“一丈青”，是梁山三位女将之一。

23. B 【解析】本题考查“五角大楼”代表的机构。五角大楼是美国国防部的办公大楼，位于华盛顿西南方弗吉尼亚州阿灵顿县，因建筑物为五角形而得名，是世界最大单体行政建筑。故答案为B。

A项，美国总统府又名白宫，位于美利坚合众国华盛顿特区宾夕法尼亚大道1600号，始建于1792年10月13日，是美国总统和第一家庭居住并处理人民事务的官邸，也是美利坚合众国的国家中枢之一。

C项，美国中央情报局总部位于美国弗吉尼亚州的兰利。其主要任务是公开和秘密地收集和分析关于国外政府、公司、恐怖组织、个人、政治、文化、科技等方面的情报，协调其他国内情报机构的活动，并把这些情报报告到美国政府各个部门的工作。

D项，美国联邦调查局(FBI)，隶属于美国司法部，是美国警察机构中等级最高的国家警察，主要负责恐怖袭击、绑架、间谍等重大犯罪。

24. C 【解析】本题考查门神。门神，即司门守卫之神，是中国农历新年贴于门上的一种画类。门神作为民间信仰的守卫门户的神灵，人们将其神像贴于门上，用以驱邪避鬼、卫家宅、保平安、助功利、降吉祥等，是中国民间深受人们欢迎的守护神。秦琼、尉迟恭二人作为武门神普及最广，图中所示门神为秦琼、尉迟恭，其中执鞭者(左)是尉迟恭，执锏者(右)是秦琼。答案为C。A、B、D三项均不符合题意，故排除。

25. A 【解析】本题考查数学常识。百分等级是表示某个数在其所属的团体中所超过的单位数占总单位数的百分数。以考试成绩为例，如某生成绩的百分等级为80，即表示其成绩超过了80%考生；如某生成绩的百分等级为30，则说明其成绩仅超过全体考生的30%。百分等级大的数字，表明其所占的地位高，百分等级小的数字，则表示其所占的地位低。题干中全区有60%的学生卷面成绩低于70分，所以该学生在此次考试中的百分等级为60。故正确答案为A。B、C、D三项均为干扰项，故排除。

26. D 【解析】本题考查Word文本编辑。替换操作可以通过“开始”→“编辑”组中的“替换”命令实现，也可以通过组合键【Ctrl+H】实现。替换功能可一次性修改文档中重复性的错误，从而提高工作的效率。故正确答案为D。

A项，需要逐一查找并更正错误，不能一次性批量修改。

B项，使用“撤消”命令与“恢复”命令只能逐步前后调整，不能批量修改。

C项，使用“定位”命令只能跳转到某处，不能批量修改。

27. C 【解析】本题考查PowerPoint的知识。幻灯片是PowerPoint的基本构成单位，每张幻灯片除了可以包括文字和图片外，还可以有声音、视频、图表等。故正确答案为C。A、B、D三项均不符合题意，故排除。

28. B 【解析】本题考查类比推理。青年和记者是交叉关系。学生和团员也是交叉关系。护士和医生属于并列关系，警察和狱警为包含关系，作家和文人属于包含关系。故正确答案为B。

29. B 【解析】本题考查数字推理。通过观察可知，第一项乘以第二项然后再加三就等于第三。2×3+3=9，3×9+3=30，9×30+3=273，30×273+3=8193。故正确答案为B。

二、材料分析题(参考答案)

30. 材料中，李老师的教育行为是不恰当的，违背了素质教育观的相关要求，我们应引以为戒。

(1)素质教育是促进学生个性发展的教育。每一位学生都有其个性，教育要尊重并充分发展学生的个性。材料中，李老师对晓宇“画咖啡色月季花”的想法进行否定，在其拿出咖啡色月季花后直接否定他画画的天赋，扼杀了晓宇对画画的积极性，不利于其个性健康发展。

(2)素质教育是以培养学生的创新精神和实践能力为重点的教育。这要求教师在教学中应该激发学生创新意识、培养学生创新能力。材料中，李老师固守传统思维，多次否定晓宇画咖啡色月季的创新想法，扼杀了学生的想象力和创造性。

(3)素质教育要求教学从“教育者为中心”转向“学习者为中心”，教师要调动学生参与教学的积极性。材料中，晓宇将月季花涂成咖啡色，遭到老师批评后带了一束纸折的咖啡色月季花向老师证明，李老师却不听晓宇的想法，而是认为晓宇没有画画的天赋，打压了学生的主动性和积极性，没有遵循素质教育的要求。

综上所述，作为一名新时代教师，我们应积极践行素质教育观的相关要求，促进学生更好的成长发展。

(共14分。对李老师的评价正确给2分；从“没有促进学生个性发展”“扼杀学生的创新精神”“没有遵循学生主动发展的要求”等角度作答，答出至少三点，每点4分，理论阐述2分，结合材料具体分析2分)

31. 材料中“我”的教育行为是正确的，符合教师职业道德规范的相关要求，值得肯定。

(1)“我”的教育行为符合爱岗敬业的教师职业道德规范。爱岗敬业要求教师忠诚于人民教育事业,志存高远,勤恳敬业,甘为人梯,乐于奉献。对工作高度负责,认真备课上课,认真批改作业,认真辅导学生。不得敷衍塞责。材料中,针对学生的各种问题,“我”会认真进行分析,为学生提出建议,认真辅导学生进步,体现了这一点。

(2)“我”的教育行为符合关爱学生的教师职业道德规范。关爱学生要求教师关心爱护全体学生,尊重学生人格,平等公正对待学生。对学生严慈相济,做学生良师益友。保护学生安全,关心学生健康,维护学生权益。不讽刺、挖苦、歧视学生,不体罚或变相体罚学生。材料中,“我”能关注到班中学生的问题并积极引导改变,在评价学生口误时,考虑到尊重学生的人格使用教育机智来化解问题,体现了这一点。

(3)“我”的教育行为符合教书育人的教师职业道德规范。教书育人要求教师循循善诱,诲人不倦,因材施教。培养学生良好品行,激发学生创新精神,促进学生全面发展。不以分数作为评价学生的唯一标准。材料中,“我”能根据两位学生不同的问题采取不同的措施,因材施教,并以学生的学习表现作为评价学生的标准之一,体现了这一点。

综上所述,作为一名新时代教师,我们应学习材料中教师的做法,积极践行教师职业道德的相关要求。

(共14分。对材料中教师的行为评价正确给2分;答出“爱岗敬业”“关爱学生”“教书育人”三条职业道德规范,每条4分,理论阐述2分,结合材料具体分析2分)

32.(1)①美学这个学科从此有了名称。②“美学”成为一门独立科学。③区分出两种意义上的美学:一种是具有高度哲学意味的,对美的性质、美感本质、艺术概念的分析等问题进行理论阐释的专门学科;另一种是一些哲学家、思想家和文学家、艺术家关于美和艺术的一些论述。

(共4分。答出“美学这个学科有了名称”1分,答出“美学成为一门独立科学”1分,答出“区分出两种意义上的美学”及具体内容2分)

(2)①强调美学的形成。在生活中,美和对美的感受,是无所不在的。艺术家们由于自己的教养、知识和经历,形成了他们在艺术创作中的美感倾向,并由此决定了他们的艺术风格。

②强调“半美学”的重要地位。在一个时代,一个社会,一种文化之中,也有着一些占据着主导性的美感倾向,一些敏感的艺术家依据这样的感觉创作出了自己的作品。反过来,他们的作品又影响并推动了一个时代、社会和文化的普遍感觉。

③说明“半美学”对美学生长的作用。大量“半美学”的实践、思考和论述是美学的生长基础,使美学具有生命力。

④为美学的发展提供方向。美学是一门专门的由专家从事的学问,又是一门涉及面极广的学问,这些专家要把握大量的“半美学”,整理出来,形成理论,以此保持与现实的对话关系,使美学重获活力,找到发展的源泉。

(共10分。答出“半美学”对美学形成的作用2分,答出“半美学”的重要地位2分,答出“半美学”对美学生长的作用2分,答出“半美学”对美学发展的作用2分,能用自己的话对强调“半美学”的意义进行总结而不是单纯摘抄原文2分)

三、写作题

33.**【写作思路】**这是一篇材料作文,考生需要从材料中提炼出文章立意。通过分析可知:王利器在任范文澜《文心雕龙注》的责任编辑时,为该书订补了将近500条注文,由此可以提炼出第一个立意——尽职尽责;范老同意了王利器对自己《文心雕龙注》的将近500条注文的订补,由此可以提炼出第二个立意——虚心“纳谏”;在范老提出著作应同署他们两个人的名字时,王利器认为这是自己的份内事,坚辞不允,由此可以提炼出第三个立意——淡泊名利、不忘初心;因为有了两个人的合作,才有了现在好评如潮的《文心雕龙注》,由此可以提炼出第四个立意——合作共赢、团队的力量。

【范文】

尽职尽责

林清玄曾说:“人生的画幅,我在乎的不是怎么去画,我在乎的是画出了什么。就像沧浪之水,可以洗脸,也可以冲洗污秽,但水只是水,在尽着宇宙一滴的责任。”我们每个人都有每个人的责任,而我们在生活中也在尽着自己的责任,医生之于病人,教师之于学生。

我们是别人的责任,也有着我们自己的责任。正如王利器的责任是编写好范文澜的《文心雕龙注》,他就尽心尽力,为范文澜的《文心雕龙注》订补了将近500条注文。我们的社会中,有着形形色色的职位,每个职位都有其存在的意义。若是每个职位上的人都无法做到尽职尽责,社会怎能安定和谐?所以,无论我们身处何种职位,都应当尽职尽责。

尽责需要用心。同样是撞钟,如果撞钟人能够用心地撞每一下钟,毫不敷衍,那么人们就会从他的钟声中听到宁静,听到肃穆,听到震撼人心的力量。但若撞钟人只是机械地完成自己的工作,应付了事,那么人们就会觉得钟声吵闹、扰人。两种撞钟人同样在干着自己的本职工作,在尽着自己的责任,但不同的心理却有着不同的结果。我们只有热爱自己的工作,尽心尽职,才能完美地尽到自己的责任。

近年来,中央下发文件,开展反腐倡廉工作,要求广大公务员们在其位,尽其职,担其责。我们美好的生活就是各个政府部门尽职尽责的结果。我相信,在这个尽职尽责的社会中,倘若每个人都能做到在其位,尽其职,担其责,中华民族的发展将更加辉煌。

追溯历史,先辈们也知道在其位则需尽职尽责的道理。身为朝臣,魏征敢于上谏,使皇帝放弃了不少无益于民的政令。正是他的尽职尽责,让他成为了唐太宗的三镜之一。身为统帅,岳飞治军严明,在一场又一场的战斗中获得胜利,正是他的尽职尽责,得到了"撼山易,撼岳家军难"的美名。身为皇帝,康熙勤政爱民,将国家治理得兴盛富饶,正是他的尽职尽责,为清朝近三百年的基业奠定了坚实的基础。这还只是沧海一粟,华夏文明的建立与兴盛源于千千万万有志之士身处不同岗位,尽职尽责地工作。在其位,尽其职,担其责本身就是中华优秀传统文化的重要组成部分。

无论从事伟大的事业,还是平凡的工作,我们都应尽职尽责。或许,尽职尽责会十分辛苦,没有丰厚的报酬,甚至一生无名无利。但它会让我们在平凡的岗位上做出超越平凡的成就,在平凡生活中实现不一样的人生价值。这就是在其位,尽其职,担其责的真正意义。

(共50分。本篇文章立意正确,语言流畅,逻辑通顺。开头引用林清玄的话揭示主旨,提出"尽职尽责"这一中心论点,中间通过对一系列关于尽职尽责事例的描写来论证论点,结尾与开头前后照应,论证严密。拟定得分46分)

2022年上半年中小学教师资格考试真题试卷(四)

一、单项选择题

1. C 【解析】本题考查教师专业发展的阶段。福勒将教师的专业发展分为以下几个阶段:(1)任教前关注阶段;(2)早期求生存阶段;(3)关注教学情境阶段;(4)关注学生阶段。其中,关注教学情境阶段,教师关注的是教学和在这种教学情境下如何完成教学任务。所以,在此阶段较重视自己的教学,关注的是自己的教学表现,而不是学生的学习。题干中王老师经常思考怎样顺利完成教学任务,提高学生成绩,表明王老师处于关注教学情境阶段。故答案选C。

A项,任教前关注阶段是师资养成时期,师范生仍扮演学生角色,对于教师角色仅是想象,没有教学经验,只关注自己;对于给他们上课的教师的观察,常常是不同表情的,甚至是敌意的。

B项,早期求生存阶段是教师初次实际接触教学工作,所关注的是作为教师自己的生存问题,所以,他们关注对课堂的控制、是否被学生喜欢和他人对自己的评价。

故在此阶段,教师都具有相当大的压力。

D项,在关注学生阶段,虽然许多教师在职前教育阶段表达了对学生学习、社会和情绪需求的关注,但是没有实际的行动。直到他们亲身体验到必须面对和克服较繁重的工作时,才开始把学生作为关注的中心。

2. B 【解析】本题考查“以人为本”的学生观。学生是学习的主体,是具有主观能动性的人。素质教育强调学生在学习活动中是认识的主体、实践的主体和发展的主体,是学习的主人。题干中,东东在课堂上提问,马老师不但没有耐心解答,还说东东打岔、不礼貌,这表明马老师没有把东东当成学习的主人,忽视了学生的自主性。故本题答案选B。

A项,阶段性是指个体在不同的年龄阶段表现出身心发展不同的总体特征及主要矛盾,面临着不同的发展任务。

C项,不平衡性是指个体身心发展在同一方面的发展速度,在不同年龄阶段变化是不平衡的;不同方面在不同发展时期具有不平衡性。

D项,整体性是指学生是一个整体的人,以其整个身心投入教学生活,并以整个身心来感知、体验、享受和创造这种教学生活。

3. A 【解析】本题考查“以人为本”的学生观。学生是学习的主体,是具有主观能动性的人。素质教育强调学生在学习活动中是认识的主体、实践的主体和发展的主体,是学习的主人。题干中,王老师鼓励学生参与调查报告的撰写、制定评分规则有利于调动学生的主观能动性,学生在思考的过程中有利于激发其创造性思维,也尊重了学生的自主性。题干没有体现学生的差别性。本题为选非题,故答案选择A。

4. D 【解析】本题考查“以人为本”的学生观。学生是发展的人,具有巨大的发展潜能。教师应坚信每个学生都是有培养前途的,是追求进步和完善的,是可以获得成功的,因而对教育好每一个学生应充满信心。题干中李老师把作业从难到易分成三类,说明李老师看到了学生的差异性,但是不允许学生“跨级”做作业,说明李老师没有看到中等生、学困生的学习潜力。故答案选D。

A项,因材施教是指教师必须灵活地针对每个学生的特点,对他们提出不同的要求,采用不同的教育教学方法。李老师只是给学生划定了固定的作业难度,并没有根据每个学生的特点因材施教。

B项,李老师只是划分了作业的难易程度,实际上的作业量并未减少,没有减轻学生学习负担。

C项,教学相长的意思是教与学互相增长,指通过教授、学习,不但能使学生得到进步,而且教师本身的水准也可借此提高。题干未体现。

5. C 【解析】本题考查《中华人民共和国宪法》。《中华人民共和国宪法》第一百零一条规定，县级以上的地方各级人民代表大会选举并且有权罢免本级监察委员会主任、本级人民法院院长和本级人民检察院检察长。A项正确。

B、D两项，《中华人民共和国宪法》第一百零四条规定，县级以上的地方各级人民代表大会常务委员会讨论、决定本行政区域内各方面工作的重大事项；监督本级人民政府、监察委员会、人民法院和人民检察院的工作；撤销本级人民政府的不适当的决定和命令；撤销下一级人民代表大会的不适当的决议；依照法律规定的权限决定国家机关工作人员的任免；在本级人民代表大会闭会期间，罢免和补选上一级人民代表大会的个别代表。

根据第九十九条规定，县级以上的地方各级人民代表大会有权改变或者撤销本级人民代表大会常务委员会不适当的决定。故县级人民代表大会无权撤销本级人民代表大会的不适当决议，C项说法错误。

6. A 【解析】本题考查《中华人民共和国教育法》。《中华人民共和国教育法》第五十一条规定，图书馆、博物馆、科技馆、文化馆、美术馆、体育馆（场）等社会公共文化体育设施，以及历史文化古迹和革命纪念馆（地），应当对教师、学生实行优待，为受教育者接受教育提供便利。所以科技馆不应以学生年龄小等理由婉拒参观请求，应该改进其行为，为师生参观提供便利。故本题答案选A。

B项，作为公共文化科教场所，科技馆应该积极开放给学生参观学习，推广科普知识。

C项，以学生安全为由拒绝参观请求，做法不值得肯定，科技馆应当在确保学生人身安全的情况下接待师生参观。

D项，科技馆应该按照有关规定对教师、学生实行优待，并不是所有的设施都向师生免费开放。

7. C 【解析】本题考查《中华人民共和国义务教育法》。《中华人民共和国义务教育法》第五十八条规定，适龄儿童、少年的父母或者其他法定监护人无正当理由未依照本法规定送适龄儿童、少年入学接受义务教育的，由当地乡镇人民政府或者县级人民政府教育行政部门给予批评教育，责令限期改正。题干中小雨的父母无正当理由不送小雨去上学，应由教育行政部门给予批评教育，并督促小雨的父母改正。C项说法正确。教育行政部门并没有对小雨的父母给予处分的权利，故D项说法错误。

A、B两项，根据《中华人民共和国义务教育法》第十一条规定，凡年满六周岁的儿童，其父母或者其他法定监护人应当送其入学接受并完成义务教育；条件不具备的地区的儿童，可以推迟到七周岁。适龄儿童、少年因身体状况需要延缓入学或者休学的,其父母或者其他法定监护人应当提出申请,由当地乡镇人民政府或者县级人民政府教育行政部门批准。故题干中小雨的父母应该送年满7岁的小雨入学接受义务教育。

8. A 【解析】本题考查教师的职业权利。教师享有参加进修或者其他方式的培训的权利,简称进修培训权。教育行政部门和学校其他教育机构应当采取多种形式,开辟多种渠道,保证教师进修培训权的行使。题干某县教育行政部门为所有在岗教师提供了每年不低于72学时的培训机会,保障了教师参加进修培训的权利。故答案选A。

B项,题干未体现培训经费的均衡分配。

C项,教师培训属于教育行政部门的管理职责,并未侵犯学校自主管理的权利。

D项,教师培训是教师的工作内容之一,并未侵犯教师带薪休假的权利。

9. A 【解析】本题考查《学生伤害事故处理办法》。《学生伤害事故处理办法》第二十八条规定,未成年学生对学生伤害事故负有责任的,由其监护人依法承担相应的赔偿责任。题干中李某所受伤害是在课间因潘某球拍不慎脱手导致的,潘某是直接致害人,但鉴于潘某是小学生,应当由潘某的监护人承担主要赔偿责任。故本题答案选择A。B、C、D三项均不符合题意,故排除。

10. B 【解析】本题考查学生作为受教育者的权利。学生有参加教育教学的权利,在教学过程中,学生有权参加教育教学计划安排的各种课堂教学、讲座、课堂讨论、观摩、实验、见习、实习、测验和考试等活动。任何组织和个人都不得以任何借口非法剥夺学生参加教育教学活动的权利。所以李老师不让学生参加考试的这一做法是错误的。故本题答案选择B。

A项,即使是班主任也没有免除学生参加考试的权利。

C项,教师应关心爱护全体学生,尊重学生人格,平等公正对待学生。对学生严慈相济,做学生良师益友。李老师讽刺学生、拒绝学生参加考试的做法没有体现出严慈相济。

D项,因材施教是指教师必须灵活地针对每个学生的特点,对他们提出不同的要求,采用不同的教育教学方法。题干并未体现李老师因材施教。

11. C 【解析】本题考查学生的公民权利。著作权也称"版权",是指自然人、法人或者其他组织对文学、艺术和科学作品依法享有的财产权利和精神权利的总称。未成年人同样享有著作权。题干中出版社未经梓轩的同意就用他的作品作为插图,侵犯了梓轩的著作权,是不合法的。故本题答案选择C。A、B、D三项均说法错误,故排除。

12. B 【解析】本题考查《中华人民共和国未成年人保护法》。《中华人民共和国未成年人保护法》第十七条规定，未成年人的父母或者其他监护人不得虐待、遗弃、非法送养未成年人或者对未成年人实施家庭暴力。第十一条规定，任何组织或者个人发现不利于未成年人身心健康或者侵犯未成年人合法权益的情形，都有权劝阻、制止或者向公安、民政、教育等有关部门提出检举、控告。故题干中校长的说法是错误的，学校应该及时劝阻思涵的继母停止其虐待行为，如果劝阻无效，可向相关部门检举。故B项说法正确。C、D两项说法错误。

《中华人民共和国未成年人保护法》第七条规定，未成年人的父母或者其他监护人依法对未成年人承担监护职责。故A项说法错误。

13. D 【解析】本题考查《中华人民共和国义务教育法》。《中华人民共和国义务教育法》第二十七条规定，对违反学校管理制度的学生，学校应当予以批评教育，不得开除。故学校可以对欺负小娟的高年级学生进行批评教育，但不能劝退。本题为选非题，故答案选择D。

A项，鼓励受害者寻求帮助是恰当做法。

B、C两项，学校和老师制止不当行为，对违纪学生进行教育是恰当做法。

14. D 【解析】本题考查《中小学班主任工作规定》。《中小学班主任工作规定》第九条规定，认真做好班级的日常管理工作，维护班级良好秩序，培养学生的规则意识、责任意识和集体荣誉感，营造民主和谐、团结互助、健康向上的集体氛围。指导班委会和团队工作。题干中，刘老师进行“班级公约海选”，有利于培养学生的规则意识和责任意识，调动学生参与活动的积极性和主动性；推选“公约管理员”负责监督执行情况并反馈，增加了“公约管理员”的工作量，但有利于维护班级秩序。故本题选D。A、B、C三项均说法错误，故排除。

15. A 【解析】本题考查教师职业道德的功能。教师在历代中都是社会道德典范，被认为是社会文化使者、高尚道德的代表。他们对社会文明的示范功能的表现途径之一是：教师通过参加各种社会活动而影响社会道德，当教师严格遵循教师职业道德，以高尚的道德面貌出现在社会中时，他们的道德风貌、人格形象便会对社会各方面产生积极影响。

A项的意思是“当政者本身言行端正，不用发号施令，大家自然起身效法，政令将会畅行无阻；如果当政者本身言行不正，虽下命令，大家也不会服从遵守”，强调的是以身作则。

B项的意思是“求师从师之道确立了，那么善良人就会增多。善良人多了，那么朝廷就会端正，从而天下也就大治了”，强调的是尊师重教事关国家的长治久安。

C项的意思是“安心学习，亲近师长，乐于与人交朋友，并深信所学之道”，强调的是跟师友学习的重要性。

D项的意思是“老师受到尊敬，然后真理学问才会受到敬重。真理学问受到尊敬，然后人民才会敬重学问，认真学习”，强调的是尊师重道。

题干中吴老师帮助玲玲和奶奶的行为起到了示范作用，为村民树立了一个良好榜样，与A选项所表述的意思一致，故本题选择A。

16. C 【解析】本题考查教师角色冲突。教师的角色冲突主要包括以下几个方面：(1)学校内外价值观念的冲突。这种冲突是由于社会习俗的要求与学校制度本身对教师的期望不符，使教师感到左右为难。(2)个人的人格需要与制度上的角色期望之间的冲突。一个从事教育事业而没有奉献精神的教师，其言行未必符合教师角色期望，可能会误人子弟。(3)角色组合中，不同的人对教师有不同的期望。如因家长、校长以及学生对教师的期望不同而导致教师的无所适从。(4)一位教师承担两种或两种以上角色时所产生的角色冲突。教师在校内外同时扮演多种角色，如一位女教师在家庭中的角色是主妇和母亲，在学校又扮演数学教师和辅导员，因此常常感到分身乏术、无法兼顾。(5)教师个人内在的冲突。这是个人潜能与需要不符合造成的，如教师因能力有限，无法施展抱负，或教师因体罚学生而产生心理矛盾、不安与困扰等。题干中，张老师一方面作为教师承担着教书育人的责任，另一方面作为母亲则担负着养育孩子的责任，故张老师正面临着教师、母亲两种角色责任引发的行为冲突。故本题答案选C。A、B、D三项均不符合题意，故排除。

17. B 【解析】本题考查地质作用。地质作用按其能量来源可分为内力作用和外力作用。

内力作用的能量主要是来自地球内部的热能。内力作用主要表现为地壳运动、岩浆活动、变质作用等形式。地壳运动是指岩石圈因受内力作用而发生的变位或变形，也称构造运动。其基本形态有褶皱和断层。当岩石圈破裂时，深处岩浆沿破裂带上升，侵入岩石圈或喷出地表，这一过程称为岩浆活动。岩浆喷出地表成为火山，故A、C、D三项均为内力作用导致。

外力作用的能量来自地球外部，主要是太阳辐射能。外力作用对地表形态的塑造主要有风化、侵蚀、搬运、堆积等方式。外力通过风化、侵蚀作用不断地对地表进行破坏，并把风化、侵蚀的产物搬运并堆积起来。地表的岩石经风化后形成细小的沙粒，在风的作用下，被搬运离开原来的位置，随着风力减小被搬运的沙粒渐渐沉积下来形成沙漠。因此B项属于外力作用导致。

18. C 【解析】本题考查世界著名火山。维苏威火山位于意大利南部那不勒斯湾东海岸，是世界著名的火山之一，被誉为“欧洲最危险的火山”。公元79年，维苏威火山突然爆发，强烈的火山活动喷出的岩浆、火山碎屑物质和气态喷出物把山下的庞贝城全部湮没。故题干所述火山是维苏威火山。故答案选C。

A项，皮纳图博火山，位于菲律宾吕宋岛，1991年6月，皮纳图博火山爆发，是20世纪最大的火山爆发之一，喷出了大量火山灰和火山碎屑流。

B项，圣海伦斯火山位于美国西北部华盛顿州，属喀斯喀特山脉。该火山具有记载的大规模火山爆发发生在1980年5月，导致多人丧生，火山灰烬覆盖美国西部大片区域。

D项，埃特纳火山是意大利西西里岛东岸的一座活火山，是欧洲海拔最高的活火山。埃特纳火山喷发状况十分活跃，破坏力极强，但频繁的火山喷发也为当地带来了极为肥沃的土壤及大量的旅游资源。

19. D 【解析】本题考查第一次工业革命成果。第一次工业革命的重要成就有：瓦特改良蒸汽机；富尔顿制造第一艘蒸汽轮船；惠特尼发明轧棉机；史蒂芬孙发明蒸汽机车。故答案选D。

20. A 【解析】本题考查中国古代著名战役。

A项，城濮之战是周襄王二十年（公元前632年）晋、楚两国在卫国城濮（今山东鄄城）地区进行的争夺中原霸权的首次大战。晋军为避开楚军的北进锋芒，在未战之前，主动退军“三舍”。在城濮，晋文公会晋、宋、齐、秦等军，大破楚军。此战后，晋文公大会诸侯于践土，确立了其霸主地位。故答案选A。

B项，桂陵之战发生于公元前354年（周显王十五年），魏国大将庞涓率军围攻赵都邯郸，赵国向齐国求救。齐威王命田忌、孙膑率军援救。孙膑认为魏军以精锐攻赵，国内空虚，于是率兵攻打魏都大梁，使魏将庞涓撤军回救。孙膑却在桂陵伏袭，打败魏军，并生擒庞涓。孙膑在此战中避实击虚、攻其必救，创造了“围魏救赵”战法。

C项，马陵之战是继桂陵之战后，齐魏双方发生的又一场战争，是齐军在马陵（今河南范县）歼灭魏军的著名伏击战。从此魏国不再有能力与齐、秦两国争霸，失去了霸主地位。

D项，长平之战，是秦昭襄王四十七年（公元前260年）秦国与赵国争夺韩国的上党郡，秦国率军在赵国的长平（今山西省晋城）一带同赵国军队发生的战争。秦将白起击破赵军主力，杀赵将赵括，大败赵军。后坑杀赵军四十万余。长平之战是战国历史的最后转折，是中国古代军事史上最早、规模最大、最彻底的大型歼灭战。

21. A 【解析】本题考查外国文学常识。《丧钟为谁而鸣》是美国作家海明威于1940年发表的长篇小说，以美国人参加西班牙人民反法西斯战争为题材，是海明威的代表作之一。故答案选A。

B项，墨西哥内战即墨西哥革命，是1910~1917年墨西哥人民反帝反封建的资产阶级民族民主革命。

C项，美国南北战争又称美国内战，是指1861~1865年美国南部奴隶制与北部雇佣劳动制矛盾而引起的南部与北部诸州之间的战争。

D项，玫瑰战争又称蔷薇战争，指1455~1485年兰开斯特和约克两大家族为争夺英格兰王位进行的内战，因兰开斯特家族、约克家族的族徽分别是红、白玫瑰而得名。

22. C 【解析】本题考查戏曲常识。A项，《失空斩》是中国京剧传统剧目《失街亭》《空城计》和《斩马谡》的合称，剧本取材于古典名著《三国演义》，讲述三国时期蜀汉丞相诸葛亮率军北伐的故事。B项，《定军山》是依据《三国演义》改编的京剧传统剧目，叙述了蜀国老将黄忠向诸葛亮讨令拒敌，打退敌将张郃，攻占天荡山，斩杀夏侯渊，夺取曹军大本营所在的定军山的故事。D项，《长坂坡》是京剧传统剧目，又名《当阳桥》《单骑救主》，取材自《三国演义》。故A、B、D三项均出自《三国演义》。

C项《宇宙锋》是戏曲传统剧目，讲述了一个发生在秦二世临政的首都长安城的故事。梅兰芳（京剧）、陈素真（豫剧）、陈伯华（汉剧）三位大师的《宇宙锋》并称为“宇宙三锋”。本题为选非题，故答案选C。

23. B 【解析】本题考查外国音乐常识。B项，海顿是奥地利作曲家，维也纳古典乐派代表人物。海顿被尊称为“交响曲之父”。故答案选B。

A项，舒曼是19世纪德国作曲家、音乐评论家。

C项，贝多芬出生于德国，是维也纳古典乐派代表人物之一。贝多芬被后世尊称为“乐圣”“交响乐之王”。

D项，李斯特是匈牙利著名作曲家、钢琴家、指挥家，浪漫主义前期最杰出的代表人物之一。

24. A 【解析】本题考查民族风俗传统。苗族妇女上身一般穿窄袖、大领、对襟短衣，下身穿百褶裙。衣裙或长可抵足，飘逸多姿，或短不及膝，婀娜动人。便装时则多在头上包头帕，上身大襟短衣，下身长裤，镶绣花边，系绣花围腰，再加少许精致银饰衬托。苗族男子的装束比较简单，上装多为对襟短衣或右衽长衫，肩披织有几何图案的羊毛毡，头缠青色包头，小腿上缠裹绑腿。苗族民间舞蹈有芦笙舞、铜鼓舞、木鼓舞、湘西鼓舞、板凳舞和古瓢舞等。尤以芦笙舞流传最广。由图片可知这一民族是苗族。故本题选A。

25. B 【解析】本题考查加权平均数。由题干可知：该生的学期语文成绩=

$$\frac{(\text{平时成绩} \times 2) + (\text{期中成绩} \times 3) + (\text{期末成绩} \times 5)}{2+3+5} = \frac{85 \times 2 + 78 \times 3 + 84 \times 5}{2+3+5} = 82.4$$。

26. D 【解析】本题考查Excel的基本知识。统计函数COUNT用来计算区域中包含数值的单元格个数。C3到C8一共有6个单元格,故本题选择D。

27. D 【解析】本题考查Excel的基本操作。单元格中常见的数据类型有三种:(1)文本型数据。文本型数据包括字母、数字、标点符号及其他符号。若输入纯数字的文本(全部由数字组成的字符串),为了避免被认为是数值型数据,Excel2010要求在第一个数字前加上一个英文状态下的单引号“'”。(2)数值型数据。数值型数据由数字、+、-、*、/、(、)、%、$等组成。当输入负数时,是在输入的数字前加“-”,或将数字用“()”括起来;当输入分数时,是在输入的分数前加0和空格;当输入带分数的整数时,整数与分数之间加空格。(3)日期和时间型数据。Excel内置有一些常用的日期与时间格式,当输入数据与这些格式相匹配时,Excel会将它们识别成日期或时间。常用格式有dd-mm-yy,yyyy/mm/dd等。在Excel表格单元格中输入当天时间,可按组合键“Ctrl+Shift+;”。题干中,在输入数据前加“'”表示的是以文本形式储存的字符串。故本题选D。

28. D 【解析】本题考查类比推理。题干中“军人—医生”属于交叉关系,如军医。A、B、C三项都属于交叉关系,D项属于并列关系。故本题选D。

29. C 【解析】本题考查图形推理。观察题干中的图形可以发现,每个图形都由三部分组成,外圈和中圈图形一致,大小不一,且有两条公共边,内圈是一个圆形,不与外圈和中圈相交。观察选项,只有C项符合此规律。故本题选C。

二、材料分析题(参考答案)

30. 材料中,罗老师的教育行为是正确的,践行了“以人为本”的学生观的要求,值得肯定与学习。

(1)“以人为本”的学生观认为学生是发展的人。学生具有巨大的发展潜能,教师要用发展的眼光看待学生。材料中,罗老师发现部分学生的作业存在一些不足之处,罗老师并没有因此而批评、放弃学生,而是鼓励、表扬学生。罗老师的鼓励与肯定改变了数学成绩不理想的小涛,促进了学生发展。

(2)“以人为本”的学生观认为学生是独特的人,每个学生都有自身的独特性。教师在教学中应贯彻因材施教原则。材料中,罗老师批改学生作业时,针对不同学生的作业情况给出了不同的评语和建议,还在课堂上分类点评并讲解学生的作业,这说明罗老师看到了学生是独特的人。

(3)“以人为本”的学生观认为学生是具有独立意义的人。学生是学习的主体,是具有主观能动性的人。教师应引导学生积极、主动地参与到教学中来。材料中，小涛数学成绩不理想，罗老师针对小涛的情况写出了独特的评语，肯定了小涛勤于思考的学习品质，使得小涛对数学产生了兴趣，能够认真听讲并按时完成作业，这充分调动了学生学习的积极性、主动性。

综上所述，作为教师，我们应严格践行“以人为本”的学生观，促进学生积极成长。

（共14分。点评正确给2分；从“学生是发展的人”“学生是独特的人”“学生是具有独立意义的人”角度答出三点，每个知识点4分，给出理论依据2分，结合材料合理阐述2分）

31. 材料中，于老师践行了“关爱学生”“为人师表”“教书育人”“爱岗敬业”的教师职业道德规范，值得我们学习并实践。

（1）于老师的教育行为符合“关爱学生”的要求。“关爱学生”要求教师关心爱护全体学生，尊重学生人格，平等公正对待学生。对学生严慈相济，做学生良师益友。保护学生安全，关心学生健康，维护学生权益。不讽刺、挖苦、歧视学生，不体罚或变相体罚学生。材料中，上小学一到三年级时，别的老师把“我”的座位安排在角落，从不提问“我”，但是于老师却时不时将眼光停留在“我”的身上，说明于老师有关注到“我”，体现了于老师关心爱护全体学生，平等公正对待学生。

（2）于老师的教育行为符合“为人师表”的要求。“为人师表”要求教师坚守高尚情操，知荣明耻，严于律己，以身作则。衣着得体，语言规范，举止文明。关心集体，团结协作，尊重同事，尊重家长。作风正派，廉洁奉公。自觉抵制有偿家教，不利用职务之便谋取私利。材料中，“我”是一个后进生，但于老师从未放弃过“我”，不仅在学习上不断鼓励“我”，还经常和“我”的父母联系，体现了于老师坚守高尚情操，尊重家长。

（3）于老师的教育行为符合“教书育人”的要求。“教书育人”要求教师遵循教育规律，实施素质教育。循循善诱，诲人不倦，因材施教。培养学生良好品行，激发学生创新精神，促进学生全面发展。不以分数作为评价学生的唯一标准。材料中，于老师让“我”当护旗手，循循善诱，不断鼓励“我”，让“我”的学习步入正轨，人变得自信起来，这体现了于老师遵循教育规律，循循善诱。

（4）于老师的教育行为符合“爱岗敬业”的要求。“爱岗敬业”要求教师忠诚于人民教育事业，志存高远，勤恳敬业，甘为人梯，乐于奉献。对工作高度负责，认真备课上课，认真批改作业，认真辅导学生。不得敷衍塞责。材料中，于老师对学生认真负责，面对淘气的学生不放弃，鼓励“我”，并与“我”的家长联系，使“我”的学习逐渐步入正轨，体现了于老师对教育工作的高度负责。

综上所述，作为教师，我们应该严格遵循教师职业道德规范的要求，促进学生成长。

（共14分。点评正确给2分；答出关爱学生、为人师表、教书育人、爱岗敬业，每个知识点3分，给出理论依据2分，结合材料合理阐述1分）

32. (1)①诗或《诗经》作为文学形式，其基本价值在审美和情感表达是美学的，但自孔子时代始，其道德、政治喻义被历代经学家发挥，几乎成为社会风教和政教读本。②礼涉及道德伦理问题，但其昭示的人的行为的雅化和群体活动的仪式化是审美的。③乐的审美和艺术特性自不待言，它预示的心性、社会乃至天地人神的整体和谐，却指向伦理性的至善理想。

（共4分。从"诗或《诗经》""礼涉及道德伦理""乐的审美和艺术特性"3个方面进行分析得4分）

(2)特点：①通过美对善的渗透和包容，使美成为道德的容器和存在境域。②美不仅在源发意义上成为人性向善生成的内部动因，而且也是道德外化的形式。

效果：①美深化了道德的人性基础。也就是说，人生在世，天然地追求快乐，诗、歌、乐、舞是快乐的表现形式，由此引发的道德必然是有深邃人性根基的道德。②美和艺术对人性之善具有发蒙、滋养和化育作用。③由美向德的自然生成，可以有效避免诸多道德教育弊端的出现。④美能深化道德的人性基础，活化社会伦理秩序，软化诸多人伦规则的机械和僵硬，使道德伦理更合乎人性和人情，绵延数千年。⑤有助于更深刻地体认美育之于中国当代学校乃至国民教育的重要性，同时也有助于为国家道德建设开启出一条更趋行稳致远的道路。

（共10分。关于特点，从"美对善的渗透和包容"和"内部动因、外化形式"两个方面回答得4分，每少答一方面扣2分。关于效果，从"深化道德的人性基础""对人性之善的作用""避免德育弊端""合乎人性和人情""对学校、国民教育、国家道德建设的作用"五方面回答，任答其中三个方面即可得满分）

三、写作题

33.【写作思路】通读材料可知，本段材料的主题思想是"传统文化与现代科技"。无论是华为的"鸿蒙"系统，还是中国航天设备的命名，都极具中国特色。这体现了中华民族文化的自信，同时饱含着对中国传统文化的赞扬与自豪感，亦有着传统文化与科技的浪漫结合。

考生在审题立意时，要紧扣这一主题，围绕传统文化与现代科技进行写作。以"传统文化与现代科技"为例：可先概述传统文化与现代科技结合的事例，然后提出中心论点，中间用三个分论点论述，最后再次点明中心论点，号召当代青年注意从传统文化中汲取营养，让科技为传统文化插上翅膀，让传统文化与现代科技照亮民族复兴之路。

综上所述，本题可从以下几方面立意：(1)传统文化与现代科技；(2)发挥科技优势，弘扬传统文化；(3)在科研的路上坚守传统；(4)当科技遇上文化；(5)科学的文化魅力；(6)文化自信；等等。

【范文】

传统文化与现代科技

传统文化与现代科技相辅相成，各自都有其不可替代的作用与价值，一个都不可少。

传统文化有其独特的优美。当砚台上的墨被研开，墨香顺着空气优雅地钻入鼻腔，我不得不被其儒雅的气息所沉醉；当沾上墨水的毛笔在纸上笔走龙蛇时，一个个汉字从笔下跳跃而出，显现在纸上，我不得不被优雅的字体所震撼；当捏糖人用那双灵巧的双手将一块块麦芽糖捏成一个个活灵活现的小动物时，我不得不被捏糖的趣味所吸引；当雕刻大师手执一把雕刻刀在石头上东刻西磨，一个个逼真的物体慢慢出现在眼前时，我不得不被其精湛的手艺所折服……传统文化源远流长，在纸上终究是诉说不完的，它就像一杯老酒，芳香四溢，回味无穷。

诚然，传统文化之美令人向往，但现代科技也有其不可或缺的价值。君不见在极具现代科技的机床上，一瓶瓶墨水在流水线上应运而生，其生产速度令人瞠目结舌；君不见手机、网络为我们传达信息提供方便的服务，其神奇的技术令人好奇不已；君不见原来只能通过手工制造的食品现如今都可以在机器上实现量产，解放了劳作的双手；君不见3D打印技术在几分钟内就可以打印出一个精致又实用的物件……如今发达的科技给我们生活带来了极大的便利。

传统文化有传统文化的优点，现代科技有现代科技的优点。那两者相比较孰优孰劣呢？在我看来，两者都有其不可或缺的优势，两者相互交融才能最大化地发挥各自的优点，为我们人类文明增光添彩。

墨水只靠手工研制，其生产速率就会慢下来，若只依靠机器生产，就体现不出墨香独特的气息。所以两者都需要保留下来，既保留传统工艺，又要依靠现代科技。

就拿书写来说，有些同学书写的字迹非常潦草，原因很可能是手机用久了平时发消息只在手机上发，忽略了书写的重要性。出现这种情况，就得提醒这些同学多注意书写了。这绝不是在否认现代科技，只是在提醒我们要在学好传统文化的前提下才可以向现代科技看齐。当我们书写的字迹清楚，再在业余时间用手机打发一下时间，这未尝不可。而且这样也方便我们的生活，一个短信或一通电话就可以与千里之外的朋友、家人联系上,这样的便利不是很实用嘛。

传统文化就像一只小船,而现代科技就像一双木桨。只拥有一只小船,没有木桨,小船将无法向前方航行;只拥有一双木桨,没有小船,那就与拥有一双木棍一样没有太大的作用。只有拥有船和桨,并且二者相互合作才能并肩向前迈进。

让我们以传统文化为船,现代科技为桨,向前出发!

(共50分。这篇作文立意深刻,层次清楚,运用"总—分—总"的结构论证了"传统文化与现代科技相辅相成"的观点。运用了对比论证法,论据充足,论证有力。文中运用排比、比喻的修辞手法,增加了文章的文采。本篇作文拟给48分)

2021年下半年中小学教师资格考试真题试卷(五)

一、单项选择题

1. D 【解析】本题考查教师观。新课程倡导的教师观强调,从教师与学生的关系看,教师应是学生学习的促进者。教师应成为学生学习的激发者,各种能力和积极个性的培养者。题干中张老师提出问题引导学生积极思考解决问题,这一教学行为促进了学生对知识的学习,体现了教师是学生学习的促进者。

A项,"以人为本"的学生观认为学生是独特的人,教师要根据学生各个方面的情况因材施教。

B项,新课程倡导的教师观认为从教学与研究的关系看,教师是教育教学的研究者。

C项,素质教育强调学生在学习活动中是认识的主体、实践的主体和发展的主体,是学习的主人。

A、C两项表述正确,但不属于教师观,B项题干未体现,故A、B、C三项均不符合题意,答案选D。

2. C 【解析】本题考查美育内容。对学校美育来说,其内容主要包括四大方面:自然美、社会美、艺术美和科学美。(1)自然美是以大自然作为审美对象所感受和体验到的美。(2)社会美是以社会生活中美好的人和事为对象而感受和体验到的美。(3)艺术美是以艺术家创造的典型化、集中化的艺术作品为对象所感受和体验到的美。艺术的形式是多种多样的,有文学、戏剧、电影、音乐、绘画、舞蹈等。(4)科学美是以人类的科研活动为对象所感受到的美。题干中"传统礼仪"是社会美,"情景剧"是艺术美,故本题答案为C。A、B、D三项均不符合题意,故排除。

3. A 【解析】本题考查学生观。"以人为本"的学生观包括:(1)学生是发展的人。(2)学生是独特的人,每个学生都有自身的独特性。(3)学生是具有独立意义的人。学生在学习活动中是认识的主体、实践的主体和发展的主体,是学习的主人。①③④体现了“以人为本”的学生观的内涵。②⑤⑥表达正确,但不属于学生观,故不选。

4. D 【解析】本题考查教师职业的劳动特点。教师职业的劳动特点主要有:(1)复杂性;(2)创造性;(3)主体性和示范性;(4)延续性和广延性;(5)长期性和间接性。其中,教师劳动的创造性要求教师的教学方法要不断更新。题干中张老师设计“童话故事大比拼”“故事续写”等活动激发学生的创造性,展现学生个性,体现了教师劳动的创造性。故本题选D。

A项,长期性是指人才培养的周期比较长,教育影响具有滞后性。

B项,示范性指教师的言行举止等都会成为学生学习的对象。

C项,主体性指教师自身可以成为活生生的教育因素和具有影响力的榜样。

5. B 【解析】本题考查《中华人民共和国教育法》。依据《中华人民共和国教育法》第七十二条规定,结伙斗殴、寻衅滋事,扰乱学校及其他教育机构教育教学秩序或者破坏校舍、场地及其他财产的,由公安机关给予治安管理处罚;构成犯罪的,依法追究刑事责任。题干中社会青年孙某闯入小学寻衅滋事,扰乱学校秩序,按照我国《教育法》规定,公安机关应依法给予孙某治安管理处罚,故本题答案为B。A、C、D三项均为干扰项,故排除。

6. A 【解析】本题考查《中华人民共和国教师法》。依据《中华人民共和国教师法》第三十七条规定,教师有下列情形之一的,由所在学校、其他教育机构或者教育行政部门给予行政处分或者解聘:(一)故意不完成教育教学任务给教育教学工作造成损失的;(二)体罚学生,经教育不改的;(三)品行不良、侮辱学生,影响恶劣的。教师有前款第(二)项、第(三)项所列情形之一,情节严重,构成犯罪的,依法追究刑事责任。题干中教师李某在校外兼职严重影响了教学工作,按照规定,应该对其给予解聘。故本题答案选A。B、C、D三项为干扰项,故排除。

7. D 【解析】本题考查《中华人民共和国义务教育法》。依据《中华人民共和国义务教育法》第五十八条规定,适龄儿童、少年的父母或者其他法定监护人无正当理由未依照本法规定送适龄儿童、少年入学接受义务教育的,由当地乡镇人民政府或者县级人民政府教育行政部门给予批评教育,责令限期改正。题干中梁某无正当理由不送女儿入学接受义务教育,按照规定应由当地乡镇人民政府或者县级人民政府教育行政部门给予梁某批评教育,责令限期改正。故本题答案选D。A、B、C三项为干扰项,故排除。

8. C 【解析】本题考查《中华人民共和国未成年人保护法》。依据《中华人民共和国未成年人保护法》第九条规定，县级以上人民政府应当建立未成年人保护工作协调机制，统筹、协调、督促和指导有关部门在各自职责范围内做好未成年人保护工作。协调机制具体工作由县级以上人民政府民政部门承担，省级人民政府也可以根据本地实际情况确定由其他有关部门承担。故本题答案选C。A、B、D三项为干扰项，故排除。

9. D 【解析】本题考查《中华人民共和国未成年人保护法》。依据《中华人民共和国未成年人保护法》第三十九条规定，学校应当建立学生欺凌防控工作制度，对教职员工、学生等开展防治学生欺凌的教育和培训。学校对学生欺凌行为应当立即制止，通知实施欺凌和被欺凌未成年学生的父母或者其他监护人参与欺凌行为的认定和处理；对相关未成年学生及时给予心理辅导、教育和引导；对相关未成年学生的父母或者其他监护人给予必要的家庭教育指导。根据题干描述，李老师首先应当立即制止张某。故本题答案选D。A、B、C三项均不符合题意，故排除。

10. A 【解析】本题考查《中华人民共和国教师法》。依据《中华人民共和国教师法》第三十九条规定，教师对学校或者其他教育机构侵犯其合法权益的，或者对学校或者其他教育机构作出的处理不服的，可以向教育行政部门提出申诉，教育行政部门应当在接到申诉的三十日内，作出处理。教师认为当地人民政府有关行政部门侵犯其根据本法规定享有的权利的，可以向同级人民政府或者上一级人民政府有关部门提出申诉，同级人民政府或者上一级人民政府有关部门应当作出处理。题干中“某县有关部门”拖欠教师工资，并非学校拖欠教师工资，故受理教师申诉的应是该有关部门的同级人民政府或上一级人民政府有关部门。故本题答案选A。B、C、D三项为干扰项，故排除。

11. C 【解析】本题考查《中华人民共和国未成年人保护法》。依据《中华人民共和国未成年人保护法》第二十二条规定，未成年人的父母或者其他监护人因外出务工等原因在一定期限内不能完全履行监护职责的，应当委托具有照护能力的完全民事行为能力人代为照护；无正当理由的，不得委托他人代为照护。故A项说法正确。

第二十三条规定，未成年人的父母或者其他监护人应当及时将委托照护情况书面告知未成年人所在学校、幼儿园和实际居住地的居民委员会、村民委员会，加强和未成年人所在学校、幼儿园的沟通；与未成年人、被委托人至少每周联系和交流一次，了解未成年人的生活、学习、心理等情况，并给予未成年人亲情关爱。故B、D两项说法正确。

题干中丹丹父母应与丹丹、被委托人至少每周联系和交流一次，并非与学校交流。故本题选C。

12. A 【解析】本题考查《中华人民共和国预防未成年人犯罪法》。依据《中华人民共和国预防未成年人犯罪法》第二十八条规定，“多次旷课、逃学”属于不良行为。根据第三十一条规定，学校对有不良行为的未成年学生，应当加强管理教育，不得歧视；对拒不改正或者情节严重的，学校可以根据情况予以处分或者采取以下管理教育措施：（一）予以训导；（二）要求遵守特定的行为规范；（三）要求参加特定的专题教育；（四）要求参加校内服务活动；（五）要求接受社会工作者或者其他专业人员的心理辅导和行为干预；（六）其他适当的管理教育措施。题干中宋某有不良行为，学校可以根据情况对其予以处分，也可要求其参加校内服务活动。故A项说法正确。

B、D两项是针对有严重不良行为的学生的教育措施。

C项，根据《中华人民共和国未成年人保护法》第二十八条规定，学校应当保障未成年学生受教育的权利，不得违反国家规定开除、变相开除未成年学生。

易错提示：对具有不良行为或严重不良行为的学生的教育措施考生容易混淆，可结合下表对比记忆。

不良行为的教育措施	严重不良行为的教育措施
学校不得歧视，予以处分或加强管教	公安机关采取矫治教育措施
—	责令赔礼道歉、赔偿损失
—	责令具结悔过
予以训导	予以训诫
要求参加特定的专题教育	责令定期报告活动情况
要求遵守特定的行为规范	责令遵守特定的行为规范，不得实施特定行为、接触特定人员或者进入特定场所
要求参加校内服务活动	责令参加社会服务活动
要求接受社会工作者或者其他专业人员的心理辅导和行为干预	责令接受心理辅导、行为矫治；接受社会观护，由社会组织、有关机构在适当场所对未成年人进行教育、监督和管束
其他适当的管理教育措施	其他适当的矫治教育措施

13. A 【解析】本题考查学生交往的广泛性。广泛性指学生交往的圈子打破现有交际范围，呈现一种拓展的趋势。张老师的做法忽视了学生交往的广泛性。故本题答案选A。B、C、D三项为干扰项，故排除。

14. C 【解析】本题考查《中小学教师违反职业道德行为处理办法》。依据《中小学教师违反职业道德行为处理办法》第三条规定，本办法所称处理包括处分和其他处理。其他处理包括给予批评教育、诫勉谈话、责令检查、通报批评，以及取消在评奖评优、职务晋升、职称评定、岗位聘用、工资晋级、申报人才计划等方面的资格。取消相关资格的处理执行期限不得少于24个月。第四条规定，教师“歧视、侮辱学生，虐待、伤害学生”的违反职业道德行为应予处理。题干中覃老师罚迟到的小辉站在教室外面听课，是一种体罚，违反了教师职业道德规范，故学校应当制止覃老师的行为并对其进行诫勉谈话。本题选择C。

A项，将小辉调到其他班级，这是对小辉的惩罚，不恰当。

B项，将覃老师换到其他班级任课，并未解决覃老师体罚学生的问题，做法不恰当。

D项，取消评优资格的处理执行期限不得少于24个月，说法错误，排除。

15. B 【**解析**】本题考查《中小学教师职业道德规范》。B项的意思是“知道自己不足之处，这样以后能够反省自己；知道自己困惑的地方，这样以后才能自我勉励”。于老师遇到难题不能解答时，课后查资料、请教专家来拓展、丰富学识，以解答学生疑问，体现了于老师终身学习的职业道德，B项与于老师的情况相符。

A项的意思是：说话一定要讲信用，做事一定要有成效。

C项的意思是：有道德修养的人教育他人，诱导他人而不是牵着他人学习，勉励他人而不是逼迫他人学习，启迪他人的思路而不是代替他人去做结论。

D项的意思是：君子懂得求学有难有易，并懂得人的天资有高有低，然后能够因材施教，广泛地晓喻。能广泛地晓喻，然后才能当老师。

16. B 【**解析**】本题考查教师职业劳动的特点。教师职业的劳动具有复杂性的特点，主要体现在劳动性质、劳动对象、劳动任务、劳动过程、劳动手段等方面。题干中彭老师依照“处方”类书籍开展班主任工作，未能认识到学生的差异性及独特性，忽视了班主任工作的复杂性。

A项，彭老师购买了许多“处方”类书籍，说明他重视工作的技巧性。

C项，彭老师发现攻略对学生不管用后充满困惑，反思问题出在哪里，说明他并没有忽视反思性。

D项，彭老师刚参加工作，并没有班主任的工作经验。

17. D 【**解析**】本题考查科学素养。花露水以乙醇、香精、蒸馏水为主体，辅以少量螯合剂、抗氧剂和耐晒的水溶性颜料，颜色以淡湖蓝、绿、黄为宜。香精用量一般在2% ~ 5%之间，酒精浓度为70% ~ 75%。习惯上香精以清香的薰衣草油为主体，有的产品采用东方香水香型（如玫瑰麝香型），以加强保香能力，称为花露香水。

18. C 【**解析**】本题考查航空航天成就。2021年4月29日11时23分，搭载空间站天和核心舱的长征五号B遥二运载火箭，在我国文昌航天发射场点火升空。故本题答案为C。天宫是我国空间站的名称。天问系列是中国行星探测任务名称。天舟是指天舟系列货运飞船,主要用于对中国空间站在轨运行期间,提供补给支持。

19. A 【解析】本题考查历史素养。到1912年,帝国主义列强侵占了非洲全部土地的96%以上。除埃塞俄比亚和利比里亚两国保持形式上的独立以外,整个非洲已被瓜分完毕。根据1914年的政治地图,列强在非洲占领的殖民地面积分别为:法国所占殖民地面积为10795520平方公里,占非洲总面积35.6%;德国所占殖民地面积为2347034平方公里,占非洲总面积的7.7%;西班牙所占殖民地面积为308355平方公里,占非洲总面积1%;葡萄牙所占殖民地面积为2089089平方公里,占非洲总面积的7%。故本题答案选A。B、C、D三项均不符合题意,故排除。

20. A 【解析】本题考查二十世纪文学。《荒原狼》是瑞士籍作家赫尔曼·黑塞所著作的长篇小说。该小说通过对个人精神疾病的讲述,展示出现代社会中人性遭到分裂的恶果。幻想色彩浓郁,象征意味深远,被誉为德国的《尤利西斯》。故本题答案为A。

B项,阿尔贝·加缪是法国作家、哲学家,存在主义文学、"荒诞哲学"的代表人物。主要作品有《局外人》《鼠疫》等。

C项,威廉·福克纳是美国文学史上最具影响力的作家之一,意识流文学在美国的代表人物,1949年诺贝尔文学奖得主,最具代表性的作品是《喧哗与骚动》。

D项,辛克莱·刘易斯是美国第一位诺贝尔文学奖获得者,代表作品有《大街》《巴比特》《阿罗史密斯》等。

21. A 【解析】本题考查历史典故与人物。"终南捷径"的原意是唐代卢藏用举进士,然不受重用,遂隐居终南山以求高名,后果被召任官的故事;比喻求官或求名利的便捷途径。故本题答案选A。B、C、D三项为干扰项,故排除。

22. B 【解析】本题考查先秦著作中的寓言故事。《愚公移山》的作者是徐悲鸿。《愚公移山》极具现实意义,该画取材于《列子·汤问》中的一个神话传说:"愚公因太行、王屋两山阻碍出入,想把山铲平。有人因此取笑他,他说:虽我之死,有子存焉。子又生孙,孙又生子,子又有子,子又有孙,子子孙孙,无穷匮也,而山不加增,何苦而不平?结果终于感动上天,两座山被天神搬走了。"当年,正值中国人民抗日的危急时刻,画家意在以形象生动的艺术语言表达抗日民众的决心和毅力,鼓舞人民大众去争取最后的胜利。故答案选B。

A项,刘海粟,中国近现代画家、书法家,代表作品有《巴黎圣母院》《威尼斯》《啸虎》等。

C项,蒋兆和,中国画家、美术教育家,代表作品有《流民图》《曹操》《中国人民从此站起来了》等。

D项，吴冠中，中国现当代画家、油画家、美术教育家，代表作品有《黄山松》《周庄》《北国风光》《鲁迅的故乡》等。

23. D 【解析】本题考查中国音乐。1965年，为纪念红军长征胜利30周年，曾参加过长征的萧华回顾他在长征中的真实经历，历时半年，完成了12首形象鲜明、感情真挚的史诗。随后，作曲家晨耕、生茂、唐诃、遇秋选择其中的10首谱成了组歌，分别描绘了10个环环相扣的战斗生活场面，并巧妙地把各地区的民间曲调与红军传统歌曲的曲调融合在一起，最终汇成了一部主题鲜明、内容丰富、形式新颖、风格独特的大型声乐套曲——《长征组歌》。故本题答案选D。

A项，谭政，无产阶级革命家、军事家，重视总结军队政治工作经验，曾写出《新田夜间战斗政治工作》《高兴圩以北战斗政治工作》等报告。

B项，陈赓，中国无产阶级革命家、军事家，代表作品有《作战经验总结》。

C项，邓华，中国陆军上将，代表作品有《关于我军装备现代化的问题》《关于未来反侵略战争和国防建设的几个问题》等。

24. B 【解析】本题考查中国雕塑。潘鹤先生创作于1957年的雕塑《艰苦岁月》是红军题材美术作品中的经典之作，其原型是在海南岛母瑞山艰苦斗争岁月中的琼崖红军，这件雕塑以写实的手法塑造了一老一少两位红军战士的形象，其中吹着笛子的老战士穿着破旧的军装，身形瘦削却筋骨强健，饱经风霜的面孔印刻出老革命者的坚定意志。故本题答案选B。A、C、D三项为干扰项，故排除。

25. C 【解析】本题考查中位数。中位数又称中数、中值，是指在按顺序排列在一起的一组数据，若该组数据为奇数个，位于中间位置的数是中位数；若该组数据为偶数个，位于中间两个数的平均数就是中位数。题干中共有11个数据，按照大小顺序排列之后的第6个数字为中位数，答案为104。

26. C 【解析】本题考查Excel的基本操作。在设置了日期格式的单元格内输入表示年月日的数值，中间用“-”“.”或者“/”连接。例如：输入2018-10-4或者2018/10/4或者2018.10.4或者2018-10/4都表示2018年10月4日。故在设置了日期格式的单元格内输入“6789”，单元格会显示为另外一个日期。

27. B 【解析】本题考查Word文档排版。在悬挂缩进段落格式中，段落的首行文本不加改变，而除首行以外的文本缩进一定的距离。悬挂缩进常用于项目符号和编号列表。故本题答案为B。

A项，首行缩进是将段落的第一行从左向右缩进一定的距离，首行外的各行都保持不变，便于阅读和区分文章整体结构。

C项，左缩进是整段文档相对于文档左边框右移一定的距离，即缩进距离。

D项，右缩进是整段文档相对于文档右边框左移一定的距离，即缩进距离。

28. B 【解析】本题考查类比推理。“取件—寄件”中的“取”和“寄”为反对关系；“出席—缺席”中的“出”和“缺”也为反对关系。

29. C 【解析】本题考查数字推理。观察数列可知，前两位数字之和加2等于后一位数字，即20=10+8+2；32=20+10+2；54=32+20+2；88=54+32+2，所以空白处应填的数字是54。

二、材料分析题（参考答案）

30. 材料中“我”的做法符合“以人为本”的学生观的要求，值得学习。

（1）“以人为本”的学生观认为学生是发展的人。学生具有巨大的发展潜能，教师应当用发展的眼光看待学生。材料中，“我”在面对上课注意力不集中、有各种小问题的小文时，并没有放弃他，而是看到了他身上发展的可能性，从谈话、表扬、交流等方式入手，帮助小文学会控制自己的情绪，约束自己的行为，说明“我”认识到了学生是发展的人。

（2）“以人为本”的学生观认为学生是独特的人。每个学生都有自身的独特性，教师应该根据学生不同的特点因材施教。材料中，“我”看到了小文身上热爱阅读、专注、认错态度良好的闪光点，并从其闪光点入手帮助其纠正问题，说明“我”认识到了学生是独特的人。

（3）“以人为本”的学生观要求学生是具有独立意义的人。学生是学习的主体，教师应引导学生积极、主动地参与到教学中来。材料中，“我”在面对有各种问题的小文时，从小文自身出发，引导他发现自己的优点，学会约束自己的行为，说明“我”认识到了学生是具有独立意义的人。

综上所述，教师在教学中应当遵循“以人为本”的学生观的要求，引导学生积极、主动地学习。

（共14分。点评正确给2分；从“学生是发展的人”“学生是独特的人”“学生是具有独立意义的人”等角度答出三点，每个知识点4分，给出理论依据2分，结合材料合理阐述2分）

31. 材料中，张老师的做法符合教师职业道德的相关要求，是值得肯定的。

（1）张老师的行为体现了教书育人。教书育人要求教师要遵循教育规律，实施素质教育。循循善诱，诲人不倦，因材施教。培养学生良好品行，激发学生创新精神，促进学生全面发展。不以分数作为评价学生的唯一标准。材料中，张老师针对班上学生的个性特点，开展了一系列书法练习活动，教以学生不同的书体，培养学生能力与形成良好品质,这说明张老师遵循了教书育人的师德规范。

(2)张老师的行为体现了关爱学生。关爱学生要求教师要关心爱护全体学生,尊重学生人格,平等公正对待学生。对学生严慈相济,做学生良师益友。保护学生安全,关心学生健康,维护学生权益。不讽刺、挖苦、歧视学生,不体罚或变相体罚学生。材料中,张老师关心、爱护班级中具有行为散漫、身体孱弱、顽皮不守规矩、性格内向等不同特点的学生,不放弃、批评学生,而是认真教导学生,引导学生成长,这说明张老师践行了关爱学生的师德规范。

(3)张老师的行为体现了终身学习。终身学习要求教师要崇尚科学精神,树立终身学习理念,拓宽知识视野,更新知识结构。潜心钻研业务,勇于探索创新,不断提高专业素养和教育教学水平。材料中,张老师为教育学生,不断尝试各种书体的临摹,这说明张老师具有终身学习的理念,不断提高专业素养和教育教学水平。

综上所述,作为教师,我们要向张老师学习,遵守师德规范,提升专业水平,更好地促进学生发展。

(共14分。点评正确给2分;答出教书育人、关爱学生、终身学习,每个知识点4分,给出理论依据2分,结合材料合理阐述2分)

32.(1)①从理论上说,在国家共同体的层面只可能有一个新年过渡礼仪。②从个人心理上看,一个人通常不会在一年里产生两个过年体验。③把元旦和春节合并起来才能够适应当前中国社会对于过年的仪式活动的需要。④把元旦和春节合并看待的思想方式,对于我们尝试以新的眼光反思近代以来的生活历程,前瞻今后的公共文化建设,可能更加富有意义。

(共4分。从“理论上”“个人心理上”“社会上”“反思近代、前瞻今后上”四个方面回答即可得满分)

(2)人在时空和心理上的过渡到位,社会与文化才能在这样一个高度分化和多样化的时代得以稳定地再生产。元旦和春节所代表的一系列新年庆典的仪式空间,已经构成同一个过年礼仪,成为整个共同体的公共文化。而把元旦和春节合并看待的思维方式,对于我们尝试以新的眼光反思近代以来的生活历程,前瞻今后的公共文化建设,可能更加富有意义。

(共10分。从“时空和心理上的过渡到位”“社会与文化稳定地再生产”方面回答得3分,从“新年庆典的仪式空间”“成为公共文化”方面回答得4分,从“反思近代、前瞻今后的意义”方面回答得3分)

三、写作题

33.【写作思路】(1)依据老琴师的话,可以从“过程比结果更重要”角度立意,在学习过程中感受学习的快乐，享受求知的过程，而不过分追求结果。(2)还可以从“快乐就是成功”的角度立意，树立快乐学习的理念，在学习中获得乐趣，感受快乐。(3)从老琴师劝说少年的方式与效果来看，可以从“因材施教”“教师要正确看待学生，教育、引导学生树立正确价值观”等角度立意。(4)还可发散为“以人为本”的学生观，以学生的个性发展潜能为本，学生德、智、体、美、劳等方面全面发展且各不相同，尊重学生间的差异性。

【范文】

因材施教

有人说成功的90%来自汗水，但假如去做一件自己根本不可能完成的事，即使付出100%的努力，成功也遥不可及。因此，成功最重要的不是汗水，而是因材施教。

孔子早在两千多年前就总结了前人的教育经验，根据自己的教育实践，提出了因材施教的教学方法，孔子对学生的教育是因人而异的，他认为：“中人以上，可以语上也；中人以下，不可以语上也。”颜渊在孔门弟子中以突出的德行修养而著称，孔子便用仁的最高标准来要求他，即视、听、言、行都要合乎礼的规范；仲弓对人谦恭不够，不能体谅别人，孔子就教他忠恕之道，要能将心比心，推己及人；司马牛因“多言而躁”，孔子就告诫他做人要说话谨慎，不要急于表态；樊迟较鲁钝，孔子对他就只讲“仁”的最基本含义，平时生活严肃庄重，处理事情严肃认真，与人交往忠心诚意等。

再看看现实中人们又是如何使用“因材施教”的呢？现代教育中，“因材施教”就是要尊重学生差异性，而“个性差异”是客观存在的，每个受教育者的思维都有其独特的方式，因而对他们进行个性教育是十分必要的。个性教育必须从学生的具体实际出发，纠正不良个性，发扬优良个性，最终使学生的个性能够顺应社会发展的客观要求。这就是教育中常讲的因材施教原则。个性差异和因材施教不但存在于整个教育过程中而且始终受到普遍重视。我们要不失时机，针对学生的个性因材施教。这样才能使他们树立信心，增加勇气，从而形成良好的个性品质。

一个意大利男孩，从小酷爱足球，他一直希望自己在足球上有很好的发展。然而身体的不断发胖使他不得不放弃了足球梦。于是，他转向了第二个梦想——唱歌，在名师的指点下，他不断进步，并且成为著名的歌唱家，他就是帕瓦罗蒂。著名物理学家爱因斯坦儿时非常热爱拉小提琴，却怎么都拉不出成绩，但他的老师却能正确地因材施教，引导他正视自己，将音乐作为爱好，因此他才能在之后找准正确的方向，在物理方面取得辉煌的成就。

诸如此类，不仅是教师要“因材施教”地教导学生，个人也要用“因材施教”的眼光看待自己，这样才能在尊重个体差异的同时，扬长避短，取得进步。

（共50分。开头点明“因材施教”的中心论点，开门见山。文中对古代和现代教育中“因材施教”的例子展开论述，由古及今，具有说服力。结尾照应标题，首尾圆合，再次点明主旨。语言流畅，富有文采。本篇作文拟给47分）

2021年上半年中小学教师资格考试真题试卷（六）

一、单项选择题

1. D 【解析】本题考查教育观。素质教育是面向全体学生的教育，强调在教育中每个人都得到发展，而不是只注重一部分人，更不是只注重少数人的发展。题干中，教师的说法明显倾向于成绩比较好的安安，忽视了晓军的感受，未做到公平待生，未做到面向全体学生。故本题答案选D。A、B、C三项均不符合题意，故排除。

2. A 【解析】本题考查学生观。题干中，詹老师把学生比喻为任凭教师写画的“白纸”，夸大了教师的主导作用，把学生当作被动接受知识的人，这种说法不恰当。故B、D两项说法错误。“以人为本”的学生观认为学生是学习的主体，教师要尊重学生在课堂上的主体地位，促进学生发展，而不是把学生看作任意涂画的“白纸”。故A项说法正确，C项说法错误。

3. B 【解析】本题考查教师观。题干中，薛老师在教学中不停地讲解，而不考虑学生是否明白其所讲内容，这强调了教师的主导地位，但忽视了学生是学习的主体。故D项排除。

教学是教师的教和学生的学构成的双边活动，薛老师的做法忽视了教学的本质。故A项排除。

教师在课堂上的教学目标不仅仅是将知识讲完，更重要的是让学生理解、掌握教师所讲知识，而薛老师未考虑学生是否掌握知识，忽视了教学的目标。故C项排除。

B项在题干中未体现，故本题答案选B。

4. C 【解析】本题考查教学方式和学习方式的相关内容。题干中，李老师引导学生以小组为单位进行学习，这为学生创造了合作学习的机会，A项正确。

李老师让学生自主开展环保小调查的活动，这为学生创造了自主学习的机会，B项正确。

李老师引导学生自主开展环保小调查，并在调查结束之后指导学生撰写调查报告，让学生自行发现并解决问题，这说明李老师采用了探究式教学方式，D项正确。

混合式教学，即将在线教学和传统教学的优势结合起来的一种“线上”+“线下”的教学。C项题干没有体现，本题选C。

5. A 【解析】本题考查《中华人民共和国宪法》。根据《中华人民共和国宪法》第二条规定,中华人民共和国的一切权力属于人民。人民行使国家权力的机关是全国人民代表大会和地方各级人民代表大会。故本题答案选A。B、C、D三项为干扰项,故排除。

6. D 【解析】本题考查侵犯学生权利的表现。根据《中华人民共和国教育法》(2015年修正)第四十三条规定,受教育者享有"参加教育教学计划安排的各种活动,使用教育教学设施、设备、图书资料"的权利。《中华人民共和国教师法》第八条规定,教师有"贯彻国家的教育方针,遵守规章制度,执行学校的教学计划,履行教师聘约,完成教育教学工作任务"的义务。题干中教师的旷课行为不当,侵犯了学生的受教育权。故本题答案选D。

A项,教师在完成规定的教育教学任务的前提下,有权进行科学研究、技术开发、撰写学术论文、著书立说等创造性活动。李某为了参加学术研讨会,未履行请假手续,并且让学生在教室自习,没有完成教育教学任务。

B项,获取报酬待遇权即按时获取工资报酬,享受国家规定的福利待遇以及寒暑假期的带薪休假的权利。《中华人民共和国教育法》(2015年修正)第二十九条规定,学校及其他教育机构有"聘任教师及其他职工,实施奖励或者处分"的权利。李某未请假就外出参加学术研讨会,属于旷工,学校可以扣除其部分工资。

C项,《中华人民共和国教师法》第三十九条规定,教师对学校或者其他教育机构侵犯其合法权益的,或者对学校或者其他教育机构作出的处理不服的,可以向教育行政部门提出申诉,教育行政部门应当在接到申诉的三十日内,作出处理。

7. B 【解析】本题考查《中华人民共和国义务教育法》。根据《中华人民共和国义务教育法》第二十二条规定,县级以上人民政府及其教育行政部门应当促进学校均衡发展,缩小学校之间办学条件的差距,不得将学校分为重点学校和非重点学校。学校不得分设重点班和非重点班。题干中的小学将学习成绩优秀的学生组建为实验班,并给这个班级安排全校最优秀的教师授课,这属于变相设置重点班,其行为不合法。故本题答案选B。A、C、D三项为干扰项,故排除。

8. C 【解析】本题考查对名言警句含义的理解。C项出自《荀子·劝学》,荀子主张尊师重道,他认为"学莫便乎近其人",意思是学习没有比亲近良师更便捷的了,强调近师、亲师是求学的有效途径,故C项的句子蕴含了"尊师重道"的道理。

A项"己所不欲,勿施于人"出自《论语·颜渊》,意思是自己不愿意做的事,不要让别人去做。

B项出自《论语·述而》,子曰:"三人行,必有我师焉。择其善者而从之,其不善者而改之。”这句话的意思是几个人同行,其中必定有我的老师。我选择他好的方面向他学习,看到他不好的方面就对照自己改正。

D项出自《礼记·学记》,意思是教育的任务就是发扬学生的优点,克服学生的缺点。

9. C 【解析】本题考查教师的义务。根据《中华人民共和国教师法》第八条规定,教师有“贯彻国家的教育方针,遵守规章制度,执行学校的教学计划,履行教师聘约,完成教育教学工作任务”的义务。题干中教师张某的做法不合法,未履行教师的义务。

10. D 【解析】本题考查《中华人民共和国义务教育法》。根据《中华人民共和国义务教育法》第二十九条规定,教师在教育教学中应当平等对待学生,关注学生的个体差异,因材施教,促进学生的充分发展。教师应当尊重学生的人格,不得歧视学生,不得对学生实施体罚、变相体罚或者其他侮辱人格尊严的行为,不得侵犯学生合法权益。题干中教师王某的做法错误,他不应当因为李某偷拿过别人的东西就差别对待李某,其行为没有做到公平对待学生。故答案选择D,A、B两项排除。

C项,荣誉权是一个人受到外部给予的光荣称誉的权利,每个学生在学校应有平等的机会获得。题干未体现王某侵犯李某的荣誉权。

11. C 【解析】本题考查《中华人民共和国义务教育法》。根据《中华人民共和国义务教育法》第二十五条规定,学校不得违反国家规定收取费用,不得以向学生推销或者变相推销商品、服务等方式谋取利益。图片中的小学向“差生”收取保证金的做法不合法,违反了此项规定。故本题答案选C。A、B、D三项为干扰项,故排除。

12. B 【解析】本题考查侵犯学生权利的表现。人格尊严权指公民享有作为人的最起码的社会地位和受到他人与社会最起码尊重的权利。学生作为公民,人格尊严不容侵犯。题干中,孔老师未经调查就认定熊某是“小偷”,并要求其当面认错的行为侵犯了熊某的人格尊严。故答案选B。

A项,人身自由是公民的一项基本权利,包括身体行动自由和表达的自由。侵害学生人身自由的表现形式:非法拘禁和限制学生、非法搜查学生、非法限制学生表达自由的权利等。题干未体现,排除。

C项,隐私权是指公民生活中不愿为他人公开或知悉的个人秘密不可侵犯的人身权利。学校和教师侵犯学生隐私的表现形式有:故意隐匿、毁弃或者非法开拆学生信件,披露、宣扬学生自身及家庭成员资料,提供学生成绩的方式不适当等。题干未体现,排除。

D项,荣誉权是一个人受到外部给予的光荣称誉的权利,每个学生在学校应有平等的机会获得。题干未体现，排除。

13. A 【解析】本题考查学生观。题干中，刘老师没有因为小周考试成绩不好，就认为小周是差生，而是从值日、做事等方面来评价小周，这体现了刘老师注重评价的多元性，也体现了刘老师注重学生发展的全面性。在其他同学认为小周是差生时，刘老师教育全班同学，让全班同学看到小周的优点，而不是仅以考试成绩来评价小周，这体现了刘老师注重教育学生的示范性。学生发展的阶段性是指个体在不同的年龄阶段表现出身心发展不同的总体特征及主要矛盾，面临着不同的发展任务，题干中并未体现出学生发展的阶段性的相关内容，本题选A。

14. A 【解析】本题考查《中小学教师职业道德规范》。"教书育人"的教师职业道德规范要求教师遵循教育规律，实施素质教育，培养学生的良好品行。题干中文老师的做法既传授了知识，又将教学内容和思想品德教育结合起来，对学生进行品德方面的引导，做到了多种价值的融合。故本题答案选A。B、C、D三项均不符合题意，故排除。

15. B 【解析】本题考查教师的职业行为规范。教师的人际行为规范要求教师之间要做到：互相尊重，切忌嫉妒；相互学习，取长补短；平等相待，不卑不亢；乐于助人，关心同事。题干中，李老师经常去听年轻老师的课并给予指导，体现了李老师甘为人梯，乐于助人；李老师发现孙老师的讲解存在偏差，当场打断孙老师教学的行为不妥当，李老师可在课下与孙老师沟通，给予指导。故本题答案选B项。

A项，李老师帮助年轻老师心切，但其打断讲课的方式太过严苛，并未做到严慈相济。

C项，李老师发现孙老师对知识点的讲解存在偏差，说明李老师有着严谨的教学态度，但直接打断讲课说明其没有做到循循善诱。

D项，题干未体现李老师对待自身工作的态度。

16. A 【解析】本题考查教育公正的相关内容。题干中，汪老师的行为有违教育公正。教育公正的对等性是指主体对人对事要一视同仁，适用同一个规则或标准。以一个标准对别人而以另外一个标准对待自己，就叫偏私，就是不公正。教育公正的可互换性是对等性的要求和保证。要真正做到对人对己用一个标准，就必须能够让自己处在对方的位置时，仍然接受自己原先承认的法则。正所谓"己所不欲，勿施于人"。否则，就是自以为是的公正，即伪"公正"。题干中，汪老师安排小明独自坐到教室最后面，还不让其他同学跟小明做朋友，这体现了汪老师没有做到心理互换，没有站在小明的角度处理问题，故违反了教育公正的可互换性。故答案选A。B、C、D三项均不符合题意，故排除。

17. C 【解析】本题考查生物常识。1951～1953年间,美国科学家沃森和英国生物学家克里克合作,提出了DNA分子的双螺旋结构学说,使生物学的研究进入到分子阶段。故本题选C。

A项,三链螺旋是1952年之前沃森和克里克提出的第一个模型,美国的化学家莱纳斯·波林也建立了此模型。

B项,球状DNA是双螺旋DNA的紧密排列状态。它是由DNA纤维进一步缠绕(超盘绕)而形成的一个超级螺旋或双重缠绕的双螺旋结构。

D项,单链是指只含有一条链的RNA分子。

18. A 【解析】本题考查生物常识。生物的特征有:(1)生物具有共同的物质基础和结构基础。(2)生物都有新陈代谢作用。(3)生物都能对外界事物的刺激做出反应——应激性。(4)生物都能生长。(5)生物都能生殖和发育。(6)生物有遗传和变异的特征。(7)生物能适应和影响环境。呼吸分为有氧呼吸和无氧呼吸,细菌和真菌在某种特定的生活条件下可以进行无氧呼吸,例如酵母菌在有氧的条件下分解有机物产生二氧化碳和水,在无氧的条件下分解有机物产生酒精和二氧化碳。故A选项说法不正确。

19. B 【解析】本题考查地理常识。亚马孙平原位于南美洲亚马孙河的中下游地区,是世界上最大的平原,面积约为560万平方千米。

A项,东欧平原是世界第二大平原,位于欧洲东部,面积约为400万平方千米。

C项,西西伯利亚平原是亚洲第一大平原,世界第三大平原,位于俄罗斯境内,面积约270万平方千米。

D项,长江中下游平原是中国三大平原之一,面积约20万平方千米。

20. C 【解析】本题考查历史典故。A选项,竭泽而渔来源于春秋时期的人物和事件;B选项,完璧归赵发生在春秋战国时期;C选项,马革裹尸发生在东汉时期;D选项,洛阳纸贵发生在晋代。

21. C 【解析】本题考查戏曲常识。戏曲,是以演员表演为中心,以唱、念、做、打等手段为基础,融文学、音乐、舞蹈、武术、杂技等为一体的综合性舞台艺术,它主要包括宋元南戏、元杂剧、明清传奇,以及近代、现代的京剧和各种地方戏,因此A选项表述正确。

B项,中国戏曲属于戏剧范畴,其遵循戏剧的基本特点,同样要有人物和故事情节,因此B选项表述正确。

C项,散曲是金元时期在我国北方兴起的一种歌曲形式;话剧是区别于中国戏曲的一种戏剧形式,主要以说话为主要表现手段;说书和相声属于我国说唱曲种,不属于戏曲，因此C选项表述不正确。

D项，《西厢记》是元代剧作家王实甫创作的杂剧代表作，后被各戏曲剧种改编；《牡丹亭》是明代剧作家汤显祖创作的传奇剧本，后被各戏曲剧种改编，因此D选项表述正确。

22. D 【解析】本题考查干支纪年。“甲、乙、丙、丁、戊、己、庚、辛、壬、癸”称为十天干，“子、丑、寅、卯、辰、巳、午、未、申、酉、戌、亥”称为十二地支。ABC属于天干，D项属于地支。

23. C 【解析】本题考查百老汇所在城市。百老汇原意为“宽阔的街”，指以纽约市中以巴特里公园为起点，由南向北纵贯曼哈顿岛，全长25公里的一条长街。

A项，华盛顿哥伦比亚特区，简称华盛顿，是美国的首都，也是美国的政治中心，是大多数美国联邦政府机关与各国驻美国大使馆的所在地，也是世界银行、国际货币基金组织、美洲国家组织等国际组织总部的所在地。

B项，洛杉矶是美国第二大城市，常被称为“天使之城”。洛杉矶是美国重要的工商业、国际贸易、科教、娱乐和体育中心之一，拥有世界电影中心好莱坞。

D项，费城别称“友爱之城”，是第一个入列世界遗产城市的美国都市。

24. B 【解析】本题考查中国古代乐器。古琴是弹拨乐器，中国传统弹拨弦鸣乐器，属于八音中的丝。

方法技巧：我国古代乐器种类繁多，按照演奏方式和制作材料有不同的分类，考生注意了解。

制作材料	演奏方式		
	吹管乐器	弹拨乐器	打击乐器
金			钟、钹、锣
石			磬
丝		琵琶、筝、琴、瑟	
竹	箫、笛、篪		
匏	笙、竽		
土	埙		缶
革			鼓
木			敔、柷、梆子

“匏土革，木石金，与丝竹，乃八音”，这一口诀可用来记忆“八音分类法”的八种材料。

25. D 【解析】本题考查加权平均数。加权平均数是指将各数值乘以相应的权数,然后加总求和得到总体值,再除以总的单位数。$\frac{70 \times 3 + 80 \times 3 + 85 \times 4}{3 + 3 + 4} = 79$,故选D。

26. A 【解析】本题考查Word表格处理。在Word中,插入表格时,可单击“插入”选项卡中的表格按钮,在下拉列表框中的方框区域移动鼠标,至合适位置单击鼠标左键,可以选择需要的行数和列数,当所需行数或列数超过方框区域时,单击“插入表格”,也可以自定义表格的行数和列数。故本题答案选A。B、C、D三项为干扰项,故排除。

27. B 【解析】本题考查PowerPoint动画设计。选中一张幻灯片中的一个部分,在“动画”选项卡中采用“自定义动画”设置,可为该部分添加动画效果,并可根据需要,改变各个部分的放映顺序。故本题答案选B。A、C、D三项为干扰项,故排除。

28. B 【解析】本题考查类比推理。题干“马—白马”是包含关系。A项篮球和球鞋无明显逻辑关系;C项苹果和香蕉是并列关系;D项彩电和手机是并列关系;B项炊具和电饭锅是包含关系。故选B。

29. A 【解析】本题考查图形推理。元素组成不同,优先考虑属性规律。题干图形均有3个封闭区域。四个选项的封闭区域个数分别为3,2,2,4,故选A。

二、材料分析题(参考答案)

30. 材料中张老师的做法是正确的,符合素质教育的理念。

(1)素质教育是面向全体学生的教育,强调在教育中每个人都能得到发展,同时教育教学过程中教师要公平公正地对待每一位学生。材料中,张老师面对班级中有学生读课文时做出被认为是“捣乱”的行为,没有直接责怪,而是询问学生并且引导全班学生讨论,做到了面向全体学生。

(2)素质教育是促进学生个性发展的教育,每一位学生都有其个别性,教师要尊重并充分发展学生的个性。材料中,张老师尊重明明独特的想法,并借此引导同学们讨论,有利于促进学生个性的发展。

(3)张老师的做法符合素质教育观中促进学生创新精神发展的要求。素质教育强调教师要帮助学生自主思考,保护学生的探索精神和创新思维,为学生的潜能开发创造一种宽松的环境。材料中,张老师在学生提出自己独创性的想法后,引导学生,让学生进行深入思考体会,体现了他注重学生创新精神的发展。

(4)素质教育强调教学从“重结论轻过程”转向“重结论的同时更重过程”。材料中,明明在朗读时故作结巴,张老师并没有直接打断,而是通过提问引导全班同学进行探讨,关注了学生的学习过程。

综上所述,张老师的做法是正确的,符合素质教育观的相关要求,值得肯定。

(共14分。点评正确给2分;从"面向全体学生""促进学生个性发展""促进学生创新精神发展""重结论的同时更重过程"角度答出四点,每个知识点3分,给出理论依据2分,结合材料合理阐述1分)

31. 材料中关老师的教育行为是正确的,遵循了教师职业道德的相关要求,值得肯定。

(1)关老师的行为做到了爱岗敬业。爱岗敬业要求教师要忠诚于人民教育事业,志存高远,勤恳敬业,甘为人梯,乐于奉献。对工作高度负责,认真备课上课,认真批改作业,认真辅导学生。材料中,关老师从教多年,在自己的工作岗位上勤恳敬业,工作之余还积极进行教育教学探索,遵循了爱岗敬业的师德规范。

(2)关老师的行为做到了关爱学生。关爱学生要求教师要关心爱护全体学生,尊重学生人格,平等公正对待学生。对学生严慈相济,做学生的良师益友。保护学生安全,关心学生健康,维护学生权益。材料中,面对"我"的腿有残疾的情况,关老师进行了鼓励和安慰,并常常主动找"我"交流,体现了对学生的关心爱护。

(3)关老师的行为做到了教书育人。教书育人要求教师要循循善诱,诲人不倦,因材施教。培养学生良好品行,激发学生创新精神,促进学生全面发展。材料中,关老师针对"我"的情况常常找"我"交流并鼓励"我",还在教育教学中根据不同学生特点给予他们切实的帮助和指导,做到了因材施教。

(4)关老师的行为做到了为人师表。为人师表要求教师关心集体,团结协作,尊重同事,尊重家长。材料中,关老师面对校内外同行的请教,诚恳地介绍自己的成败得失,并虚心请教相关问题,体现了同事间的团结协作精神。

(5)关老师的行为做到了终身学习。终身学习要求教师要崇尚科学精神,树立终身学习理念,拓宽知识视野,更新知识结构。潜心钻研业务,勇于探索创新,不断提高专业素养和教育教学水平。材料中,关老师通过了成人高考,系统学习了教育学、心理学等相关知识,这体现了他不断提高自己,具有终身学习的理念。

综上所述,关老师的行为遵循了教师职业道德的相关要求,值得我们广大教师学习、践行。

(共14分。点评正确给2分;答出爱岗敬业、关爱学生、教书育人、为人师表、终身学习中的至少四点,每个知识点3分,给出理论依据2分,结合材料合理阐述1分)

32. (1)"逼真"侧重于自然有生气,生动传神。"如画"更侧重于带有普遍性,具有典型性。

（共4分。关于“逼真”，答出“自然有生气，生动传神”得2分；关于“如画”，答出“普遍性”和“典型性”2个要点得2分）

（2）从“逼真”的角度来看，这段有大量的外貌描写：头发全白；脸上瘦削不堪，黄中带黑；眼珠间或一轮；一手提着竹篮，内中一个破碗，空的；一手拄着一支比她更长的竹竿，下端开了裂。这些都是对祥林嫂外貌的描写，写实且生动传神。从“如画”的角度来看，写祥林嫂消尽了先前悲哀的神色，仿佛是木刻似的，使祥林嫂受压迫的形象具有典型性，还有对空的破碗，开裂的长竹竿的描写，都使祥林嫂身心受到沉重打击而内心痛苦万分的形象跃然纸上，让受到封建陋习压迫的妇女形象更加具有普遍性。

（共10分。答出与“从‘逼真’角度，有大量的外貌描写，写实且生动传神”“从‘如画’角度，使祥林嫂受压迫的形象具有典型性，让受到封建陋习压迫的妇女形象更加具有普遍性”相关的2个要点得10分）

三、写作题

33.【写作思路】这是一道材料作文题，首先要理解两则材料的寓意才能正确立意。

材料一，“汝果欲学诗，工夫在诗外”的意思是：如果你真的要学写诗，你需要在写诗之外花功夫。学习写诗不要把眼光局限于诗作本身，还要在作诗之外有更多的历练（比如丰富的人生阅历、社会经验、个人素养和道德等）。要想成为某一方面的人才，不能只局限于这一方面，而应该经过方方面面的历练，全方位发展自己。

材料二，真正的大文章家，以政治家、思想家为多，而专攻文章，以文为业的反倒少。说明，真正的文章大家，在政治、思想等领域也是大家，在各方面都有深刻的领悟和造诣。这则材料也是说明，要想成才，不能局限于某一方面，而应该全方位发展。

综合上述两则材料，我们可以得出：要想成为某一方面的人才，不能局限在这一方面，而应该全面发展，多方面锻炼自己，从专才发展为全才，这样才能在自己的领域大放异彩。因此，这篇作文的立意可以确定为：要想成才，不局限于某一方面，要全面发展。或者从打破边界，不拘一格方面来写也可以。

【范文】

突破界限，成就未来

陆游在《示子遹》中说：“我初学诗日，但欲工藻绘；中年始少悟，渐若窥宏大。……诗为六艺一，岂用资狡狯？汝果欲学诗，工夫在诗外。”这是在告诉我们，无论是作诗还是作文，都不能局限于自己足下的方寸之地，而应该不断地突破界限，走出去，多历练，增加自己的阅历。

"常人安于故习,学者溺于所闻。"习俗是常人的生活经验,是和谐生活的保障之一;知识是学者的见闻积累,是深耕研究的炉火砖瓦。但正如"故习"需要取精去糟,与时俱进,知识也需要不断丰富自身的内涵,扩大自身的外延。霍金曾说:"知识的敌人不是无知,而是已经掌握知识的幻觉。"面对新时代与新变化,最狭隘的人往往不是懵懂稚儿、乡野村夫,而恰恰是那些博闻强识却因循守旧的人,那些饱读诗书却自视甚高的人。他们迷信权威,沉溺在旧有的认知中,最终困于自己筑成的堡垒。唯有突破界限,才能成就新的未来。

"智者不袭常。"前有标榜横于当途,但若总效仿前人,陷于窠臼,何谈脱颖。"老去填词,一半是空中传恨"曾是词人作诗余的写照,男子作闺音,以长短句抒写诗文难载之情,从"晓风残月"到"别是一番滋味在心头",婉约幽雅似乎是词作之本。苏东坡却不拘陈规,一曲《念奴娇·赤壁怀古》尽去词之含蓄,傲然问道:"我词何如柳七?"除去但求不与人同的内在驱动,"智者不袭常"有时也意味着脱离常规思路,给予人生新的可能。贬谪之后,刘禹锡居于陋室,仕途渺茫,但他却不愿俯首谄媚,本着"斯是陋室,惟吾德馨"的乐观豁达,对清贫生活也安之若素,亦能直言反诘小人:"何陋之有?"不甘沉沦,又能安于平淡,不凡的品性和人生态度使其终得以重返朝堂。

"变则通,通则久。"新时代来临,变则生存,不变则死亡。诺基亚固守自己的品牌传统,忽视客户日益增加的对手机外观、功能等方面的需求,导致苹果等品牌后来者居上,不得不"贱卖"核心手机业务;华为不满足传统售卖手机的厚利,研发AI芯片占据世界市场高地。正是对传统道路的不断创新不断颠覆,源源不断的活水才能涌出。

墨守成规,终难成大事;故步自封,终将作茧自缚。唯有突破局限,打破常规,逼着自己走出去,才能成就未来。

(共50分。开头以名人名句引出中心论点,独具匠心。文中分论点以名人名言的形式呈现,耐人寻味,有着画龙点睛和升华主题的作用。运用正反对比,使文章论证充分有力。结尾呼应标题,有始有终。本篇作文拟给48分)

2020年下半年中小学教师资格考试真题试卷(七)

一、单项选择题

1. B 【**解析**】本题考查"以人为本"的学生观。个体的身心发展的一般规律有顺序性、阶段性、不平衡性、互补性和个别差异性。个别差异性是指不同个体有着不同的个性心理倾向;不同个体同一方面的发展速度和水平不同;不同个体不同方面的发展存在差异。个体身心发展的个别差异性要求教育要因材施教,充分发挥每个学生的潜能和积极因素。题干中，吴老师根据学生的知识基础、生活经验以及学习特点，有针对性地进行分层教学，因材施教，这体现了吴老师关注学生发展的个别差异性。故本题答案选B。A、C、D三项题干未体现，故排除。

易错提示：考生注意辨别区分不同规律的教育要求。

规律	教育要求
顺序性	遵循身心发展的客观规律，循序渐进施教，不能“揠苗助长”
阶段性	根据不同年龄阶段特点有针对性地施教
不平衡性	抓住学生发展的关键期，适时而教
互补性	长善救失，扬长避短
个别差异性	因材施教
整体性	要着眼于学生的整体性

2. A 【解析】本题考查素质教育的内涵。素质教育是促进学生全面发展的教育。实施素质教育必须坚持德育、智育、体育、美育和劳动技术教育并举，促进学生生动活泼地发展。题干中，于老师认为小学没必要开设综合实践活动课，而是要多上语文、数学课，这表明他过分注重智育，忽视了学生其他方面的发展，违背了素质教育要求学生全面发展的理念。故本题答案选A。B、C、D三项为干扰项，故排除。

3. D 【解析】本题考查“以人为本”的学生观。“以人为本”的学生观提出，学生是具有独立意义的人，是学习的主体。素质教育强调学生在学习活动中是认识的主体、实践的主体和发展的主体，是学习的主人。教育的根本目的在于促进学生主体性的发展。题干中，赵老师针对学生王亮指出自己板书错误一事，不仅没有肯定王亮主动质疑、勇于发言的精神与行为，反而批评指责王亮，打压了王亮学习的积极性，忽视了学生的主体地位。故本题选D。

A项，赵老师的行为未能维持课堂纪律，反而扼杀了王亮的积极性，排除。

B项，赵老师的做法未涉及侵犯学生的受教育权，排除。

C项，教师的尊严不应是建立在压制学生上的，故说法错误，排除。

4. A 【解析】本题考查教师观。教师应当让自己成为一个学习者、成为学习共同体的一员，通过不断地自主学习、自我监控、实践反思、探究和研修，实现自我的更新与发展。题干中，杨老师拒绝参加集体学习与培训，认为年纪大了没必要再学习，这表明杨老师缺乏终身学习、促进专业发展的意识。故本题答案选A。

B项，题干中强调的是杨老师拒绝参加集体学习与培训，是发展意识欠缺的问题，并不代表杨老师专业发展能力弱，故排除。

题干中的集体学习与培训并不需要团体共同努力才能完成，与团结协作无关。因此，C、D两项为干扰项，故排除。

5. C 【解析】本题考查《中华人民共和国义务教育法》。根据《中华人民共和国义务教育法》第二十五条规定，学校不得违反国家规定收取费用，不得以向学生推销或者变相推销商品、服务等方式谋取利益。题干中，孙校长推荐学生购买收费的在线课程的做法属于变相推销商品，是不正确的。故答案选C。A、B、D三项均不符合题意，故排除。

6. C 【解析】本题考查《中华人民共和国义务教育法》。根据《中华人民共和国义务教育法》第二十五条规定，学校不得违反国家规定收取费用，不得以向学生推销或者变相推销商品、服务等方式谋取利益。题干中的小学要求新生家长缴纳集资款的做法属于非法集资，这种做法是不正确的，故C项说法正确，A、B两项排除。D项，即使学校承诺如数返还甚至给付利息，这种行为也是错误的，违反了相关法律规定，排除。

7. C 【解析】本题考查《中华人民共和国预防未成年人犯罪法》(2012年修正)。根据《中华人民共和国预防未成年人犯罪法》第十九条规定，未成年人的父母或者其他监护人，不得让不满十六周岁的未成年人脱离监护单独居住。故C项说法正确，A、B两项错误。

D项，法条明文规定不得脱离监护人的监护单独居住的是不满十六周岁的未成年人，并非指任何未成年人，D项说法不正确，排除。

8. C 【解析】本题考查侵犯学生权利的主要表现。个人的财产所有权是指公民对个人所有的财产依法进行占有、使用、收益和处分的权利。学生的合法财产受到法律保护，教师不得侵占、破坏或非法扣押、没收等。教师侵犯学生财产权的表现形式有：损坏学生财物、非法没收学生物品、乱罚款、乱摊派、推销商品等。题干中的班主任李某没收学生手机不予归还的行为侵犯了学生的财产权。答案选C。A、B、D三项为干扰项，故排除。

9. D 【解析】本题考查《中华人民共和国教育法》(2015年修正)。根据《中华人民共和国教育法》第二十六条规定，以财政性经费、捐赠资产举办或者参与举办的学校及其他教育机构不得设立为营利性组织。题干中，周校长计划将自己捐资举办的民办学校转型为营利性民办学校的做法不合法，捐资举办的学校不得设立为营利性组织。答案选D。A、B、C三项为干扰项，故排除。

10. D 【解析】本题考查《中华人民共和国教育法》(2015年修正)。根据《中华人民共和国教育法》第五十八条规定，税务机关依法足额征收教育费附加，由教育行政部门统筹管理，主要用于实施义务教育。答案选D。A、B、C三项为干扰项，故排除。

11. D 【解析】本题考查《学生伤害事故处理办法》。学校不是学生的法定监护人，不承担监护人责任，B项说法错误。

根据《学生伤害事故处理办法》第九条规定，因学校组织学生参加教育教学活动或者校外活动，未对学生进行相应的安全教育，并未在可预见的范围内采取必要的安全措施而造成的学生伤害事故，学校应当依法承担相应的法律责任，并非承担全部责任，C项说法错误。

根据《中华人民共和国合同法》第四十条规定："提供格式条款一方免除其责任、加重对方责任、排除对方主要权利的，该条款无效。"故题干中学校与学生家长所签的学校免责协议无效。A项错误，本题选D。

易错提示：考生易混淆监护职责与教育保护职责。未成年人的监护人一般是其父母、祖父母、外祖父母、兄姐等亲属或者是具备履行监护职责条件的组织与政府机构等。未成年人的监护人承担监护职责，代理未成年人实施民事法律行为。对于学生，学校没有监护职责，只有法定的教育保护职责。在做题时，如果看到选项说"学校有监护职责"，该选项说法通常是错误的。

12. B 【解析】本题考查《中华人民共和国宪法》。根据《中华人民共和国宪法》第六十二条的规定可知，"决定特别行政区的设立及其制度"属于全国人民代表大会的职权。答案选B。A、C、D三项为干扰项，故排除。

13. B 【解析】本题考查教师职业行为。教师公正地对待学生要求教师要公正、公平、不偏不倚、一视同仁。题干中，赵老师没有经过调查确认就劈头盖脸地批评婷婷，其行为表明赵老师缺乏公正意识，A项说法正确，不选。

B项，教育的即时性强调立即、马上。赵老师在发现玲玲的圆珠笔在婷婷抽屉里时就直接批评婷婷，其教育是即时的，但方式方法是错误的。B项符合题意，当选。

C项，换位思考指的是站在对方的角度和立场去思考问题。赵老师未经调查就批评婷婷的行为表明他没有站在婷婷的立场上思考，C项说法正确，不选。

D项，赵老师搜查学生的抽屉，在不了解事情缘由的情况下直接批评婷婷，其行为侵害了学生的人身自由权和人格尊严权，没有保护学生的合法权益，D项说法正确，不选。

14. A 【解析】本题考查教师职业道德规范。师德的内化是指教师将国家和社会对教师提出的职业道德规范等要求通过自身的理解吸收，转化为教师内在的信念、意志、准则、性格等，并在工作和生活中通过言论、行为、习惯等外在形式自觉表现出来的稳定性倾向。如果外在的职业道德规范没有被内化成教师个体的师德，那么教师对教育的理解是肤浅的，其工作仅限于教书而非育人，其品格也不具备榜样性和发展性。

教师职业道德的内化可以分为三个层次:在师德内化的初级层次,教师要对作为客体存在的职业道德原则、规范进行较详细的了解,在此基础上,使自己可以做到接受它和遵守它。处于这一水平的教师对师德内化是缺乏深度理解的,是一种初级的和有消极意义的师德内化。在师德内化的中级层次,教师在了解并接受师德规范的基础上,会自觉思考师德的意义,将师德升华为自身的道德信念,积极认真地遵守师德规范;在师德内化的高级层次,教师具备自主的道德信仰并充当师德的推行者、捍卫者,促成更多的人实践道德规范。

题干中,梁老师答应将弱视的亦凡的座位调到教室前排,却并未履行承诺,需要亦凡的妈妈带着礼物去拜访、督促才调整了学生座位,这表明梁老师的职业道德修养处于外在规范阶段。故本题答案选A。B、C、D三项题干未体现,故排除。

15. B 【解析】本题考查教师职业行为。题干中,方老师组织学生开展各种安全主题演练活动,让学生亲自参与到活动中去,这表明方老师重视学生的亲身体验。

D项,四年级的学生属于未成年人,尚不具备成熟的施救意识与能力,小学阶段教师组织的安全主题演练活动重在培养学生的自我防护意识和能力,D项与题意不符。A、C项题干没有体现,故排除。综上所述,本题选B。

16. B 【解析】本题考查教师职业道德规范。教师的工作从本质上说,是一种利他性的工作。教师职业的利他性是比专业知识更重要、更基本的专业特征。题干中,汪金权老师几十年如一日地扎根山野乡村,默默付出,为学生以及乡村教育奉献了毕生精力。这体现的教师职业特点是利他性。

A项,公利性是对社会有益。C项,自利性是以个人利益为导向。D项,群利性是以集体利益为导向。

17. B 【解析】本题考查近代科技成就。19世纪初,法国人阿培尔发明罐藏法作为保存食品的有效方法,即用沸水煮、密封装瓶的方法可以长期贮存食物。本题选B。

A项,杜兰德发明了镀锡薄板金属罐,使罐装食品得以投入手工生产。

C项,巴斯德阐明了食品腐败是由于微生物的作用,为高温灭菌和密封隔离的罐藏法奠定了科学理论基础。

D项,荷兰病理解剖学家、细菌学家艾克曼发现食物中含有生命必需的微量物质,为维生素的研究奠定了基础。

18. C 【解析】本题考查最早建立的温标。温标主要有华氏温标、列氏温标、摄氏温标、热力学温标等。历史上最早出现的温标是华氏温标,由德国物理学家华伦海特于1714年确定,普遍使用于英、美等国家。故本题选C。

A项，目前的国际温标ITS-90是由国际计量委员会制定，在1990年1月1日起开始在全世界范围内采用的。

B项，1742年，瑞典人摄尔修斯制定了摄氏温标，现在大多数国家都使用这种温标。

D项，1731年，法国人列奥米尔制定了列氏温标，这一温标在德国盛行一时。

19. C 【解析】本题考查开罗会议的内容。在反法西斯战争进程取得根本转变的形势下，1943年11月为了加强反法西斯联合作战的力量，中、美、英三国首脑在开罗举行会议。会议商讨了联合对日作战的计划，并发表了《开罗宣言》，宣布把日本强占的中国东北、台湾及其附属岛屿、澎湖群岛等归还中国，等等。本题选C。

A项，1945年7月中旬至8月初，苏、美、英三国首脑在波茨坦举行会议，重申雅尔塔会议的精神，决定召开苏、美、英、法、中五国外长会议，负责与战败国签订和约准备工作，中、美、英三国发表《波茨坦公告》促令日本无条件投降。

B、D项，巴黎和会是指1919年1月在巴黎凡尔赛宫召开的战后协约会议，主要商讨对战败国的处置问题，因为在凡尔赛宫召开，又称"凡尔赛会议"。

20. D 【解析】本题考查清代小说。晚清四大谴责小说分别是李宝嘉的《官场现形记》、吴沃尧的《二十年目睹之怪现状》、刘鹗的《老残游记》以及曾朴的《孽海花》。《聊斋志异》是清代小说家蒲松龄写的一部志怪小说集，不属于谴责小说。本题为选非题，故选D项。

21. C 【解析】本题考查传统节日。"元日"指农历正月初一，即春节。《元日》是一首除旧迎新的即景之作，全诗抓住放鞭炮、喝屠苏酒和新桃换旧符三种传统习俗，渲染了春节祥和、欢乐的氛围。

易错提示：此题需要考生具有一定的文学素养或生活常识，再或者通过抓关键词的方法做题。诗句中的"爆竹"即鞭炮，在中国传统节日中，放鞭炮这一习俗最常见于春节。

(1)春节(农历正月初一)

习俗：放鞭炮、守岁、贴春联、贴窗花、贴年画、拜年等。

相关诗词：

"千门万户曈曈日，总把新桃换旧符。"——王安石(北宋)《元日》

"半盏屠苏犹未举，灯前小草写桃符。"——陆游(南宋)《除夜雪》

(2)清明节(公历四月五号前后)

习俗：扫墓祭祖、踏青、插柳等。

相关诗词：

“清明时节雨纷纷，路上行人欲断魂。”——杜牧（唐）《清明》

“梨花风起正清明，游子寻春半出城。”——吴惟信（南宋）《苏堤清明即事》

（3）元宵节（农历正月十五）

习俗：闹花灯、猜灯谜、吃元宵等。

相关诗词：

“千门开锁万灯明，正月中旬动帝京。”——张祜（唐）《正月十五夜灯》

“东风夜放花千树。更吹落，星如雨。宝马雕车香满路。凤箫声动，玉壶光转，一夜鱼龙舞。”——辛弃疾（南宋）《青玉案·元夕》

（4）元旦（公历一月一日）

“元旦”一词由来：“元”字有开始、第一的意思，“旦”即太阳从地平线上冉冉升起，象征一天的开始。从汉武帝开始直至清末，农历正月的第一天被称为“元旦”。1949年9月，中国人民政治协商会议第一次全体会议决定采用公元纪年法。此后，“元旦”指公历新年，“春节”指农历新年。

22. A 【解析】本题考查现实主义诗人杜甫。题干所述诗句出自诗人杜甫的《春日忆李白》：“白也诗无敌，飘然思不群。清新庾开府，俊逸鲍参军。渭北春天树，江东日暮云。何时一樽酒，重与细论文。”这首诗称赞李白的诗天下无敌，诗风清新如北朝的庾开府（即庾信），气度俊逸似南朝的鲍参军（即鲍照），不仅赞美了李白的才华，也表达了诗人对李白的思念之情。

B项，白居易，唐代诗人，字乐天，号香山居士，他与元稹共同倡导新乐府运动，世称“元白”，与刘禹锡并称“刘白”。白居易的诗歌题材广泛，语言平易通俗，有“诗魔”和“诗王”之称，著有《白氏长庆集》等。

C项，庾开府指庾信，庾信是南北朝时期的文学家，他是宫体文学的代表人物，其文学风格被称为“徐庾体”，著有《庾开府集》。

D项，鲍参军指鲍照，鲍照是南朝宋文学家，与庾信并称“鲍庾”，与颜延之、谢灵运合称“元嘉三大家”，艺术风格俊逸豪放，奇矫凌厉，著有《鲍参军集》。

23. D 【解析】本题考查字体和书法。D项，瘦金体是宋徽宗赵佶创造的书体，是楷书的一种。其特点是瘦直挺拔，横画收笔带钩，竖画收笔带点，撇如匕首，捺如切刀，竖钩细长；有些连笔字游丝行空，已近行书。题干图片是宋徽宗的瘦金体书法作品，本题选D。

A项，“柳体”是唐朝书法家柳公权自创的一种书体，代表作有《玄秘塔碑》《神策军碑》等。

B项，馆阁体是明清科举取士，考卷所写的字体，要求写得乌黑、方正、光洁、大小一致。这种楷书明代称“台阁体”，清代称“馆阁体”。

C项，“颜体”是颜真卿自创的一种书体，与“柳体”并称为“颜筋柳骨”。代表作有《多宝塔碑》《祭侄文稿》。

24. A 【解析】本题考查中国的蒙学著作。《三字经》《百家姓》《千字文》被誉为中国传统蒙学三大读物，合称“三、百、千”，是一整套相辅相成的启蒙识字教材。《道德经》主要记载了老子的理论思想，不属于蒙学读本。本题选A。

25. A 【解析】本题考查科学素养。题干六个数字的平均分是80，标准差是 $\sqrt{\frac{(83-80)^2+\cdots+(77-80)^2}{6}}=\sqrt{\frac{28}{6}}\approx2.16$。故选A。

26. D 【解析】本题考查Word的工作界面。D项是“撤消键入”按钮，用于消除上一次的操作。如果误删某段文字内容，单击“撤消键入”图标即可将文档恢复到误删之前的状态。本题选D。

A项是“打开”按钮，可以打开一个新的文档。

B项是“恢复键入”按钮，用于恢复最近一次已经撤消的操作。

C项是“保存”按钮，用于保存文档。

27. B 【解析】本题考查幻灯片的编辑。在幻灯片编辑状态下，可以插入图片、图表、表格、文本框、剪贴画等，但不能插入版式。在幻灯片母版的编辑状态下，可以实现插入幻灯片母版、插入版式等功能。本题选B。

28. B 【解析】本题考查类比推理。“小说”“散文”都属于文学体裁的一种，“小说”和“散文”是并列关系。

A项，“汽车”和“赛车”是交叉关系。

B项，黄瓜和芹菜都是一种蔬菜，“黄瓜”和“芹菜”是并列关系。

C项，“工人”和“青年”是交叉关系。

D项，“红色”属于“颜色”，“红色”和“颜色”是包含关系。

A、C、D三项均与题意不符，本题选B。

29. A 【解析】本题考查数字推理。观察题干“1=2、2=4、3=12”可知，前后式子中的两个相邻数字相乘，即可得到后一个式子中等号右边的数值。验证题干，2×2=4，4×3=12，12×4=48。所以，正确答案应当是“4=48”，故本题选A。

二、材料分析题（参考答案）

30. 材料中教师的教育行为是正确的，符合“以人为本”的学生观的要求，值得肯定和提倡。

(1)“以人为本”的学生观认为学生是发展的人,要以发展的眼光来认识和看待学生。材料中,面对学校里的特殊儿童,李老师通过艺术团组织学生学习音乐,培养孩子们的艺术素养,不合群的媛媛也变得开朗起来;通过开设形体课,教导孩子们改变了先前的盲态。这些都说明李老师既能看到学生未来发展的潜力,也能采取合理措施促进学生发展,其行为符合“以人为本”学生观的理念。

(2)“以人为本”的学生观认为学生是独特的人,每个学生都有自身的独特性。材料中,针对喜欢上唱歌的媛媛,李老师帮助她训练气息、矫正发音;针对孩子们小心翼翼、战战兢兢的盲态,李老师开设形体训练课,帮助孩子塑造形体,这些行为表明李老师能根据学生特点因材施教,其行为符合学生观的理念。

(3)“以人为本”的学生观认为学生是具有独立意义的人,是学习的主体。材料中,李老师组织学生参与各项活动,让学生发现了自己的兴趣所在,并耐心细致地启发、引导学生,调动了学生的积极性和主动性,取得了良好的教育效果,这些都符合学生观的要求。

综上所述,我们应该向李老师学习。

(共14分。点评正确给2分;答出学生是发展的人、学生是独特的人、学生是学习的主体,每个知识点4分,给出理论依据2分,结合材料合理阐述2分)

31. 材料中,唐老师的教育行为是正确的,遵守了教师职业道德规范,值得提倡。

(1)关爱学生要求教师关心爱护全体学生,尊重学生人格,平等公正对待学生。对学生严慈相济,做学生的良师益友。材料中,唐老师面对小樱的错误,没有直接批评她,而是仔细询问事件的缘由,在了解事情经过后进行合理引导,其行为做到了尊重学生、平等公正对待学生。

(2)爱岗敬业要求教师对工作高度负责,认真辅导学生,不得敷衍塞责。材料中,唐老师没有忽视小樱以及其他学生身上的问题,而是在课后耐心地进行辅导,这表明唐老师对工作认真负责,做到了爱岗敬业。

(3)教书育人要求教师遵循教育规律,实施素质教育,循循善诱,诲人不倦,因材施教。材料中,唐老师针对小樱“大闹天宫”一事,循循善诱,教育学生要做一个宽容公正的人,使双方都反思了自己的行为,取得了良好的教育效果。

(4)为人师表要求教师关心集体,团结协作。材料中,唐老师面对小樱与同学之间的矛盾,循循善诱,使小樱与同学握手言和,慢慢被同学们接纳,营造了良好的班级氛围,这体现了为人师表的职业道德规范。

综上所述,唐老师的做法是正确的,我们应该借鉴学习。

(共14分。点评正确给2分;答出关爱学生、爱岗敬业、教书育人、为人师表,每个知识点3分,给出理论依据2分,结合材料合理阐述1分)

32.(1)不能把戏曲作品与经典文学相提并论的原因是:这两者创作者的身份以及创作目的和接受者的文化水平以及总体数量是不同的,所以从线性的进化论文学史观的角度无法进行比较。戏曲作品是通俗文化,经典文学是精英文化。例如:元曲是经历几百年的自然存毁和文人汰选而被经典化。戏曲创作是娱乐市场上的生产活动,为商业演出提供素材加工服务。

(共4分。从"作品的创作者和接受者""戏曲作品是通俗文化,经典文学是精英文化""戏曲创作是娱乐市场上的生产活动"3个方面进行回答得4分)

(2)我们研究中国古代戏曲史的方法,应该是突破纯文学研究的狭窄视野,综合衡量,拓宽研究领域,多考虑戏曲本身的特点和时代历史背景:

第一:要综合衡量,不要从线性的进化论、文学史观的角度进行比较。

第二:要考虑戏曲本身的特点,戏曲经历几百年的自然存毁和文人汰选,而被经典化。戏曲创作是娱乐市场上的生产活动,为商业演出提供素材加工服务。要考虑戏曲相关的全部活动,如戏班的组织、演员的培养和演出实践等。

第三:拓宽研究领域呈现出具体的生活体验和广泛的社会现实,要关注更多的因素,如戏曲的舞台结构、班社组织、演出排场、服装道具等。

第四:多考虑时代历史背景,要突破原来学界自身生存状态的局限,文化产业市场化,对都市生活、市民社会、娱乐产业等进行切身的认识和体会,观察相应的历史现象。

(共10分。从"要综合衡量""要考虑戏曲本身的特点""拓宽研究领域""多考虑时代历史背景"4个方面进行回答得10分)

三、写作题

33.**【写作思路】**多则材料,用明辨关系法,寻找材料一、二之间的异同。材料一:强调要具有钢铁般的意志和为理想而奋斗的精神。材料二:强调生活不能等待别人来安排,要自己去争取和奋斗,在苦难面前咬牙坚持,积极抗争。共同点都在于为了理想而奋斗,去努力克服困难,可以从幸福需要奋斗、勇于面对、不畏艰辛、理想信念等角度进行书写。

【范文】

奋斗的青春

在中华文明的历史长河中,中华民族经历了百余年的抗争、革命、改革和建设。从战火纷飞的年代,青年学生投笔从戎、抗日救国,用浴血的青春和激情在满目疮痍的中华大地上写下"奋斗"二字,到改革开放初期,经济特区的人们突破重重阻力,杀出一条血路,用敢闯敢干的无畏气魄,在蓄势待发的中华大地上写下"奋斗"二字,百年探索历程告诉我们一个道理，那就是“奋斗成就梦想”。

今天，我们迎来了中华民族的伟大复兴，中国梦成为无数当代青年个人奋斗、实现自我价值的精神依托。无论是个人梦想还是中国梦的实现，都离不开“奋斗”二字和行动的哲学。正如习总书记所说：“青年时代，选择吃苦也就选择了收获，选择奉献也就选择了高尚。青年时期多经历一点摔打、挫折、考验，有利于走好一生的路。”

作为当代青年，要用奋斗的精神接过历史的接力棒。

回溯历史，中华民族在百折不挠的奋斗中实现了从站起来、富起来到强起来的伟大飞跃，夺取了一个又一个举世瞩目的伟大胜利。历史的接力棒传到今天，我们决不能躺在前人奋斗的成就上“坐吃山空”，安于现状、贪图享受，我们要始终不忘初心，砥砺前行，保持着永不懈怠的奋斗精神，以奋斗者的姿态走进新时代。

作为当代青年，要将个人理想和中国梦结合起来，在奋力实现中国梦的征途中实现个人价值。

历史和现实都告诉我们，青年一代有理想、有担当，国家就有前途，民族就有希望。青年作为民族复兴之希望，国家未来之栋梁，必须要有自己的理想。这种理想不是不切实际的白日梦，也不是只顾自我的小追求，而是将实现自我价值与实现民族复兴统一起来的愿望和目标。理想只是第一步，实现理想的关键在于行动。“眼因流多泪水而愈益清明”，目标的实现，因为浸润过奋斗的汗水而熠熠生辉。不论是大学生村官，还是自愿服务西部的志愿者，不论是塞罕坝林场建设者，还是作为“先行者”“探路人”的飞行员，都用汗水书写着“奋斗”这一时代主旋律。

人的一生只有一次青春。现在，青春是用来奋斗的；将来，青春是用来回忆的。正如保尔·柯察金所言：“一个人的生命应当这样度过：当他回首往事的时候，他不因虚度年华而悔恨，也不因碌碌无为而羞耻。”要想回首往事不悔恨，将来不遗憾，我们现在就必须艰苦奋斗，用青春之梦筑起中国梦！

（共50分。这篇作文论述由近现代到当代，再由当代青年该如何做展开论述，立意深刻，论点清晰，论据充足，结尾引用名人名言，并引发联想，耐人寻味。本篇作文拟给48分）

2019年下半年中小学教师资格考试真题试卷（八）

一、单项选择题

1. C 【解析】本题考查“以人为本”的学生观。学生是具有独立意义的人，是学习的主体，是具有主观能动性的人。题干中，王老师让同学们互相批改作文并进行评价，调动了学生的主观能动性，体现了学生是学习的主体，培养了学生的独立性。故答案选C。A、B、D三项题干未体现，故排除。

2. B 【解析】本题考查教育观。素质教育是促进学生全面发展的教育，它倡导的是在教育中使每个学生都得到充分的、全面的发展。实施素质教育必须坚持德育、智育、体育、美育和劳动技术教育并举，促进学生生动活泼地发展。图片中教师只重视分数，过于关注智育，而忽略了德、体、美、劳等方面的培养，违背了学生全面发展的要求，是不恰当的。故答案选B。A、C、D三项题干未体现，故排除。

方法技巧：部分综合素质试题有时会结合图片进行考查，针对此类试题，考生要学会抓住图片中的关键信息，理解图片所要传达的意思。本题中，由图片和题干可引申出，大人即是教师，五个孩子则分别代表了素质教育倡导的五个方面，"分"得到了关注和照顾，"德""体""美""劳"被忽视，说明教师只关注学生的分数而不关注其他方面的发展，即违背了全面发展的内涵。

3. A 【解析】本题考查教育观。题干中罗老师让彤彤参加一些课外活动，通过课外活动改善人际关系、发展其他兴趣爱好，说明罗老师注重学生的全面发展和均衡发展，C、D两项说法正确。

彤彤性格内向，几乎不跟其他同学交往，罗老师让彤彤"多跟大家一起玩"，积极主动地参与各类活动，融入集体中去，说明罗老师注重学生主动发展，B项说法正确。

题干中未体现罗老师注重学生个性发展，本题为选非题，故选A项。

易错提示：素质教育的内涵是常考点也是易混易错点，考生要在理解各内涵的基础上，抓住题干关键词句，结合题干作答。

全面发展——强调德智体美劳等各方面都要发展，只重视某一方面的发展（如智育）即违背了该内涵的要求。

个性发展——学生是独特的人，要尊重学生个性、促进学生特长发展等。

均衡发展——学生发展的各方面处于一种平衡和谐的状态，没有特别落后的。

主动发展——强调个体的主观能动性，即学生自觉、主动地发展。

4. D 【解析】本题考查新课程倡导的教师观。题干中董老师上完公开课后回看自己的课堂录像，从中总结问题并分析原因，这是在对自己的课堂教学进行自我反思，通过反思不断深化认识，改善教学。所以，该做法体现的教师专业发展途径是教学反思。故答案选D。

A项，同伴互助是指教师之间互相观摩教学、研讨、交流。

B项，教学观摩是指观摩和分析优秀教师的教学活动。

C项，进修培训是教师专业素质提升的保障，也是教师应享有的权利。教师进修培训的方式有脱产进修、在职函授、短期培训、自学考试、教学研究活动等。

5. C 【解析】本题考查《中华人民共和国宪法》。根据《中华人民共和国宪法》第四十二条规定,中华人民共和国公民有劳动的权利和义务。第四十三条规定,中华人民共和国劳动者有休息的权利。第四十六条规定,中华人民共和国公民有受教育的权利和义务。罢工权不是《中华人民共和国宪法》规定的公民基本权利,故本题选C。

6. C 【解析】本题考查《中华人民共和国教育法》(2015年修正)。根据《中华人民共和国教育法》第七十四条规定,违反国家有关规定,向学校或者其他教育机构收取费用的,由政府责令退还所收费用;对直接负责的主管人员和其他直接责任人员,依法给予处分。答案选C。A、B、D三项为干扰项,故排除。

7. A 【解析】本题考查《中华人民共和国教师法》。根据《中华人民共和国教师法》第三十七条规定,教师故意不完成教育教学任务给教育教学工作造成损失的,由所在学校、其他教育机构或者教育行政部门给予行政处分或者解聘。题干中魏某工作态度消极,多次旷工,给学校教学工作造成了损失,学校可以依法给予他行政处分或者解聘。答案选A。B、C、D三项为干扰项,故排除。

8. B 【解析】本题考查《中华人民共和国义务教育法》。根据《中华人民共和国义务教育法》第二十七条规定,对违反学校管理制度的学生,学校应当予以批评教育,不得开除。题干中,梁某是小学生,处于义务教育阶段,学校可以对梁某进行批评教育,但是不得开除梁某,学校的做法违反了我国《义务教育法》的相关规定,是不合法的。答案选B。A、C、D三项为干扰项,故排除。

9. B 【解析】本题考查侵犯学生权利的主要表现。常见的教师侵犯学生财产权的表现形式有乱罚款、损坏学生财物、非法没收学生物品、乱摊派、推销商品等。题干中,班主任向孙某收取"违纪金"的做法是不合法的,侵犯了孙某的财产权。答案选B。A、C、D三项为干扰项,故排除。

10. D 【解析】本题考查《中华人民共和国未成年人保护法》(2012年修正)。根据《中华人民共和国未成年人保护法》第六十六条规定,在中小学校园周边设置营业性歌舞娱乐场所、互联网上网服务营业场所等不适宜未成年人活动的场所的,由主管部门予以关闭,依法给予行政处罚。营业性歌舞娱乐场所、互联网上网服务营业场所等不适宜未成年人活动的场所允许未成年人进入,或者没有在显著位置设置未成年人禁入标志的,由主管部门责令改正,依法给予行政处罚。

梁某在小学周边开网吧,允许小学生进入并打折优惠,他的这种做法是不合法的,应依法给予他行政处罚。答案选D。A、B、C三项为干扰项,故排除。

11. D 【解析】本题考查《中华人民共和国预防未成年人犯罪法》(2012年修正)。

根据《中华人民共和国预防未成年人犯罪法》第十七条规定，未成年人的父母或者其他监护人和学校发现未成年人组织或者参加实施不良行为的团伙的，应当及时予以制止。发现该团伙有违法犯罪行为的，应当向公安机关报告。题干中的学校应当及时报告的部门是公安机关，本题选D。

12. A 【解析】本题考查《学生伤害事故处理办法》。根据《学生伤害事故处理办法》第十九条规定，教育行政部门收到调解申请，认为必要的，可以指定专门人员进行调解，并应当在受理申请之日起60日内完成调解，本题选A。

13. B 【解析】本题考查教师职业行为。题干中班主任李老师利用现代通信方式联系家长，还坚持定期家访，体现了他注重家校沟通的多元化，D项说法正确。

李老师根据学生个性特点，制定班级管理规则，体现了他能因材施教，同时也反映出李老师班级管理的优化高效，A、C两项说法正确。

题干并未体现教师专业能力的提升，本题为选非题，故选B项。

14. B 【解析】本题考查《中小学教师职业道德规范》。终身学习是教师专业发展的不竭动力。教师必须树立终身学习的观念，不断在读书学习中拓宽知识视野，更新知识结构。作为教师，王老师应该树立终身学习的意识，不断提高自身的专业水平，而不应拒绝参加培训。答案选B。A、C、D三项为干扰项，故排除。

15. A 【解析】本题考查教师幸福。“感性幸福”强调的是人的物质享受，“理性幸福”则对人的精神活动有所关注。题干中丁老师在业务水平很高的情况下，还喜欢阅读书籍以保持自己的教学活力，这是对精神快乐的追求，说明丁老师注重的职业幸福感是理性幸福。故B项错误，A项正确。

C项，给予性幸福是指教师只有进行了富于热情和智慧的给予之后，才能从自己的教育对象上看到自己的劳动成果，进而实现精神享用——体验幸福。

D项，索取性幸福强调通过主动索取，获得某种利益，进而体验幸福。

16. C 【解析】本题考查《中小学教师职业道德规范》。关爱学生要求教师关心爱护全体学生，尊重学生人格，平等公正对待学生。题干中孙老师的做法是不正确的，拿学生与其他学生作比较是不尊重学生的表现，会伤害被比较学生的自尊心。故答案选C。A、B两项排除。

D项，孙老师拿学生互相比较的做法本身就不正确，教师应该立足于学生素质的全面提高，从多个方面评价学生。

17. B 【解析】本题考查常任理事国的数量。联合国安理会由五个常任理事国和十个非常任理事国组成。五个常任理事国是中国、法国、俄罗斯、英国、美国。非常任理事国则由联合国大会选举产生。答案选B。A、C、D三项为干扰项，故排除。

18. B 【解析】本题考查王莽改制。王莽继帝位后就开始进行改革，他仿照《周礼》的制度推行新政，屡次改革币制，更改官制与官名，以“王田制”为名恢复“井田制”，把盐、铁、酒、铸币、山林川泽收归国有，耕地重新分配，又废止奴隶制度，建立五均赊贷（贷款制度）、六筦政策，以公权力平衡物价，防止商人剥削，增加国库收入。由于政策存在诸多不合实情的地方，百姓未蒙其利，先受其害，反而激化了社会矛盾，引起民愤。

A项，齐威王任用邹忌进行政治改革，接受臣下意见，注意选拔人才，除去不称职的奸吏，奖励得力的将领和官吏，因而经过一番改革，齐国在政治、经济上都有了新气象。这场改革史称“邹忌变法”。

C项，范仲淹于庆历三年提出改革措施，主张澄清吏治、改革科举、整修武备、减免徭役、发展农业生产等，得到宋仁宗支持。范仲淹主持的这场改革，史称“庆历新政”。

D项，1898年6月11日，清政府颁布“明定国是”诏书，宣布实行变法。随后，光绪帝发布了一系列变法诏令，主要内容有：裁撤冗官冗员，允许官民上书言事；鼓励私人兴办工矿企业，发展农、工、商业；改革财政，编制国家预算；废除八股，改试策论，开办新式学堂；裁减绿营，训练新式军队等。1898年是农历戊戌年，历史上称这次变法为“戊戌变法”。

19. A 【解析】本题考查化学成就。尼龙的发明和应用给世界带来了重大影响，它的发明归功于美国著名化学家瓦拉瑟·卡罗瑟斯。故本题选A。

B项，莱特兄弟是美国著名的发明家，他们创造了世界上第一架飞机，并于1903年12月17日首次试飞。

C项，弗莱明是英国细菌学家、生物化学家和微生物学家，他于1928年首先发现了青霉素。

D项，贝克兰是化学家、发明家，美籍比利时人，发明了塑料。

20. C 【解析】本题考查大气层的构成。电离层是位于平流层以上的大气，温度会随高度的增加而升高。电离层大气在太阳紫外线和宇宙射线的作用下，处于高度电离状态，能反射无线电波，对无线电通信有重要作用。极光、流星等现象多发生在这一层。故本题选C。

A项，对流层的大气上部冷、下部热，温度随高度的升高而递减，有利于大气的对流运动，出现云、雨、雾、雪等天气现象。

B项，平流层的大气上部热、下部冷，不易形成对流，以平流运动为主。无云雨现象，能见度好，适合航空飞行。

D项，散逸层离地面800 km以上，温度会随着高度的增加而升高，是大气层的最外层，空气极其稀薄。它也是大气圈与星际空间的过渡带，散逸层大气的密度已经与星际空间的密度非常接近。这里的一些高速运动的空气质点经常散逸到宇宙空间。

21. A 【**解析**】本题考查二十四节气。“庚”是十天干中的一个，以庚为开头的日期即为“庚日”，相邻两个庚日之间间隔10天。“三伏”即头伏（初伏）、二伏（中伏）、三伏（末伏），就是指一年中最热时期的三个阶段，进入“三伏”叫作“入伏”。夏至日一般是每年的6月21、22日，三个庚日是30天，依据题干所述，夏至后的第三个庚日为初伏，即初伏约是在七月中下旬。夏至以后的节气的顺序为“小暑、大暑、立秋、处暑、白露、秋分、寒露、霜降、立冬、小雪、大雪、冬至、小寒、大寒”。“大暑”节气一般从公历七月下旬开始，立秋则通常在公历八月上旬，故距离初伏最近的是大暑。

22. D 【**解析**】本题考查文学素养。A项，李白，字太白，号青莲居士，唐代诗人，被后人誉为“诗仙”，与杜甫并称为“李杜”，有《李太白集》传世。

B项，王维，字摩诘，号摩诘居士，唐代诗人、画家，有“诗佛”“王右丞”之称。苏轼评价其：“味摩诘之诗，诗中有画；观摩诘之画，画中有诗。”

C项，黄庭坚，北宋文学家、书法家，号山谷道人、黔安居士等，世称黄山谷、黄太史、黄文节等，代表作有《山谷词》。黄庭坚在诗、词、散文、书、画等方面成就很高，与张耒、晁补之、秦观合称为“苏门四学士”，书法上与苏轼、米芾和蔡襄合称为“宋四家”。在文学界，黄庭坚生前与苏轼齐名，世称“苏黄”。

D项，苏轼，字子瞻，号东坡居士，著名的北宋词人。文学大师林语堂在其著作《苏东坡传》中，赞扬苏东坡为“一个无可救药的乐天派、一个伟大的人道主义者、一个百姓的朋友、一个大文豪、大书法家、创新的画家、造酒试验家、一个工程师……”题干所述是林语堂对苏东坡的评价，故本题选D。

23. C 【**解析**】本题考查浪漫主义文学。《唐璜》是拜伦的长篇诗体小说。该小说通过主人公唐璜在西班牙、希腊、土耳其、俄国和英国等不同国家的生活经历展现了19世纪初欧洲的现实生活，讽刺批判了“神圣同盟”和欧洲反动势力。

A项，弥尔顿，英国诗人，是文艺复兴运动和十八世纪启蒙运动的桥梁，代表作有《失乐园》。

B项，丁尼生，英国维多利亚时代的著名诗人，代表作品为组诗《悼念》。

D项，雪莱，英国浪漫主义诗人，代表作《解放了的普罗米修斯》《西风颂》等。

24. D 【**解析**】本题考查中国古典园林。亭是开敞的小型建筑，不设门窗，下半部砌半墙或设半栏。A、B、C三项中的图片均属于亭。D选项所呈现的是廊，它是连接两个建筑物的通道。

25. B 【**解析**】本题考查数学常识。众数是指一组数据中出现次数最多的那个数据。题干中出现次数最多的数字是73,共出现2次,故这组分数的众数是73。

26. A 【解析】本题考查Windows操作系统。在Windows系统中,当菜单中某些菜单项显示灰色时表示此菜单项当前不可选用。答案选A。B、C、D三项为干扰项,故排除。

27. A 【解析】本题考查Excel数据操作。在Excel中,单元格日期类型中年、月、日的分隔符是“/”。答案选A。B、C、D三项为干扰项,故排除。

28. B 【解析】本题考查类比推理。恒星和行星都是天体,是并列关系。帽子和手套都是饰物,也是并列关系。故选B。

A项,音乐和古典音乐是包含关系,音乐包含古典音乐。

C项,中文书和辞典是交叉关系,有的辞典是中文书,有的中文书是辞典。

D项,球鞋和运动鞋属于包含关系,球鞋属于运动鞋。

29. D 【解析】本题考查数字推理。题干数列从第三项开始,每一项等于前两项之积加上2,空缺处的数字为8×26+2=210,验证第六项5462=26×210+2,故D项正确。

二、材料分析题(参考答案)

30. 材料中“我”的教育行为践行了“以人为本”的学生观,值得肯定。

(1)学生是发展的人。学生是发展中的人,具有巨大的发展潜能。作为发展的人,学生还是一个不成熟的人,是一个在教师指导下正在成长的人,教师要用发展的眼光看待学生。教师应坚信每个学生都是可以积极成长的,是有培养前途的,是追求进步和完善的,是可以获得成功的。材料中,“我”并没有因为阳阳的调皮捣蛋而放弃他,而是花了两周时间去观察他,发现了他身上的优点,并利用其优点进行教育,让他当数学课代表、交流阅读心得,从而帮他树立了自信心,促进了学生发展。

(2)学生是独特的人。学生并不是单纯的抽象的学习者,而是有着丰富个性的完整的人,每个学生都有自身的独特性。材料中,“我”根据阳阳酷爱阅读的优点,让他在班级中交流读书心得;根据他数学好的优势,和数学老师商量,让其担任数学课代表,体现了“我”把阳阳同学看作是独特的人的理念。

(3)学生是具有独立意义的人。素质教育强调学生在学习活动中是认识的主体、实践的主体和发展的主体,是学习的主人,作为教师要调动学生学习的积极性和主动性。材料中,“我”通过请阳阳交流读书心得和做数学课代表,激发起阳阳对学习的兴趣,他认真查资料,反复练习,给同学讲题,都体现了“我”把阳阳看作是学习主体的理念。

综上所述,作为教师,在面对像阳阳这样调皮的孩子时,要践行“以人为本”的学生观,积极地促进学生的全面发展。

(共14分。点评正确给2分;答出学生是发展的人、学生是独特的人、学生是具有独立意义的人,每个知识点4分,给出理论依据2分,结合材料合理阐述2分)

31. 材料中"我"的教育行为符合教师职业道德规范的要求,值得学习。

(1)"我"的教育行为体现了爱岗敬业的教师职业道德规范要求。爱岗敬业要求教师要对工作高度负责,认真备课上课,认真批改作业,认真辅导学生,不得敷衍塞责。材料中,"我"及时了解班级情况,发现男生整体上比女生差时,制定了一系列措施帮助男生进步,践行了爱岗敬业的教师职业道德规范。

(2)"我"的教育行为体现了关爱学生的教师职业道德规范要求。关爱学生要求教师要关心爱护全体学生,尊重学生人格,平等公正对待学生。对学生严慈相济,做学生良师益友。保护学生安全,关心学生健康,维护学生权益。材料中,"我"发现部分男生存在自我约束力差、遇事容易冲动、学习比较粗心等问题时,没有批评放弃这部分男生,而是通过"真汉榜"等各种活动,帮助他们树立信心,发挥特长,这充分践行了关爱学生的教师职业道德规范。

(3)"我"的教育行为体现了教书育人的教师职业道德规范要求。教书育人要求教师要遵循教育规律,实施素质教育。循循善诱,诲人不倦,因材施教。材料中,"我"发现男生的情况后,采取有针对性的个性化方式,因材施教地引导他们进步,践行了教书育人的教师职业道德规范。

总之,材料中的教师遵循了教师职业道德规范,是广大教师学习的榜样。

(共14分。点评正确给2分;答出爱岗敬业、关爱学生、教书育人,每个知识点4分,给出理论依据2分,结合材料合理阐述2分)

32. (1)城市居民的垃圾经验越丰富,城市的现代化程度越高。卫生是现代化的一个核心要素。卫生的程度,是衡量现代化的程度。因此,城市的现代化进程,就是一个观念上和实践中双重地清除垃圾的进程。现代化城市要求清除垃圾,因而城市居民的卫生意识越强,处理垃圾的经验越丰富,说明城市的现代化程度越高。

(共4分。先答出两者的关系——"城市居民的垃圾经验越丰富,城市的现代化程度越高"得1分;再分别从"卫生""城市的现代化进程"和"城市居民的卫生意识"三方面进行回答,每个方面1分。)

(2)①清除垃圾,是现代医学的一个律令,也是文明和教养的象征。

②卫生的程度,是衡量现代化的程度,城市的现代化进程,就是一个观念上和实践中双重垃圾清除的过程。

③垃圾像是城市身体上一个无法治愈的伤口,是它最密切但又最讨厌的永恒伴侣。城市和垃圾相依为命。

（共10分。答出“清除垃圾”与“现代医学”“文明和教养”的关系得3分，答出“卫生的程度”对“城市现代化进程”的影响得3分，答出“城市”与“垃圾”之间的关系得4分）

三、写作题

33.**【写作思路】**（1）传承家族文化的同时也要创新发展，跟随时代的脚步，取其精华，去其糟粕。

（2）教育观念或教师思想也应像传统文化一样，不是一成不变的，既要继承也要创新。

（传统文化的继承与发展、家族文化的传承与发展、家族文化的重要性等；用发展的眼光看问题等立意角度也可以，言之有理即可。）

【范文】

家族文化的传承与发展

不知道自己姓氏的由来，不再按照辈分起名，家庭没有家训，不知道自己的祖籍和家族历史……这一系列的内容无不显示着家族文化正在逐渐淡出人们的视野，由此，家族文化的传承与发展逐渐成为人们关心的内容。

若谈到什么样的传家宝更有价值，我认为最宝贵的不是物质遗产，而是一个家族特有的精神文化。家族文化，从小了说是家族遵循的宗旨，大了讲便是家族倡导践行的精神内涵。它记载了家族先辈的嘉言善行和精神风骨，用以激励后人，使家族绵延生息、长盛不衰。

家族文化的继承予以家族个体精神支撑。家族文化俨然一盏明灯，点亮了每个深受其影响的家族个体的心灵，闪耀了他们往后的人生。从奥斯维辛集中营走出的马丁·格林菲尔德，用一股坚守传统、不怕吃苦的精神干起了裁缝，并将此精神融入子孙教育中，成为格林菲尔德家族的“传家宝”。如今，他们的裁缝店已成为福特、基辛格、奥巴马“私人订制服装”的店铺。每个格林菲尔德秉承家族传承的耐苦精神，在“传家宝”的熏陶下坚定地朝明天迈进。

作为“传家宝”的家族精神能够经久不衰，家族成员之间共享一种相通的精神语言，这无疑对创造浓郁的家庭文化氛围有重大意义，进而使家庭团结，并真正实现人与人之间的和谐。君不见《颜氏家训》《傅雷家书》流传至今？君不见王羲之、王献之的一脉相承？谆谆教诲的精神导引与身体力行，嵌入了每一代人的血肉中，成为亘古长存的精神符号，永恒闪烁。

但是，家族文化不仅需要传承，更需要发展。只有发展中的家族文化，才能与时俱进，更长久地存在。博得张晓风为其“仗美执言”的手工艺人碧华，有着精湛的技艺与优秀的传承，但她却不满足于现状，将自己的技艺进行创新发展，在传统刺绣领域开辟了一片新天地——刺绣首饰。她在刺绣中融入现代元素，可谓创新。家族精神，融入时代精神，便使传统与现代碰撞出了精彩的火花，使得传统文化既得以传承，又得到升华。

一种种富有特色的独立的家族文化才能培育出一个个独立的大写的“人”。社会中有了这样的家庭，自然就会精神文明蔚然成风，传统与现实紧密结合。

近年，谱牒文化复兴，祭拜祖牌，搜集家书与族谱成为人们新的追求。其实，倘无族谱又何妨？留得家族精神在，人们便已有落叶归根的存在感。

家族文化在弥久的传承中芽嫩已过，花期已过，已成一枚果。只愿结果繁硕，化为一粒核，在新的土地，等待另一度的叶芽。

（共50分。这篇作文由材料引出中心论点，再列举古今中外的典型事例进行论证，强有力地论证了“家族文化传承与发展”的重要性。文中采用了比喻的修辞手法，使语言更加生动形象。本篇作文拟给47分）

2019年上半年中小学教师资格考试真题试卷（九）

一、单项选择题

1. D 【解析】本题考查“以人为本”的学生观。学生是发展的人。学生的身心发展是有规律的，一般规律有顺序性、阶段性、不平衡性、互补性和个别差异性。

阶段性是指个体在不同的年龄阶段表现出身心发展不同的总体特征及主要矛盾，面临着不同的发展任务。个体身心发展的不平衡性主要表现在：同一方面的发展速度，在不同年龄阶段变化是不平衡的；不同方面在不同发展时期具有不平衡性。题干中，陈老师认为“学习上暂时落后并不代表永远落后”，说明他认识到学生发展存在阶段性和不平衡性。故A、B两项说法正确。

差异性主要表现在：不同个体同一方面的发展速度和水平不同；不同个体不同方面的发展存在差异；不同个体所具有的个性心理倾向不同；个别差异性也表现在性别之间。题干中，“不是每个学生都能考上大学”说明陈老师认识到个体之间存在着差异性，故C项说法正确。

顺序性是指个体身心发展是一个由低级到高级、由简单到复杂、由量变到质变的连续不断的发展过程。题干中陈老师的话并未展现出其重视学生身心发展的顺序性。本题为选非题，故选D项。

2. B 【解析】本题考查教育观。根据漫画传递的信息可知，老师用标准答案这种唯一的标准来衡量要求学生，不允许学生发散思维想出其他新颖独特的答案，体现了该老师评价标准的单一化。故答案选B。A、C、D三项题干未体现，故排除。

3. D 【解析】本题考查教师观。教师观要求教师必须尊重每一位学生做人的尊严和价值。教师应努力做到：不体罚学生，不辱骂学生，不大声训斥学生，不冷落学生，不羞辱、嘲笑学生，不随意当众批评学生。

A项，这一做法不利于学生之间良好同伴关系的建立，不利于良好班级氛围的建设。

B项，这一做法可能会对班长的心理造成伤害，且教师不知道事情具体情况就让班长反省的做法也不恰当。

C项，批评全班学生的做法可能会引起学生的抵触情绪，不能起到很好的教育效果，也不利于之后课堂教学的进行。

D项，面对偶发事件，教师不应急于表态、下结论，而是弄清来龙去脉后再做处理。所以方老师可以擦掉字先上课，课后再调查了解事情缘由，采取合理措施化解学生之间的矛盾，解决问题。故本题选D。

4. D 【解析】本题考查教师观。新课程倡导民主、开放、科学的课程理念，这就要求课程与教学相互整合，教师必须在课程改革中发挥主体作用。教师不仅是课程实施的执行者，更应成为课程的开发者和建设者。黄老师善于利用学校现有的资源进行教学，体现出黄老师是课程资源的开发者。故答案选D。

A项，教育教学的研究者是教师在教学过程中要以研究者的心态置身于教学情境之中，以研究者的眼光审视和分析教学理论与教学实践中的各种问题，对自身的行为进行反思，对出现的问题进行探究，对积累的经验进行总结，最终形成规律性的认识。

B项，行为规范的示范者是指教师的言行举止等都会成为学生学习的对象。

C项，专业发展的引领者是指传授科学理论和经验方法以指导教学的校内外的专家学者、骨干教师等。

方法技巧：在现代教师角色转变中，"教师是课程资源的开发者与建设者"是常考点。教师积极主动地开发、编撰各类学习课程或书册，将生活经验引入课堂教学、利用校内外或自然生活中的各种资源进行教学等，都是教师具有良好的课程资源开发意识与能力的体现。

5. A 【解析】本题考查《中华人民共和国教育法》(2015年修正)。根据《中华人民共和国教育法》第二十七条规定，设立学校及其他教育机构，必须具备下列基本条件：(一)有组织机构和章程；(二)有合格的教师；(三)有符合规定标准的教学场所及设施、设备等;(四)有必备的办学资金和稳定的经费来源。本题为选非题,故答案选A。

6. A 【解析】本题考查《中华人民共和国教育法》(2015年修正)。根据《中华人民共和国教育法》第七十九条规定,考生在国家教育考试中让他人代替自己参加考试的,由组织考试的教育考试机构工作人员在考试现场采取必要措施予以制止并终止其继续参加考试;组织考试的教育考试机构可以取消其相关考试资格或者考试成绩;情节严重的,由教育行政部门责令停止参加相关国家教育考试一年以上三年以下;构成违反治安管理行为的,由公安机关依法给予治安管理处罚;构成犯罪的,依法追究刑事责任。张某找他人替考,教育行政部门最高可责令其3年内不准参加高考。故答案选A。B、C、D三项为干扰项,故排除。

7. B 【解析】本题考查《中华人民共和国教师法》。根据《中华人民共和国教师法》第十四条规定,受到剥夺政治权利或者故意犯罪受到有期徒刑以上刑事处罚的,不能取得教师资格;已经取得教师资格的,丧失教师资格。根据《教师资格条例》第十八条规定,依照教师法第十四条的规定丧失教师资格的,不能重新取得教师资格,其教师资格证书由县级以上人民政府教育行政部门收缴。据此可以判断,王某丧失教师资格,刑满释放后不能继续执教,但可以从事其他职业。故答案选B。A、C、D三项为干扰项,故排除。

易错提示:考生需注意抓住题干关键词,区分教师是丧失教师资格还是被撤销教师资格。

法律法规	条文总结	条件	后果
《教师法》第14条	规定了教师资格永久丧失的情况	受到剥夺政治权利或者故意犯罪受到有期徒刑以上刑事处罚	永久丧失,一旦丧失就不能再重新申请
《教师资格条例》第19条	规定了撤销教师资格的情况	(1)弄虚作假、骗取教师资格 (2)品行不良、侮辱学生,影响恶劣	暂时丧失,在撤销的5年后可再次申请

8. C 【解析】本题考查《中华人民共和国义务教育法》。根据《中华人民共和国义务教育法》第十二条规定,父母或者其他法定监护人在非户籍所在地工作或者居住的适龄儿童、少年,在其父母或者其他法定监护人工作或者居住地接受义务教育的,当地人民政府应当为其提供平等接受义务教育的条件。题干中,小学生李某到父母工作的地方上学,为他提供平等接受义务教育条件的主体应是其父母工作地的人民政府。故本题选C。

9. D 【解析】本题考查《中华人民共和国未成年人保护法》(2012年修正)。根据《中华人民共和国未成年人保护法》第二条规定,本法所称未成年人是指未满十八周岁的公民。本题选D。A、B、C三项均为干扰项,故排除。

10. A 【解析】本题考查《中华人民共和国预防未成年人犯罪法》(2012年修正)。根据《中华人民共和国预防未成年人犯罪法》第三十四条规定,本法所称“严重不良行为”,是指下列严重危害社会,尚不够刑事处罚的违法行为:(一)纠集他人结伙滋事,扰乱治安;(二)携带管制刀具,屡教不改;(三)多次拦截殴打他人或者强行索要他人财物;(四)传播淫秽的读物或者音像制品等;(五)进行淫乱或者色情、卖淫活动;(六)多次偷窃;(七)参与赌博,屡教不改;(八)吸食、注射毒品;(九)其他严重危害社会的行为。B、C、D三项均属于严重不良行为,A项属于不良行为。本题为选非题,故答案选A。

11. A 【解析】本题考查《学生伤害事故处理办法》。根据《学生伤害事故处理办法》第十条规定,学生违反法律法规的规定,违反社会公共行为准则、学校的规章制度或者纪律,实施按其年龄和认知能力应当知道具有危险或者可能危及他人的行为而造成的学生伤害事故,学生或者未成年学生监护人应当依法承担相应的责任。题干中的小学生王某故意将同学推倒在地致其受伤,因此王某应当承担主要责任,但由于王某是未成年人,承担主要责任的是其监护人,故本题选A。

12. B 【解析】本题考查《中华人民共和国宪法》。根据《中华人民共和国宪法》第六十七条第一项规定,全国人民代表大会常务委员会行使“解释宪法,监督宪法的实施”的职权。本题选B。

13. C 【解析】本题考查班级日常管理措施。题干中,李老师设立“生日祝福墙”,同学们则在其上留下祝福话语,将自制的卡片作为礼物赠送给他人,这一做法并未加重学生的负担,也不会助长攀比之风,因为卡片是自制的,所以也不会提高学生的消费意识。这一做法能让学生感受到班级的温暖,有利于营造和谐友爱的班级氛围,故李老师的做法是恰当的,是关爱学生的体现。本题选C。

14. C 【解析】本题考查教师与学生的关系。在对待师生关系上,强调尊重、赞赏。尊重学生同时意味着不伤害学生的自尊心。教师应努力做到:不体罚学生,不辱骂学生,不大声训斥学生,不冷落学生,不羞辱、嘲笑学生,不随意当众批评学生。题干中王老师因为小刚说话导致班级被扣分便训斥小刚,并且不听小刚的解释,这种做法没有尊重小刚,是不恰当的,王老师应该听小刚的解释,了解清楚事情的缘由后再做处理。故答案选C。A、B两项排除。

D项,教师应努力做到不体罚学生,不辱骂学生,不大声训斥学生,不冷落学生,不羞辱、嘲笑学生,不随意当众批评学生。杀一儆百在教室处理的做法会严重伤害小刚的自尊心。故D项排除。

15. A 【解析】本题考查教师专业发展的方法。教学反思是指教师以自己的教学活动过程为思考对象,对自己所做出的某种教学行为、决策以及由此所产生的结果进行审视和分析的过程。邓老师没有从刘老师的指导中总结经验,构建适合自己的教学模式,而是一味地模仿刘老师,没有进行自我反思,所以教学效果并不理想。故本题选A。

B项,学校安排优秀教师刘老师和新入职的邓老师"师徒结对",说明邓老师得到专业引领,排除。

C项,刘老师悉心指导说明他并无保留,排除。

D项,刘老师是优秀教师,说明刘老师有较强的示范性,排除。

16. C 【解析】本题考查《中小学教师职业道德规范》。教书育人要求教师遵循教育规律,实施素质教育。循循善诱,诲人不倦,因材施教。培养学生良好品行,激发学生创新精神,促进学生全面发展。题干中的付老师设计了"复制不走样"的游戏,这体现了其注重方法创新;付老师通过游戏引导学生明白传话走样带来的危害,让学生自己从中发现道理,这说明他做到了循循善诱,践行了教书育人的职业道德规范。严慈相济在题干中没有体现,本题为选非题,故选C。

17. C 【解析】本题考查数学物理成就。"墨子号"量子科学实验卫星于2016年8月16日1时40分,在酒泉用长征二号丁运载火箭成功发射升空。这是我国首颗量子通信卫星,它以我国古代科学家墨子的名字来命名,以纪念他在早期物理光学方面的成就。故本题选C。

A项,孔子,名丘字仲尼,春秋后期鲁国人,儒家学派的创始人。其核心思想是"仁",他提出"仁者爱人",创办私学,主张"有教无类",注重道德教育和文化知识教育。他的思想后来由其弟子整理成《论语》一书。

B项,老子,姓李名耳,春秋后期楚国人,道家学派的创始人。他认为,万物运行有其自然的法则,人们应顺应自然;世间的事物都有其对立面,对立的双方是可以相互转化的。他的学说集中在《老子》(又称《道德经》)一书中。

D项,荀子,名况,字卿,战国晚期赵国人,儒家学派的代表人物,著《荀子》一书。他主张实行"礼治",明确尊卑等级,以维系社会秩序。

18. D 【解析】本题考查常量元素。在人体内,所含常量元素的含量按从多到少的顺序可排列为:氧、碳、氢、氮、钙、磷、钾、硫、钠、氯、镁等。人体内所含有的微量元素有碘、锌、硒、铜、钼、铬、钴、锰、铁等。故本题选D。

19. A 【解析】本题考查世界著名运河。苏伊士运河位于埃及苏伊士地峡,北通地中海,南通红海,是连接大西洋、印度洋和太平洋的重要航线。

B项，加勒比海位于大西洋，巴拿马运河连接了太平洋与大西洋。

C项，基尔运河是连接北海和波罗的海的重要航道，所以又称“北海—波罗的海运河”。

D项，马六甲海峡西北端通印度洋的安达曼海，东南端连接南中国海。

20. B 【解析】本题考查汉朝著名改革措施。汉武帝时期，儒生董仲舒提出了“罢黜百家，独尊儒术”的主张，后来成为汉武帝实行的封建思想统治政策。故答案选B。A、C、D三项为干扰项，故排除。（**备注**：自2021年秋季学期，历史教科书已将“罢黜百家，独尊儒术”修改为“罢黜百家，尊崇儒术”。）

21. B 【解析】本题考查历史素养。依据生产工具的演变过程，人类古代历史可以分为石器时代、青铜时代、铁器时代等。本题为选非题，故选择B。

22. A 【解析】本题考查外国儿童文学作品。儒勒·凡尔纳，19世纪法国小说家、剧作家及诗人，代表作有《格兰特船长的儿女》《海底两万里》《神秘岛》《气球上的五星期》《地心游记》等。《基地》是美国作家艾萨克·阿西莫夫出版于1951年的科幻小说短篇集。本题为选非题，故选择A。

23. D 【解析】本题考查《红楼梦》中的人物形象。《红楼梦》中有黛玉葬花的情节，而D项的剪纸作品正是黛玉葬花时独倚花锄的形象。

A项人物身着华服，头戴凤冠，可以推断出是入宫为妃的元春。

B项人物手拿拂尘，可以推断出是妙玉。

C项人物身量苗条，服饰华美，柳叶吊梢眉，丹凤三角眼，可以推断出是王熙凤。

24. C 【解析】本题考查外国著名音乐家。弗朗茨·约瑟夫·海顿是维也纳古典乐派的奠基人，被誉为“交响曲之父”。代表作有《伦敦交响曲》《惊愕交响曲》等。故本题选C。

A项，巴赫，德国作曲家，他的音乐作品体裁丰富，对欧洲近代音乐的发展产生了积极影响，故被称为“西方近代音乐之父”。代表作有《勃兰登堡协奏曲》《马太受难曲》等。

B项，莫扎特，奥地利作曲家，维也纳古典乐派代表人物之一，有“音乐神童”之称。代表作有《费加罗的婚礼》《唐璜》等。

D项，贝多芬，德国作曲家，因其对古典音乐的重大贡献而被后世尊称为“乐圣”。代表作有《第三（英雄）交响曲》《第五（命运）交响曲》等。

25. C 【解析】本题考查唐代文学。杜牧的《山行》中有诗句“停车坐爱枫林晚”，爱晚亭正是得名于此。

A项，位于安徽省滁州市的醉翁亭因欧阳修及其《醉翁亭记》闻名遐迩。

B项，位于北京的陶然亭因白居易的诗句“更待菊黄家酝熟，共君一醉一陶然”而得名。

D项，位于江苏省苏州市的沧浪亭始建于北宋，由政治家、文学家苏舜钦修建，并著有《沧浪亭记》一文。

26. B 【解析】本题考查Word的基本操作。经过多次剪切或复制，点击“粘贴”按钮时，所粘贴的内容是最后一次剪切或复制的内容。故答案选B。A、C、D三项为干扰项，故排除。

27. A 【解析】本题考查PowerPoint的基本操作。幻灯片中插入的背景音乐应当为音频格式，题干中的四个选项中只有“.wav”是音频文件扩展名，“.gif”和“.jpg”是图像文件扩展名，“.xls”则是Excel表格的文件扩展名。本题选A。

28. B 【解析】本题考查类比推理。“中国人”和“中国工人”是包含关系，“军人”和“军医”是包含关系。故答案选B。

A项，“教授”与“助教”两个概念的外延不重叠，为全异关系。

C项，“公民”中包含“农民”，故“农民”和“公民”为包含关系。

D项，“法官”与“警察”两个概念的外延不重叠，为全异关系。

29. D 【解析】本题考查数字推理。观察数列可知，第三项为前两项数字之和再加2，即11+16+2=29，16+29+2=47，29+47+2=78，47+78+2=127。所以，空缺处的数字应是78，故选D。

二、材料分析题（参考答案）

30. 材料中刘老师的教育行为体现了素质教育观，值得肯定和学习。

（1）素质教育是面向全体学生的教育，倡导人人有受教育的权利，强调在教育中每个人都得到发展，而不是只注重一部分人，更不是只注重少数人的发展。材料中，小安令各科老师都很头疼，但刘老师并没有因此放弃对小安的教育，而是鼓励他，使其恢复了自信，最终小安的学习成绩提高了，还赢得了学校绘画比赛的二等奖。

（2）素质教育是促进学生全面发展的教育，倡导的是在教育中使每个学生都得到充分的、全面的发展。实施素质教育必须坚持德育、智育、体育、美育和劳动技术教育并举，促进学生生动活泼地发展。材料中，刘老师不仅帮助小安在绘画（美育）方面得到了提升，还帮助小安提高了学习成绩，增强了自信心，促进了学生的全面发展。

（3）素质教育是促进学生个性发展的教育，每一位学生都有其个别性，教育要尊重并充分发展学生的个性。材料中，刘老师针对小安喜欢画画的特点，经常与他交流绘画心得，鼓励小安参加绘画比赛，最终赢得了学校绘画比赛的二等奖，这表明刘老师尊重并充分发展了学生的个性。

总之，刘老师的教育行为符合素质教育的理念和要求，是值得提倡的。作为教师，我们应当向刘老师学习，树立素质教育理念，践行素质教育观的具体要求。

（共14分。点评正确给2分；答出面向全体学生、促进学生全面发展、促进学生个性发展，每个知识点4分，给出理论依据2分，结合材料合理阐述2分）

31. 材料中，王老师的教育行为践行了教师职业道德规范，值得肯定和学习。

（1）爱岗敬业要求教师对工作高度负责，认真备课上课，认真批改作业，认真辅导学生，不得敷衍塞责。材料中，班级卫生扣分事件发生后，王老师抓住时机召开班会对全班学生进行教育，最终取得了很好的效果。这说明王老师对工作认真负责，做到了爱岗敬业。

（2）关爱学生要求教师关心爱护全体学生，尊重学生人格，平等公正对待学生；对学生严慈相济，做学生的良师益友。材料中，王老师没有直接批评劳动委员和值日生，而是通过召开主题班会的形式来教育全体学生，这体现了王老师对学生的尊重。王老师既肯定了劳动委员和值日生的努力，又指出他们的不足，并对他们今后的工作提出了严格要求，这是严慈相济的表现。这些都表明王老师遵循了关爱学生的师德规范。

（3）教书育人要求教师遵循教育规律，实施素质教育；循循善诱，诲人不倦，因材施教。针对班级卫生扣分事件，王老师召开主题班会，找班干部谈话，分析得失，统一认识，引导班委和全班同学深刻反省自我。之后王老师又单独去找劳动委员和值日生谈心，将劳动委员的内疚转化为动力，最终提高了全体学生的认识，也增强了同学们的班级认同感。

总之，王老师的教育行为符合教师职业道德规范的要求，值得广大教师学习。

（共14分。点评正确给2分；答出爱岗敬业、关爱学生、教书育人，每个知识点4分，给出理论依据2分，结合材料合理阐述2分）

32.（1）科学体系的特点：①全部科学体系仅仅依靠几条基本假设撑起，且这些假设全都没有经过任何论证。②科学体系神圣庄严，坚实无比，如悬空寺般宏伟壮观，受人虔诚叩拜。

（共4分。从“基本假设”“科学体系神圣庄严，坚实无比”2个方面进行回答得4分）

（2）文章以“原子假说”衍生出完整的化学科学大厦为例，证明的观点有：①假说也是有其威力的，人们正是基于“原子假说”，得出了一系列的结论，建立了庞大的化学工业，按照化学反应方程式定量生产出了数不胜数的化学制品，用于人们的日常生活。②证明科学从源头上已成功驾驭了“真”“假”相反相成的依存关系，不仅删繁就简地设立一些假想的、现实并不存在的理想状态，还通过精深的悟性确立一些假设定律来作为科学殿堂的支撑。

这样的“威力”源自：①人们可以基于假说而建立一个完整的体系，并将其应用于人们的日常生活。②科学从源头上驾驭了“真”“假”相反相成的依存关系，使得科学得到了快速发展。

（共10分。关于证明的观点，从“假说也是有其威力的”“证明科学从源头上已成功驾驭了‘真’‘假’相反相成的依存关系”2个方面回答得5分；关于源自哪里，从“人们基于假说建立完整体系”“科学从源头上驾驭依存关系”2个方面进行回答得5分）

三、写作题

33.【写作思路】从这两则材料可知，第一则材料的重点是“继续前行，把红旗插遍全中国”，这是这位红军战士的期望和理想；第二则材料的重点是“跟着走”，这是这位老革命家的坚持，是“跟着走”的坚定信念及永不放弃的坚持支撑着他走过红军两万五千里长征。

考生可以从理想信念方面写要树立远大的理想，面对挫折要坚定信念，永不放弃等。

【范文】

信　念

红军战士两万五千里的长征，学生们十年寒窗的刻苦学习，演员们十年如一日的艰苦练习……他们并不是简简单单就能成功的，支撑着他们的是从始至终坚定不变的信念，也正是这信念，让他们在面对挫折、面对磨难、面对失败时能一次次站起来，永不放弃。

一支探险队在沙漠里跋涉的途中绝望地发现水都喝光了。这时队长拿出一只水壶说：“只有穿越沙漠之后才能喝这壶水。”正是这瓶水激励着探险队坚持走出沙漠。可是当队员们走出沙漠后想喝一口这瓶水时发现里面竟全是沙子！信念的力量竟是如此强大，竟能支撑住这么多条生命的重量。

信念能让一个绝望的人重获希望。尼克·胡哲一出生就没有手，也没有脚。虽然在爱与接纳中慢慢长大，但尼克依然要忍受被围观的尴尬痛苦，也曾一度想要自杀。直到15岁时，他为自己树立了活下去的信念，而这给了他渡过难关的勇气。他用几百上千次的失败学会了刷牙、洗脸、上下楼梯、开关电器。他说：“人生最可悲的并非失去四肢，而是失去信念。”信念支撑着他，让他得以活出自己生命的精彩。

信念还能实现梦想。林书豪，一个能引起全世界如此关注的华裔篮球明星，他用他的信念与执着赢得了所有人的称赞和尊重。在尼克斯队的前23场比赛中，大多数时间,他都坐在板凳席上,做一名看客。可即便在这种情况下,他的训练也没有中断。他刻苦训练,练习如何娴熟地运球,精准的投篮。他总是抱着必能成功的信念,时刻准备着上场。因此,在他终于有机会之后,短短十天之内,他便创下了七比零的辉煌战绩,全世界的目光都聚焦在这个还有些许腼腆的华裔男孩身上。而他最终也实现了儿时的愿望。坚定的信念能让人在面对低谷时仍不忘记努力,以自身的艰苦付出,走向成功的道路,就像那个说“跟着走”的老革命家。

人的一生,不可避免地要经历许多苦难,而经历苦难的时候,我们要有坚定的信念,这样我们才有可能成功。

信念是黑暗中的光亮,信念让我们在极度痛苦中找到自我,无论在多么难、多么苦的环境中,只要我们拥有坚定的信念,我们就可以迎难而上!

(共50分。这篇作文立意符合题意且深刻,中心明确。文中列举多个典型事例,论据充分。语言生动流畅,铿锵有力。本篇作文拟给47分)

2018年下半年中小学教师资格考试真题试卷(十)

一、单项选择题

1. A 【解析】本题考查教师观。行动研究是指为弄清课堂上遇到的问题的实质,探索用以改进教学的行动方案,教师以及研究者可以进行调查和实验研究。题干中,孙老师面对课堂中出现的气氛沉闷、学生表现不积极等问题,认真分析,寻找解决问题的途径和方法,这属于教学反思中的行动研究。故本题选择A。

B项,同伴互助是指教师之间互相观摩教学、研讨、交流。同伴互助的形式为:交谈、协作、帮助。

C项,微格教学是一种利用现代化教学技术手段来培训师范生和在职教师教学技能的系统方法。

D项,专业引领是指校内外的专家学者、骨干教师等传授科学理论和经验方法指导教师教学。

2. C 【解析】本题考查教育观。素质教育是促进学生全面发展的教育,它倡导教育应使每个学生都得到充分的、全面的发展。题干中熊老师说家长不能只帮孩子提高考试成绩,说明教育不能仅仅追求分数,只注重智育,而是要促进学生德智体美劳全面发展。故C项正确。

A项,熊老师的观点是家长不应该只看重分数,排除。

B项，熊老师强调的是家长要关注孩子的全面发展，而不只是分数，排除。

D项，素质教育并非废除考试，说法错误，排除。

3. C 【解析】本题考查“以人为本”的学生观。学生在学习活动中是认识的主体、实践的主体和发展的主体，是学习的主人。题干中陈老师若是将学生的提问布置成课外探究作业，不仅肯定了学生的课堂发问行为，促进了学生主体性的发展，还有利于学生自主学习、合作学习和探究学习。故本题选C。

A项，如果陈老师不予理睬，会导致学生学习的积极性下降，教学效果变差，排除。

B项，题干中，学生提出问题这一行为并不代表着上课分心，只是正常地提出自己的疑问，针对这种情况，教师可以通过恰当的方式引导学生思考，排除。

D项，这种做法说明陈老师并未做到严谨治学，属于敷衍塞责学生的表现，排除。

4. B 【解析】本题考查新课程倡导的教师观。王老师想提高教学水平，主动向老教师学习，说明他重视专业发展和学习，B项分析不恰当。依据题干可知，王老师没有认真分析自己班级学生的学习情况，忽略了学生的个体差异性，没有做到因材施教，而是在课堂教学中照搬李老师的教学方式，一味模仿他人，没有形成适合自己的教学模式，这是导致他教学效果不好的主要原因。本题为选非题，A、C、D三项分析恰当，不选。故本题选B。

5. A 【解析】本题考查《中华人民共和国宪法》。根据《中华人民共和国宪法》第六十二条规定，全国人民代表大会行使下列职权：(一)修改宪法；(二)监督宪法的实施；(三)制定和修改刑事、民事、国家机构的和其他的基本法律；(四)选举中华人民共和国主席、副主席；(五)根据中华人民共和国主席的提名，决定国务院总理的人选；根据国务院总理的提名，决定国务院副总理、国务委员、各部部长、各委员会主任、审计长、秘书长的人选；(六)选举中央军事委员会主席；根据中央军事委员会主席的提名，决定中央军事委员会其他组成人员的人选；(七)选举国家监察委员会主任；(八)选举最高人民法院院长；(九)选举最高人民检察院检察长；(十)审查和批准国民经济和社会发展计划和计划执行情况的报告；(十一)审查和批准国家的预算和预算执行情况的报告；(十二)改变或者撤销全国人民代表大会常务委员会不适当的决定；(十三)批准省、自治区和直辖市的建置；(十四)决定特别行政区的设立及其制度；(十五)决定战争和和平的问题；(十六)应当由最高国家权力机关行使的其他职权。根据第八十九条规定，A项的职权由国务院行使，故选A。

6. C 【解析】本题考查《中华人民共和国教育法》(2015年修正)。根据《中华人民共和国教育法》第二十九条规定，学校及其他教育机构有对“聘任教师及其他职工，实施奖励或者处分”的权利。题干中教师沈某因无正当理由拒不服从学校安排，学校有权对其进行处分，学校无权对教师或学生作出行政处罚，本题选C。

7. B 【解析】本题考查《中华人民共和国义务教育法》(2015年修正)。根据《中华人民共和国义务教育法》第十七条规定，县级人民政府根据需要设置寄宿制学校，保障居住分散的适龄儿童、少年入学接受义务教育。本题选B。A、C、D三项为干扰项，故排除。

8. A 【解析】本题考查《中华人民共和国教育法》(2015年修正)。根据《中华人民共和国教育法》第七十七条规定，在招收学生工作中徇私舞弊的，由教育行政部门或者其他有关行政部门责令退回招收的人员；对直接负责的主管人员和其他直接责任人员，依法给予处分；构成犯罪的，依法追究刑事责任。题干中的校长在招生工作中违反了我国《教育法》的相关规定，教育行政部门可以依法给予其行政处分。刑事制裁和民事制裁实施的主体是人民法院，党组织有权对违规党员作出党纪处分决定。故本题选A。

9. D 【解析】本题考查《中华人民共和国未成年人保护法》(2012年修正)。根据《中华人民共和国未成年人保护法》第十五条规定，父母或者其他监护人不得允许或者迫使未成年人结婚，不得为未成年人订立婚约。无论是否征得双方子女的同意，父母都不得为未成年人订立婚约，故题干中张某和李某的做法是不合法的，本题选D。

10. D 【解析】本题考查《中华人民共和国预防未成年人犯罪法》(2012年修正)。根据《中华人民共和国预防未成年人犯罪法》第二十三条规定，学校对有不良行为的未成年人应当加强教育、管理，不得歧视。题干中的学校要求各班主任“重点关照”那些有不良行为的学生，这是不合法的，学校不得歧视有不良行为的未成年人，本题选D。

11. A 【解析】本题考查《学生伤害事故处理办法》。根据《学生伤害事故处理办法》第二十一条规定，对经调解达成的协议，一方当事人不履行或者反悔的，双方可以依法提起诉讼。题干中的学校不履行已达成的协议，所以，高某的父母可以依法提出诉讼，本题选A。

12. B 【解析】本题考查《学生伤害事故处理办法》。根据《学生伤害事故处理办法》第九条规定，学校的安全保卫、消防、设施设备管理等安全管理制度有明显疏漏，或者管理混乱，存在重大安全隐患，而未及时采取措施，因此而造成的学生伤害事故，学校应依法承担相应责任。第十条规定，学生违反法律法规的规定，违反社会公共行为准则、学校的规章制度或者纪律，实施按其年龄和认知能力应当知道具有危险或者可能危及他人的行为而造成的学生伤害事故，应依法承担相应责任。

题干中，学校教学楼门口有一条狗，说明学校安全保卫工作有明显疏漏，故学校应承担赔偿责任。小伟未遵守学校规章制度，将狗从家里带来学校，导致小凡被咬伤，所以小伟也要承担相应的赔偿责任，由于小伟是未成年人，其赔偿责任由其监护人承担。综上所述，小伟的监护人和学校应该对小凡所受的伤害承担赔偿责任，本题选B。

易错提示：学生伤害事故中谁承担赔偿责任，是经常考查的一个知识点。若事故在学校职责范围内，但致害主体是学生，考生可根据下面表格内的情况进行判断。

<table>
<tr><th>致害主体</th><th colspan="2">赔偿责任</th></tr>
<tr><td rowspan="2">未成年学生</td><td>学校未尽到相应职责</td><td>未成年学生的监护人承担主要赔偿责任，学校承担相应的赔偿责任</td></tr>
<tr><td>学校尽到相应职责，行为并无不当</td><td>未成年学生的监护人承担赔偿责任，学校不承担责任</td></tr>
</table>

13. D 【解析】本题考查《中小学教师职业道德规范》。“关爱学生”要求教师关心爱护全体学生，尊重学生人格，平等公正对待学生。对学生严慈相济，做学生良师益友。保护学生安全，关心学生健康，维护学生权益。不讽刺、挖苦、歧视学生，不体罚或变相体罚学生。题干中的汪老师经常资助家庭经济困难的学生并在学习上给予切实的帮助，属于关爱学生的表现。本题选D。A、B、C三项为干扰项，故排除。

14. C 【解析】本题考查教师职业行为规范。教师处理与家长的关系时，要做到：尊重家长，理解家长；经常家访，互通情况；密切配合，教育学生。张老师因自身过失被家长投诉了，最恰当的做法是反省自己，积极主动与家长沟通，了解问题的原因并及时改正，解决问题。故本题选C。

A项，要求换班是逃避问题的做法，并不能解决家长反映的问题，满足不了家长的需求。

B项，埋怨家长只会扩大家长与教师之间的隔阂，且没有做到尊重家长，理解家长。

D项，教师在教学过程中需做到教学反思，对家长提出的问题应该积极给予反馈。教师坚持自我的做法不但不能教育学生，而且还会影响自身的工作效果和成长。

15. B 【解析】本题考查《中小学教师职业道德规范》。“终身学习”要求教师崇尚科学精神，树立终身学习理念，拓宽知识视野，更新知识结构。潜心钻研业务，勇于探索创新，不断提高专业素养和教育教学水平。题干中，自我学习固然重要，但是校本研修也有利于教师的专业发展，所以江老师的做法不恰当，他应该注意学习方式的多元化，通过多种途径提高专业素养，故本题选B。

16. D 【解析】本题考查《中小学教师职业道德规范》。

A项，老师手里拿着成绩单，要求学生家长来，说明老师对学生做到了"严"，但是方式粗暴，没有做到"慈"，所以没有做到严慈相济。

B项，图中老师指着学生说话并大声斥责，没有做到尊重学生。

C项，老师没有耐心地和学生分析、讨论其考试成绩低的原因，给予正确指导，没有做到循循善诱。

D项，教师公正地对待学生要求教师要公正、公平、不偏不倚、一视同仁。在图中没有体现。本题为选非题，故答案选D。

17. D 【解析】本题考查生物学和医学成就。青霉素的发现者是亚历山大·弗莱明。本题选D。

A项，朱既明成功研制出了中国第一个抗生素——青霉素。

B项，屠呦呦因发现青蒿素而成为我国第一个获得诺贝尔生理学奖或医学奖的药学家。

C项，巴斯德发明了巴氏消毒法。

18. A 【解析】本题考查历史素养。中国古代纺织品多采用麻、丝、毛、棉等天然纤维为原料。"棉"字最早记录于《宋书》中，宋元时期棉花才开始广泛传播起来，全国棉花的推广普及大约是在明清时期，故棉是中国最晚用作纺织原料的天然纤维。本题选A。

19. D 【解析】本题考查传统数学常识。七巧板，又称唐图，是一种拼板玩具，由七块板组成，它包括两个大等腰直角三角形、一个中等腰直角三角形、两个小等腰直角三角形、一个正方形和一个平行四边形。用这七块板可以拼搭出几何图形，也可以拼成各种具体的人物形象、动物、桥、房子等。A、B、C三项的图片均是由七巧板拼成的，D项的图由三角形拼成。本题为选非题，故选D项。

20. B 【解析】本题考查世界古代史。玛雅文明是拉丁美洲印第安文明的杰出代表，是世界重要的古文化之一。本题选B。

A项为干扰项，排除。

C项，希腊最早的文明产生于爱琴海地区。爱琴文明包括克里特文明和迈锡尼文明。

D项，公元前6世纪，波斯兴起于伊朗高原，迅速征服了包括两河流域、埃及、小亚细亚和巴尔干半岛北部在内的广大地区，建立起地跨亚非欧三大洲的帝国。曾经辉煌的波斯文明在世界上留下大片大型宫殿遗址。

21. A 【解析】本题考查地理常识。中国最长的内流河是塔里木河，长约2179千米,位于新疆维吾尔自治区塔里木盆地北部。

B项,柴达木河位于青海省柴达木盆地中部,长约417千米。

C项,尼雅河长约210千米,发源于昆仑山北麓,最终流入塔克拉玛干沙漠。

D项,疏勒河长约540千米,是位于甘肃省河西走廊内流水系的第二大河。

22. B 【解析】本题考查外国儿童文学作品。《夏洛的网》的作者是美国当代著名散文家、评论家怀特。法国作家圣埃克苏佩里的作品有《小王子》,故本题选B。

《木偶奇遇记》的作者是意大利作家科洛迪,A项正确。

《骑鹅旅行记》又称《尼尔斯骑鹅旅行记》,是瑞典女作家拉格勒夫创作的一篇童话故事,C项正确。

《艾丽丝漫游奇境记》是英国作家卡罗尔创作的儿童文学作品,D项正确。

23. C 【解析】本题考查历史典故与人物。"狡兔三窟"出自《战国策》的名篇《冯谖客孟尝君》。冯谖说:"狡兔有三窟,仅得免其死耳。"

A项,与管仲和齐桓公有关的成语是"老马识途"。

B项,与毛遂和平原君有关的成语是"毛遂自荐"。

D项,曹刿和鲁庄公二人较为知名的历史典故是"曹刿论战",有关的成语是"一鼓作气"。

24. B 【解析】本题考查中国古琴名曲。中国古代十大古琴名曲有《潇湘水云》《广陵散》《高山流水》《渔樵问答》《平沙落雁》《阳春白雪》《胡笳十八拍》《阳关三叠》《梅花三弄》《醉渔唱晚》。

《二泉映月》是二胡名曲,是中国民间音乐家华彦钧(阿炳)的代表作。本题为选非题,故选B。

25. A 【解析】本题考查苏州园林。苏州古典园林主要有沧浪亭、狮子林、拙政园、留园、网师园等。豫园位于上海,不属于苏州园林。本题为选非题,故选A。

26. D 【解析】本题考查计算机病毒的含义。计算机病毒在《中华人民共和国计算机信息系统安全保护条例》中被明确定义,计算机病毒是指"编制或者在计算机程序中插入的破坏计算机功能或者毁坏数据,影响计算机使用,并且能够自我复制的一组计算机指令或者程序代码"。

27. C 【解析】本题考查Excel图表。在Excel中,饼图可以显示一个数据系列中各项的大小与各项总和的比例,若要反映每个对象的一个属性值在总值当中所占比例大小,应该选择的图表类型是饼图。

A项,柱形图是一种以长方形的长度为变量的表达图形的统计报告图,可显示一段时间内数据变化或各项之间的比较情况。

B项，折线图是将同一数据系列的数据点在图中用直线连接起来，可以显示随时间而变化的连续数据，非常适用于显示在相等时间间隔下数据的趋势。

D项，XY散点图通常用于显示两个变量之间的关系，利用散点图可以绘制函数曲线。

28. C 【解析】本题考查类比推理。题干中“红茶”和“绿茶”为并列关系，而选项C中“白酒”和“黄酒”为并列关系，所以选C。A、B、D三项中每一项的词语概念外延互相排斥，均是全异关系。

易错提示：概念间关系的推理是常考点，考生首先需要明晰题干所给词语之间的逻辑关系，再找准选项词语间的逻辑关系，比较异同，选择最佳选。常见的概念间关系有以下几种。

A B 全同关系　B A 真包含于关系　A B 交叉关系　A B 全异关系

全同关系：北京——中国的首都；真包含于关系（包含关系）：蔬菜——茄子；交叉关系：大学生——共产党员；全异关系：老虎——尺子。

29. C 【解析】本题考查图形推理。观察可知，题干中第一个图形是由圆形和梯形组成、第二个图形是由长方形和菱形组成、第三个图形是由菱形和圆形组成，每个图形都是由两个不同的图形组成，选项中只有C项是由一个圆形和一个三角形组成，是由不同的图形组成的，其他项都是由相同的图形组成。本题选C。

二、材料分析题（参考答案）

30. 材料中刘老师的教育行为符合新课改背景下教师观的要求，是值得赞扬和提倡的。

（1）从教师角色特征来看：

①教师是学生学习的促进者。材料中，刘老师让学生们观察野花，大雪过后带他们去野外游玩，让学生更好地感受自然，这体现了刘老师是学生学习的促进者。

②教师是教育教学的研究者。材料中，为了让学生能体会到课文所蕴含的情感，刘老师反复朗读课文，研究如何朗读才能更好地传递情感。此外，她还背诵中外名人的诗篇，学习中外教育名著，研究、改进自身教学，这体现了刘老师是教育教学的研究者。

③教师是课程的开发者和建设者。材料中，刘老师精心地识别、挑选野花，带孩子们外出寻找腊梅、看松树，是在为学生创设开放的课堂，创设良好的教学环境，有效地开发并利用了外界自然资源来促进教学，这体现了刘老师是课程的开发者和建设者。

(2)从教师行为特征来看：

①在对待教学关系上，刘老师做到了帮助、引导。材料中，刘老师有效地搜集、利用自然资源，一步步引导着学生体会知识和情感，给予他们积极的情感体验，引导他们树立良好的价值观念。

②在对待自我上，刘老师做到了教学反思。材料中，刘老师学习教育学、心理学、美学等知识，撰写教学日志，不断改进自身教学实践，体现了反思。

综上所述，刘老师的做法遵循了新课改背景下的教师观的相关要求，是值得学习和提倡的。

（共14分。点评正确给2分；答出学生学习的促进者、教育教学的研究者、课程的开发者和建设者，每个知识点2分，给出理论依据1分，结合材料合理阐述1分；答出帮助引导学生、自我反思，每个知识点3分，给出理论依据2分，结合材料合理阐述1分）

31. 材料中俞老师的教育行为是正确的，符合教师职业道德规范，值得学习。

(1)爱岗敬业要求教师对工作高度负责，认真备课上课，认真批改作业，认真辅导学生。材料中，俞老师成立“少年科学院”，在实验前认真查阅资料，做足准备，通过实验激发学生学习兴趣，使学生有所收获，对工作高度认真负责，这体现了爱岗敬业的教师职业道德规范。

(2)教书育人要求教师遵循教育规律，实施素质教育。循循善诱，诲人不倦，因材施教。培养学生良好品行，激发学生创新精神，促进学生全面发展。材料中，俞老师从学生的“读”“写”细节入手，创设情境，引导学生们学会阅读、端正书写姿势；还带学生去超市、去养老院等地方，让学生进行实地学习，培养他们的综合素质与能力。俞老师的这些行为有效地促进了学生的发展，体现了教书育人的教师职业道德规范。

(3)关爱学生要求教师关心爱护全体学生，尊重学生人格，平等公正对待学生。对学生严慈相济，做学生良师益友。材料中，俞老师能够保守小涛的秘密，尊重了学生的人格尊严，与学生融洽相处，体现了关爱学生的教师职业道德规范。

综上所述，俞老师的教育行为践行了教师职业道德规范的相关要求，值得广大教师学习。

（共14分。点评正确给2分；答出爱岗敬业、教书育人、关爱学生，每个知识点4分，给出理论依据2分，结合材料合理阐述2分）

32. (1)经历了四个阶段：

①17世纪到20世纪相当长的时间里，人们忠于笛卡尔的学说，即动物完全没有思想；②19世纪，达尔文认为动物和人类的智力只有程度上而非本质上的区别，但这一观点认可度不高；③1976年，美国学者唐纳德提出动物能够思考的观点，随后数十年

间大量的野外和实验室的研究工作结果接近达尔文的观点;④现阶段,大部分科学家相信有些动物确实以有意识的精神体验方式处理信息和表达感情。

(共4分。答出“经历了四个阶段”并详细阐述“17世纪到20世纪相当长的时间里”“19世纪”“1976年”“现阶段”的相关内容得4分)

(2)在现阶段,人们可以通过研究动物的输入(如食物的环境)或输出(行为),来对动物的心智特性进行研究。

①现阶段的研究应该将实验室与野外研究结合起来,避免两者可能存在的误导性和局限性,融合两者的优点,这样更具有严谨性;②利用动物能以有意识的精神体验方式处理信息和表达感情的特点来推动对动物的心智特性的研究。③根据人类的心智特性在动物身上的表现与动物所拥有的人类心智特性的关系,可以对动物有选择、有差异、有针对性地进行分类研究与分析。

(共10分。答出与“通过研究动物的输入或输出”“将实验室与野外研究结合起来”“利用动物能以有意识的精神体验方式处理信息和表达感情的特点来推动研究”“人类的心智特性在动物身上的表现与动物所拥有的人类心智特性的关系”相关的4个要点得10分)

三、写作题

33.【写作思路】立意分析:这则材料可以从两方面来进行审题:(1)追求完美与接受不完美;(2)要学会全面、辩证地看问题。

因此,可以从两方面来进行立意。

立意一:世间的任何事都不会真正达到完美的程度,我们要学会接受不完美。学会将追求完美与接受不完美有机地结合起来。

立意二:换角度来看待人生中的诸多不完美,很多的“缺陷”,可能在别的领域即是“完美”。

【范文】

缺陷与完美

昙花虽美,只有一现,却留给人深刻的印象;月影虽柔,无法永圆不缺,却催生出了一首首千古绝唱;天空虽阔,不能永葆湛蓝,却让蓝天更加得人喜爱。其实,完美与缺陷这两条线,在某些情况下,还是会相交的。正如现在的“诡异谷”现象,拥有完美人造影像角色的《最终幻想:灵魂深处》遭到了评论界的批判和市场的失败,而将不完美因素融入设计的3D动画师创作的人物却得到了人们的喜欢。

有人在细品三国时,会感叹:“要是诸葛亮能有吕布的武艺,或是吕布能有诸葛亮的智慧,他们的结局就完美了。”仔细想想的确很有趣,但谁都明白,那永不可能成真,每个人都是优缺的组合体，他们自会利用各自的优点找到适合自己的路，所以诸葛亮做智谋之臣，而吕布成了三国里的一员猛将。

我想完美此词不能乱用，我们所见的毫无缺陷的事物确实是寥寥无几。人从生下来开始，所做的唯一一件事其实就是不断完善自己，追求完美，可直到最后，也不能使自己真的达到完美无缺的程度。伴随我们追求完美的，是一个又一个的缺陷，所以正因为有了缺陷，完美才显得更加珍贵。完美主义者们把完美定为最终理想，他们拼命地想去忘记和掩盖缺陷，可是试图忘记只会让人更深刻地记忆。

维纳斯，是神话中永远的女神，她的美丽无法形容，可她没有双臂，这是无法改变的事实。有人不禁感到惋惜，可有些艺术家却持相反的观点，他们甚至拒绝想象和讨论维纳斯的复原图，宁愿留下她的缺陷美。再回想一下那些伟人：海伦·凯勒，张海迪，贝多芬……身体上的缺陷是无法改变的，所以他们选择了化缺陷为动力，创造出了那样辉煌的成绩。比萨斜塔的倾斜已成为它的“广告牌”，圆明园的破损使我们铭记历史的教训……原来缺陷也可以创造美，只要你有坚强的意志，缺陷就是一种特色，一种无法比拟的动力。

人无完人，月无常圆，缺陷是客观存在的，它不是成功的绊脚石，反而让追求完美成为可能。面对缺陷，就要勇敢地正视它们。学会正视自己的缺陷，才能学会欣赏别人的美。

昙花只有一现，我们才会倍加珍惜；月圆没有几天，人们才会更加重视；天空会有阴晴风雨，人们才有了对比选择。从缺陷中也可以领略完美，世界因缺陷而美丽多姿。

（共50分。这篇作文以排比开篇，形式新颖。结尾与开头相照应，有始有终。立意准确，论点清晰，论据充足。本篇作文拟给46分）

国家教师资格考试

历年真题详解及预测试卷

综合素质·小学(预测答案本)

目　录

国家教师资格考试预测试卷(十一)

一、单项选择题

1. D 【解析】新课改提倡素质教育,在评价标准上,注重发展性评价,立足于学生素质的全面提高,以多种形式全面衡量学生的素质和教师的水平。材料中的学校在评选“三好学生”和评定教师教育质量时,只把分数作为唯一的评价标准,违背了新课改倡导的发展性评价理念,不利于学生的全面发展和教师教学质量的提升。故本题选D项。

2. C 【解析】在学校教育活动中,必须遵循“教育公正”原则,教师要处理好学生发展的共同性和差异性的问题。所有的学生都能够获得同样的教育机会,或者说教育机会对所有的学生来说是均等的。教师要公平、公正地对待每一位学生。题干中赵老师只根据学生的成绩好坏安排座位,不考虑学生身高的实际情况,违背了教育公平原则,没有做到公正地对待每一位学生。

3. D 【解析】教师的教学行为规范要求教师按时上课下课,不迟到、不缺课、不拖堂。钱老师延长5分钟时间是拖堂的表现,违背了教师的教学行为规范,其做法是不恰当的。故A、C项错误。

学生的注意力是有限的,在课间休息的时间继续教学不仅不利于学生集中注意力学习知识,同时也可能对学生下节课的学习产生消极影响,钱老师的做法漠视了学生的学习效果。学生的学习风格在题干中没有体现,故不选。本题答案为D。

4. D 【解析】题干中段老师在指导大家完成主题为“社会旅游资源”的调查报告后,又指导对古塔的建筑材料、风格产生兴趣的同学确定了新课题,这体现了段老师尊重学生的学习需要和兴趣,同时,也培养了学生进行自主探究的意识。题干中没有提及段老师对学生研究方法的纠正。本题为选非题,故选D项。

5. A 【解析】根据《中华人民共和国教育法》第七十二条规定,结伙斗殴、寻衅滋事,扰乱学校及其他教育机构教育教学秩序或者破坏校舍、场地及其他财产的,由公安机关给予治安管理处罚;构成犯罪的,依法追究刑事责任。侵占学校及其他教育机构的校舍、场地及其他财产的,依法承担民事责任。B、C、D三项说法错误,均为干扰项,故本题选A项。

6. C 【解析】根据《教师资格条例》第十九条规定,有下列情形之一的,由县级以上人民政府教育行政部门撤销其教师资格:(一)弄虚作假、骗取教师资格的;(二)品行不良、侮辱学生,影响恶劣的。被撤销教师资格的,自撤销之日起5年内不得重新申请认定教师资格，其教师资格证书由县级以上人民政府教育行政部门收缴。

7. A 【解析】《中华人民共和国义务教育法》第二十九条规定，教师应当尊重学生的人格，不得歧视学生，不得对学生实施体罚、变相体罚或者其他侮辱人格尊严的行为，不得侵犯学生合法权益。题干中，苗老师罚学生蛙跳的行为属于体罚学生，这侵犯了学生的生命健康权。故本题选A。B、D两项均为干扰项。

C项，管理学生权即指导学生的学习和发展，评定学生的品行和学业成绩的权利。这是与教师在教育教学过程中的主导地位相适应的一项基本权利。但管理学生权不包含对可以学生进行体罚，故C项说法错误。

8. D 【解析】根据《中华人民共和国预防未成年人犯罪法》第三十八条规定，结伙斗殴，追逐、拦截他人，强拿硬要或者任意损毁、占用公私财物等寻衅滋事行为；非法携带枪支、弹药或者弩、匕首等国家规定的管制器具等行为属于严重不良行为。第六十一条规定，公安机关、人民检察院、人民法院在办理案件过程中发现实施严重不良行为的未成年人的父母或者其他监护人不依法履行监护职责的，应当予以训诫，并可以责令其接受家庭教育指导。题干中张某的父母对张某的行为不管不问，没有履行对张某的监护职责，故应由公安机关依法对张某的父母进行训诫。

9. A 【解析】根据《中华人民共和国未成年人保护法》第五十四条规定，禁止拐卖、绑架、虐待、非法收养未成年人，禁止对未成年人实施性侵害、性骚扰。禁止胁迫、引诱、教唆未成年人参加黑社会性质组织或者从事违法犯罪活动。禁止胁迫、诱骗、利用未成年人乞讨。第一百二十九条规定，违反本法规定，侵犯未成年人合法权益，造成人身、财产或者其他损害的，依法承担民事责任。违反本法规定，构成违反治安管理行为的，依法给予治安管理处罚；构成犯罪的，依法追究刑事责任。题干中李某的行为严重违反治安管理，应由公安机关依法给予处罚。

10. A 【解析】根据《中华人民共和国义务教育法》第十二条规定，父母或者其他法定监护人在非户籍所在地工作或者居住的适龄儿童、少年，在其父母或者其他法定监护人工作或者居住地接受义务教育的，当地人民政府应当为其提供平等接受义务教育的条件。当地教育局没有为刘某夫妇处于义务教育阶段的孩子提供入学帮助，这种做法是错误的，侵犯了孩子的受教育权。B、C、D均说法错误，故本题选A项。

11. D 【解析】根据《学生伤害事故处理办法》第九条规定，因学校教师或者其他工作人员体罚或者变相体罚学生，或者在履行职责过程中违反工作要求、操作规程、职业道德或者其他有关规定而造成的学生伤害事故，学校应当依法承担相应的责任。根据第二十三条规定，对发生学生伤害事故负有责任的组织或者个人，应当按照法律法规的有关规定，承担相应的损害赔偿责任。题干中阳阳在人行道上被电动车撞伤，车主应负主要责任。其次，自习课期间老师不在，致使阳阳能偷偷溜出学校，说明学校并没有尽到应有的教育和管理职责，学校也应承担部分责任。

12. B 【解析】根据《中华人民共和国预防未成年人犯罪法》第三十五条规定，未成年人无故夜不归宿、离家出走的，父母或者其他监护人、所在的寄宿制学校应当及时查找，必要时向公安机关报告。收留夜不归宿、离家出走未成年人的，应当及时联系其父母或者其他监护人、所在学校；无法取得联系的，应当及时向公安机关报告。

易错提示：本题错误的原因可能是考生未认真审题。题干要求选择“不正确的做法”，根据法条内容可知，东东的父母及时联系小李的父母、所在学校或者向公安机关报告都是正确的做法，本题是选非题，答案应当是B。考生在做单选题时，一定要认真阅读题干，标画出重点字眼，避免因审题不认真而失分。

13. B 【解析】根据《中小学班主任工作规定》第五条规定，班主任由学校从班级任课教师中选聘。聘期由学校确定，担任一个班级的班主任时间一般应连续1学年以上。故本题选B项。

14. C 【解析】《中小学教师职业道德规范》中的为人师表要求教师坚守高尚情操，知荣明耻，严于律己，以身作则。王老师的行为是以身作则的表现，体现了为人师表的教师职业道德规范。

15. B 【解析】《中小学教师职业道德规范》中的爱岗敬业要求教师忠诚于人民教育事业，志存高远，勤恳敬业，甘为人梯，乐于奉献。对工作高度负责，认真备课上课，认真批改作业，认真辅导学生，不得敷衍塞责。闫桂珍老师全身心扑在教育工作中，即使身体疾病严重，也依然坚守教学岗位，闫老师这种对工作高度负责的态度，是对爱岗敬业的生动诠释。

16. D 【解析】《中小学教师职业道德规范》中的关爱学生要求教师关心爱护全体学生，尊重学生人格，平等公正对待学生。题干中的班主任付老师面对“问题学生”小杰，通过家访有针对性地对其实施教育和引导，体现了付老师尊重关爱学生的情怀。

17. C 【解析】唐代张萱的名画《捣练图》是一幅工笔重彩画，是唐代仕女画中取材较为别致的作品。此图描绘了唐代城市妇女在捣练、络线、熨平、缝制等劳动操作时的情景。A项有可能发生在唐朝。

唐朝诗人杜牧在《过华清宫绝句三首·其一》中写道：“一骑红尘妃子笑，无人知是荔枝来。”这首诗通过送荔枝这一典型事件，鞭挞了唐玄宗与杨贵妃骄奢淫逸的生活。B项有可能发生在唐朝。

从8世纪末开始，中国陶瓷开始向外输出，经晚唐五代到宋初，达到了一个高潮。D项也有可能发生在唐朝。

八股文是明清科举考试中的一种文体，C项不可能发生在唐朝，符合题意。故选C。

18. A 【解析】使用盝顶造型的现象在中国古建筑中实不多见，现存最大、最出名的盝顶建筑是江南三大名楼之一的岳阳楼。

19. C 【解析】“明治维新”发生在19世纪60年代到90年代，使日本成为亚洲第一个走上工业化道路的国家，逐渐跻身于世界强国之列，是日本近代化的开端，是日本近代历史上的重要转折点。故本题选C项。

大化改新又称大化革新，是日本学习中国唐朝律令制度等进行的社会政治变革运动；独立战争和南北战争是美国历史上重要的两次战争。

20. D 【解析】A项，欧·亨利与契诃夫、莫泊桑并称“世界三大短篇小说巨匠”，其代表作有《麦琪的礼物》《警察与赞美诗》《最后一片叶子》等。

B项，巴尔扎克被称为“现代法国小说之父”，代表作有《欧也妮·葛朗台》《高老头》等。

C项，雨果是法国浪漫主义文学的代表作家，他的代表作有《巴黎圣母院》《悲惨世界》等。

D项，《呼啸山庄》的作者是爱米莉·勃朗特，英国著名的勃朗特三姐妹之一。狄更斯是英国作家，代表作有《匹克威克外传》《双城记》《远大前程》等。

21. A 【解析】嫦娥三号探测器：首次实现月球表面软着陆；天宫一号：中国第一个目标飞行器和空间实验室；神舟十号：航天员王亚平实现第一次太空授课；嫦娥一号卫星：中国自主研发并发射的首个月球探测器。

22. C 【解析】1777年，法国人拉瓦锡提出燃烧的氧化学说，认为燃烧是物质和空气中的氧气反应的结果。故本题选C项。

A项，哥白尼，波兰天文学家，著有《天体运行论》，确立“日心说”，成为近代天文学的起点。

B项，牛顿，英国物理学家、数学家、天文学家。他提出牛顿运动三大定律，发现了万有引力定律，建立经典力学体系。

D项，爱迪生，世界著名的发明家、物理学家、企业家，被誉为“世界发明大王”。发明电灯、留声机等。

23. B 【解析】花旦，多为性格活泼或泼辣放荡的青少年女性，故本题选B。

A项，正旦，又叫青衣，多为端庄稳重的中青年女性。

C项，彩旦是戏曲中扮演女性的丑角。

D项，刀马旦，多为女将或女元帅。

24. A 【解析】2022年6月17日，经中央军委批准，我国第三艘航空母舰命名为“中国人民解放军海军福建舰”，舷号为“18”。“福建舰”是我国完全自主设计建造的首艘弹射型航空母舰，采用平直通长飞行甲板，配置电磁弹射和阻拦装置，满载排水量8万余吨。

B项，“中国人民解放军海军山东舰”，舷号为“17”，简称“山东舰”，是中国第一艘完全自主设计、自主建造、自主配套的国产航空母舰。

C项，“辽宁号”航空母舰，舷号为“16”，简称“辽宁舰”，是中国人民解放军海军隶下的一艘可以搭载固定翼飞机的航空母舰，也是中国第一艘服役的航空母舰。

D项，“广州号”驱逐舰，舷号为“160”，北约代号：“旅大Ⅰ级”，是20世纪70年代初期中国的051型驱逐舰第一批次广州造船厂建造的首舰。该舰舷号曾为“240”，拟命名广州号。

25. A 【解析】《女神》是中国现代文学史上的第一部新诗集，由郭沫若创作。《女神》体现了“五四”狂飙突进的时代精神，格调雄浑豪放，是诗化的“五四”精神，充分表现了对一切旧秩序、旧传统、旧礼教的彻底否定，表达出了创造与光明、民主与进步的狂飙突进精神，热烈地抒发了爱国情思。

B项，《野草》写于“五四”后期，是鲁迅创作的一本散文诗集，反映了鲁迅彷徨、思索、坚韧战斗的心路历程。

C项，《尝试集》是中国现代文学史上第一部白话诗集，开新文学运动之风气，是胡适里程碑式的著作。《尝试集》中主要是表现个性解放、人道主义和民主自由的诗，具有反封建的时代色彩和积极意义。

D项，《红烛》是闻一多的诗集，该诗集题材广泛，内容丰富，或抒发诗人的爱国之情，或批判封建统治下的黑暗，或反映劳动人民的苦难，或描绘自然的美景。

26. A 【解析】页面视图是一种“所见即所得”的视图方式，可以显示出文档的页眉、页脚、分栏等信息。故本题选A。

B项，普通视图是PowerPoint的常用视图方式，它将幻灯片、大纲和备注页集成到一个视图中，既可以输入、编辑和排版文本，也可以输入备注信息。

C项，大纲视图主要用于设置Word文档和显示标题的层级结构，并可以方便地折叠和展开各种层级的文档。

D项，在Web版式视图方式下，用户可以看到背景和为适应窗口而换行显示的文本，且图形位置与在Web浏览器中的位置一致。

27. C 【解析】在幻灯片“切换”选项卡，可以设置切换效果、声音和持续时间、换片方式等。在“幻灯片放映”选项卡可以设置幻灯片的放映顺序。

28. C 【解析】题干数字的规律是：(第一项+第二项)×2=第三项，(2+3)×2=10，(3+10)×2=26，(10+26)×2=72，故空缺处的数字为(26+72)×2=196，本题选C。

29. A 【解析】一个命题前面加“并非”，等值于这个命题的矛盾命题。“一切糕点都是甜味的”是全称肯定命题，其矛盾命题是“有的糕点不是甜的”，而“有的”的意思就是“至少有一个”，因此题干中的命题等值于“至少有一种糕点不是甜的”。

二、材料分析题(参考答案)

30. 材料中班主任的行为践行了“以人为本”的学生观，值得肯定和学习。

(1)学生是发展的人，具有发展的巨大潜在可能性。作为发展的人，也就意味着学生还是一个不成熟的人，是一个在教师指导下正在成长的人。学生的学习应该在教师的指导下进行，教师要引导学生积极主动地发展。新班主任对小辉父亲说的话表明该班主任认识到小辉处在发展过程中，后来小辉能够成为知名企业家，与班主任的指导也是分不开的。

(2)学生是独特的人，每个学生都有自身的独特性。教师要在教育过程中贯彻因材施教的教学原则，使他们成为不同领域内各有所长、有所成就的人。材料中的班主任对小辉进行了正确的指导，将其聪明才智发挥到了适合他的地方，最终使小辉在商业领域有了一番成就。

(3)学生是具有独立意义的人，是不以教师的意志为转移的客观存在。学生是学习活动的主体，是具有主体性的人。材料中班主任把小辉当作具有个体独立性的人来客观看待，因势利导地对其施加教育，使小辉成为了品学兼优的学生，促进了其健康成长。

综上所述，作为教师要树立“以人为本”的学生观，正确地认识和教育学生，促进学生的发展。

31. 材料中杨老师的行为符合教师职业道德规范的要求，值得肯定和学习。

(1)杨老师的教育行为体现了关爱学生的教师职业道德要求。关爱学生要求教师关心爱护全体学生，尊重学生人格，平等公正对待学生。对学生严慈相济，做学生良师益友。保护学生安全，关心学生健康，维护学生权益。不讽刺、挖苦、歧视学生，不体罚或变相体罚学生。材料中的“我”面对学生的“不安静”行为，厉声斥责，摔粉笔盒，还抓过几个捣蛋头罚站，让他们写检查，打扫卫生……而杨老师面对这种情况却不是这样做的，她不说一句话，没有斥责或惩罚学生，而是坐在讲台上看书，学生也能效仿杨老师安静地学习。这是杨老师尊重学生的人格、关爱学生的体现。

(2)杨老师的教育行为体现了教书育人的教师职业道德要求。教书育人要求教师遵循教育规律，实施素质教育。循循善诱，诲人不倦，因材施教。培养学生良好品行，激发学生创新精神，促进学生全面发展。不以分数作为评价学生的唯一标准。材料中，杨老师在学生嬉闹的时候，选择一个人安静地看书，通过动静对比来培养学生自习课上安静学习的习惯，体现了她教书育人的师德规范。

(3)杨老师的教育行为体现了为人师表的教师职业道德要求。为人师表要求教师坚守高尚情操，知荣明耻，严于律己，以身作则。衣着得体，语言规范，举止文明。关心集体，团结协作，尊重同事，尊重家长。作风正派，廉洁奉公。自觉抵制有偿家教，不利用职务之便谋取私利。材料中，同学们嬉闹的时候杨老师安静地看书，这为同学们树立了一个很好的榜样，同学们慢慢地也安静下来，体现了她为人师表的师德规范。

综上所述，作为教师，我们要向杨老师学习，遵守师德规范，更好地促进学生发展。

32.(1)应当维护和坚守社会的道德与责任；通过微博的力量，冲击现实的弊端，促使当事人面对公众承担责任；检讨和反思自己的意见或感受，有应有的是非曲直和善恶邪正，不偏激、不对立。

(2)微博有利有弊。利：①信息传播更为快捷和简单(发布信息快)；②所有人都可以平等的、相同的地位和身份发布言论，形成一个巨大的公共话语空间(微博门槛低)，③民意民智得以发挥。弊：①人们简化思考，盲目跟随；②易造成捏造信息，博人关注，以实现商业利益或者其他不可告人目的的现象；③消息杂乱，不乏泄愤谩骂的胡言乱语。

三、写作题(参考范文)

33.

赏识教育

赏识是热爱生命，善待生命，是孩子生命中的阳光、空气和水。赏识是沟通，是平等，是生命之间交往的桥梁。

赏识教育是每位家长和教师都使用过，但无意中又遗忘的教育；赏识教育是让家长和教师捡回宝藏，回归到教孩子学说话学走路心态的教育；赏识教育是承认差异，允许失败的，是让家长和教师成为教育家的教育；赏识教育更是使孩子舒展心灵，尽展潜能的教育。要实现赏识教育，必须以表扬和鼓励为契机，赏识孩子，给他们自信。然而在孩子成长过程中，不免有些家长总是以严苛的标准要求孩子，批评、打压孩子，给孩子过重的压力和负担。有时候，孩子是脆弱的、敏感的，过于严格的标准和不恰当的教育方式，对孩子的健康成长是不利的。家长懂得教育、懂得欣赏，承认差异、允许失败、无限热爱孩子，才有可能使孩子的潜能充分开发、个性充分发展，最终成长为一个自信且独具个性的人。所以，注重赏识教育，树立孩子的自信是极为必要的。

那么,如何树立孩子的自信呢?表扬和鼓励对于树立孩子的自信心尤为重要。首先,我们应该坚信每个孩子都有优点,当然也都有缺点,这是一个最基本性的评价。其次,要善于发现孩子身上的才能,所有的学习障碍在孩子巨大的潜能面前都是微不足道的。这正如美国著名心理学家罗杰斯说过的:“学生只有在亲密、融洽的师生关系中才能产生安全感,并能真实地表现自己,充分地表现自己的个性,创造性地发挥自己的潜力。”

另外,教师还要以课堂教学为主渠道实施赏识教育。在课堂教学的各个环节,教师都要做到正确地认识学生、评价学生,并逐渐形成以赏识教育为指导的教学模式。在教学过程中,教师要采用多学科渗透、探索发现、多元评价、审美心理发现等多种教学法,与其他学科的教师相结合共同施教。同时,教师要尊重学生的主体地位,充分调动学生的学习积极性,引导学生主动参与学习,积极思考,主动探究,自觉实践,让学生始终保持一种愉快的情感,使学生自觉、主动地投入到教与学的过程中,形成和谐的教学气氛。

国家教师资格考试预测试卷(十二)

一、单项选择题

1. B **【解析】**教学要面向全体学生,教师要关注每一个学生的发展,承认学生的个体差异性,不能用同样的标准去衡量学生的发展。题干中李老师只用成绩来评价和判断学生的做法是狭隘的、错误的,没有做到全面看待学生,以多元的评价体系去评判学生。

方法技巧:关于素质教育的内涵,考生可通过“两全一个一重点”来记忆。(1)“两全”即面向全体学生和促进全面发展;(2)“一个”即促进个性发展;(3)“一重点”即以创新精神和实践能力为重点。

2. D **【解析】**素质教育是面向全体学生的教育。素质教育倡导人人有受教育的权利,强调在教育中每个人都得到发展,而不是只注重一部分人,更不是只注重少数人的发展。每一位学生都能得到发展,是每一位学生的基本权利。题干中某班以成绩排名的高低来确定座位的方式,没有做到平等对待所有学生,违背了“素质教育是面向全体学生的教育”这一内涵。

3. D **【解析】**从教学与研究的关系看,新课程倡导教师是教育教学的研究者。教师即研究者,意味着教师在教学过程中要以研究者的心态置身于教学情境之中,以研究者的眼光审视和分析教学理论与教学实践中的各种问题,对自身的行为进行反思,对出现的问题进行探究，对积累的经验进行总结，最终形成规律性的认识。题干中的教师经常梳理教学工作中遇到的问题，并进行分析研究，寻找问题的解决策略，体现了教师的研究者角色。

4. C 【解析】教师劳动的复杂性包括劳动对象的复杂性，教师的劳动对象是千差万别的人。教师不仅要经常在同一个时空条件下，面对全体学生，实施统一的课程计划、课程标准，还要根据每个学生的实际情况因材施教。题干中吴老师的话说明了学生之间具有差异性，进而体现了教师劳动对象的复杂性。故本题选C项。

A项，教师劳动具有复杂性、创造性、主体性和示范性、延续性和广延性、长期性和间接性等特点，差异性不属于教师劳动的特点，故排除。

B项，教师劳动的长期性是指人才培养的周期比较长，教育影响具有滞后性。

D项，教师劳动的示范性指教师的言行举止等都会成为学生学习的对象。教师劳动的示范性特点是由学生的可塑性、向师性和模仿心理特征决定的。

5. C 【解析】《中华人民共和国宪法》第三十四条规定，中华人民共和国年满十八周岁的公民，不分民族、种族、性别、职业、家庭出身、宗教信仰、教育程度、财产状况、居住期限，都有选举权和被选举权；但是依照法律被剥夺政治权利的人除外。第三十五条规定，中华人民共和国公民有言论、出版、集会、结社、游行、示威的自由。因此，A、B、D选项均属于我国公民的政治权利和自由。

《中华人民共和国宪法》第五十六条规定，中华人民共和国公民有依照法律纳税的义务。本题为选非题，故选C项。

6. C 【解析】《中华人民共和国教师法》第七条规定，教师享有“进行教育教学活动，开展教育教学改革和实验”的权利。题干中的校长打断教师正常的上课进程，让其去迎接临时到访的上级领导，此行为影响了教育教学活动，故本题答案选C。

A项，管理学生权即指导学生的学习和发展，评定学生的品行和学业成绩的权利。这是与教师在教育教学过程中的主导地位相适应的一项基本权利。

B项，科学研究权即从事科学研究、学术交流，参加专业的学术团体，在学术活动中发表意见的权利。这是教师作为专业技术人员所享有的 项基本权利。

D项，获取报酬待遇权即按时获取工资报酬，享受国家规定的福利待遇以及寒暑假期的带薪休假的权利。这是教师的基本物质保障权利。

7. C 【解析】根据《中华人民共和国预防未成年人犯罪法》第十八条规定，学校应当聘任从事法治教育的专职或者兼职教师，并可以从司法和执法机关、法学教育和法律服务机构等单位聘请法治副校长、校外法治辅导员。题干中学校让音乐教师兼职讲授法治教育知识，这一做法违反了相关法律规定，是不正确的，学校应该让从事法治教育的人员专职或兼职讲授。本题选C项。

8. B 【解析】根据《中华人民共和国未成年人保护法》第八十六条规定，各级人民政府应当保障具有接受普通教育能力、能适应校园生活的残疾未成年人就近在普通学校、幼儿园接受教育；保障不具有接受普通教育能力的残疾未成年人在特殊教育学校、幼儿园接受学前教育、义务教育和职业教育。根据题意，题干中的小霞不具有接受普通学校教育的能力。故本题选B。

9. C 【解析】根据《中华人民共和国教育法》第七十二条规定，侵占学校及其他教育机构的校舍、场地及其他财产的，依法承担民事责任。九年义务教育学校的房屋依据法律规定原则上不得出租。题干中的小学校长无权出租学校的房屋，其行为不合法。

10. D 【解析】根据《中华人民共和国义务教育法》第五十八条规定，适龄儿童、少年的父母或者其他法定监护人无正当理由未依照本法规定送适龄儿童、少年入学接受义务教育的，由当地乡镇人民政府或者县级人民政府教育行政部门给予批评教育，责令限期改正。故本题选D。

11. A 【解析】根据《中华人民共和国教师法》第三十七条规定，教师有下列情形之一的，由所在学校、其他教育机构或者教育行政部门给予行政处分或者解聘：(一)故意不完成教育教学任务给教育教学工作造成损失的；(二)体罚学生，经教育不改的；(三)品行不良、侮辱学生，影响恶劣的。教师有前款第(二)项、第(三)项所列情形之一，情节严重，构成犯罪的，依法追究刑事责任。题干中对于欧老师严重影响教育教学工作的行为，学校可给予行政处分或解聘。故本题选A。

12. B 【解析】本题中事故发生的时间属于课间自由活动时间，老师不存在管理过失，小黄的手是由于小陈关门时夹伤的，根据《学生伤害事故处理办法》第二十八条规定，未成年学生对学生伤害事故负有责任的，由其监护人依法承担相应的赔偿责任。因此班主任应当告知双方家长，并主张小陈的家长负担医药费。

13. B 【解析】"终身学习"的教师职业道德规范要求教师崇尚科学精神，树立终身学习理念，拓宽知识视野，更新知识结构。潜心钻研业务，勇于探索创新，不断提高专业素养和教育教学水平。题干中的刘老师不仅与同行交流心得，而且不断学习攻读硕士学位、发表论文，体现了终身学习的教师职业道德。故本题选B项。

14. A 【解析】教师道德行为选择的标准不是主观随意制定的，也不是纯粹的客观规定，而是确定性与不确定性的统一，主观性与客观性的统一，以及功利性与超功利性的统一。其中，功利性是指任何道德行为选择的确立，都反映着人与人之间一定的利益关系。教师道德行为选择标准的超功利性体现在三方面：(1)教师道德行为选择的标准虽然来自利益关系，但它又具有相对的独立性，有着自己特殊的地位、职责和使命，与利益关系不是直接的、一对一的决定关系；(2)教师道德行为的选择标准虽然反映着利益的要求，但这种利益是社会整体的利益，而不仅仅是教师个人的利益；(3)教师道德行为选择的标准在许多场合不但与教师的利益无关，而且是刚好相反。标准要求教师去选择那些具有很高价值的可能性，这种选择总是或多或少地需要教师做出个人牺牲。教师道德行为选择的功利性和超功利性通过教师的实际选择而达到统一。题干中，任老师在家人住院需要照顾的情况下，依旧保持高质量的教学，体现出她身为教师的责任感，是功利性和超功利性的统一。故A项符合题意。

15. B 【解析】处理教师与家长关系，教师要做到：尊重家长，理解家长；经常家访，互通情况；密切配合，教育学生。现代教育理论认为，学校与家庭是伙伴关系，家长和教师是平等的教育主体。B项正确。

班主任可以满足家长的合理要求，而不是所有要求。A项错误。

独裁型管理容易引起学生和家长的反感，不利于树立权威。C项错误。

面对家长的不理解，班主任要坚持尊重家长原则，与家长耐心沟通，和家长相互支持、相互配合。D项错误。

16. B 【解析】《中小学教师职业道德规范》中关于爱岗敬业的具体规定是：忠诚于人民教育事业，志存高远，勤恳敬业，甘为人梯，乐于奉献。对工作高度负责，认真备课上课，认真批改作业，认真辅导学生。不得敷衍塞责。习总书记强调好老师要甘守三尺讲台，这是告诫教师要肩负起自己的使命，立足岗位、不断学习、学以致用，做好本职工作。即要践行爱岗敬业的师德规范。

17. B 【解析】秦始皇统一六国后，命李斯等人进行文字的整理、统一工作，制定出字形固定、笔画省略、书写方便的“小篆”作为标准文字，推行到全国。从中国书法发展的角度看，小篆的制定是中国第一次系统地将文字的书体标准化。

18. C 【解析】浑天仪由浑仪和浑象两部分组成，可以测量天体坐标、演示天体运动；司南是我国古代人民辨认方向时用的一种简单仪器；水车、筒车等是灌溉工具，耧车是播种工具；日晷是我国古代重要的计时工具。本题为选非题，故正确答案为C项。

19. B 【解析】华佗模仿虎、鹿、熊、猿、鸟五种动物的活动姿态，创编出了“五禽戏”，帮助人们强身健体。本题为选非题，故正确答案为B。

20. D 【解析】《吕氏春秋》是在秦国丞相吕不韦组织属下门客集体编纂的杂家著作，全书共一百六十篇。内容以儒、道家思想为主，兼及名、法、墨、农及阴阳家等各家思想。它是中国历史上第一部有组织、按计划编写的文集，成书于秦始皇统一中国前夕。而秦朝治国的指导思想是法家思想。故选D。

21. B 【解析】水体中的磷是藻类生长需要的一种关键元素，磷含量过多会引起藻类植物的过度生长。含磷洗衣粉的磷本身并无危害，但是这种含磷的洗涤污水大量排放到河流湖泊中去以后，会引起水中藻类疯长，使水体发生富营养化，水中含氧量下降，水中生物因缺氧而死亡。水体也由此成为死水、臭水。

22. D 【解析】传统的丝绸之路，起自中国古代都城长安，经中亚、西亚到达地中海，以罗马为终点。这条路被认为是连接亚欧大陆的古代东西方文明的交汇之路，而丝绸则是最具代表性的货物。数千年来，游牧民族或部落、商人、教徒、外交家、士兵和学术考察者沿着丝绸之路四处活动。

23. C 【解析】我国古代绘画常用朱红色、青色，故称画为“丹青”，C项正确。“芳墨”用来尊称别人的墨迹。“丝竹”泛指各种乐器。“金石”是指古代镌刻文字、颂功纪事的钟鼎碑碣之属。

24. B 【解析】宋真宗时期，辽国大举侵宋，经过多次战争，双方于1005年1月签订盟约，规定宋每年送给辽岁币，银10万两、绢20万匹，史称“澶渊之盟”。它给两国带来了长达一百多年的和平，促进了宋辽之间的经贸往来和文化交流。

25. A 【解析】光线照射在金属表面时，金属中有电子逸出而形成电流的现象，称为光电效应。光电效应由德国物理学家赫兹于1887年发现。

26. D 【解析】在页眉和页脚中除了能插入文字和页码外，还可以插入图片。D项说法错误。

27. C 【解析】对数据表进行排序的方法有：(1)单击数据区中任一单元格，然后单击工具栏中的“升序”或“降序”按钮；(2)选定要排序的区域，然后单击工具栏中的“升序”或“降序”按钮；(3)选定要排序的区域，然后单击“数据”选项卡中的“排序”命令。故本题选C项。

28. D 【解析】分析图形可知，前三个格子中的两个图形均为四边形，且有两条公共边。A项图形只有一条公共边且是三角形，排除；B项图形均为四边形，但没有公共边，排除；C项图形均为四边形，但只有一条公共边，排除；D项图形均为四边形且有两条公共边，本题只有D项符合。

29. A 【解析】根据题干数字可得：$45-36=9=3^2$，$70-45=25=5^2$，$119-70=49=7^2$，$200-119=81=9^2$，由此可知，相邻两数字的差构成平方数底数是公差为2的等差数列。故$11^2=121=?-200$，$?=321$，本题选择A。

二、材料分析题(参考答案)

30. 于老师很好地践行了“以人为本”的学生观，值得我们学习。

(1)学生是发展的人。学生具有巨大的发展潜能，教师要用发展的眼光看待学生。于老师不仅教给学生知识,还在教学过程中灵活应变,引导学生探索问题,树立学生的探究意识,这有利于学生的发展。

(2)学生是独特的人。每个学生都有自身的独特性,教师要针对每个学生的不同特点因材施教。材料中,于老师根据兴趣小组来布置不同的作业,这可以激发学生的学习兴趣,满足学生的个性发展需求。

(3)学生是具有独立意义的人。学生是学习的主体,教师要充分调动学生学习的积极性和主动性。材料中,于老师能够以学生为主体,及时调整教学内容,因势利导,推动学生进行自主探究学习,体现了其以学生为主体的理念。

综上所述,于老师的行为符合"以人为本"的学生观,有利于学生发展,值得肯定。

31. 材料中于老师的教育行为符合中小学教师职业道德规范的相关要求,是正确的。

(1)于老师的教育行为体现了关爱学生的教师职业道德规范要求。"关爱学生"要求教师要"关心爱护全体学生,尊重学生人格,平等公正对待学生"。材料中,于老师发现学生的不当行为之后没有训斥学生,而是主动缓和气氛,体现了尊重学生人格,平等公正的态度,符合关爱学生的教师职业道德要求。

(2)于老师的教育行为体现了教书育人的教师职业道德规范要求。"教书育人"要求教师要"循循善诱,诲人不倦,因材施教。培养学生良好品行,激发学生创新精神,促进学生全面发展"。材料中,于老师能够耐心地询问事件发生的过程,对学生进行有针对性的引导,体现了教书育人的教师职业道德要求。

(3)于老师的教育行为体现了爱岗敬业的教师职业道德规范要求。"爱岗敬业"要求教师"忠诚于人民教育事业,志存高远,勤恳敬业,甘为人梯,乐于奉献。对工作高度负责,认真备课上课,认真批改作业,认真辅导学生。不得敷衍塞责"。材料中,于老师能够恰当应对学生的问题,并且课后主动帮助学生解决问题,体现了爱岗敬业的职业道德规范要求。

综上所述,材料中于老师的教育行为遵循了教师职业道德规范的要求,值得每一位老师学习。

32. (1)"活诸葛"指孙犁的模仿者只得其形没有领悟内在。

(2)①孙犁的文章写得自在,读孙犁的文章如同书家书时的自在,是没有任何病疾的自在;②孙犁创作题材广,他什么都能写,写出来的又都是文学;③孙犁的文章有深厚的修养,天下的好文章不是谁要怎么就可以怎么的,需要有深厚的修养,孙犁的语言有他情操的内涵;④孙犁的作品直通心灵,晚年的文章越发老辣,没有几个人能够匹敌。

三、写作题(参考范文)

33. 教师当严谨治学

曾读过这样一则材料:一位地理老师讲到中国四大海产墨鱼、带鱼、大黄鱼、小黄鱼时,一学生问大小黄鱼的区别,这位教师虽教书多年,却从没有碰到过这类问题,只好回答“不知道”。“不知道”三个字使他如芒在背,查资料,问同事,终于在火车上巧遇一位做水产工作的旅伴,才解决了这个问题。读过这则材料,我感触最深的是这位老师严谨的治学态度。

这位地理老师,对于学生提出的超出地理学科范围的问题,本可以不予理睬,但他出于严谨的治学态度,并没有对这个问题等闲视之,而是“如芒在背”,的确很令人称赞。作为一名教师,面对的是祖国的未来,教师的一个小小的行为,很可能对学生产生巨大的影响。因此,教师应抱着严谨的态度治学。

放眼古今中外,能够获得成功的人,大多都有着严谨的态度。明朝的李时珍,一生致力于研究中医药,他既不盲从古代文献的记载,也不迷信,凡事都亲自观察、询问、实践。一次,他为研究“仙物”榔梅,冒着从悬崖上摔下来和被官府重罚的危险采到一颗。研究后发现那“仙物”只是很普通的东西,推翻了当时人们对榔梅的错误看法。他凭着严谨的研究态度,写出了举世闻名的药典《本草纲目》,在世界医学史上留下了灿烂的一页。

有些人,却因缺乏严谨的态度而与成功擦肩而过。大家都知道伦琴发现X射线,是由于他抓住阴极射线实验中的异常现象不放,从而荣获了诺贝尔物理学奖。而与他同时期的克鲁克斯和古德斯培德,在几年前曾分别发现过同样的异常现象,但他们并未继续研究下去,使眼看到手的成功化为乌有。此类事例不胜枚举,这些事例充分说明了严谨的态度在科研方面的重要性。

只有治学严谨的教师,才能教出处事严谨的学生。教师这个职业是神圣的,教师要为祖国培育人才,为社会的发展培养后备力量。因此,教师在教育过程中更应具备严谨的治学与处事态度。

国家教师资格考试预测试卷(十三)

一、单项选择题

1. A 【解析】素质教育是促进学生个性发展的教育,教育要尊重并充分发展学生的个性。题干中余老师能关注到学生的特点,做到了因材施教,从而促进了学生个性的发展,故选A。

2. C 【解析】示范性指教师的言行举止，如人品、才能、治学态度等都会成为学生学习的对象。题干中的小明看到陈老师捡起纸片并丢进垃圾桶后，自己也开始效仿，体现了教师劳动的示范性。

A项，教师劳动的复杂性主要表现在五个方面：(1)教师劳动性质的复杂性；(2)教师劳动对象的复杂性；(3)教师劳动任务的复杂性；(4)教师劳动过程的复杂性；(5)教师劳动手段的复杂性。

B项，教师劳动的创造性主要是由劳动对象的特点决定的，主要表现在三个方面：(1)因材施教；(2)教学方法上的不断更新；(3)教师需要“教育机智”。

D项，长期性是指人才培养的周期比较长，教育影响具有滞后性。

3. D 【解析】个体的身心发展具有个别差异性的特点，具体表现为：不同个体同一方面的发展速度和水平不同；不同个体不同方面的发展存在差异；不同个体所具有的个性心理倾向不同。个体身心发展的个别差异性要求教师在教育教学中贯彻因材施教的原则。陶行知先生所说的“不能勉强都长得一样高”启示教师要深入了解学生的个别差异，因材施教，使每个学生都能发挥所长，得到应有的发展，而不能强求所有学生都得到一样的发展。

4. D 【解析】在对待与其他教育者的关系上，新课程强调合作。题干中两位教师为了竞争而暗暗较劲，比赛前不愿互相交流合作，最后双双遗憾出局，违背了教师之间的合作理念。

5. B 【解析】根据《中华人民共和国教育法》第七十七条规定，盗用、冒用他人身份，顶替他人取得的入学资格的，由教育行政部门或者其他有关行政部门责令撤销入学资格，并责令停止参加相关国家教育考试二年以上五年以下。故答案选B。

6. D 【解析】《中小学教育惩戒规则(试行)》第八条规定，教师在课堂教学、日常管理中，对违规违纪情节较为轻微的学生，可以当场实施以下教育惩戒：(一)点名批评；(二)责令赔礼道歉、做口头或者书面检讨；(三)适当增加额外的教学或者班级公益服务任务；(四)一节课堂教学时间内的教室内站立；(五)课后教导；(六)学校校规校纪或者班规、班级公约规定的其他适当措施。教师对学生实施前款措施后，可以以适当方式告知学生家长。A、B、C三项的教育惩戒均合理且可当场实施，D项做法是在体罚学生，属于违法行为，不可实施。本题为选非题，故选D选项。

7. C 【解析】根据《中华人民共和国义务教育法》第十九条规定，普通学校应当接收具有接受普通教育能力的残疾适龄儿童、少年随班就读，并为其学习、康复提供帮助。题干中，王某的儿子虽有残疾，但智力正常，学校不应拒绝其入学。

8. C 【解析】学生享有隐私权，隐私是学生的私人生活安宁和不愿为他人知晓的私密空间、私密活动、私密信息。任何组织或者个人不得以刺探、侵扰、泄露、公开等方式侵害学生的隐私权。题干中班主任将学生的信粘贴在公告栏的行为，严重侵犯了学生的隐私权。

9. D 【解析】根据《中华人民共和国教师法》第三十七条规定，教师有下列情形之一的，由所在学校、其他教育机构或者教育行政部门给予行政处分或者解聘：(一)故意不完成教育教学任务给教育教学工作造成损失的；(二)体罚学生，经教育不改的；(三)品行不良、侮辱学生，影响恶劣的。教师有前款第(二)项、第(三)项所列情形之一，情节严重，构成犯罪的，依法追究刑事责任。故答案选D。

10. C 【解析】《中华人民共和国未成年人保护法》第四章社会保护中的第五十四条规定，禁止拐卖、绑架、虐待、非法收养未成年人，禁止对未成年人实施性侵害、性骚扰。禁止胁迫、引诱、教唆未成年人参加黑社会性质组织或者从事违法犯罪活动。禁止胁迫、诱骗、利用未成年人乞讨。因此题干所述内容属于社会保护。

11. C 【解析】根据《中华人民共和国预防未成年人犯罪法》第三十四条规定，未成年学生旷课、逃学的，学校应当及时联系其父母或者其他监护人，了解有关情况；无正当理由的，学校和未成年学生的父母或者其他监护人应当督促其返校学习。题干中，王老师发现班上有学生旷课时没有第一时间告知学生监护人，了解情况，而是继续上课，并且课后未采取任何处理措施。王老师的做法是错误的，教师发现学生旷课、逃学时应及时联系其监护人。

12. A 【解析】根据《学生伤害事故处理办法》第十条规定，学生违反法律法规的规定，违反社会公共行为准则、学校的规章制度或者纪律，实施按其年龄和认知能力应当知道具有危险或者可能危及他人的行为而造成的学生伤害事故，由学生或未成年学生监护人承担相应的责任。题干中的小学生课间休息时在楼梯上和同学打闹嬉戏，其行为违反了学校纪律且具有危险性，事故主要责任应由小学生自己承担，学校的做法正确不需要承担主要责任。又因小学生属于未成年学生，故承担主要责任的是小学生家长。

13. D 【解析】《中小学教师职业道德规范》中“为人师表”要求教师要：坚守高尚情操，知荣明耻，严于律己，以身作则。衣着得体，语言规范，举止文明。关心集体，团结协作，尊重同事，尊重家长。作风正派，廉洁奉公。自觉抵制有偿家教，不利用职务之便谋取私利。题干中班主任收取家长贵重物品的行为违反了为人师表的教师职业道德规范。

14. A 【解析】《中小学教师职业道德规范》中关爱学生要求教师关心爱护全体学生，尊重学生人格，平等公正对待学生。对学生严慈相济，做学生良师益友。保护学生安全，关心学生健康，维护学生权益。题干中的李老师关心学生健康，在看到小张气色不好后，询问了相关情况，便把小张送到了医院，并在确定无大碍的情况下才离开，体现了这一要求。故本题选A项。

B项，《中小学教师职业道德规范》中的爱国守法要求教师热爱祖国，热爱人民，拥护中国共产党领导，拥护社会主义。全面贯彻国家教育方针，自觉遵守教育法律法规，依法履行教师职责权利。不得有违背党和国家方针政策的言行。

C项，《中小学教师职业道德规范》中的为人师表要求教师坚守高尚情操，知荣明耻，严于律己，以身作则。衣着得体，语言规范，举止文明。关心集体，团结协作，尊重同事，尊重家长。作风正派，廉洁奉公。自觉抵制有偿家教，不利用职务之便谋取私利。

D项，《中小学教师职业道德规范》中的终身学习要求教师崇尚科学精神，树立终身学习理念，拓宽知识视野，更新知识结构。潜心钻研业务，勇于探索创新，不断提高专业素养和教育教学水平。

15. D 【**解析**】《中小学教师职业道德规范》中教书育人要求教师要遵循教育规律，实施素质教育；循循善诱，诲人不倦，因材施教；培养学生良好品行，激发学生创新精神，促进学生全面发展；不以分数作为评价学生的唯一标准。题干中老师唯分数论的主张是错误的，违背了“不以分数作为评价学生的唯一标准”的要求。所以小王的说法是正确的。

16. A 【**解析**】《新时代中小学教师职业行为十项准则》的制定目的在于：新时代对广大教师落实立德树人根本任务提出新的更高要求，为进一步增强教师的责任感、使命感、荣誉感，规范职业行为，明确师德底线，引导广大教师努力成为有理想信念、有道德情操、有扎实学识、有仁爱之心的好老师，着力培养德智体美劳全面发展的社会主义建设者和接班人。

17. B 【**解析**】卢梭的《爱弥儿》共分五卷，他根据儿童的年龄提出了对不同年龄阶段的儿童进行教育的原则、内容和方法，是世界儿童文学史上第一部把儿童作为具有独立人格的人来描写的小说。

A项，《鲁滨逊漂流记》是英国作家丹尼尔·笛福的一部长篇小说，该作主要讲述了主人公鲁滨逊在一次去非洲航海的途中遇到风暴，只身漂流到一个无人荒岛，凭借其强韧的意志与不懈的努力，在荒岛上顽强地生活了28年，最终得以返回故乡的故事。

C项，《丘克和盖克》是苏联儿童文学作家盖达尔创作的一部短篇小说，文中主要描述了两个幼童丘克和盖克去往父亲工作地——大森林的路程上遇到的种种经历以及他们的家庭生活。

D项，《汤姆·索亚历险记》是美国小说家马克·吐温发表的一部长篇小说。该作讲述了生活在密西西比河畔一个普通小镇上聪明顽皮的小男孩汤姆·索亚的一系列冒险经历，讽刺和批判了美国虚伪庸俗的社会习俗、伪善的宗教仪式和刻板陈腐的学校教育。

18. B 【解析】中国北斗卫星导航系统是我国自行研制的全球卫星导航系统，它使我国成为继美国、俄罗斯之后世界上第三个拥有自主全球卫星导航系统的国家。

19. B 【解析】《马赛曲》浮雕是吕德的浮雕作品，是一座歌颂法国大革命的史诗性作品。这座浮雕完成于1836年，雕刻在巴黎爱德华广场上的凯旋门的右方。

20. C 【解析】歌剧《卡门》是法国作曲家比才的作品。

A项，意大利作曲家威尔第的作品有歌剧《茶花女》《弄臣》《奥赛罗》等。

B项，贝多芬创作的唯一一部歌剧作品是《费德里奥》。

D项，德国作曲家瓦格纳的代表作有歌剧《黎恩济》《漂泊的荷兰人》等。

21. D 【解析】一次能源是指直接取自自然界没有经过加工转换的各种能量和资源，它包括原煤、原油、天然气、太阳能、水力、风力、海洋能、地热能、生物质能和海洋温差能等。由一次能源经过加工转换以后得到的能源产品，称为二次能源，例如：电力、蒸汽、煤气、汽油、柴油、液化石油气等。A、B、C三项中的能源均属于一次能源。D项，煤气属于二次能源，故本题选D项。

22. A 【解析】昆曲享有“百戏之祖”“百戏之师”的美誉。昆剧是中国戏曲史上具有最完整表演体系的剧种，也是汉族传统戏曲中最古老的剧种之一。昆曲在2008年被正式列入人类非物质文化遗产代表作名录。

B项，越剧发源于浙江，是中国第二大剧种，又被称为是“流传最广的地方剧种”，在国外被称为“中国歌剧”。越剧长于抒情，以唱为主，声音优美动听，表演真切动人。2006年越剧入选我国第一批国家级非物质文化遗产名录。

C项，京剧又称平剧、京戏，形成于清代，有“国剧”之称，是中国影响力最大的戏曲剧种，分布地以北京为中心，遍及全国各地。2006年京剧入选第一批国家级非物质文化遗产名录。

D项，汉剧，旧称楚调、汉调，清代中期形成于湖北境内，民国时期定名汉剧。汉剧唱腔优美，对白雅致，文本大气。2006年汉剧入选第一批国家级非物质文化遗产名录。

23. D 【解析】自从张骞开辟通往西域的道路后，汉朝和西域的使者开始相互往来，东西方的经济文化交流日趋频繁。通过这条道路，汉朝的丝绸、漆器等物品，以及开渠、凿井、铸铁等技术传到西域；西域的核桃、葡萄、石榴、苜蓿、良种马、香料、玻璃、宝石等，以及多种乐器和歌舞等传入中原。丝绸之路是古代东西方往来的大动脉，对于中国同其他国家和地区的贸易与文化交流，起到了极大的促进作用。A、B、C三项可排除。D项符合题意，中国是世界公认的大豆起源地，具有五千年的悠久种植历史。古语中称“稻、黍、稷、麦、菽”为“五谷”，其中的菽即大豆。本题为选非题，故正确答案为D。

24. C 【解析】六部的职能分别为：吏部负责全国文职官员的任免、考核、升降、调动，司掌封爵、世职、恩荫等事宜，为官员办理丁忧守制手续，为新科举子、进士分配官职，为退休官员办理退休手续等；户部则掌管全国户籍管理、土地测量、流民管理以及赋税、钱粮等财政事宜；礼部掌管礼仪、祭祀等事，并负责管理全国学校事务及科举考试，另外还要负责和藩属、外国往来之事；兵部掌管全国武官任免以及招兵、武器、发布军令等事宜；刑部负责全国司法机构的运转以及法令的颁布，并经常直接审理大案要案；工部则负责各项工程、工匠、屯田、水利、交通等事。故本题选C。

25. B 【解析】《天工开物》是世界上第一部关于农业和手工业生产的综合性著作，是中国古代一部综合性的科学技术著作，作者是明朝的宋应星。外国学者称它为“中国17世纪的工艺百科全书”。

贾思勰是北魏农学家，著有综合性农书《齐民要术》。张景岳是明代医学家。徐光启是明代科学家，著有《农政全书》。A、C、D三项均为干扰项，故本题选B项。

26. C 【解析】排练计时是通过记录模拟彩排的播放过程，将每张幻灯片放映的停留时间以及幻灯片中的动画效果的播放时间记录下来，在放映时实现自动播放。因此，要使幻灯片在放映时能够自动播放，需要为其设置排练计时。

27. B 【解析】在Excel中输入字符串时，若该字符串的长度超过单元格的显示宽度，且右侧单元格为空时，则超过的部分将继续超格显示，完整显示字符串。

28. C 【解析】“教辅书”与“图书”是种属关系，教辅书是图书的一种，选项中属于此类的只有C项，即尺子是一种文具。

29. A 【解析】前一项的平方减后一项等丁第三项：$5^2-15=10$；$15^2-10=215$；$10^2-215=-115$。

方法技巧：在教师资格笔试中，数字推理是考查考生逻辑推理能力的一种常见考法。如果题干所给各项数字相差较大，考生可从积数列与积数列变式的角度入手寻找规律；各项数字相差较小时，可从和数列及其变式、等差数列的角度思考；或者从相邻两项的和、差、积、商着手。有时，数字推理题的运算还会涉及一个常数值的加减乘除。

二、材料分析题(参考答案)

30. 材料中,董老师的教育行为体现了新课程倡导的教师观,值得肯定。

(1)从教师与学生的关系看,教师是学生学习的促进者。这要求教师不仅要向学生传播知识,更要引导学生沿着正确的道路前进,引导学生学会自我调适、自我选择,向更高的目标前进。材料中董老师采用不同颜色的纸片有针对性地帮助学生解决学习中遇到的各种问题,有利于学生知识的拓展和能力的提升,真正体现了教师是学生学习的促进者。

(2)从教学与研究的关系看,教师是教育教学的研究者。教师即研究者,意味着教师在教学过程中要以研究者的心态置身于教学情境之中,以研究者的眼光审视和分析教学理论与教学实践中的各种问题,对自身的行为进行反思,对出现的问题进行探究,对积累的经验进行总结,最终形成规律性的认识。材料中,董老师在分析学生认知规律和学习特点的基础上研究出用不同颜色的纸片来提升教学针对性,提高教学效果,体现了董老师是教育教学的研究者。

(3)在对待自我上,强调反思。新课程非常强调教师的教学反思,教学反思有助于教师形成和培养自我反思的意识和自我监控的能力。材料中董老师采用不同颜色纸片辅助教学的方法,正是其在教学过程中不断反思与总结经验的基础上得来的,是新课程强调教学反思的体现。

(4)在对待与其他教育者的关系上,强调合作。在教育教学过程中,教师除了面对学生外,还要与周围其他教师发生联系,要与学生家长进行沟通与配合。材料中董老师面对徒弟王老师的问题,能够进行教学方法上的分享与指导,是与其他教师共同进步,团结协作的表现。

材料中董老师的做法符合新课程倡导的教师观,值得学习和借鉴。

31. (1)孙老师的行为违背了爱岗敬业的教师职业道德规范。爱岗敬业要求教师对工作高度负责,认真备课上课,认真批改作业,认真辅导学生。不得敷衍塞责。但是孙老师却认为自己的能力足以应付教学,没有必要深入钻研,这是不正确的。孙老师应该虚心学习,认真备课,做好教师工作。

(2)孙老师的行为违背了为人师表的教师职业道德规范。为人师表要求教师要作风正派,廉洁奉公。自觉抵制有偿家教,不利用职务之便谋取私利。孙老师通过开辅导班向学生收取费用、售卖学习资料,获取私利,这违背了为人师表的教师职业道德规范。

(3)孙老师的行为违背了终身学习的教师职业道德规范。终身学习要求教师要崇尚科学精神,树立终身学习理念,拓宽知识视野,更新知识结构。潜心钻研业务,勇于探索创新,不断提高专业素养和教育教学水平。孙老师认为,自己没有必要钻研教学,这是一种自我满足和不思进取,违背了终身学习的教师职业道德规范。

因此,孙老师的教育行为违背了教师职业道德规范的要求。作为教师应该正确践行教师职业道德规范的要求,做一名合格的教师。

32. (1)社会上有崇洋媚外的风气;一部分建筑师对中国建筑存在鄙视;一部分建筑师虽对中国建筑感兴趣,但缺乏真正的了解。

(2)数千年来中国建筑取得了真正的艺术成就,有其一贯的基本方法及原则;中国建筑因新科学、材料、结构正赶上强旺更生的时期;拥有文化自信和艺术追求的新建筑师群体正在产生。

三、写作题(参考范文)

33. **换个角度看问题**

“学高为师,身正为范”,教师是学生学知和做人的楷模,但是教师也是普通人,也有七情六欲。作为人之楷模,教师确实必须克制不良的情绪情感,时时保持谦谦君子的风度;而作为普通人,教师又需要及时宣泄自己的不良情绪,释放心理压力,保持身心健康。那么如何来协调这两种角色,才能做到既不损害教师的光辉形象,又能保护教师的心理健康呢? 当面对负面事件,产生消极情绪的时候,换个角度看问题往往会产生两全其美的效果。

换个角度看问题,知足常乐是关键。人生是否快乐,关键看你是否知足。在各种满足不了的欲望面前,我们需要换一个角度去理解。比如,我们常常与那些毕业后就职于大城市、领取高工资的大学同学比较,结果造成严重的心理不平衡。如果从不同的角度去比较会发现,我们从事的是“太阳底下最光辉的职业”,虽然我们的薪水比他们少,但精神世界比他们丰富,还能享受桃李满天下的欢乐。这样一比,就能平静地面对教师这种简朴的生活,倾心于自己当“孩子王”的事业,为自己点点滴滴的进步而欣喜,心灵充满希望和满足。

换个角度看问题,工作任务不再是负担。现代社会对教师综合素质的高要求,迫使教师必须不断学习,及时充电。许多教师对充电学习有着不解和不满,认为自己只要照管好班级就行,没必要学习那么多的知识。他们还认为自己的时间都不够忙工作和家务,哪有时间来看那么多的书。换个角度想想看,充电学习不仅能提高个人的综合素质和工作能力,使脑子更灵活,使自己的工作效率更高,生活更充实,而且能丰富自己的知识储备,进而影响整个班级的学生。这样一来,工作任务便不再是负担,而是成为不断完善自己的动力。

换个角度看问题,会更尊重理解学生。苏霍姆林斯基曾说:“儿童的内心生活时刻给我们带来满意和不满意、高兴和苦恼、忧愁和欢乐、疑惑和诧异、宽慰和愤怒。在儿童世界给我们带来的极广阔的情感领域内,有愉快的和不愉快的、高兴的和伤心的曲调。善于认识这种和谐的乐声,是教育工作者精神饱满、心情愉快和取得成功的最重要条件。"如果你把学生看成令自己心烦的人,那么你就会感到心烦;如果你把学生看成可爱的天使,那么你就会感到幸福。这样的换位思考,让教师更理解学生的一些出格的和令人不满意的行为,从而尊重学生;也让教师能和风细雨地教育学生和处理问题,从而获得更多的职业幸福感。

换个角度看问题,能使我们的心情大变,能使我们的生活更有色彩。换个角度看问题,你一定会发现,工作,是快乐的;工作,是美丽的;工作,是幸福的。

国家教师资格考试预测试卷(十四)

一、单项选择题

1. A **【解析】**题干中校长把素质教育简单地当成是各式各样的课外活动,对素质教育的理解太片面。素质教育是促进学生全面发展的教育,实施素质教育必须坚持"五育"并举,促进学生生动活泼地发展。因此,素质教育不等于课外活动。

2. A **【解析】**条件性知识即教育科学知识,指教师必须具备的教育学、心理学、教育管理的知识。材料中,新教师要了解的学生身心发展规律及其年龄特点、学生个性等知识,属于教师应当掌握的教育学和心理学知识,故沈老师强调的是条件性知识的学习。本题选A。

方法技巧:考生容易混淆本体性知识、条件性知识和实践性知识三者的概念,需要加强记忆,准确区分。

本体性知识	条件性知识	实践性知识
学科专业知识	教育学、心理学、教育管理知识	教学实践中积累的知识经验

3. A **【解析】**素质教育是以培养创新精神和实践能力为重点的教育,倡导在重视培养学生创新精神的同时,改变以往只重书本知识、忽视实践能力培养的现象。题干中各学校广泛开展"快乐进课堂"活动,鼓励学生在课堂上多看、多做、多议,亲身体验探究式学习,这种做法能够激发学生的兴趣,发挥学生的潜能,培养学生的实践能力。

4. D **【解析】**全面发展的教育由德育、智育、体育、美育和劳育构成。五育相互依存、相互促进、相互制约,构成一个有机整体,共同促进人的全面发展。陈老师希望小安在练好体育之外也要学好文化知识,注重其智育的发展,这体现了陈老师关注学生的全面发展。

5. B 【解析】根据我国《宪法》第八十九条规定,“依照法律规定决定省、自治区、直辖市的范围内部分地区进入紧急状态”是国务院行使的职权之一。

6. C 【解析】根据《中华人民共和国教师法》第八条规定,教师应制止有害于学生的行为或者其他侵犯学生合法权益的行为,批评和抵制有害于学生健康成长的现象。因此,教师有义务制止题干中学生进“黑网吧”的这种行为。

7. D 【解析】《中华人民共和国教育法》第四十三条第四项规定,受教育者享有对学校给予的处分不服向有关部门提出申诉,对学校、教师侵犯其人身权、财产权等合法权益,提出申诉或者依法提起诉讼的权利。

8. C 【解析】根据《中华人民共和国义务教育法》第二十九条规定,教师应当尊重学生的人格,不得歧视学生,不得对学生实施体罚、变相体罚或者其他侮辱人格尊严的行为,不得侵犯学生合法权益。题干中,何老师对学生实施的行为属于超过正常限度的罚站,是一种变相体罚,违反了《中华人民共和国义务教育法》。

9. D 【解析】根据《中华人民共和国未成年人保护法》第九十二条规定,具有下列情形之一的,民政部门应当依法对未成年人进行临时监护:(一)未成年人流浪乞讨或者身份不明,暂时查找不到父母或者其他监护人;(二)监护人下落不明且无其他人可以担任监护人;(三)监护人因自身客观原因或者因发生自然灾害、事故灾难、公共卫生事件等突发事件不能履行监护职责,导致未成年人监护缺失;(四)监护人拒绝或者怠于履行监护职责,导致未成年人处于无人照料的状态;(五)监护人教唆、利用未成年人实施违法犯罪行为,未成年人需要被带离安置;(六)未成年人遭受监护人严重伤害或者面临人身安全威胁,需要被紧急安置;(七)法律规定的其他情形。题干中10岁的花花属于未成年人,应当由花花所在地的民政部门依法承担临时监护责任。

10. C 【解析】根据《中华人民共和国预防未成年人犯罪法》第三十九条规定,未成年人的父母或者其他监护人、学校、居民委员会、村民委员会发现有人教唆、胁迫、引诱未成年人实施严重不良行为的,应当立即向公安机关报告。根据第三十八条规定可知,“吸食、注射毒品,或者向他人提供毒品”属于严重不良行为。题干中不良青年正在蛊惑小君吸食毒品,因此其父母发现这一行为后应当立即向公安机关报告。

11. B 【解析】根据《学生伤害事故处理办法》第九条规定,由于学校的校舍、场地、其他公共设施,以及学校提供给学生使用的学具、教育教学和生活设施、设备不符合国家规定的标准,或者有明显不安全因素而造成的学生伤害事故,学校应当依法承担相应的责任。校内树木枯死多年,具有明显的安全隐患,学校应依法承担相应的法律责任。

12. A 【解析】名誉权，是法律规定公民、法人享有的保有和维护自身名誉的权利。名誉是对民事主体的品德、声望、才能、信用等的社会评价。谭老师讥笑小青“听不懂人话”的行为侵犯了小青的名誉权。

13. C 【解析】《中小学教师职业道德规范》中为人师表要求教师坚守高尚情操，知荣明耻，严于律己，以身作则。衣着得体，语言规范，举止文明。关心集体，团结协作，尊重同事，尊重家长。作风正派，廉洁奉公。自觉抵制有偿家教，不利用职务之便谋取私利。题干中的班主任通知学生报自己朋友开办的补习班，违背了“为人师表”的教师职业道德规范。

14. A 【解析】《中小学教师职业道德规范》规定，教师要关心爱护全体学生，尊重学生人格，平等公正对待学生。题干中刘老师因为乐乐没有参加其亲戚办的辅导，不仅找乐乐的茬，而且把他调在最后一排坐，没有做到公平待生。

15. B 【解析】《中小学教师职业道德规范》中的关爱学生要求教师关心爱护全体学生，尊重学生人格，平等公正对待学生。对学生严慈相济，做学生良师益友。保护学生安全，关心学生健康，维护学生权益。不讽刺、挖苦、歧视学生，不体罚或变相体罚学生。李老师要求全体学生不理睬军军，违反了“关爱学生”的要求。

16. C 【解析】《中小学教师职业道德规范》中的爱岗敬业要求教师忠诚于人民教育事业，志存高远，勤恳敬业，甘为人梯，乐于奉献。对工作高度负责，认真备课上课，认真批改作业，认真辅导学生。不得敷衍塞责。张老师的行为体现了教师职业道德规范中的爱岗敬业。

17. C 【解析】A项，《狂人日记》是鲁迅创作的第一篇短篇白话日记体小说，小说通过被迫害者“狂人”的形象以及“狂人”的自述式的描写，揭示了封建礼教的“吃人”本质，表达了作者对以封建礼教为主体内涵的中国封建文化的反抗。

B项，《阿Q正传》是鲁迅创作的中篇小说，后收入小说集《呐喊》。该小说批判了当时中国社会的封建、保守、庸俗、腐败等特点，有力地揭示了旧中国人民的生活场景和其处在水深火热之中的病态。

C项，《朝花夕拾》原名《旧事重提》，是鲁迅的散文集，从侧面反映了作者鲁迅童年和青少年时期的生活，收录了《从百草园到三味书屋》《藤野先生》等文章。

D项，《野草》是鲁迅创作的一部散文诗集，真实地记述了作者在新文化统一战线分化以后，继续战斗，却又感到孤独、寂寞，在彷徨中探索前进的思想感情。故选C。

18. A 【解析】公元755年，节度使安禄山起兵叛变。这场叛乱持续了八年之久，社会生产遭到严重破坏，并削弱了中央的集权统治，使北方形成了藩镇割据的局面。这场叛乱史称“安史之乱”，是唐朝由盛转衰的转折点。

19. B 【解析】“江南三大名楼”是指江西南昌的滕王阁、湖北武汉的黄鹤楼、湖南岳阳的岳阳楼。鹳雀楼，又名鹳鹊楼，因常有鹳雀栖息其上而得名，位于山西省永济市。

20. B 【解析】天下“三大行书”分别是东晋王羲之的《兰亭序》，唐代颜真卿的《祭侄文稿》和宋代苏轼的《黄州寒食诗帖》。宋朝的米芾也擅行书，其《蜀素帖》又名《拟古诗帖》，是天下十大行书之一，排行第八。故本题选B。

21. A 【解析】成语一言九鼎的典故出自《史记·平原君虞卿列传》。秦昭王十五年，秦军攻打赵国都城邯郸，赵国派平原君到楚国请求援助。楚王不肯答应。最后，平原君手下一向被人瞧不起的、自愿前往的门客毛遂仗剑上殿，为楚王分析时局，说明利害之所在，终于说服了楚王。毛遂因此立了大功。平原君称赞毛遂说：“毛先生一至楚，而使赵重于九鼎大吕。毛先生以三寸之舌，强于百万之师。”这段话的意思是，毛先生一到楚国，就使我们赵国的地位提高到像九鼎大吕般重要，毛先生的三寸不烂之舌，比百万军队的力量还要强大。一言九鼎就是从这个故事演变而来，故对应的人物是毛遂，用来形容他人说话极有分量。A项错误，本题为选非题，故选A。

22. B 【解析】2021年12月26日，神舟十三号航天员乘组进行第二次出舱活动。航天员翟志刚顺利出舱，成为中国航天史上首位在太空三次出舱的航天员。

23. B 【解析】《高山流水》是古琴曲，中国古代十大名曲之一。《高山流水》原为一曲，自唐代以后，分为《高山》与《流水》两首独立的琴曲。“高山流水”这一典故最先出自《列子·汤问》，传说伯牙善鼓琴，钟子期善听。伯牙所念，钟子期必得之。子期死，伯牙谓世再无知音，乃破琴绝弦，终身不复鼓。

24. B 【解析】①表现的是中秋节(农历八月十五)望月怀人的习俗；②表现的是重阳节(农历九月初九)登高的习俗；③表现的是端午节(农历五月初五)纪念屈原；④表现的是春节(农历正月初一)放爆竹的习俗。所以正确的排序是④③①②，故选B。

25. B 【解析】A、C、D三项均为屈原所作。B项，《九辩》是楚辞作家宋玉所作的一首长篇抒情诗，收录在《楚辞》中。

26. A 【解析】在PowerPoint中，向幻灯片中添加文本时，可以选择“插入”菜单中的文本框命令。故选A。

27. C 【解析】“销售额不低于5000”应该表示为“大于或等于5000”，“大于或等于5000”和“小于2000”两者之间不存在交集，满足其中任何一个条件的记录都应该被挑选出来，因此，应该使用逻辑关系词“或”连接两个条件。

易错提示：在Excel中，筛选数据涉及“或”“与”等逻辑关系词的运用，考生注意掌握各逻辑关系词的含义。

"或"(or)——两个及两个以上条件,满足任一条件的数据即可被筛选出来。

"与"(and)——两个及两个以上条件,必须同时满足所有条件的数据才可被筛选出来。

28. D 【解析】红色是颜色的一种,饺子是食物的一种。B项屋顶只是房子的一部分。A、C项属于并列关系。

29. D 【解析】题干所给出的图形中,奇数项为带阴影的曲线图形,偶数项为不带阴影的直线图形。按此规律,应选择一个带阴影的曲线图形,选项中只有D项符合。故本题选D。

二、材料分析题(参考答案)

30. 材料中李老师的做法很好地践行了素质教育理念,值得肯定。

(1)素质教育是促进学生全面发展的教育。素质教育倡导的是在教育中使每个学生都得到充分的、全面的发展。材料中,李老师认为美术课堂不仅要教会学生画画,还应该培养学生更多的能力。这表明李老师认识到要促进学生全面发展。

(2)素质教育是促进学生个性发展的教育。每一个学生都有其个别性,有不同的欲望需求、不同的兴趣爱好、不同的创造潜能,这些不同点铸造了一个个千差万别、个性独特的学生。材料中,有的学生将旧衣服改成符合时尚潮流又具有独特魅力的新衣服;有的学生将旧衣物裁剪成布条、布块,制作成灯笼、布娃娃等布艺饰品……体现了学生不同的个性和潜能,李老师的教育方式促进了学生的个性发展。

(3)素质教育是以培养创新精神和实践能力为重点的教育。材料中,在李老师组织的创意大赛中,学生们动脑动手,给旧衣物赋予了新的功能和价值,创作出缤纷多彩的作品。李老师在教育中培养了学生的创新精神和实践能力。

综上所述,李老师践行了素质教育理念,激发了学生的创新意识和实践能力,促进了学生全面和谐的发展。

31. 张老师的教育行为符合教师职业道德规范的要求,值得我们学习。

(1)张老师的教育行为体现了教书育人的职业道德规范。教书育人要求教师遵循教育规律,实施素质教育。循循善诱,诲人不倦,因材施教。培养学生良好品行,激发学生创新精神,促进学生全面发展。不以分数作为评价学生的唯一标准。材料中,张老师对其他同学不愿与小文合作的行为,并没有进行批评指责,而是通过讲述自身经历,教育学生要学会尊重他人,帮助他人,有效培养了学生的良好品行。

(2)张老师的教育行为体现了关爱学生的职业道德规范。关爱学生要求教师关心爱护全体学生,尊重学生人格,平等公正对待学生。对学生严慈相济,做学生良师益友。保护学生安全,关心学生健康,维护学生权益。不讽刺、挖苦、歧视学生,不体罚或变相体罚学生。材料中，张老师看到小文被其他学生冷落后主动关心并帮助小文解决问题，最后使小文感受到了集体的温暖，这是关爱学生的表现。

(3)张老师的教育行为体现了为人师表的职业道德规范。为人师表要求教师坚守高尚情操，知荣明耻，严于律己，以身作则。衣着得体，语言规范，举止文明。关心集体，团结协作，尊重同事，尊重家长。作风正派，廉洁奉公。自觉抵制有偿家教，不利用职务之便谋取私利。材料中，张老师将自己班的植树经验与同年级其他班主任分享，作为他们开展植树活动的借鉴，是一种团结协作的表现。

作为教师，我们应该向张老师学习，要遵守教师职业道德规范，做学生的良师益友，促进学生全面健康发展。

32. (1)①从传统中走来却不满并质疑一切；②在创造中融进并更新了其中有益的养分。

(2)相同：都有反抗和批判的性格；都是新时代、新潮流的推动者。

不同：陈独秀等人是狂飙突进的猛将，高举文化批判的旗帜，面对中国传统而巩固的旧文化和旧礼教，指出它阻碍时代前进的保守性，以惊电迅雷的气势进行扫荡；温情的和人性的本质则是隐藏着和潜伏着的。

冰心先生：建设精神以及温情的和人性的"五四"本质在她那里更明显；充满幻想和想象力，创造了崭新的抒情文体，是儿童文学的热情的支持者和实践者。

三、写作题(参考范文)

33. 坚定理想信念，奋斗青春华年

回望近代中国历史，青春的光芒穿越时空，映照民族复兴的漫漫征途。作为当代青年，应燃烧青春，自强不息，坚定理想信念，奋斗青春华年。

"让青春在为祖国、为民族、为人民、为人类的不懈奋斗中绽放绚丽之花"。总书记在清华大学考察时寄语广大青年。殷殷期许振奋人心，更引发思考：青春何以才能绚丽？人生如何才有意义？百年沧桑，一代又一代青年在为民族振兴、国家富强、人民幸福的矢志奋斗中，做出了铿锵有力的回答。那是平均年龄28岁的中共一大代表酝酿的"开天辟地的大事变"，是一代代共产党人和优秀青年的奋斗牺牲；是青年邓稼先放弃国外优越条件，回国投身国防科研事业的报国之志；是排雷战士杜富国在生死关头的挺身而出；是新冠肺炎疫情来袭时大批"90后""00后"医务人员的逆行出征……当代中国青年是与新时代同向同行、共同前进的一代，可谓"生逢盛世，肩负重任"。

理想指引人生方向，信念决定事业成败。青年志存高远，才能激发奋进潜力，把准人生航向。青年理想远大、信念坚定，一个国家、一个民族就拥有源源不绝的活力和动力。民族危亡之际,“匡复有吾在”的青春誓言振聋发聩;改革开放之初,“振兴中华”的青春呐喊催人奋进。只有把自己的小我融入祖国的大我、人民的大我之中,与时代同步伐、与人民共命运,才能更好地实现人生价值、提升人生境界。

“才者,德之资也;德者,才之帅也。”时代发展日新月异,既为青年施展才华、竞展风采提供了巨大空间,也对青年能力素质提出了新的更高要求。成才从无捷径,唯有勤学苦练、真抓真干。没有“板凳甘坐十年冷”的踏实专注,就难有学术研究的突飞猛进;没有“放使干霄战风雨”的磨砺摔打,就难有真正的成长进步。珍惜韶华、不负青春,在孜孜不倦的学习中增长知识、锤炼品格,在兢兢业业的工作中增长才干、练就本领,新时代青年就能以真才实学,以创新创造贡献国家。

奋斗是青春最亮丽的底色。理想的风帆要靠奋斗来扬起,梦想的蓝图要靠奋斗来实现。新征程上,面对艰巨繁重的改革发展任务,尤其需要广大青年积极奋斗,发挥实干精神和苦干精神,做好每一件小事、完成每一项任务、履行每一项职责,在劈波斩浪中开拓前进,在攻坚克难中创造业绩,为建设社会主义现代化国家贡献青春力量。

担当的青春最精彩,奋斗的年华最美丽。勇做走在时代前列的奋进者、开拓者、奉献者,这个伟大的时代,属于英姿勃发的中国当代青年!

国家教师资格考试预测试卷(十五)

一、单项选择题

1. B 【解析】题干中的学校专门开发了一组研学旅行项目,让学生完成相关研学任务,这说明学校注重培养学生的实践能力,注重育人的实践性。本题选B。研学旅行项目的开发目的是满足学生的个性化学习需求,但在此次研学旅行中,科学老师全程指导学生,没有针对学生需求展开具体、个性化的安排,强调了教师的主导作用而没有充分发挥学生的主观能动性。题干表述没有体现学校重视学生的操作性,故A、C、D三项不选。

2. A 【解析】语文老师为了帮助学生更好地理解课文,请科学老师介绍植物生长相关知识,学生在这堂课不仅学习了语文知识,还学到了科学知识,说明学科交叉融合可以拓宽学生知识视野。故A项说法正确。

B项,教师的做法并不是本末倒置,而是学科互补,有利于教学。

C项,教师的做法可以适当补充学生的科学知识,不会过分拓展加重负担。

D项,教师的做法并不是偷懒,而是主动组织教学活动,以提高教学效果。

3. D 【解析】学生具有巨大的发展潜能。教师应坚信每个学生都是可以积极成长的,是有培养前途的,是追求进步和完善的,是可以获得成功的,因而对教育好每一个学生应充满信心。题干的描述启示教师应该用发展的眼光去看待学生,说明学生是具有发展潜力的人。

4. A 【解析】在对待师生关系上,强调尊重、赞赏。小明由于性格原因不敢和老师说话、不敢问问题,针对这种情况,教师首先应对小明进行鼓励,帮助他克服困难,大胆提问;在小明提问后,对其进行适当的表扬。

5. B 【解析】依据《中华人民共和国宪法》第六十一条规定,全国人民代表大会会议每年举行一次,由全国人民代表大会常务委员会召集。如果全国人民代表大会常务委员会认为必要,或者有五分之一以上的全国人民代表大会代表提议,可以临时召集全国人民代表大会会议。全国人民代表大会举行会议的时候,选举主席团主持会议。

6. B 【解析】根据《中华人民共和国教育法》第八十二条规定,购买、使用假冒学位证书、学历证书或者其他学业证书,构成违反治安管理行为的,由公安机关依法给予治安管理处罚。

7. C 【解析】根据《中华人民共和国义务教育法》第三十九条规定,国家实行教科书审定制度。教科书的审定办法由国务院教育行政部门规定。未经审定的教科书,不得出版、选用。题干中的小学选用未经审定的境外教材进行教学的做法是不合法的,本题C项最符合题意。

8. D 【解析】根据《中华人民共和国预防未成年人犯罪法》第四十五条规定,未成年人实施刑法规定的行为、因不满法定刑事责任年龄不予刑事处罚的,经专门教育指导委员会评估同意,教育行政部门会同公安机关可以决定对其进行专门矫治教育。

9. C 【解析】受教育权是学生最基本的权利。题干中的小李是小学五年级的学生,属于义务教育阶段,有接受义务教育的权利和义务,班主任劝退小李的行为侵犯了小李的受教育权。

10. C 【解析】根据《学生伤害事故处理办法》第十条规定,学生或者未成年学生监护人由于过错,有下列情形之一,造成学生伤害事故,应当依法承担相应的责任:(一)学生违反法律法规的规定,违反社会公共行为准则、学校的规章制度或者纪律,实施按其年龄和认知能力应当知道具有危险或者可能危及他人的行为的;(二)学生行为具有危险性,学校、教师已经告诫、纠正,但学生不听劝阻、拒不改正的;(三)学生或者其监护人知道学生有特异体质,或者患有特定疾病,但未告知学校的;(四)未成年学生的身体状况、行为、情绪等有异常情况,监护人知道或者已被学校告知,但未履行相应监护职责的;(五)学生或者未成年学生监护人有其他过错的。故C项中的责任应由学生或者未成年学生监护人承担。A、B、D项中的责任应由学校承担。

11. B 【解析】根据《中华人民共和国教师法》第十四条规定,受到剥夺政治权利或者故意犯罪受到有期徒刑以上刑事处罚的,不能取得教师资格;已经取得教师资格的,丧失教师资格。因此张平终身不能取得教师资格。

12. D 【解析】根据《中华人民共和国未成年人保护法》第二十七条规定,学校、幼儿园的教职员工应当尊重未成年人人格尊严,不得对未成年人实施体罚、变相体罚或者其他侮辱人格尊严的行为。题干中梁老师罚蕾蕾将新学的语文课文抄写10遍属于变相体罚。因此,梁老师的做法不合理。

13. A 【解析】《中小学教师职业道德规范》中的爱岗敬业要求教师忠诚于人民教育事业,志存高远,勤恳敬业,甘为人梯,乐于奉献。对工作高度负责,认真备课上课,认真批改作业,认真辅导学生。不得敷衍塞责。"部分教师的教案和课件'十年如一日'"违背了认真备课上课;"学生作业交由课代表批改"违背了认真批改作业;"对学生的提问也是草草回答、敷衍了事"违背了认真辅导学生、不得敷衍塞责。故本题选A。

14. B 【解析】《中小学教师职业道德规范》中的关爱学生要求教师关心爱护全体学生,尊重学生人格,平等公正对待学生。对学生严慈相济,做学生良师益友。题干中关老师全面了解学生的情况,细致地开展学生工作,是关爱学生的表现。

15. B 【解析】教师的良心就是教师在教育教学实践中,在履行对他人、对社会的义务过程中所形成的道德责任感和自我评价能力。教师良心作为一种精神动力,是一种内在的道德信念,对教师的道德活动和道德行为具有重要的指导、自我监督和评价作用。

16. A 【解析】教师的公正是指教师在自己的教育活动中对待不同利益关系所表现出来的公平和正义。教师公正具有对等性、可互换性、最终价值判定的依赖性。其中,对等就是指主体对人对事要一视同仁,适用同一个规则或标准。可互换性是对等性的要求和保证。要真正做到对人对己用一个标准,就必须能够让自己处在对方的位置时,仍然接受自己原先承认的法则,即所谓"己所不欲,勿施于人"。所以孔子的"己所不欲,勿施于人"主要体现了教师职业道德范畴中的教师公正。

17. D 【解析】甲骨文是我国已发现的古代文字中年代最早、体系较为完整的文字,是我国现存的已经释读的最古老的汉字。

18. D 【解析】明朝医药学家李时珍编著的《本草纲目》,分类科学严密,包含药物数目众多,文笔流畅生动,被誉为"东方医药巨典"。唐朝孙思邈所著的《千金要方》被誉为“中国最早的医学百科全书”。《神农本草经》大约成书于汉代，是现存最早的中药学著作。《伤寒杂病论》是东汉末年张仲景所著的一部以论述外感病与内科杂病为主要内容的医学典籍。故选D。

19. D 【解析】我国的四大卫星发射中心分别是甘肃酒泉卫星发射中心、山西太原卫星发射中心、四川西昌卫星发射中心和海南文昌卫星发射中心。搭载“问天”实验舱的长征五号B遥三运载火箭在海南文昌卫星发射中心发射。

20. C 【解析】一般认为梨园是唐代都城长安的一个地名，因唐玄宗李隆基在此地教演艺人，后来就与戏曲艺术联系在一起，成为艺术组织和艺人的代名词。戏班、剧团一般称为“梨园”，戏曲演员则称为“梨园弟子”。故本题选C。“杏林春暖”通常用于赞颂医德高尚的人；“杏坛佳话”一般代指教育界的美事；“桃园结义”指的是三国时期刘备、关羽、张飞三人在桃园结为异姓兄弟的故事。

21. C 【解析】吴哥窟位于柬埔寨，是一座保存完好的石窟庙宇，以建筑宏伟与浮雕细致闻名于世，也是世界上最大的庙宇。

22. B 【解析】墨家思想主要体现为兼爱、非攻、尚贤、尚同、非命、天志、明鬼、节用、节葬、非乐等方面，反映了下层劳动者的利益和要求，也代表了当时小生产者阶层的社会政治理想。“致良知”是中国明代王守仁的心学主旨，不属于墨家思想。

23. B 【解析】阿拉伯帝国地域辽阔，交通方便，朝觐和经商活动使他们的地理学非常发达。阿拉伯人还是世界文化的传播者，中国的造纸术经由阿拉伯帝国传到了欧洲。故本题选B。

24. D 【解析】《荷马史诗》是欧洲文学史上最早的优秀文学巨著，它反映了古希腊时代的生活面貌，是研究希腊早期社会的重要文献。它那独特精湛的艺术特色，对后世欧洲文学和世界文学的发展具有深远的影响。

25. B 【解析】地球是被一层大气包围着的，星光通过大气后才到达天文望远镜。而包围着地球的大气层有太多物质，比如大气中的烟雾、尘埃的微粒、水蒸气的波动，这些都会对天文观测产生影响。海拔越高的地方，空气越稀薄，烟雾、灰尘和水蒸气等干扰天文观测的物质就越少，对天文观测的影响也越小。因此，天文台大多设在山上。另外，宇宙中的天体距离地球都很远，建在山上缩短的距离对天文观测的影响微不足道，A项不选，本题选B。

26. B 【解析】在Excel中，单元格地址的绝对引用，是在列标和行号前加$符号。故选B。

27. D 【解析】Ctrl+Alt+Del键在不同的操作系统有不同的功能，但其目的都一样，即“为了立即终结电脑的异常状态”。

28. B 【解析】题干中“雨伞”和“雨具”是包含关系。

A项,“蔬菜”和“水果”是交叉关系,与题干逻辑关系不一致,排除。

B项,“绿茶”和“茶叶”是包含关系,与题干逻辑关系一致。C项,“拖鞋”和“球鞋”是并列关系,与题干逻辑关系不一致,排除。

D项,“青年”和“团员”是交叉关系,与题干逻辑关系不一致,排除。故本题选B。

29. D 【解析】题干中数列的规律是:先后相邻的三个数中,第三个数等于前面两个数加3,如:3+1+3=7,7+3+3=13,7+13+3=23,13+23+3=39,23+39+3=65,39+65+3=107。所以,题干数列空缺处应当填入的数字是39和65。

二、材料分析题(参考答案)

30. 材料中汤老师的教育行为是正确的,体现了“以人为本”的学生观,值得肯定。

(1)“以人为本”的学生观认为学生是发展的人,学生的发展具有个别差异性,要用发展的观点认识学生。材料中,汤老师相信学生具有发展潜力,才有了丰富多样的作业活动方式,真正探索出了促进每个学生有效学习的分层教学。

(2)“以人为本”的学生观认为学生是完整的人,学生并不是单纯的抽象的学习者,而是有着丰富个性的完整的人。在教育活动中,作为完整的人而存在的学生,不仅具备全部的智慧力量和人格力量,而且体验着全部的教育生活。材料中,汤老师的教学方法尊重了学生自身的独特性,强调学生整个身心的参与,有利于学生在原有基础上的不断提高。

(3)“以人为本”的学生观认为学生是具有独立意义的人,是学习的主体,教师应当尊重学生的主观能动性,激发学生学习的积极性,努力建构学生的主体地位。材料中,汤老师对教学方法的一系列探索与改革正体现出对学生主体地位的尊重,其最终目的就是要调动学生学习的积极性,为学生的全面发展提供广阔的发展空间。

综上所述,作为教师,我们应严格践行“以人为本”的学生观,促进学生积极成长。

31. 材料中的语文老师在课堂上直接否定学生的不同意见,这种行为是不恰当的。教师后来发现自己的错误,并在全班同学面前承认了自己的错误,这种行为符合教师职业道德规范的相关要求,值得肯定。

(1)该老师的行为体现了爱岗敬业的师德要求。爱岗敬业要求教师对工作高度负责,认真备课上课,认真批改作业,认真辅导学生。不得敷衍塞责。材料中的语文老师发现自己讲授的知识错误之后,勇于承认错误并及时纠正自己的错误,体现了他对工作高度负责,这符合爱岗敬业的师德要求。

(2)该老师的行为体现了为人师表的师德要求。为人师表要求教师坚守高尚情操,知荣明耻,严于律己,以身作则。材料中,当语文老师看到了这四个字的正确读音后，进行了积极反思，及时在学生面前做了订正，并且在学生面前检讨了自己的内心活动，做到了以身作则，为学生们树立了正确的榜样。

(3)该老师的做法符合终身学习的师德要求。终身学习要求教师崇尚科学精神，树立终身学习理念，拓宽知识视野，更新知识结构。潜心钻研业务，勇于探索创新，不断提高专业素养和教育教学水平。材料中的语文老师就自身失误事件进行了深刻反思并发表了体会文章，体现了终身学习的师德要求。

综上所述，作为一名新时代教师，我们应积极践行教师职业道德的相关要求，促进学生成长。

32. (1)“礼”是整个中国人世界里一切习俗行为的准则，标志着中国的特殊性。中国是文明礼仪之邦，礼仪与文明是相统一的，礼仪是文明的载体，文明是礼仪的内涵，没有了礼仪，文明也就无所依附。

(2)发展进程：因为集体生存、社会发展的需要，产生了“礼”的仪式。甲骨文的“礼”与祭祀有关，“礼”是履行敬神祈福的仪式。“礼”经夏、殷、周三代沿革，到周公的时代已经比较完善，礼仪准则数量不断增多，但根据时间、场合和对象制订的“礼”，不需要时时、处处、人人都去掌握。发展到如今，“礼”分虚实两种，已经成为整个中国人世界里一切习俗行为的准则，是文明的载体，主要体现在外交与社交领域。

存在意义：“礼”的存在符合集体生存、社会发展的需要；大到国家和社团，小到街邻和家庭，“礼”无处不在，说明了“礼”在现今外交和社交领域拥有重要地位；“礼”标志着中国的特殊性；“礼”是把价值观念、制度设计、物质载体统合在一起，并且包含了风俗习惯的文化形态；“礼仪”是中国文明的载体；文化的传承不仅依靠语言、文字，还依靠礼仪。

三、写作题(参考范文)

33. 以发展的眼光看学生

中国有句老话叫：“三岁看小，七岁看老。”这种说法其实是不恰当的。因为不管是人还是世间万物，总是在发展着，总是在不停地变化着，此时的样子肯定不同于彼时的模样。所以，我们不能用静止的眼光看人看事。而对于处在成长期的学生，他们可塑性强，潜力大，爆发力惊人，就更不能用静态的眼光来对待，而应秉持“发展才是硬道理”的观念。

以发展的眼光看学生，就要以一种动态的眼光看待他们。德国大诗人海涅是学校里众人皆知的“后进生”，教师常骂他对诗“一窍不通”；达尔文读中学时，因成绩不良而被教师、家长视为“智力低下的人”；大诗人拜伦在阿巴丁小学读书时，成绩也曾是全班倒数第一；举世闻名的发明家爱迪生在读小学时被誉为“爱捣蛋的孩子”；其他如轮船发明家富尔顿、哲学家休谟、数学家华罗庚等上学时成绩都不佳。但事实证明，这些小时候被判定为“差生”的人，在之后都有自己的一番作为。学生就像一颗种子，正在经历着成熟前的萌芽、生长和壮大。他们的身心发展是呈阶段性的、持续性的，中间必会存在不完美的因素。我们要正确看待这种不完美，给予他们完善的机会，而不要急于给他们戴上“后进生”的帽子。要知道，“士别三日，即更刮目相待”。学生好比一个气球，你给他多大空间，他就会有多大体积。

以发展的眼光看学生，就要以一种独特的眼光看待他们。就像世界上不可能有完全相同的两片树叶，一个学生定有异于另一个学生的地方。每一个学生都是一块金子，他们的品质不同，闪光点自然也不同。所以，我们的教学中才会分文理科，才会有特长生，这是为了充分发挥每个学生身上的闪光点，让他们能在自己擅长的领域绽放光芒，做出贡献。现今社会，并不需要一成不变的模式化人才，因此，我们要尊重每个学生的个性差异，善于捕捉和发现每一个学生身上的亮点，并加以引导、开发，让他们充分地散发出属于自己的光芒，为多彩的社会添砖加瓦。

以发展的眼光看学生，就要以一种全面的眼光对待他们。学生一生发展的评价标准不仅有学习成绩，还有身心健康、品德修养、实践创新等众多因素，我们不能只看重学生的成绩，而忽视对他们进行其他方面的培养和提升。在当今社会，多的是利用自己高超的技术或出色的头脑进行犯罪的人，相比于这些能力出色却用来做恶事的人，还是那些平平无奇却坚守道德底线的人为社会发展做出的贡献更大，也更为人尊敬。学生的发展也应是德智体美劳的全面发展，是知行合一的发展，不是纸上谈兵的发展，不要让学生成为“思想上的巨人，行动上的矮子”。

每一个学生都是一个含苞待放的花蕾，在它绽放之前，我们要用心浇灌、倾力引导，用发展的眼光看待每一个学生，不能因为一时的观念，让他们错失了开出属于自己的色彩的机会，我们要让学生拥有盛放五颜六色的可能，拥有香气满人间的机会。

国家教师资格考试预测试卷(十六)

一、单项选择题

1. B 【解析】素质教育是促进学生全面发展的教育，实施素质教育必须坚持德智体美劳全面发展，促进学生生动活泼地发展。图中该生的心理测验成绩不及格，但由于其学习成绩优异，仍把他当作优秀学生对待，只重智育，忽视心理健康的教育，这不利于学生的全面发展。

2. B 【解析】素质教育倡导“以人为本”的学生观。“以人为本”要求教师在教育活动中尊重学生的人格尊严,用平等和充满关怀的心来对待学生。在正常的课堂教学中,如遇到突发事件,最不正确的行为就是侮辱学生的人格。这样会破坏良好的师生关系,影响教师在学生心中良好形象的树立。教师只有尊重学生,学生才会尊重教师。所以四个选项中最不恰当的处理方式就是直接在课堂上谴责该学生。

3. C 【解析】教师是教育教学过程的组织者、领导者,教师要有驾驭教育和教学的能力。首先,教师要善于制订教育教学工作计划,编写教案,组织教材;其次,教师还要善于组织课堂教学,以保证教学过程的顺利进行和教学任务的完成;最后,教师还要善于组织学校、家庭及社会各方面的教育力量,使各方面相互配合,进行教育资源的整合。题干中的蒋老师很善于组织课堂教学,每次上课都准备充足,有条不紊,穿插各种生动案例,体现了良好的教学能力。此外,蒋老师还能够积极联系家庭、社区、学校等多方面力量,整合各方资源为学生提供更优质的教学条件和环境,体现了良好的组织教育能力。因此,C项符合题意。

4. C 【解析】个体身心发展的阶段性是指,个体在不同的年龄阶段表现出身心发展不同的总体特征及主要矛盾,面临着不同的发展任务。个体身心发展的阶段性规律,决定了教育工作者必须根据不同年龄阶段的特点进行教育教学。题干中的王老师根据不同年龄阶段学生身心发展的特点,选择不同的教具辅助教学,这体现了王老师遵循个体身心发展的阶段性规律。

5. A 【解析】根据《中华人民共和国教师法》第十四条规定,受到剥夺政治权利或者故意犯罪受到有期徒刑以上刑事处罚的,不能取得教师资格;已经取得教师资格的,丧失教师资格。根据《教师资格条例》第十八条规定,依照教师法第十四条的规定丧失教师资格的,不能重新取得教师资格,其教师资格证书由县级以上人民政府教育行政部门收缴。据此,黄某将丧失教师资格,并且不能再次取得教师资格,故其终身不能从事教师职业。

6. C 【解析】《中华人民共和国未成年人保护法》第六十二条规定,密切接触未成年人的单位招聘工作人员时,应当向公安机关、人民检察院查询应聘者是否具有性侵害、虐待、拐卖、暴力伤害等违法犯罪记录;发现其具有前述行为记录的,不得录用。

7. C 【解析】根据《中华人民共和国教育法》第五十一条规定,图书馆、博物馆、科技馆、文化馆、美术馆、体育馆(场)等社会公共文化体育设施,以及历史文化古迹和革命纪念馆(地),应当对教师、学生实行优待,为受教育者接受教育提供便利。电影院不属于按规定优待开放的社会公共文化体育设施,故本题选择C。

8. B 【解析】根据《中华人民共和国教师法》第七条规定可知,教师享有按时获取工资报酬,享受国家规定的福利待遇以及寒暑假期的带薪休假的权利。题干中的医疗保险属于国家规定的福利待遇，故该学校的做法侵犯了林业的获得报酬权。

9. C 【解析】根据《中华人民共和国义务教育法》第五十六条规定，国家机关工作人员和教科书审查人员参与或者变相参与教科书编写的，由县级以上人民政府或者其教育行政部门根据职责权限责令限期改正，依法给予行政处分；有违法所得的，没收违法所得。

10. A 【解析】根据《中华人民共和国教师法》第三十九条规定，教师对学校或者其他教育机构侵犯其合法权益的，或者对学校或者其他教育机构作出的处理不服的，可以向教育行政部门提出申诉，教育行政部门应当在接到申诉的三十日内，作出处理。受理吴老师申诉的应当是当地县教育局。

11. D 【解析】根据《中华人民共和国预防未成年人犯罪法》第二十八条规定，本法所称不良行为，是指未成年人实施的不利于其健康成长的下列行为：(一)吸烟、饮酒；(二)多次旷课、逃学；(三)无故夜不归宿、离家出走；(四)沉迷网络；(五)与社会上具有不良习性的人交往，组织或者参加实施不良行为的团伙；(六)进入法律法规规定未成年人不宜进入的场所；(七)参与赌博、变相赌博，或者参加封建迷信、邪教等活动；(八)阅览、观看或者收听宣扬淫秽、色情、暴力、恐怖、极端等内容的读物、音像制品或者网络信息等；(九)其他不利于未成年人身心健康成长的不良行为。第三十八条规定“盗窃、哄抢、抢夺或者故意损毁公私财物”属于严重不良行为。本题中，王某沉迷网络，多次旷课、逃学且进出网吧等不宜未成年人进入的场所，这些都属于不良行为。D项属于严重不良行为，本题选D。

易错提示：考生注意区分不良行为和严重不良行为。

不良行为(第28条)	严重不良行为(第38条)
多次旷课、逃学	结伙斗殴，追逐、拦截他人，强拿硬要或者任意损毁、占用公私财物等寻衅滋事行为
无故夜不归宿、离家出走	盗窃、哄抢、抢夺或者故意损毁公私财物
与社会上具有不良习性的人交往，组织或者参加实施不良行为的团伙	吸食、注射毒品，或者向他人提供毒品
进入法律法规规定未成年人不宜进入的场所	——
吸烟、饮酒(伤害自己)	殴打、辱骂、恐吓，或者故意伤害他人身体(伤害他人)
沉迷网络(涉及电脑、手机等智能产品)	非法携带枪支、弹药或者弩、匕首等国家规定的管制器具(涉及刀枪匕首等危险物品)
参与赌博、变相赌博，或者参加封建迷信、邪教等活动	参与赌博赌资较大

续表

不良行为(第28条)	严重不良行为(第38条)
阅览、观看或者收听宣扬淫秽、色情、暴力、恐怖、极端等内容的读物、音像制品或者网络信息等	传播淫秽的读物、音像制品或者信息等
	卖淫、嫖娼,或者进行淫秽表演
其他不利于未成年人身心健康成长的不良行为	其他严重危害社会的行为

12. B 【解析】根据《中华人民共和国宪法》第一百三十四条规定,中华人民共和国人民检察院是国家的法律监督机关。国家监察机关是各级监察委员会;行政机关是各级人民政府;纪律检查委员会是中国共产党的纪律检查机关。本题选B。

13. A 【解析】教师之间要做到相互学习,取长补短;平等相待,不卑不亢;乐于助人,关心同事。依据题干可知,张老师拒绝新入职教师借教案的原因是认为自己的教案可能不适合这位老师,同时张老师并未拒绝帮助同事,而是提出在周末一起探讨,研究适合这位新入职老师的教案。这些行为说明张老师不仅具有团结协作的精神,还注重帮助同事的方法。本题选A。

张老师教学经验丰富,并且愿意指导新教师助其成长,并未缺乏团结协作的品质和良性竞争的能力,B、C项错误。

张老师拒绝借教案不是要保护自己的隐私,而是认为自己的教案不适合新教师,D项与题意不符。

14. C 【解析】教师与家长在地位上是平等的。教师应尊重家长的人格,尤其是在学生出现问题的时候,更应该与家长真诚沟通,否则很容易造成教师与家长的对立,不利于教育效果的提高。王老师严厉批评家长是不尊重家长人格的行为,是不正确的。

15. B 【解析】关爱学生要求教师关心爱护全体学生,尊重学生人格,平等公正对待学生。对学生严慈相济,做学生良师益友。题干中教师偏爱雯雯、给她“开绿灯”的行为说明其违背了关爱学生的师德要求,没有做到公平公正地对待学生。

16. C 【解析】《中小学教师职业道德规范》中关于“为人师表”方面所规定的具体职业行为要求有:坚守高尚情操,知荣明耻,严于律己,以身作则。衣着得体,语言规范,举止文明。关心集体,团结协作,尊重同事,尊重家长。作风正派,廉洁奉公。自觉抵制有偿家教,不利用职务之便谋取私利。故本题选C。

17. C 【解析】1894年7月,日本海军在丰岛海面袭击清军运兵船,甲午战争爆发。1895年初,日军占领威海卫,北洋舰队全军覆没,标志着洋务运动的破产。清政府被迫签订《马关条约》。本题选C。

18. B 【解析】"那达慕"大会是蒙古族历史悠久的传统节日，在蒙古族人民的生活中占有重要地位。B选项不正确。

A项，绕三灵也称"观上览"，是流传千年的白族传统节日。

C项，赛装节是彝族少女的时装表演，源于云南省永仁县直苴村，被誉为古老的"乡村T台秀"。

D项，壮族三月三又称歌婆节，是壮族祭祀祖先、倚歌择配的传统节日，被列入我国第四批国家级非物质文化遗产名录。

19. B 【解析】诗句出自毛泽东的《送瘟神》，作于1958年，创作背景是江西余江县消灭了血吸虫病。此处的"瘟神"指血吸虫病。故选B。

20. D 【解析】鲁迅，原名周树人，他在小说、散文、杂文、名著翻译、古籍校勘和现代学术等多个领域都有巨大贡献。毛泽东评价他说："鲁迅是中国文化革命的主将，他不但是伟大的文学家，而且是伟大的思想家和伟大的革命家。"

21. A 【解析】颜真卿与赵孟頫、柳公权、欧阳询并称为"楷书四大家"，和柳公权并称"颜柳"。颜真卿书法精妙，擅长楷书、行书，自创"颜体"楷书，其楷书作品有《多宝塔碑》《麻姑仙坛记》《颜勤礼碑》等，行书作品则有《祭侄文稿》《三表帖》等。

22. D 【解析】海拔越高的地方，气压越低。在气压低于标准大气压情况下烧水，水的沸点会降低。故选D。

23. B 【解析】北宋沈括的《梦溪笔谈》是以笔记体裁形式写成的科学典籍，《梦溪笔谈》最早记载了人工磁化的一种简便方法，即"以磁石磨针锋"造指南针。

方法技巧：关于《齐民要术》《梦溪笔谈》《天工开物》《农政全书》这四本书内容的所属领域，考生在做题时，可根据以下方法进行区分和记忆。

《齐民要术》——"齐民"是指平民百姓，"要术"是指谋生的方法。古代是自给自足的小农经济，平民百姓多靠农业，即该书是一部农学著作。

《天工开物》——"天工"出自《尚书》，表示自然的力量；"开物"则出自《周易》的《系辞》，表示人力对自然的开发利用。即可联想到本书与农业和手工业有关。

《农政全书》——按内容大致上可分为农政措施和农业技术两部分，该书特点体现在"政"字，涉及农政措施，这是《农政全书》不同于其他大型农书的特色所在。

《梦溪笔谈》——北宋沈括晚年在梦溪园所作，全书科技方面的条目占了三分之一以上，内容涉及数学、天文、历法、物理、化学、地理、冶金、建筑、动植物等十多个领域。

24. C 【解析】巴黎圣母院始建于1163年，位于法国，是一座用石头建造的较为典型的哥特式建筑，是基督教建筑的代表。法国作家雨果在《巴黎圣母院》一书中对这座建筑有过充满诗意的描绘，称其为“石头的交响乐”。本题选C。

A项，凡尔赛宫位于法国的凡尔赛镇，是一座古典主义风格的建筑。

B项，拉美西斯神庙又称阿布辛贝神庙，由古埃及法老拉美西斯二世建造。

D项，米兰大教堂位于意大利米兰市，是世界五大教堂之一。

25. B 【**解析**】1927年9月，毛泽东领导了湘赣边界秋收起义，起义失败，改向敌人统治力量薄弱的农村进军，创建井冈山革命根据地，将武装斗争的重心转向农村。

A项，南昌起义发生于1927年8月1日，周恩来、贺龙、叶挺、朱德、刘伯承等人率领在中国共产党掌握或影响下的革命军于南昌发动武装起义，打响了武装反抗国民党反动统治的第一枪。

C项，广州起义是1927年12月11日，由共产党人张太雷、叶挺、叶剑英等在广州率领工人、农民和革命士兵举行的武装起义，是对国民党反动派的屠杀政策进行的积极而英勇的反击，与同年举行的南昌起义、秋收起义并称为中国共产党和中国人民解放军历史上的三大起义。

D项，百色起义，又称右江暴动，是1929年12月11日，由邓小平等老一辈革命家在广西百色组织领导的武装起义。

26. D 【**解析**】运用Word中的查找和替换功能，可以批量完成指定文字替换操作。故选D。

A项，批注是作者或审阅者为文档添加的备注和批示，它并不影响文档的内容。

B项，格式刷是一种可以复制和粘贴段落格式及字符格式的工具。

C项，自动更正的功能是自动检测并更正键入错误、误拼的单词、语法错误和错误的大小写。

27. B 【**解析**】Excel中，筛选条件之间是“和”的关系，筛选结果要同时满足所有条件。因此，利用条件“数学>70”与“总分>350”对考生成绩数据表进行筛选后，显示的结果是所有数学>70并且总分>350的记录。

28. D 【**解析**】分析题干可知：甲不是银行职员；乙不是教师；丙不是公务员；教师的年龄＞乙的年龄；丙年龄最小。即三人年龄的排序为：教师＞乙＞丙，说明甲是教师。根据条件“丙不是公务员”可知，乙是公务员，丙是银行职员。故D项说法错误，当选。

29. C 【**解析**】以4※2→28为例，2是4除以2的商，8是4与2的乘积；后面三个式子也是这样，故10※2应为520。

二、材料分析题(参考答案)

30. 材料中胡老师的做法体现了“以人为本”的学生观。“以人为本”的学生观将学生视为发展的人,尊重学生的独特性,并在教育教学过程中将学生放在学习的主体位置,真正实现学生的全面发展。

(1)学生是发展的人,要用发展的观点看待学生。材料中胡老师在教学过程中注重学生良好学习习惯的养成,将学生看作处于发展过程中的人、正在成长中的人,有助于促进学生的不断进步、不断发展。

(2)学生是学习的主体。学生在学习活动中是认识的主体、实践的主体和发展的主体,是学习的主人。教育的根本目的在于促进学生主体性的发展。材料中胡老师在教学过程中充分调动学生学习的积极性和主观能动性,开展探究性学习,努力提高学生的学习能力,是尊重学生的主体地位的表现。

(3)学生是完整的人。学生并不是单纯的、抽象的学习者,而是有着丰富个性的完整的人。材料中胡老师在教学过程中注重基础知识与基本技能的培养,注重学生创新意识的培养,并且能够在教学中将人文知识与学生的生活体验有机结合起来,说明胡老师将学生当作完整的个体来看待。

综上所述,作为教师要树立“以人为本”的学生观,正确地认识和教育学生,促进学生的发展。

31. 古老师的教育行为践行了教师职业道德规范,促进了学生的发展,值得肯定和学习。

(1)爱岗敬业要求教师忠诚于人民教育事业,志存高远,勤恳敬业,甘为人梯,乐于奉献。古老师注重责任意识,面对学生出现的种种问题,能够尽职尽责地处理,积极与家长沟通,与学生一起游戏,在教育实践中履行着自己作为一名教师应尽的职责。

(2)关爱学生要求教师关心爱护全体学生,尊重学生人格,平等公正对待学生;对学生严慈相济,做学生良师益友。古老师将全身心的爱投入到工作中,和学生一起游戏,挖掘学生的“闪光点”,耐心帮助学生改正不良习惯等,都是出于对学生的关爱。

(3)教书育人要求教师遵循教育规律,实施素质教育;循循善诱,诲人不倦,因材施教;培养学生良好品行,激发学生创新精神,促进学生全面发展;不以分数作为评价学生的唯一标准。古老师通过细致地观察,“发现小明的手工玩具做得很棒”,因材施教,促进了小明的健康成长;通过耐心教导,纠正了“一个学生喜欢偷拿别人的东西”的习惯。古老师在教学中耐心地引导、教育学生,做到了循循善诱、诲人不倦、因材施教,并且注意培养学生的良好品行,促进了学生全面发展。

(4)终身学习要求教师树立终身学习理念,拓宽知识视野,更新知识结构;潜心钻研业务,勇于探索创新,不断提高专业素养和教育教学水平。古老师“每周写一篇教学心得体会”,“参加网上教师职业培养活动”,说明其潜心钻研业务,勇于探索创新,不断提高其专业素养和教育教学水平。

总之,作为教师,我们要在教学过程中遵循教师职业道德规范,既要提升专业素养,也要关爱学生,因材施教,促进学生发展。

32.(1)第一类:蕴含着书写者的学养功底和气质风神。第二类:格式不规范,书写不工整,文辞浅陋。

(2)①对当今文化现状的焦虑惆怅:传统尺牍信札中所包含的博大精深的中华文明,似乎正渐行渐远。

②对一些中华文明传统文化逝去的怀念:对几千年来中国传统文人“达则兼济天下,穷则独善其身”的美好理想和对优雅文化的无限怀想。

③对优秀传统文化传承的企盼:继承传统不忘经典,用中国语言、中国气派、中国风格的理论体系和话语系统来解读当今中国社会的发展秘密,找到通向世界、与各种文明有效对话的渠道和钥匙。

三、写作题(参考范文)

33. 适应之法贵如金

古往今来,适者生存,不适者淘汰。世间万物只有与它所处的环境相适应,才能立足于世。面对不同的环境,我们只有改变自身才能更好地生存,才能成为栋梁之才。

有人说:“面对人生的选择,要接受不能改变的。”这“接受”的潜台词即为适应。胡杨,因为适应了最恶劣、最残酷的环境,才能以铁铮铮的风骨于茫茫荒漠中昂扬挺立,它“生千年不死,死千年不倒,倒千年不烂”的生命历程彰显着强大的适应能力。而对我们来说,变幻莫测的人生旅途中,更需要“适应”之法保驾护航。

当无数痛苦扑面而来,身处艰难困苦中时,要懂得适应这令人心痛的悲惨环境。人生如橘,有甜也有酸,有大也有小。当不幸降临,当厄运无法改变时,应以最好的姿态去适应它。霍金,一个轮椅上的伟人,向我们揭示了黑洞的奥秘。当记者采访他时,他说:“我还有手指可以动,还有脑袋能思考,还有爱我的亲人和朋友。”他说得那么坦然,仿佛他的生活平静得像一湖清水,从未起波澜。为什么他能从容地面对所处的环境呢?是适应,他已经适应了轮椅上的生活。病魔的降临既然无可避免,为何不“兵来将挡,水来土掩”,尽自己所能去适应呢?是的,“适应”之法就如同天边的一抹红霞,令身处悲痛深渊的人重新看到人生的美丽,再一次踏上追寻梦想之路。

当失败的结果相伴相随，身处一片迷雾中时，要懂得适应这短暂的悲伤。成功与失败，往往无可预料，当失败的阴影如影随形时，不要用焦虑的怒火燃烧它，以最平静的心去适应它吧，相信成功总在失败之后到来。张杰，一个超高人气的流行歌手，在失败的沼泽中挣扎了好长一段时间。当他发现没有一点创作灵感，无法写出自己想要的音乐时，他沮丧了，他封闭了自己。是身边的人劝导他去适应自己的生活，并从中取得灵感，他相信了，也尝试了，终于从沼泽中逃脱出来，再次站在镁光灯下。是的，学会适应失败，在阴影中保有自我，令张杰摆脱自暴自弃，重新出发。输了，败了，适应这些事情吧，它会令你重整旗鼓重新出发。

当流言蜚语袭来时，以最纯粹的心去适应，在"适应"这把大伞的保护下坚守自我。奥巴马，一个黑人总统，他适应着充满质疑声的环境，用勤恳的工作态度与智慧在政治领域中大展拳脚；《钢铁是怎样炼成的》的主人公保尔，一个平凡穷人，他适应着充满冷嘲热讽声的环境，用顽强的毅力和隐忍过着独特而又充实的生活。生活于言论社会，我们更应该学会适应那由真切或虚假的声音充斥的环境，做真实的自己。

适应之法贵如金，当无法改变你生活的环境时，就淡然处之，适应它吧，于清清河流中悠然自乐，于茫茫蓝天中做一朵宁静的白云。

国家教师资格考试预测试卷(十七)

一、单项选择题

1. B **【解析】**个体身心发展具有互补性。互补性是指机体某一方面的机能受损甚至缺失后，可通过其他方面的超常发展得到部分补偿。机体各部分存在着互补的可能，为人在自身某方面缺失的情况下能与环境协调，从而继续生存与发展提供了条件。题干中的冰冰能够用听觉来分辨方向和障碍物，弥补了在视觉上的部分缺失，体现了个体身心发展的互补性。

2. B **【解析】**素质教育倡导人人有受教育的权利，强调在教育中每个人都得到发展，而不是只注重一部分人，更不是只注重少数人的发展。题干中，周老师的话说明教育不能搞选拔性，而是要面向全体学生，促进每一个学生的发展。B项最符合题意。

3. C **【解析】**在教育教学过程中，教师不仅要与学生产生联系，还要与周围其他教师发生联系，要与学生家长进行沟通与配合。题干中，张老师与学生、学生家长、同事都能进行良好的沟通与交流，人际关系和谐，这体现的是教师的沟通与合作能力。

4. B **【解析】**B项的做法最恰当。"肯定琳琳勇于指出老师错误的行为"有利于维护学生发现问题、指出问题的积极性；"跟琳琳解释为什么没有错"一方面解决了学生的问题，另一方面促进了学生知识的巩固。

5. D 【解析】著作权是指自然人、法人或者其他组织对文学、艺术和科学作品依法享有的财产权利和精神权利的总称。著作权人对其作品享有发表权，任何人不得未经许可发表其作品。题干中学校未经兰兰及其家长的同意就将兰兰的画拿给出版社出版，侵犯了兰兰的著作权，故不合法。

易错提示：本题考生可能会混淆著作权与财产权。著作权分为著作人身权和著作财产权，简单来说，一部作品是否发表、作者署名、作品的修改等权利都属于著作人身权，因作品出版发行等带来的酬劳、奖金等都属于著作财产权。考生做题时，如果题干强调未经允许便发表、未署作者名，一般是侵犯了著作权；如果题干强调非法占有他人作品的奖金、收益等，一般是侵犯财产权。此外，学生的知识产权、专利等某些智力成果带来的财产收益，如果被侵犯，也属于侵犯财产权。

6. A 【解析】根据《中华人民共和国教育法》第七十八条规定，学校及其他教育机构违反国家有关规定向受教育者收取费用的，由教育行政部门或者其他有关行政部门责令退还所收费用；对直接负责的主管人员和其他直接责任人员，依法给予处分。

7. D 【解析】根据《中华人民共和国义务教育法》第二十四条规定，学校不得聘用曾经因故意犯罪被依法剥夺政治权利或者其他不适合从事义务教育工作的人担任工作人员。题干中，姜某因故意犯罪被剥夺政治权利，不具备从事义务教育工作的基本条件，陈校长拒绝其求职的做法是合法的。

A项，根据我国《刑法》的相关规定，依法受过刑事处罚的人，在入伍、就业的时候，应当如实向有关单位报告自己曾受过刑事处罚，不得隐瞒。剥夺政治权利属于刑事处罚附加刑的一种，陈校长了解姜某是否受过刑事处罚的做法未侵犯其隐私权。根据《中华人民共和国教育法》第二十九条规定，学校具有“聘任教师及其他职工，实施奖励或者处分”的权利，C项不选。综上所述，本题选D。

8. C 【解析】根据《中华人民共和国未成年人保护法》第一百零三条规定，公安机关、人民检察院、人民法院、司法行政部门以及其他组织和个人不得披露有关案件中未成年人的姓名、影像、住所、就读学校以及其他可能识别出其身份的信息，但查找失踪、被拐卖未成年人等情形除外。题干中，王老师在朋友圈和微博发布消息泄漏了斌斌的真实姓名，这一做法违反了《中华人民共和国未成年人保护法》的相关规定。

9. C 【解析】我国《宪法》第三十四条规定，中华人民共和国年满十八周岁的公民，不分民族、种族、性别、职业、家庭出身、宗教信仰、教育程度、财产状况、居住期限，都有选举权和被选举权；但是依照法律被剥夺政治权利的人除外。C项，齐某是外籍华人不是我国公民，因此无法享有选举权。故本题选C。

易错提示:考生容易混淆享有选举权和行使选举权。选举权是公民的基本政治权利之一。在我国,精神病患者享有选举权,但由于其患病而不具备行使政治权利的实际能力,可以暂停其选举权的行使。

10. B 【解析】根据《中华人民共和国教师法》第三十六条规定,对依法提出申诉、控告、检举的教师进行打击报复的,由其所在单位或者上级机关责令改正;情节严重的,可以根据具体情况给予行政处分。国家工作人员对教师打击报复构成犯罪的,依照刑法有关规定追究刑事责任。题干强调情节严重,故本题答案选B。

11. B 【解析】根据《中华人民共和国预防未成年人犯罪法》第三十八条规定可知,“结伙斗殴,追逐、拦截他人,强拿硬要或者任意损毁、占用公私财物等寻衅滋事行为”属于严重不良行为。第六十一条规定,公安机关、人民检察院、人民法院在办理案件过程中发现实施严重不良行为的未成年人的父母或者其他监护人不依法履行监护职责的,应当予以训诫,并可以责令其接受家庭教育指导。

12. D 【解析】根据《中小学教育惩戒规则(试行)》第十二条规定,教师在教育教学管理、实施教育惩戒过程中,不得有下列行为:(一)以击打、刺扎等方式直接造成身体痛苦的体罚;(二)超过正常限度的罚站、反复抄写,强制做不适的动作或者姿势,以及刻意孤立等间接伤害身体、心理的变相体罚;(三)辱骂或者以歧视性、侮辱性的言行侵犯学生人格尊严;(四)因个人或者少数人违规违纪行为而惩罚全体学生;(五)因学业成绩而教育惩戒学生;(六)因个人情绪、好恶实施或者选择性实施教育惩戒;(七)指派学生对其他学生实施教育惩戒;(八)其他侵害学生权利的。故D项中的做法不得实施。

13. B 【解析】为人师表的职业道德规范要求教师要衣着得体,语言规范,举止文明。教师应为人师表,作为吴老师的同事,应该跟吴老师说,但不能过于直接,最好是委婉地跟吴老师说既要上好课,也要注意自己的形象。

14. D 【解析】教师处理与学生的关系时,要做到:热爱学生,关心学生,尊重学生。胡老师给学生起绰号并让学生罚站,没有做到尊重学生,关心学生,不利于良好师生关系的建立。

15. A 【解析】关爱学生要求教师要关心爱护全体学生,尊重学生人格,平等公正对待学生。题干中的数学老师不自觉地偏爱小优,没有做到平等公正地对待学生,违背了关爱学生的要求。

16. D 【解析】教书育人要求教师要循循善诱,诲人不倦,因材施教。培养学生良好品行,激发学生创新精神,促进学生全面发展。杜老师在课上不但传授给学生基础知识,而且进行拓展,讲述名人事迹去感染学生,做到了教书育人。

17. C 【解析】结合材料和所学可知，单一的学说难以适应复杂的统治需要，新道学适应了西汉初期休养生息、恢复生产、巩固政权的需要，而新儒学适应了汉武帝加强中央集权的需要，C选项符合题意。

王国势力强大是董仲舒新儒学出现的因素之一，巩固统治才是主要因素，A选项排除。

汉武帝采纳董仲舒“罢黜百家，尊崇儒术”的建议，确立了儒学的独尊地位，本质上属于文化专制，并不能体现对百家争鸣局面的延续，B选项排除。

董仲舒的新儒学具有强烈的排他性，无法体现兼收并蓄的文化政策，D选项排除。

18. A 【解析】素纱襌衣为国家一级文物，该文物于1972年在湖南省长沙市马王堆汉墓发掘出土，是西汉时期纺织技术巅峰时期的作品。

19. D 【解析】“法老”是古埃及国王的尊称，这个词的原意是“大房屋”或“宫殿”，在古埃及古王国时期仅指王宫。古埃及新王国第十八王朝是延续时间最长、版图最大、国力最鼎盛的一个王朝，图特摩斯三世是这个王朝最具威名的君王，他多次率领军队远征，使埃及扩张成为一个空前的大帝国。从图特摩斯三世起，“法老”作为颂词开始用于国王自身，后来逐渐演变为对国王的一种尊称。本题选D。

20. B 【解析】在电和磁的研究过程中，法拉第发现了电磁感应现象，为发电机的发明提供了理论依据，为第二次科技革命奠定了基础。

21. B 【解析】印度的泰戈尔于1913年获得诺贝尔文学奖，是首位获得诺贝尔文学奖的亚洲作家。纪伯伦没有获得过诺贝尔文学奖。1968年，日本作家川端康成以《雪国》《古都》《千只鹤》三部作品荣获诺贝尔文学奖。紫式部是日本平安时代的女作家，其代表作有《源氏物语》。

22. B 【解析】圆明园十二生肖兽首铜像是清朝乾隆年间铸造的，由传教士郎世宁设计。故选B。

A项，意大利旅行家马可·波罗，在忽必烈时代通过著名的丝绸之路来到中国，在元朝生活了17年。马可·波罗回国后讲述他在中国及其他亚洲各国的经历，形成《马可·波罗行纪》一书。

C项，利玛窦是明代万历年间旅居中国的耶稣会传教士、学者，为中西文化交流做出了重要贡献。其著作有与徐光启合译的《几何原本》，自著的世界地图《坤舆万国全图》《西字奇迹》等。

D项，汤若望，德国人，是继利玛窦之后最重要的来华耶稣会传教士之一。

23. B 【解析】京剧《贵妃醉酒》又名《百花亭》，取材于中国唐朝历史人物杨贵妃的故事，源自洪昇的《长生殿》。本题选B。

A项,《桃花扇》是清代戏曲作家孔尚任创作的传奇剧本,全剧以侯方域、李香君的悲欢离合为主线,展现了明末南京的社会现实。

C项,《牡丹亭》是明代剧作家汤显祖创作的传奇剧本,通过描写杜丽娘与柳梦梅的人鬼爱情故事,深刻揭露了封建礼教对青年的摧残,热情歌颂了青年们对自由的执着追求和对个性解放的热烈向往。

D项,《南柯梦》是明代剧作家汤显祖创作的传奇剧本,通过描写淳于棼的梦境对明代黑暗社会进行了揭露和批判。

24. B 【解析】三星堆遗址群位于四川省广汉市西北,是迄今为止在西南地区发现的范围最大、延续时间最长、文化内涵最丰富的古城、古国、古蜀文化遗址,昭示了长江流域与黄河流域一样,同属中华文明的母体,被誉为“长江文明之源”。

25. A 【解析】可回收物是指适宜回收、可循环利用的生活废弃物,主要包括废纸张、废塑料、废玻璃制品、废金属和废织物五大类;有害垃圾是指对人体健康或者自然环境造成直接或者潜在危害的生活废弃物,主要包括废电池、废灯管、废药品、废油漆及其容器等;厨余垃圾即湿垃圾,主要包括食材废料、剩菜剩饭、过期食品、瓜皮果核、花卉绿植、中药药渣等易腐的生活废弃物;干垃圾即其他垃圾,是指除可回收物、有害垃圾、湿垃圾以外的其他生活废弃物。故本题选A。

26. D 【解析】在Word表格的单元格中既可以输入文本,又可以输入图片和符号。

27. D 【解析】SUM是求和函数,括号内是函数的参数。在Excel中,冒号是区域运算符,逗号是联合运算符。使用求和函数时,在函数名SUM后面的括号中输入用冒号隔开的地址,如SUM(C2:C4),它表示的是对单元格区域从C2到C4内的数值相加求和。若输入用逗号隔开的地址,如SUM(C2,C3,C4),则表示将C2、C3和C4内的数值相加求得总和。计算题干中三个单元格区域数值的总和,可以有三种输入方法,第一种是输入(A2,B1,B2),第二种是输入(A2,B1:B2),第三种是输入(B1,A2:B2)。故本题选D。

28. B 【解析】李宁、刘翔的职业是运动员,“运动员”是人物的职业属性。与此判断类型相同的只有B。A、C、D项说的是人物的关系,而非人物的属性。

易错提示:题干所给例子属于复言命题,题干例子可拆分成“李宁是运动员”“刘翔是运动员”两个直言命题,而ACD三项均是直言命题,无法拆分。直言命题——句子的各部分不可分割;复言命题——句子的各部分可分割。本题考生在不了解命题推理相关知识的情况下,可从题干入手,从人物的职业属性与关系等角度进行判断作答。

29. D 【解析】每个图形由两个部分构成,且为一直一曲,前一个图形的内部为下一个图形的外部,由此选择D。

二、材料分析题(参考答案)

30. 刘老师的教育行为体现了素质教育的理念,促进了学生发展,是值得赞赏的。

(1)素质教育是促进学生全面发展的教育。实施素质教育要求教师在教育活动中促进学生各方面的发展,不可偏废其中任何一方。材料中,刘老师通过观察实验引导学生认识饭后漱口的重要性,培养学生养成良好的卫生习惯,说明教师关注到了学生的全面发展。

(2)素质教育是以培养创新精神和实践能力为重点的教育。在教育活动中,教师要激发学生学习的积极性和主动性,促进学生实践能力的发展。材料中,刘老师为了让学生养成饭后漱口的好习惯,通过引导学生观察漱口水和干净的水的区别增加学生自主学习、自主活动的机会,有利于学生自主发现问题,培养其好奇、好问的良好品质。

(3)素质教育是促进学生个性发展的教育。教师要尊重并充分发展学生的个性。材料中,教师根据一年级学生的年龄特点,采取适当的方式予以引导,摒弃了传统的“灌输式”教育,转而进行“启发式”教育。通过激发学生的学习兴趣,促使学生动脑、动口,有利于促进学生的个性发展。

总之,刘老师通过直观形象的方式传授学生知识和技能,培养学生良好的行为习惯,切实贯彻了素质教育的理念,值得我们提倡和学习。

31. 材料中刘老师的教育行为符合教师职业道德规范的要求,值得我们学习。

(1)刘老师的行为体现了教书育人的职业道德要求。教书育人要求教师遵循教育规律,实施素质教育;循循善诱,诲人不倦,因材施教。培养学生良好品行,激发学生创新精神,促进学生全面发展。材料中,刘老师为了提高学生自信心而开展“独一无二的我”的班会活动,在活动中让学生发现自己的独特之处,交流优缺点,使得孤僻的小丽融入了集体,全班学生变得更加自信,促进了学生发展。这是关注学生全面发展,实施素质教育的表现。

(2)刘老师的教育行为体现了关爱学生的职业道德要求。关爱学生要求教师关心爱护全体学生,尊重学生人格,平等公正对待学生。对学生严慈相济,做学生良师益友。保护学生安全,关心学生健康,维护学生权益。材料中,刘老师帮助小丽发现自己的优点并融入集体,这是关注学生心理健康、关爱学生的表现。

(3)刘老师的教育行为体现了为人师表的职业道德要求。为人师表要求教师坚守高尚情操,知荣明耻,严于律己,以身作则。衣着得体,语言规范,举止文明。关心集体，团结协作，尊重同事，尊重家长。作风正派，廉洁奉公。自觉抵制有偿家教，不利用职务之便谋取私利。材料中刘老师能够自觉拒收家长的红包，不利用职务之便谋取私利，是为人师表的表现。

因此，作为教师，我们要遵守教师职业道德规范，爱岗敬业，乐于奉献，行为世范，关注学生道德品质和心理健康，促进学生全面发展。

32. (1)一是利益驱动，能带来可观的经济效益；二是地方政府以此作为面子工程，官员以此为自己捞取政绩而推波助澜；三是有光大传统、发展文化的考量。

(2)①观众失去了文化的共鸣，历史文化也在被切割、破坏和颠覆（给历史文化带来灾难）；②助推了急功近利、唯利是图的社会风气，加剧了好大喜功、铺张浪费的官场恶习；③留下了沉重的文化欠债和社会成本。

三、写作题（参考范文）

33. 守望平凡

著名教育家陶行知先生说："爱是一种伟大的力量，没有爱就没有教育。"爱是教师的天性，教师是伟大的职业。有人曾这样描述教师的生活：吃得清淡，穿得素淡，出去办事遭人冷淡；一根默默燃烧的蜡烛，一生半明半暗。的确，在很多人眼里，教师是清贫的、孤独的。一身粉笔灰，两袖清风，三寸不烂之舌，四壁清辉。这就是教师一生的写照，从一个个黄金般的青春年华到桑榆晚霞，有多少不知疲倦的园丁守望心灵的田园，三尺讲台写就无悔人生。不过，教师虽不会显赫一时，却可以流芳百世。

十年树木，百年树人。回首往事，没有惊涛骇浪，没有轰轰烈烈，更没有什么丰功伟绩值得评说。每天踏着朝晖而来，踩着夕阳而去。在平凡的岁月里，教师仅仅是教育领域的沧海一粟。选择了讲台，就等于选择了默默奉献。不能成为参天大树，做栋梁之材，不妨做一棵小草，为春天献上一丝新绿；不能成为高山，昭示一种雄壮，何不当一块路牌，为迷途的路人拂去心头的阴云；不能像海洋用宽广的胸怀拥抱百川，怎不做一条小溪为久旱的土地捧上甘露。

平凡出榜样，振奋人心。2022年北京冬奥会开幕式，一群来自大山里的孩子在全世界的关注下，合唱《奥林匹克颂》。他们能够从大山深处走向世界瞩目的舞台，都源于一位纯真挚诚的老人18年的爱与坚守。这位老人就是2022年"感动中国"人物——邓小岚。颁奖词盛赞道："你把自己留给一座小小山村，你把山村的孩子们送上最绚丽的舞台。你在这里出生，也在这里离开。山花烂漫，杨柳依依，为什么孩子的歌声如此动人？因为你对这片土地爱得深沉。"自2004年起，邓小岚就不辞辛劳地奔波四五个小时去三百多公里外的马兰村，义务教孩子们学习音乐，风雨无阻。在邓小岚不懈努力下，2008年，原本五音不全、不会唱歌、不懂乐器的马兰村的孩子们第一次走出大山，去往北京参加演出。之后的十几年间，一批又一批孩子去往祖国各地，孩子们从拘谨怯懦变得自信阳光，向世界展现了他们的风采。

守望平凡，薪火相传。华坪女子高级中学的创办者张桂梅女士，扎根云南贫困山区40多年，推动创建了中国第一所免费女子高中。她常年坚持家访，路程多达十几万公里，只为给一个个学生留住用知识改变命运的机会；她吃穿用非常简朴，对自己近乎“抠门”，却把工资、奖金用于教学和帮扶学生。她坚韧执着的拼搏精神和无私奉献的大爱，就如一束希望之光，照亮了孩子们的追梦人生。

平凡中的伟大，源自内心的波澜壮阔。在教育行业中，有着许许多多平凡的守望者。他们终其一生，用青春传播知识，用爱播种文明。我愿成为这其中的一员，守望平凡，成就伟大。

国家教师资格考试预测试卷(十八)

一、单项选择题

1. A 【**解析**】素质教育注重发展性评价，立足于学生素质的全面提高，以多种形式全面衡量学生的素质。题干中桂老师对朱松说的话属于发展性评价和激励性评价，有利于激发朱松的学习动力，故选择A。

2. B 【**解析**】学生是处于发展过程中的人，这就要求教师不能以僵化的眼光来看待学生，而是要认识到学生具有巨大的发展潜能，要用发展的眼光认识和看待学生。题干中的老师和家长忽略了学生是发展的人，在学生取得进步时依然用以前刻板、固定的印象来评价学生，伤害了学生的自尊心和学习热情。

3. A 【**解析**】依据福勒和布朗的理论，处于关注生存阶段的一般是新教师，他们非常关注自己的生存适应性，最担心的问题是“学生喜欢我吗”“同事们如何看我”“领导是否觉得我干得不错”等。因而，可能会把大量的时间花在如何与学生搞好个人关系上。题干中强调李老师担心学生不喜欢自己，想和学生搞好关系，这说明李老师处于关注生存阶段。

4. B 【**解析**】教育机智是指教师能根据学生新的，特别是意外的情况，迅速而正确地做出判断，随机应变地采取及时、恰当而有效的教育措施解决问题的能力。教师面对有些偶发事件应暂时搁置，仍按原计划进行教学活动，课后处理。依据题干所述，此次偶发事件发生在即将上课时，为了不打断教学计划，最恰当的处理方式是把钉子敲平，开始上课，课后再解决此事。A项会影响正常的教学计划，不选；C项处理方式不妥,教师应当严肃对待此次事件,查明原因、解决问题;D项做法不仅会损害班干部的自尊心,且未查明事情缘由就让班干部反思有失公正。

5. C 【解析】根据《中华人民共和国预防未成年人犯罪法》第三十四条规定,未成年学生旷课、逃学的,学校应当及时联系其父母或者其他监护人,了解有关情况;无正当理由的,学校和未成年学生的父母或者其他监护人应当督促其返校学习。针对陈某逃课去网吧上网这一事件,学校最恰当的做法是及时与其父母取得联系,告知陈某情况,让陈某回到学校上课,不用向公安机关报告。发生严重的学生伤害事故后,学校应当向主管教育行政部门报告情况。A、B、D三项属于干扰项,本题选C。

6. A 【解析】根据《中华人民共和国义务教育法》第九条规定,发生违反本法的重大事件,妨碍义务教育实施,造成重大社会影响的,负有领导责任的人民政府或者人民政府教育行政部门负责人应当引咎辞职。

7. B 【解析】科学研究权即从事科学研究、学术交流,参加专业的学术团体,在学术活动中充分发表意见的权利。这是教师作为专业技术人员的一项基本权利。校长的做法侵犯了李老师的科学研究权。

8. C 【解析】根据《中华人民共和国宪法》第八十五条规定,中华人民共和国国务院,即中央人民政府,是最高国家权力机关的执行机关,是最高国家行政机关。全国人民代表大会是最高国家权力机关,其常设机关是全国人民代表大会常务委员会。中央军事委员会领导全国武装力量。

方法技巧:考生注意识记和区分我国各国家机构的地位。

国家机构	地位
全国人大	最高国家权力机关
国务院	最高国家行政机关
最高人民法院	最高审判机关
最高人民检察院	最高检察机关
国家监察委员会	最高监察机关

9. D 【解析】根据《中华人民共和国教育法》第十二条规定,国家通用语言文字为学校及其他教育机构的基本教育教学语言文字,学校及其他教育机构应当使用国家通用语言文字进行教育教学。民族自治地方以少数民族学生为主的学校及其他教育机构,从实际出发,使用国家通用语言文字和本民族或者当地民族通用的语言文字实施双语教育。因此,黄老师使用本地方言教学的做法不合法,其应当使用国家通用语言进行教学。

10. D 【解析】根据《中华人民共和国未成年人保护法》第六条规定，保护未成年人，是国家机关、武装力量、政党、人民团体、企业事业单位、社会组织、城乡基层群众性自治组织、未成年人的监护人以及其他成年人的共同责任。故选项A错误。

B项，我国公民触犯刑法、构成犯罪的依法应当追究刑事责任。小明父亲醉酒后殴打小明，导致小明脸部受伤，选项并未说明小明父亲的行为构成犯罪，故不负刑事责任。B项排除。

C项，小明父亲酒后殴打孩子，没有履行监护人职责，没有做到保护与教育相结合，C项说法正确。但分析题干，小明父亲以“家事不需外人过问”为由痛骂想要劝阻自己打孩子一事的张阿姨，C项说法不能解释张阿姨劝阻小明父亲的法律依据，并非最佳选项，不选。

第十一条规定，任何组织或者个人发现不利于未成年人身心健康或者侵犯未成年人合法权益的情形，都有权劝阻、制止或者向公安、民政、教育等有关部门提出检举、控告。张阿姨有权劝阻、制止小明父亲的施暴行为，故本题选D。

11. D 【解析】根据《学生伤害事故处理办法》第十三条规定，在放学后、节假日或者假期等学校工作时间以外，学生自行滞留学校或者自行到校发生的造成人身损害后果的事故，学校行为并无不当的，不承担事故责任。题干中的学生小张在国庆放假期间自行到学校温习功课，在楼梯口踩空失足摔伤，应该承担责任的主体是小张及其监护人。

12. A 【解析】根据《中华人民共和国义务教育法》第五十三条规定，县级以上人民政府或者其教育行政部门有下列情形之一的，由上级人民政府或者其教育行政部门责令限期改正、通报批评；情节严重的，对直接负责的主管人员和其他直接责任人员依法给予行政处分：(一)将学校分为重点学校和非重点学校的；(二)改变或者变相改变公办学校性质的。县级人民政府教育行政部门或者乡镇人民政府未采取措施组织适龄儿童、少年入学或者防止辍学的，依照前款规定追究法律责任。故答案选A。

13. B 【解析】《中小学教师职业道德规范》中的“关爱学生”要求教师关心爱护全体学生，尊重学生人格，平等公正对待学生；不讽刺、挖苦、歧视学生，不体罚或变相体罚学生。梦晨同学因为家里的原因，上课走神。班主任没有主动与梦晨沟通，了解她走神的原因，帮助她调整心态尽快投入学习，反而在全班同学面前讽刺她，这违背了关爱学生的教师职业道德规范。

14. D 【解析】《中小学班主任工作规定》第七条指出，选聘班主任应当在教师任职条件的基础上突出考查以下条件：(一)作风正派，心理健康，为人师表；(二)热爱学生，善于与学生、学生家长及其他任课教师沟通；(三)爱岗敬业，具有较强的教育引导和组织管理能力。

15. C 【解析】《中小学教师职业道德规范》中，“教书育人”要求教师不以分数作为评价学生的唯一标准。题干中的李老师把考试成绩作为评价学生的唯一标准，这种做法违背了教书育人的教师职业道德规范。

16. C 【解析】关爱学生要求教师做到关心爱护全体学生，尊重学生人格，平等公正对待学生。对学生严慈相济，做学生良师益友。保护学生安全，关心学生健康，维护学生权益。不讽刺、挖苦、歧视学生，不体罚或变相体罚学生。王老师的做法构成了体罚，没有做到关爱学生。

17. A 【解析】陶渊明的诗分为饮酒诗、咏怀诗和田园诗三大类，其中田园诗是其主要成就。他是我国第一位田园诗人，以一己之力开创了中国文学史中的“田园诗派”，代表作有《归园田居》《饮酒》。

18. B 【解析】A项，出自杜甫的《月夜忆舍弟》，意思是：从今夜就进入了白露节气，月亮还是故乡的最明亮。

B项，出自左河水的《立夏》，意思是：(立夏节气)我国南北气温差异较大，大部分地区的植物进入了生长旺季，呈现出树木成荫的景象。

C项，出自罗隐的《京中正月七日立春》，意思是：远处天边，大雁归来贴着云飞翔，近观河中，鱼儿不时跃出还浮着冰的水面。

D项，出自左河水的《立冬》，意思是：西北风时来时去，往而复来，使大地的气候时寒时凉，我国大部分地区的树木开始凋零，明显稀疏了起来，一眼望去树叶颜色半绿半黄。

A、C、D三项均对应正确，B项对应错误。

19. B 【解析】“史学双璧”是史学界对司马迁所著《史记》和司马光编纂的《资治通鉴》的合称。由班固编撰的《汉书》是我国第一部纪传体断代史，“二十四史”之一。范晔编撰的《后汉书》也是一部纪传体断代史书，“二十四史”之一。在古代纪传体正史中，《史记》《汉书》《后汉书》《三国志》并称为“前四史”。

20. A 【解析】“大珠小珠落玉盘”出自白居易的《琵琶行》。本义是指大小雨点落在荷叶上的声音，在白居易的《琵琶行》中指琵琶弹奏出的动人琴声。

21. D 【解析】战国曾侯乙编钟是战国早期曾国国君的一套大型礼乐重器，国家一级文物，1978年在湖北随县(今随州)擂鼓墩曾侯乙墓出土，现藏于湖北省博物馆，为该馆“镇馆之宝”。

22. B 【解析】苏联是一个存在于1922年至1991年的联邦制社会主义国家。高尔基出生于1868年,去世于1936年,属于苏联时期的文学家。普希金、屠格涅夫、陀思妥耶夫斯基都是19世纪俄国的文学家。故本题选B。

23. A 【解析】日月潭位于台湾省南投县,月牙泉位于甘肃省,大龙湫位于浙江雁荡山,镜泊湖位于黑龙江省。

24. C 【解析】巴洛克建筑是17、18世纪在意大利文艺复兴建筑基础上发展起来的一种建筑和装饰风格。它的特点是外形自由、追求动态、喜好富丽的装饰和雕刻强烈的色彩,常用穿插的曲面和椭圆形空间。意大利文艺复兴晚期著名建筑师和建筑理论家维尼奥拉设计的罗马耶稣会教堂是由手法主义向巴洛克风格过渡的代表作,也有人称之为第一座巴洛克建筑。故选C。

25. A 【解析】人触电时不能直接用手去拉,这样做也会触电,B项做法错误。燃气泄漏时不应开关电器,否则会有电火花引燃燃气,C项做法错误。发生森林火灾时,随着烟气上升,火势向山顶方向扩散较快,所以不能往山顶奔跑逃生,D项错误。胸腹受伤后,为了避免二次伤害及保证伤者呼吸顺畅,应使其平躺,故选A。

26. B 【解析】全选的快捷键是“Ctrl+A”。“Ctrl+S”是保存的快捷键,“Ctrl+C”是复制的快捷键,“Ctrl+V”是粘贴的快捷键。

27. A 【解析】Ctrl+Home可以达到将光标定位到A1的目的;Shift+Home可实现选中此单元格左侧的所有单元格;PageUp可实现向上移动;单击Home键可选中此单元格所在行最左侧的单元格。

28. B 【解析】全身麻醉和注射麻醉是交叉关系。A项,加热消毒属于物理消毒,两者为种属关系。B项,抽样调查和问卷调查是交叉关系。C项,网络存储和单机存储为并列关系。D项,胸式呼吸与腹式呼吸为并列关系。故本题选B。

29. C 【解析】观察数列可知,前两项数字相加的和再乘3可得到后一项数字,即$(1+2)\times3=9$,$(2+9)\times3=33$,$(9+33)\times3=126$,本题选C。

二、材料分析题(参考答案)

30. 材料中,“我”的教育行为很好地践行了“以人为本”的学生观,值得肯定和学习。

(1)学生是发展的人。学生具有巨大的发展潜能,教师要用发展的眼光看待学生。材料中,面对小吴的问题行为,“我”没有放弃他,而是通过谈心、指导和让他当小组长等方法培养其责任意识,帮助他改正不良行为习惯,引导他主动、积极学习,最终取得了良好成效。

(2)学生是独特的人。每个学生都有自身的独特性,素质教育要求教师要针对每个学生的不同特点因材施教。材料中,"我"针对小吴责任感不强、不良习惯多等问题,引导他向班干部学习并培养他当小组长,增强了他的责任感;指导他明确学习和行为规范,改正了坏习惯,做到了因材施教。

(3)学生是具有独立意义的人。学生是学习的主体,作为教师,我们要调动学生学习的积极性和主动性。材料中,"我"让小吴当小组长,督促他做好值日、完成学习任务,增强了小吴学习的积极性和主动性,使他在学习上取得了明显的进步。

因此,作为教师,面对问题学生时,我们要树立"以人为本"的学生观,积极促进学生的全面发展。

31. 石老师的行为充分践行了教师职业道德规范,值得肯定和提倡。

(1)"爱岗敬业"要求教师忠诚于人民教育事业,志存高远,勤恳敬业,甘为人梯,乐于奉献。对工作高度负责,认真备课上课,认真批改作业,认真辅导学生。不得敷衍塞责。材料中,石老师工作认真负责,面对学生出现的种种问题,能够尽职尽责地处理,并积极与家长沟通,制定帮教计划,帮助学生成长。这些行为表明石老师在工作中践行了"爱岗敬业"的师德规范。

(2)"关爱学生"要求教师关心爱护全体学生,尊重学生人格,平等公正对待学生。对学生严慈相济,做学生良师益友。保护学生安全,关心学生健康,维护学生权益。不讽刺、挖苦、歧视学生,不体罚或变相体罚学生。材料中,石老师不嫌脏,收拾生病学生的呕吐物,不厌其烦地为学生讲解,耐心帮助调皮的学生改正不良习惯等,这些行为都表明石老师在工作中践行了"关爱学生"的师德规范。

(3)"教书育人"要求教师遵循教育规律,实施素质教育。循循善诱,诲人不倦,因材施教。培养学生良好品行,激发学生创新精神,促进学生全面发展。不以分数作为评价学生的唯一标准。材料中,石老师面对不同学生出现的问题,能够有针对性地进行引导和帮助,循循善诱,说明石老师在工作中践行了"教书育人"的师德规范。

综上所述,石老师在教育教学过程中能够关爱学生,正确地引导、教育学生,帮助学生成长,其行为值得广大教师学习。

32. (1)①徐龙森的画作在比利时皇家大法院这样一个巨大的欧洲古典建筑展出。②举办中国文化讲座和研讨会。③中国与比利时进行文化对话,将中国艺术与比利时艺术同台展出,或者联合演出。

(2)①徐龙森的画作显示出艺术在中国正在成为一种生活的体验。②文化生活等方方面面的艺术展示,展示了中国人的生活状态,可以让欧洲观众全方位地了解中国。③举行讲座和研讨会，让欧洲观众深入了解相关知识，并与中国文学家、艺术家互动，沟通双方的感情，弥补文化方面的差异。④在中比文化对话中，中比双方都能深切感受到文化背后的生命状态。⑤这些文化活动将中国文化全面推向了世界，介绍了中国的当代文化创造，展现了改革开放以来中国在文化建设方面的巨大成就。

三、写作题(参考范文)

33. “德”高为师

韩愈在《师说》中将教师的责任明确概括为：传道、授业、解惑。教师要明确自己的身份，清楚自己的职业，当好自己的角色，做好自己的事情，时刻以“德高为师，身正为范”这八个字提醒自己，用人格的力量去影响学生，真正成为受学生欢迎的良师益友。

终身学习，持续发展。新时期的教师要树立终身学习的理念，加强自我的思想、道德建设。现代社会是一个终身学习的社会，教育教学同样处于与时俱进的状态，所以，教师要想适应时代要求更好地完成教育教学任务，就必须终身学习，具备可持续发展的潜力。提高业务修养，不断学习，改进、完善自己的知识结构和能力结构，能适应教育不断发展的需要。教师要敢于创新，敢于超越前人，敢于进行教育教学改革，始终站在教改的前沿，走持续发展的道路。

注重小节，修炼人格。教育无小事，教师的一言一行都是学生关注的方面，往往起着一种潜移默化的作用。而这些作用又往往是通过那些看似不起眼的细节实现的，因为学生眼中的教师都是具体的，而教师又是学生心目中的“权威式人物”。所以，现代师德建设必须注重从小节抓起，重视人格的修炼。这要求教师要以先进的世界观、人生观、价值观影响学生。作为学生的榜样、引路人，要做到为人师表，要铭记——从我做起，从小事做起，从今天做起！教师要以自身良好的师德形象带动更多的高素质人才的诞生，培养优秀学生。

乐于奉献，实现自我。教师的工作从本质上说，是一种利他性的工作，它不可能直接获得巨大的财富改变自己的物质生活。同时，工作的质与量也很难数字化，除了讲台上的显性工作外，还有不少隐性的努力，都是无法一一计量而给予酬劳的。因此，教师需要一种奉献精神。教师要有创新意识、进取精神，要制定个人的奋斗目标，不断追求成功。建立平等的思想，建立服务育人的理念，为教育事业，为学生的发展奉献，在下一代的健康成长、全面发展中实现自己的人生价值。

“其身正，不令而行；其身不正，虽令不从”。只有每一个教师都能严格要求自己，才能让学生“亲其师，信其道”，成为人之楷模。

国家教师资格考试预测试卷(十九)

一、单项选择题

1. B 【解析】“为了每一位学生的发展”是新课程的核心理念。为了实现这一理念,教师必须尊重每一位学生做人的尊严和价值。尊重学生同时意味着不伤害学生的自尊心,教师应努力做到不羞辱、嘲笑学生,不随意当众批评学生。题干中项老师给小欣发“迟到大王”奖状的做法既没有做到尊重学生,也容易损害学生的自尊心,不利于其健康发展。

2. B 【解析】素质教育是促进学生全面发展的教育。题干中数学老师把综合实践活动课程的课时用来上数学,长期如此的话,将不利于发展学生的综合实践能力,不利于学生的全面发展。

3. B 【解析】题干中学校组织老师相互观摩彼此教学并展开研讨,体现了教师之间的交流学习,属于教师专业发展中的同伴互助,故本题选B。

4. A 【解析】“以人为本”的学生观要求教师要认识到学生是学习的主体,要把学生当作具有个体独立性的人来看待,因势利导地去施加教育。题干中的学生提出了不同观点,老师及时关注并引导学生进行讨论,尊重了学生学习的主体性,体现了其课堂教学中以学生为本的思想。

5. A 【解析】根据《中华人民共和国宪法》第九十三条的规定,中华人民共和国中央军事委员会领导全国武装力量。

B项,最高人民法院是最高审判机关,监督地方各级人民法院和专门人民法院的审判工作。

C项,国务院是最高国家权力机关的执行机关,是最高国家行政机关,行使“领导和管理国防建设事业”的职权。

D项,最高人民检察院是最高检察机关,领导地方各级人民检察院和专门人民检察院的工作。

6. C 【解析】根据《中华人民共和国教育法》第三十六条规定,学校及其他教育机构中的管理人员,实行教育职员制度。学校及其他教育机构中的教学辅助人员和其他专业技术人员,实行专业技术职务聘任制度。题干中李老师属于教学辅助人员,应该适用专业技术职务聘任制度。

7. D 【解析】根据《中华人民共和国教师法》第三十三条规定,教师在教育教学、培养人才、科学研究、教学改革、学校建设、社会服务、勤工俭学等方面成绩优异的,由所在学校予以表彰、奖励。国务院和地方各级人民政府及其有关部门对有突出贡献的教师,应当予以表彰、奖励。对有重大贡献的教师,依照国家有关规定授予荣誉称号。

8. A 【解析】题干中熊老师翻看王强与朋友的书信这一行为侵犯了王强的隐私权;人身自由是公民的一项基本权利,包括身体行动自由和表达的自由,熊老师要求王强放学以后到办公室写检讨,不认真写完不准其回家的行为侵犯了王强的人身自由权。

方法技巧:关于学生的权利和保护是教师资格笔试经常考的知识点,针对学生的各种权利,考生可根据以下关键词句进行区分和记忆。

(1)名誉权——获得公正评价,名声不被损害污蔑。

(2)健康权——生理正常,身体功能完整发挥。

(3)身体权——身体完整,行动自由。

(4)肖像权——不得非法制作、使用、损害他人肖像。

(5)荣誉权——不得诋毁、贬损、非法剥夺或撤销学生的荣誉称号。

(6)姓名权——有权决定、更改自己的姓名,他人要尊重自己的姓名。

(7)隐私权——个人私生活秘密、个人信息(个人数据)不被披露。

9. A 【解析】根据《中华人民共和国未成年人保护法》第一百零八条规定,未成年人的父母或者其他监护人不依法履行监护职责或者严重侵犯被监护的未成年人合法权益的,人民法院可以根据有关人员或者单位的申请,依法作出人身安全保护令或者撤销监护人资格。被撤销监护人资格的父母或者其他监护人应当依法继续负担抚养费用。题干中林某虽然被撤销监护人资格,但仍需继续负担抚养费。

10. A 【解析】题干中钱某的行为属于严重不良行为。根据《中华人民共和国预防未成年人犯罪法》第四十三条规定,对有严重不良行为的未成年人,未成年人的父母或者其他监护人、所在学校无力管教或者管教无效的,可以向教育行政部门提出申请,经专门教育指导委员会评估同意后,由教育行政部门决定送入专门学校接受专门教育。所以,A项正确。根据《中华人民共和国义务教育法》第二十七条规定,对违反学校管理制度的学生,学校应当予以批评教育,不得开除。B、C、D三项错误。

11. C 【解析】根据《学生伤害事故处理办法》第九条规定,因学校的校舍、场地、其他公共设施,以及学校提供给学生使用的学具、教育教学和生活设施、设备不符合国家规定的标准,或者有明显不安全因素造成的学生伤害事故,学校应当依法承担相应的责任。在本题中,这一伤害事故是由于学校的设施存在明显的不安全因素造成的,因此,学校应当承担责任。

12. C 【解析】根据《中华人民共和国义务教育法》第二十二条规定，县级以上人民政府及其教育行政部门应当促进学校均衡发展，缩小学校之间办学条件的差距，不得将学校分为重点学校和非重点学校。学校不得分设重点班和非重点班。题干中的学校设立重点班的做法违反了该条法律规定，是不合法的。

方法技巧：关于我国《义务教育法》的一些常考知识点，考生可通过以下口诀记忆。

九年教育公益性，完全不收学杂费。适龄学生均平等，义务教育是权义。

政府家长应保障，不法行为可检举。6岁入学晚一年，乡镇政府批休学。

免试就近入学校，应该上学禁打工。特殊学校残疾生，普通学校随班读。

学校发展要均衡，重点校班均违法。不得推销乱收费，问题学生禁开除。

尊重学生不体罚，工资不低公务员。特殊教育有补助，贫困地区有津贴。

审定教材循环用，机关人员禁编写。违法主体挨处分，儿童辍学父母改。

13. A 【解析】为人师表要求教师要坚守高尚情操，知荣明耻，严于律己，以身作则。衣着得体，语言规范，举止文明。关心集体，团结协作，尊重同事，尊重家长。作风正派，廉洁奉公。自觉抵制有偿家教，不利用职务之便谋取私利。题干班主任何老师插队的做法是不文明的举止，没有做到以身作则。

14. A 【解析】爱岗敬业要求教师对工作高度负责，认真备课上课，认真批改作业，认真辅导学生。不得敷衍塞责。题干中英语老师不认真备课，对工作敷衍了事的态度违反了爱岗敬业的职业道德规范。

15. A 【解析】《中小学教师职业道德规范》(1997年)中的"尊重家长"要求教师应当主动与学生家长联系，认真听取意见和建议，取得支持与配合。积极宣传科学的教育思想和方法，不训斥、指责学生家长。题干中班主任经常训斥家长的做法是不尊重家长的表现，是错误的。故本题选A。

16. A 【解析】教师之间要做到：互相尊重，切忌嫉妒；相互学习，取长补短；平等相待，不卑不亢；乐于助人，关心同事。题干中王老师的做法是正确的，这表明他具有团结协作的精神，能与其他教师进行良性互动。故排除C、D两项。本题选A。

B项，题干中并未说明王老师与学生之间的关系，排除。

17. B 【解析】屠呦呦是我国首位诺贝尔生理学或医学奖的获得者，她的主要贡献是研制出了新型抗疟疾药物青蒿素。本题选B。这种药品可以有效降低疟疾患者的死亡率。弗莱明发现了青霉素。A项排除。

18. A 【解析】刘彻是西汉的第七位皇帝，谥号孝武皇帝，史称汉武帝，他的庙号为世宗。

19. C 【解析】计量长短用的器具称为度，计算容积的器皿称为量，测量物体轻重的工具称为衡。

20. C 【解析】青蛙的呼吸系统由鼻孔、鼻腔、口腔、喉头气管室、肺组成。空气由鼻孔进入鼻腔、口腔、喉头气管室，到达肺部进行气体交换。肺由许多肺泡组成。由于肺泡壁很薄，上面布满毛细血管，所以气体交换很容易进行。青蛙的皮肤上分布有许多毛细血管，也可以进行呼吸。其皮肤的表面面积大于肺脏，因而皮肤对呼吸起着重要的作用。当青蛙潜入水里或冬眠时，肺呼吸停止，完全靠皮肤呼吸。

21. B 【解析】《一千零一夜》是阿拉伯民间故事集，又名《天方夜谭》。因其内容丰富，规模宏大，故被高尔基誉为世界民间文学史上"最壮丽的一座纪念碑"。《古兰经》是伊斯兰教的经典；《蔷薇园》是波斯诗人萨迪的代表作品；法国的《列那狐传奇》是欧洲城市文学最重要的作品。

22. A 【解析】《格尔尼卡》是西班牙立体主义画家毕加索于20世纪30年代创作的一幅巨型油画。该画是以法西斯纳粹轰炸西班牙的格尔尼卡小镇、杀害无辜生命的事件为灵感进行创作的，画作采用了写实的象征性手法和单纯的黑、白、灰三色营造出低沉悲凉的氛围，渲染了悲剧性色彩，展现了法西斯战争给人类带来的灾难。

23. C 【解析】题干中的诗句出自李商隐的《人日即事》。"镂金作胜"是荆楚一带的风俗，指将金纸雕刻成人形或花卉，贴在屏风上或戴在头上，人形的称为人胜，花卉形状的则称花胜。"晋风"指剪彩造人胜的风俗起于晋代。所以，李商隐的这句诗描写的是剪纸这一民间艺术，剪纸又称刻纸、窗花或剪画，故本题选C。

24. D 【解析】15世纪初，明朝经济逐步繁荣，国力雄厚，成为当时世界上的强国。明成祖称帝后，派郑和率领船队出使西洋，主要目的是提高明朝在国外的地位和威望，展示中国富强，同时也用中国的货物去换取海外的奇珍。A选项表述正确，D选项表述错误。

郑和的船队先后到达亚洲和非洲的30多个国家和地区，最远到达非洲东海岸和红海沿岸。今天的越南、印度尼西亚、泰国、柬埔寨、马来西亚、斯里兰卡、印度、伊朗、沙特阿拉伯、索马里、肯尼亚、坦桑尼亚等国家，郑和的船队都曾访问过。B选项表述正确。

郑和的船队采用了当时世界上最先进的远洋航海技术，能够准确地测定航区、航线和船位，有效地利用季风、海流进行航行。C选项表述正确。

25. B 【解析】世界上最早的地铁是英国伦敦的大都会地铁，于1863年1月10日全线通车。故本题选B。

26. C 【解析】不懂法律的人称为法盲，不懂文字的人称为文盲。路盲是指人的方向感知能力差；夜盲指人在昏暗环境或夜晚下，视力下降、看不清东西；雪盲是紫外线对眼角膜和结膜上皮造成损害引起的炎症。ABD三项均与生理因素有关，不选。故本题选C。

27. D 【解析】通过幻灯片母版可以对演示文稿进行全局更改，并使该更改应用到演示文稿中的所有幻灯片。如果要使某个内容在每张幻灯片上都出现，就可以将它放在幻灯片母版中进行编辑修改。所以本题选D。

28. A 【解析】本题属于图形相减问题，其规律为每组图形中的第一个图形减去第二个图形得到第三个图形。由此可知正确答案为A。

29. D 【解析】观察数列可知，前两项数字之积加2等于第三项，2×4+2=10，4×10+2=42，10×42+2=422，42×422+2=17726，故本题选D。

二、材料分析题（参考答案）

30. 材料中的胡老师在课堂中的教学体现了新课程倡导的教师观，值得我们学习。

（1）从教师与学生的关系看，教师是学生学习的促进者。教师不仅传授知识，检查学生对知识的掌握程度，而且是学生学习的激发者，各种能力和积极个性的培养者。材料中，胡老师先示范讲解，接着让四位学生上台画圆，再让全体学生动手画公鸡，并进行指导，让学生自主、探究学习，真正成为学生学习的促进者。

（2）从教学与研究的关系看，教师是教育教学的研究者。材料中的胡老师具有先进的教育理念，善于应用启发性的教学原则和探究式的教学方法。

（3）从教学与课程的关系看，教师是课程的开发者和建设者。新课改要求课程与教学相互整合，教师必须在课程改革中发挥主体作用。教师不仅是课程实施的执行者，更应成为课程的开发者和建设者。材料中，胡老师并没有仅仅根据教材的安排单纯传授画公鸡的方法，而是根据学生及课堂的实际情况调整课程的安排，以学生自己动手为主，设计出了适宜的画公鸡的教学活动。

（4）教师在对待师生关系上，应当注重尊重、赞赏学生。教师必须尊重每一位学生做人的尊严和价值，不伤害学生的自尊心。材料中。胡老师在观察学生画公鸡的过程中，没有批评学生而是不时对学生进行指导，说明胡老师做到尊重每一位学生，赞赏每一位学生。

（5）教师在对待教学关系上，应当注重帮助、引导学生。教的本质在于引导。引导的特点是含而不露、开而不达、引而不发；引导的内容不仅包括方法和思维，同时也包括价值和做人。材料中，胡老师利用铅笔画和纸篓做成了立体鸡，并在鸡背上开了个洞，让学生把剪下的碎纸片揉成颗粒作为饲料喂鸡，不仅增加了学生对画画的兴趣,而且培养了学生爱护环境、讲卫生的习惯。

总之,胡老师的教学行为符合新课程倡导的教师观,全面地促进了学生发展。

31. 张老师的做法符合教师职业道德规范的要求,值得肯定和学习。

(1)张老师的行为符合教书育人的教师职业道德规范。教书育人要求教师培养学生良好品行,激发学生创新精神,促进学生全面发展。材料中,张老师对学生不尊重残疾同学的问题,积极开展教育,利用班会等多种形式教育同学们要理解、尊重残疾同学,注重学生良好品德的培养,促进了学生的全面发展。

(2)张老师的行为符合关爱学生的教师职业道德规范。关爱学生要求教师关心爱护全体学生,尊重学生人格,平等公正对待学生。保护学生安全,关心学生健康,维护学生权益。材料中,张老师没有采取批评的方式教育那些不尊重残疾同学的学生,而是开展广泛的教育活动教育学生,既维护了残疾学生的自尊心,也促进了其他学生的良好发展。

(3)张老师的行为符合爱岗敬业、为人师表的教师职业道德规范。爱岗敬业要求教师忠诚于人民教育事业,志存高远,勤恳敬业,甘为人梯,乐于奉献。对工作高度负责,认真备课上课,认真批改作业,认真辅导学生。为人师表要求教师关心集体,团结协作,尊重同事,尊重家长。材料中,张老师关注班级情况,对班级中出现的部分学生嘲笑残疾生的问题,认真与其他老师进行交流,通过多种形式教育学生要尊重生命、帮助残疾生,帮助残疾生融入集体。这体现了张老师对工作认真负责,关心集体。

因此,作为教师,要遵守教师职业道德,关心爱护全体学生,做学生的良师益友,关注学生道德品质和心理发展,促进学生健康成长。

32. (1)①修建文化园馆、基地、广场等本可以作为文化符号,提升城市文化品位,但有些地方却将其利益化,以文化之名行非文化之实;②将文化标识为一些符号,可能有助于弘扬传统文化,但有时会成为对于中华文化的廉价化、简易化与装饰化的糊弄;③举行文化活动可以使民众获得教益,增加精神营养,充盈感情世界,但有些活动只是走过场,追求活动的规模,忽视了文化的灵魂。

(2)①对以文化之名行非文化之实的园馆的建设加以规范;②保护已有文化遗产,对故意破坏甚至虚构古迹的情形加强管理;③反对走过场、求规模的文化活动,追求有智慧、有灵魂的文化。

三、写作题(参考范文)

33.　　坚持自我,不弃忠言

有人说“听君一席话,胜读十年书”,关键时刻别人的一句提点顶得上自己十年的苦苦钻研。那这是不是意味着我们事事听别人的呢? 我觉得不是。在个人成长的道路上，最重要的事情都要听自己的，别人的意见再重要，那也只是参考。所以面对相信自己还是听取别人意见这个问题，我觉得我们应以自己的意见为主，将他人的意见作为参考，做到坚持自我，不弃忠言。

坚持自我不一定对，但它最重要的是不后悔。高中选科，你想选俄语，父母让你选了英语。你对英语不感兴趣，成绩迟迟不见长进，这个时候你的心里慢慢滋生出抱怨，“都怪你们”；十八岁的时候选专业，你想学文学，父母让你选医学，说好找工作。你学了医发现自己不喜欢，还是喜欢文学，你会怪父母掐灭了你的文学梦。所以，我们人生做选择，走自己的路，不是为了走正确的路，而是走一条自己不后悔的路。哪怕走进了“死胡同”，但这是自己选的，自然也要有承担后果的决心和勇气。

人生关键时刻的选择一定要相信自己，但我们仍然不能轻视别人的意见。古语说：“不听老人言，吃亏在眼前”，这不是没有道理的。别人“走过的桥”比我们“走过的路”还多，听取别人的意见，等于站在巨人的肩膀上。听取别人的意见可以帮我们避开路上的障碍。我们听父母的，听老师的，听医生的，听专家的，是因为闻道有先后，术业有专攻。所以这种时候，我们就需要听取别人的意见。别人的意见除了帮我们规避风险，弥补不足，还可以给我们带来成功。古代的帝王为什么需要名臣辅佐，就因为人力有时而穷，不能尽善尽美，而兼听则明。

但，我们不能总是听别人的。人归根结底是自由人，是独立人，所以每个人都需要独立自由的思想。我们事事都听别人的意见，就会丧失自己的主见，别人就有机会控制我们的人生。很多家庭悲剧就产生于做子女的没有自己的独立思想，事事听父母的，到最后成为巨婴，丧失独立思想。子女一朝觉醒，就会怨父母事事安排，悲剧就产生了。

因而，身而为人，来到世间，我们要善于听取别人的意见，听取意见后要能识别其中正确的、有益的意见。但我们不能过于依靠别人的意见，我们要有自己的主见，在人生的关键处一定要听自己的。不弃忠言，坚持自我。

国家教师资格考试预测试卷（二十）

一、单项选择题

1. D 【解析】新课改倡导的教师观，要求教师在对待与其他教育者的关系上，注重合作。题干中魏老师能够主动与其他教师交流并配合教学，体现了其具有团结合作精神。ABC三项在题干中没有体现，故本题选D。

2. C 【解析】素质教育强调促进学生的全面发展和个性发展。题干图片中的教育观念是按照统一的标准来塑造学生，忽视了学生的个性差异。

3. D 【解析】教师劳动的创造性突出表现在教师的教育机智上。题干中张老师的表现说明其具有教育机智，体现了教师劳动过程的创造性特点。

4. C 【解析】处于关注学生阶段的教师将考虑学生的个别差异，认识到不同发展水平的学生有不同的需要，根据学生的差异采取适当的教学，促进学生发展。题干中王老师能够根据学生的个体差异因材施教，表明王老师处于关注学生阶段。

5. B 【解析】根据《中华人民共和国宪法》第九十八条规定，地方各级人民代表大会每届任期五年。

6. D 【解析】根据《中华人民共和国未成年人保护法》第八十三条规定，各级人民政府应当保障未成年人受教育的权利，并采取措施保障留守未成年人、困境未成年人、残疾未成年人接受义务教育。对尚未完成义务教育的辍学未成年学生，教育行政部门应当责令父母或者其他监护人将其送入学校接受义务教育。所以，当地人民政府应当采取措施，保障小山接受义务教育。

7. D 【解析】根据《中华人民共和国教育法》第七十二条规定，结伙斗殴、寻衅滋事，扰乱学校及其他教育机构教育教学秩序或者破坏校舍、场地及其他财产的，由公安机关给予治安管理处罚；构成犯罪的，依法追究刑事责任。侵占学校及其他教育机构的校舍、场地及其他财产的，依法承担民事责任。

8. D 【解析】根据《中华人民共和国教师法》第二十七条规定，地方各级人民政府对教师以及具有中专以上学历的毕业生到少数民族地区和边远贫困地区从事教育教学工作的，应当予以补贴。故选D。

9. B 【解析】根据《中华人民共和国义务教育法》第十四条规定，根据国家有关规定经批准招收适龄儿童、少年进行文艺、体育等专业训练的社会组织，应当保证所招收的适龄儿童、少年接受义务教育；自行实施义务教育的，应当经县级人民政府教育行政部门批准。故B项做法正确。

10. A 【解析】根据《中华人民共和国预防未成年人犯罪法》第三十四条规定，未成年学生旷课、逃学的，学校应当及时联系其父母或者其他监护人，了解有关情况。A选项说法正确。根据《中华人民共和国未成年人保护法》第十条规定，任何组织或者个人不得教唆、胁迫、引诱未成年人实施不良行为或者严重不良行为，以及为未成年人实施上述行为提供条件。依照相关法律规定，未成年人吸烟是一种不良行为，所以教唆未成年人吸烟违反法律规定，C项说法错误。学校不得违反相关法律开除学生，学校也没有罚款权，所以，D项说法错误。我国《未成年人保护法》第五十九条规定，学校、幼儿园周边不得设置烟、酒、彩票销售网点。禁止向未成年人销售烟、酒、彩票或者兑付彩票奖金。B项说法错误。

11. B 【解析】根据《学生伤害事故处理办法》第九条规定，学校组织学生参加教育教学活动或者校外活动，未对学生进行相应的安全教育，并未在可预见的范围内采取必要的安全措施而造成的学生伤害事故，学校应当依法承担相应的责任。

12. C 【解析】根据《学生伤害事故处理办法》第九条规定，因"学校组织学生参加教育教学活动或者校外活动，未对学生进行相应的安全教育，并未在可预见的范围内采取必要的安全措施"而造成的学生伤害事故，学校应当依法承担相应的责任。第十一条规定，学校安排学生参加活动，因提供场地、设备、交通工具、食品及其他消费与服务的经营者，或者学校以外的活动组织者的过错造成的学生伤害事故，有过错的当事人应当依法承担相应的责任。因此，该小学和剧院应依法承担责任。

13. A 【解析】"终身学习"的师德规范要求教师崇尚科学精神，树立终身学习理念，拓宽知识视野，更新知识结构。潜心钻研业务，勇于探索创新，不断提高专业素养和教育教学水平。题干中李老师勇于探索新的教学方法，并通过教学实践不断完善，提高了教学效果，这充分体现了李老师的探索创新精神。

14. D 【解析】《中小学教师职业道德规范》中，关爱学生要求教师关心爱护全体学生，尊重学生人格，平等公正对待学生。"对所有学生一视同仁"就是要求教师平等公正对待全体学生，体现的教师职业道德规范是关爱学生。

15. A 【解析】《中小学教师职业道德规范》中的关爱学生要求教师关心爱护全体学生，尊重学生人格，平等公正对待学生。对学生严慈相济，做学生良师益友。保护学生安全，关心学生健康，维护学生权益。不讽刺、挖苦、歧视学生，不体罚或变相体罚学生。题干中顾老师关心帮助学生、保护学生安全等行为体现了关爱学生的师德要求。

16. A 【解析】"教书育人"的师德规范要求教师遵循教育规律，实施素质教育。循循善诱，诲人不倦，因材施教。培养学生良好品行，激发学生创新精神，促进学生全面发展。不以分数作为评价学生的唯一标准。A项所述做法既倾听了其他同学的想法，也采用适当的方式告诉学生成绩不是衡量一个人的唯一标准的道理，故选择A。

17. B 【解析】毕加索是西班牙著名的进步画家，该画是1937年他创作的《哭泣的女人》，这部作品也是现代派艺术中最具性格特征的杰出肖像作品之一。在这幅画里，毕加索以富有变化和表现力的线条，构成了画面独具特色的形式美。达·芬奇的代表画作有《蒙娜丽莎》；凡·高的代表画作有《向日葵》；法国印象派画家塞尚的作品有《暖房中的塞尚夫人》《玩牌者》等。

18. C 【解析】5G是新一代蜂窝移动通信技术，其优势在于，数据传输速率远高于以前的蜂窝网络，最高可达10Gbit/s，比之前的4G蜂窝网络快100倍。另一个优点是网络延迟较低(响应时间更快)，通常低于1毫秒。故A、B选项说法错误，C选项说法正确。

上海虹桥火车站是全球首个用5G室内数字系统建设的火车站。D选项说法错误。

19. A 【解析】1662年，郑成功收复了台湾。1962年，为纪念郑成功收复台湾三百周年，在厦门鼓浪屿日光岩北麓建立郑成功纪念馆，题干中的句子即是著名诗人郭沫若为该馆所撰写的题联。所以，答案选A。

20. C 【解析】维吾尔族舞蹈中头、肩、腰、臂、肘、膝、脚都有动作，尤其善于运用旋转、移颈、打指、翻腕等装饰性动作。由于维吾尔族歌舞艺术绚丽多姿，其聚居地自古以来就以“歌舞之乡”著称。

21. A 【解析】古时儿童不束发，头发下垂，故以垂髫指儿童；八九岁到十三四岁的少年称为“总角”；男子十五岁称为“束发”；少女十三四岁称为“豆蔻”。故选A。

22. A 【解析】《福尔摩斯探案集》是英国侦探作家柯南·道尔的成名代表作，全书塑造了福尔摩斯这一栩栩如生、深得人心的侦探形象，反映了维多利亚时代英国的社会生活。A项符合题意。

德国作家歌德的《少年维特之烦恼》是德国启蒙运动中的一部重要作品，早于维多利亚时代，B项排除。

海明威的《老人与海》出版于1952年，围绕一位老年古巴渔夫与一条巨大的马林鱼在离岸很远的湾流中搏斗而展开讲述，C项排除。

薄伽丘的《十日谈》是欧洲文学史上第一部现实主义巨著，是文艺复兴运动的一部宣言书，早于维多利亚时代，D项排除。

23. D 【解析】题干中的判词为王熙凤的判词，“凡鸟”即繁体的“凤”，暗指王熙凤。林黛玉与薛宝钗的判词为“可叹停机德，堪怜咏絮才。玉带林中挂，金簪雪里埋”。“停机德”指薛宝钗的品德，“咏絮才”指林黛玉的才华。史湘云的判词为“富贵又何为，襁褓之间父母违。展眼吊斜晖，湘江水逝楚云飞”。

24. D 【解析】院试是清代由各省学政主持的考试。院试录取后称生员，即秀才，A项错误。

乡试是由南、北直隶和各布政使司举行的地方考试。乡试考中的称举人，第一名称解元，B项错误。

会试是由礼部主持的全国考试，又称礼闱。考中的称贡士，第一名称会元，C项错误。

殿试在会试后当年举行，应试者为贡士。贡士在殿试中均不落榜，只是由皇帝重新安排名次。殿试由皇帝亲自主持。录取分三甲：一甲三名，赐进士及第，第一名称状元，第二名称榜眼，第三名称探花，合称“三鼎甲”。二甲赐进士出身，三甲赐同进士出身。一、二、三甲统称进士，D项正确。

25. C 【解析】吴道子的代表作是《天王送子图》；《步辇图》是阎立本的代表作。

26. C 【解析】Word编辑不了，显示“不允许修改，因为所选内容已被锁定”，是因为启用了保护限制编辑，关闭文档保护即可自由编辑。本题选C。

27. B 【解析】显示器是输出设备，是将一定的电子文件通过特定的传输设备显示到屏幕上再反射到人眼的显示工具。扫描仪是输入设备，是利用光电技术和数字处理技术，以扫描方式将图形或图像信息转换为数字信号的装置。绘图仪是输出设备，能按照人们的要求自动绘制图形，将计算机的输出信息以图形的形式输出。音箱是输出设备，是可将音频信号变换为声音的一种设备。

28. D 【解析】由题意可知，第一个杯子上的话和第四个杯子上的话互相矛盾，必有一真一假，则第二个杯子和第三个杯子上的话均为假话，因此可推断出第三个杯子是蒸馏水，第二个杯子中不是矿泉水。故D项正确。

29. B 【解析】该数列的数项特征极为明显，每一项的个位与十位都比前一项大1，所以此数列是典型的等差数列，公差为11，即56+11=(67)。

二、材料分析题(参考答案)

30. 材料中“我”的教育行为符合现代“以人为本”的学生观，是值得学习和借鉴的。

(1)学生是发展的人，要用发展的观点认识学生。教师绝不能依据学生的一时表现来断言学生没有发展的可能，而应该坚信每一个学生都具有巨大的可供挖掘和开发的资源与潜能，应该看到学生的未完成性，并给学生创造发展的良好环境和机会。材料中“我”对说话不流畅，不敢站起来回答，内向、声音小的学生没有直接放弃，而是以发展的眼光看待他们，采取相应的教育措施，相信他们能够变好，符合“以人为本”的学生观。

(2)学生是独特的人。每个学生都有自身的独特性。教师在教育过程中应重视学生的独特性，培养具有独立个性的人。材料中，针对说话不流畅的同学，“我”引导他组织语言；针对不敢站起来回答问题的学生，“我”让他先坐着说；针对内向、声音小的学生，“我”到他身边听清楚之后再复述给大家……“我”能够针对不同学生采取不同的教育方式，尊重了学生的独特性，符合“以人为本”的学生观。

(3)学生是具有独立意义的人。学生是学习的主体。教师主导对学生主体的教育与改造，只是学生发展的外部条件和外因，学生的主体活动才是学生获得发展的内在机制和内因。材料中，“我”通过“为老师出主意”的班会活动，详细记录大家的想法；还请大家通过班级信箱、调查问卷等形式继续给“我”提建议；尝试让学生参与组织教学，共同探索出了“辩论教学”“说书教学”“戏剧教学”等以前没有尝试过的形式。这些都发挥了学生的主观能动性，体现了“我”对学生主体性、主动性的尊重，符合“以人为本”的学生观。

材料中的“我”在教育教学中充分践行了“以人为本”的学生观，把学生看成具有独立意义的人，用发展的观点认识学生，尊重学生自身的独特性，促进了学生的全面发展。

31. 王老师的教育行为符合教师职业道德规范的要求，值得肯定。

(1)爱岗敬业是教师职业道德的本质要求。教师要忠诚于人民教育事业，志存高远，勤恳敬业，甘为人梯，乐于奉献。王老师热爱自己的教育事业，主动帮助有困难的学生，体现了其爱岗敬业的精神。

(2)关爱学生是师德的灵魂。关爱学生要求教师关心爱护全体学生，尊重学生人格，平等公正对待学生。对学生严慈相济，做学生的良师益友。保护学生安全，关心学生健康，维护学生权益。王老师不仅关心学生的学习，更关心学生人格、心理的健康成长，通过耐心地开导使内向、悲观的学生变得开朗积极，这体现了王老师对学生的爱护之情。

(3)教书育人是教师的天职。教师要遵循教育规律，实施素质教育。循循善诱，诲人不倦，因材施教。培养学生良好品行，激发学生创新精神，促进学生全面发展。王老师在教育过程中注重培养学生良好的品格，对于因生活变故而意志消沉的学生，王老师通过“探讨小树的成长”来讲道理，帮助学生改变其心态，使其慢慢变得积极、活泼起来，促进了学生个性的健康发展。

因此，作为教师要树立崇高的职业道德，关心爱护学生，耐心地引导、教育学生，促进学生健康成长。

32. (1)①中华传统经典是人们的思想源泉。当代中国，我们需要通过回归经典来追求现代人所需求的人文价值、人文理性、人文信仰。②中华文明的每一次重要发展，都跟重新回归经典有关系。回归经典能为中国文化奠定人文价值、人文信仰的基础，能为中华文明抵御外来挑战，促进中华文明发展。

(2)①从历史文献中挑选、整理出合乎当代中华文明的典籍，根据时代需求重建新的经典体系。一方面要超越时代，挑选既能体现中华民族文化内涵又具有普遍性永恒性价值和意义的文献进入中华经典体系；另一方面，超越学派，不拘经学、子学，只要具有普遍意义和现代价值的典籍都可以成为当代中华经典。②根据时代发展对中华经典做出符合现代人需要的创造性诠释，打破时空关系与千古圣贤进行心灵对话，回归经典，重建经学，建构当代中国的人文价值、人文信仰、人文理性。

三、写作题（参考范文）

33. 打好基础，胸有成竹

画荷，把春夏秋冬四季的荷、风霜雨雪各时的荷看在眼里，记在心中，物我合一，铺开纸，自然满眼荷花；画竹，把从初生时的嫩芽到长出的竹笋，再到节叶俱全的竹子看在眼里，画成于心，提起笔，自然胸有成竹。做事也是如此，只有脚踏实地，打好了基础，做好了准备，每个环节都牢记于心，才能获得成功。

基础是根，根深才能叶茂。华罗庚曾经说过："科学的灵感，绝不是坐等可以等来的。如果说，科学上的发现有什么偶然的机遇的话，那么这种'偶然的机遇'只能给那些学有素养的人，给那些善于独立思考的人，给那些具有锲而不舍精神的人，而不会给懒汉。"李时珍花了近三十年的功夫，以毕生精力，亲历实践，广收博采，才完成中国医药学的巨著《本草纲目》；左思花费了十多年的时间，在家门口、庭院里、厕所里都摆放着纸笔，偶尔想出一句，就马上记录下来，这才有了造成"洛阳纸贵"的《三都赋》；曹雪芹"批阅十载，增删五次"，不管自身处境如何艰难始终笔耕不辍，这才有了传世名著《红楼梦》。做好一件事，需要长期不懈的坚持，如果中途放弃，就不能夯实基础，中途出现的意外情况随时会将半途而废者击垮，只有持之以恒的人才能看到最后的美丽风景。

基础是水，水深才能载舟。庄子在《逍遥游》中曾说过"水之积也不厚，则其负大舟也无力"，"水浅"的结果就是连一个杯子都无法承载。牛顿和苹果的故事大家都知道，但在之前漫长的时光里难道只有牛顿看见苹果落地吗？当然不是。但只有牛顿发现了万有引力定律。如果他对物理一无所知，自然也就不会思考这件事背后的意义。马克思为了完成《资本论》，阅读了大量的书籍，留下了上百本读书笔记，他几乎掌握欧洲所有国家的语言，知识最大程度地积累让他发现了历史发展的密码。"杂交水稻之父"袁隆平先生一生都在农田里奋斗，做了成千上万次杂交水稻试验，对水稻的相关知识了如指掌，对每一个试验过程都了然于心，有这些作为基础，他才能在杂交水稻领域获得成功。打好基础，才能有万全的准备，才能发现知识的宝藏。

打好基础，就不会害怕试卷上以各种形式出现的难题；打好基础，就不会害怕工作上意外出现的各种情况。做好充足的准备，这些所谓的困难就会成为你前进路上的垫脚石，化为你知识的一部分。打好基础，胸有成竹，有了然于心的淡定，信手拈来的从容，自然不惧怕人生路上的任何挑战。

图书反馈

重磅！真题有奖征集！

「凡提供当年度考试真题者，根据真题完整度，可获得500元以内现金奖励。」

具体请联系QQ:1831595423

（温馨提示：所提供真题须是当年度考试真题，且真实有效。）

联系方式：400-600-3363　　研发部QQ：1831595423

招教网
招考资讯平台

山香官网
考编服务平台

山香网校
线上学习平台

图书订正链接
勘误更新平台